REVISTA TRIMESTRAL DE DIREITO PÚBLICO

39/2002

MALHEIROS EDITORES

Revista Trimestral de Direito Público

Órgão do

INSTITUTO GERALDO ATALIBA
IDEPE — INSTITUTO INTERNACIONAL
DE DIREITO PÚBLICO E EMPRESARIAL

INSTITUTO DE DIREITO ADMINISTRATIVO PAULISTA
IDAP

RTDP
Publicação trimestral de
MALHEIROS EDITORES LTDA.
Rua Paes de Araújo, 29, cj. 171
CEP 04531-940 - São Paulo, SP - Brasil
Tel.: (011) 3078-7205 - Fax.: (011) 3168-5495

Diretor responsável: Álvaro Malheiros
Diretora: Suzana Fleury Malheiros

Assinaturas e comercialização:
CATAVENTO DISTRIBUIDORA DE
LIVROS S.A.
Rua Conselheiro Ramalho, 928
CEP 01325-000 - São Paulo, SP - Brasil
Tel.: (011) 3289-0811 - Fax.: (011) 3251-3756

Supervisão Gráfica: Vânia Lúcia Amato
Editoração Eletrônica: Letra por Letra Studio

SUMÁRIO

DOUTRINA

CONDOMÍNIO FECHADO ... 5
— Celso Antônio Bandeira de Mello

DISCRIMINAÇÃO CONSTITUCIONAL DAS COMPETÊNCIAS AMBIENTAIS. ASPECTOS PONTUAIS DO REGIME JURÍDICO DAS LICENÇAS AMBIENTAIS ... 10
— Lúcia Valle Figueiredo

DIREITO CONSTITUCIONAL, NOVOS PARADIGMAS, CONSTITUIÇÃO GLOBAL E PROCESSOS DE INTEGRAÇÃO ... 23
— Clèmerson Merlin Clève

O CONFLITO ENTRE O PÚBLICO E O PRIVADO NO DIREITO ... 33
— Regis Fernandes de Oliveira

SÚMULA VINCULANTE E A TUTELA DO CONTROLE DIFUSO DE CONSTITUCIONALIDADE ... 39
— Antônio Souza Prudente

REVISÃO ANUAL DA REMUNERAÇÃO DOS SERVIDORES PÚBLICOS ... 49
— José Sérgio Monte Alegre

A EFICÁCIA DO DIREITO FUNDAMENTAL À SEGURANÇA JURÍDICA: DIGNIDADE DA PESSOA HUMANA, DIREITOS FUNDAMENTAIS E PROIBIÇÃO DE RETROCESSO SOCIAL NO DIREITO CONSTITUCIONAL BRASILEIRO ... 53
— Ingo Wolfgang Sarlet

O SUPREMO TRIBUNAL FEDERAL E A DISCIPLINA DA EFICÁCIA DAS MEDIDAS PROVISÓRIAS NÃO CONVERTIDAS ... 87
— Edilson Pereira Nobre Júnior

ANOTAÇÕES À TEORIA DAS NORMAS JURÍDICAS ... 98
— Vladimir da Rocha França

PARECERES

UNICAMP-UNIVERSIDADE ESTADUAL DE CAMPINAS — PROFESSORES UNIVERSITÁRIOS — CONTRATO POR PRAZO DETERMINADO — AUSÊNCIA DE CONCURSO PÚBLICO — REGIME ESTATUTÁRIO E SISTEMA PREVIDENCIÁRIO ... 109
— Eros Roberto Grau

COMPROMISSO ARBITRAL. Nulidade na esfera do direito administrativo. Reajuste de preço com base na variação do dólar: nulidade. Desvio de Poder 116
— Celso Antônio Bandeira de Mello

CONTRATO DE OBRA PÚBLICA. CIRCUNSTÂNCIAS QUE DETERMINAM A ALTERAÇÃO DO PROJETO. ACRÉSCIMO DE VALOR SUPERIOR A 25% DO VALOR INICIAL DO CONTRATO. ADITAMENTO. VIABILIDADE JURÍDICA 127
— Adilson Abreu Dallari

PRINCÍPIOS DA PROPORCIONALIDADE E DA LEGALIDADE NA REGULAÇÃO ESTATAL 140
— Floriano de Azevedo Marques Neto

EXAME TEÓRICO TÉCNICO EXIGIDO PELO CÓDIGO DE TRÂNSITO BRASILEIRO. VALIDADE DO CREDENCIAMENTO PARA A SUA EXECUÇÃO. NATUREZA JURÍDICA DA COBRANÇA E RESPECTIVA FORMA INSTRUMENTAL. O PRINCÍPIO DA EFICIÊNCIA ADMINISTRATIVA E O DEVER DE IMPLEMENTAR A MELHOR SOLUÇÃO POSSÍVEL 170
— Egon Bockmann Moreira

ANTECIPAÇÃO DE COMEMORAÇÃO DE PONTO FACULTATIVO — DIA DO SERVIDOR PÚBLICO 186
— Hélcio de Abreu Dallari Júnior

ESTUDOS E COMENTÁRIOS

TELECOMUNICAÇÕES NO BRASIL: BALANÇO E PERSPECTIVAS 189
— Umberto Celli Junior e Cláudia Silva de Santana

O VALOR NA INTERPRETAÇÃO CONSTITUCIONAL 201
— Francisco Meton Marques de Lima

CONSIDERAÇÕES ACERCA DA RESPONSABILIDADE PATRIMONIAL DO ESTADO-ADMINISTRAÇÃO 214
— Eduardo Rocha Dias

A ADOÇÃO DO REFERENDO E DO PLEBISCITO ADMINISTRATIVO NA ADMINISTRAÇÃO PÚBLICA COMO MODO DE PREVENÇÃO E PARÂMETRO DE VALORAÇÃO NA SOLUÇÃO DE CONTROVÉRSIAS 231
— Fabiana de Menezes Soares

HOMENAGEM

GERALDO ATALIBA, JURISTA MAIOR E MESTRE DE VIDA 243
— Carlos Mário da Silva Velloso

CONDOMÍNIO FECHADO

CELSO ANTÔNIO BANDEIRA DE MELLO

Titular da Pontifícia Universidade Católica de São Paulo — PUC/SP

1. De par com os retalhamentos do solo que resultam dos loteamentos comuns, regidos pela correspondente lei — hoje a de n. 6.766, de 19.12.1979 (dantes o Decreto-lei n. 271, de 28.2.1967 e ainda anteriormente o Decreto-lei n. 58, de 10.12.1937) — existem individuações de unidades autônomas do solo, efetuadas na intimidade de *condomínios*, sob o amparo do art. 8º da Lei n. 4.591, de 16.12.1964 (que dispõe sobre o condomínio em edificações e as incorporações imobiliárias).

Enquanto os primeiros são nominados simplesmente de loteamentos ou loteamentos "convencionais", como a eles já se referiu Hely Lopes Meirelles, os segundos são conhecidos ora como "condomínios horizontais", ora como "loteamentos fechados" e até mesmo como "condomínios deitados", na feliz expressão cunhada por Elvino Silva Filho.

Em uns e outros existe a divisão de uma gleba em unidades individuadas (os chamados lotes), a constituição de arruamentos e a destinação de certas áreas para proveito ou uso coletivo. Possuem, portanto, estes aspectos físicos similares. Sem embargo, juridicamente se distinguem de maneira bastante acentuada.

2. O que os diferencia, quanto à natureza essencial, é que os loteamentos propriamente ditos trazem consigo a instauração de múltiplas propriedades autônomas destinadas à alienação, as quais precedentemente se constituíam em uma só. Assim, não se constitui entre os adquirentes dos diversos lotes qualquer relação jurídica de co-propriedade (instaurada ou em vias de instaurar-se pela promessa de compra e venda). É que, nos termos da legislação pertinente, todas as vias de comunicação entre eles ou com o sistema viário oficial, *passam a integrar propriedade pública*, tanto como determinadas áreas que obrigatoriamente têm de ser pré-destinadas à implantação de equipamentos urbanos e comunitários.

Já nos condomínios horizontais ou "deitados", os adquirentes de lotes, como a própria denominação o diz, estão unidos por vínculo desta natureza, ou seja, são "condôminos". É dizer: a partição e aquisição de unidades (os "lotes" correspondentes a cada qual) se efetivam dentro de um quadro jurídico predisposto precisamente a manter entre os adquirentes um liame em relação ao objeto de propriedade comum: as áreas previstas como de todos, quais sejam, as vias internas do condomínio, equipamentos comunitários, bem como espaços ou eventualmente edificações que nelas se façam reservados para o uso de todos, conquanto cada "lote" se constitua em individuada unidade pertencente a cada qual, *persistindo tudo integrado neste todo que conserva seu caráter de dominialidade privada*. É que, como disse Caio Mario da Silva Pereira, em passagem de sua sempre invocada obra *Condomínio e Incorporações* (4ª ed., Rio de Janeiro, Forense, 1981) e trazida à balha por Eurico Andrade Azevedo ("Loteamento fechado", in *Revista de Direito Imobiliário* 11/68, jan.-jun. 1983):

"Cada titular é o dono de sua unidade e, como se lhe reserva um terreno à utilização exclusiva, pode cercá-lo ou fechá-lo, observado o tipo de tapume previsto na convenção. Pode aliená-lo com o terreno reservado. Mas não lhe assiste o direito de dissociar a sua unidade do conjunto condominial nem separá-la da fração ideal que lhe corresponde nesse conjunto."

Assim, no "condomínio horizontal" ou "deitado", referido no art. 8º da Lei 4.591, a gleba, conquanto dividida em múltiplas unidades, conserva-se *integramente uma propriedade privada*, ***inexistindo, pois, áreas públicas em sua intimidade***. Tal circunstância, entretanto, não significa que o projeto no qual se consubstanciará independa de aprovação municipal, pois, terá de ajustar-se às diretrizes e normas urbanísticas ou edilícias pertinentes, já que, de toda sorte, sua implantação terá implicações presentes ou futuras na malha urbana.

Como conseqüência do caráter privado a que se aludiu, nos sobreditos condomínios as obras de infraestrutura, a construção, pavimentação, conservação e melhoramento de suas vias, tanto como as correspondentes às áreas e edificações previstas para gozo e proveito daquela comunidade fechada e bem assim os serviços de interesse geral, quais os de vigilância interna, de limpeza ou coleta do lixo, por exemplo, são de responsabilidade privada e não do Poder Público, o qual, dessarte, se exonera dos ônus e dispêndios correlatos.

3. Contrastando sobreditos "condomínios horizontais", com os loteamentos propriamente ditos, o acatado Hely Lopes Meirelles teceu as seguintes considerações:

"Diversamente, os *loteamentos especiais*, também conhecidos por 'condomínio horizontal' ou 'loteamento fechado', vêm sendo implantados consoante a permissão genérica da Lei federal 4.591/1964 (art. 8º), mas, na maioria dos casos, sem normas locais regulamentares de seus aspectos urbanísticos. Tais loteamentos são bem diferentes dos convencionais, pois que *continuam como áreas particulares, sem vias públicas e com utilização privativa de seus moradores*. A propósito, já escrevemos que: 'Os loteamentos especiais estão surgindo principalmente nos arredores das grandes cidades, visando a descongestionar as metrópoles. Para esses loteamentos não há, ainda, legislação superior específica que oriente a sua formação, mas nada impede que os Municípios editem normas urbanísticas adequadas a essas urbanizações. E tais são os denominados 'loteamentos fechados', 'loteamentos integrados', 'loteamentos em condomínio', com *ingresso só permitido aos moradores e pessoas por eles autorizadas e com equipamentos e serviços urbanos próprios, para auto-suficiência da comunidade*'" ("Loteamento fechado", in *Revista de Direito Imobiliário* 9/9-10, jan.-jun. 1982 — destaques nossos).

O ilustrado autor colaciona comentos de Álvaro Pessoa ("O loteamento e o condomínio no desenvolvimento urbano brasileiro", in *Boletim Informativo da Secretaria da Justiça* 40/2, Rio de Janeiro, pp. 10-11), nas quais este ressalta que de tais condomínios emergem sobretudo as questões relativas à dominialidade de praças e ruas, "que são particulares e não logradouros públicos, bem como a da possibilidade de bloquear o acesso ao condomínio aos comuns do povo, através de *portão* ou portaria dividindo solo público e privado", concluindo que: "Inexistem, por conseguinte, estradas ou vias públicas na área condominial de que cuida o mencionado art. 8º da lei especial de incorporação e condomínio".

De seu turno o precitado Eurico de Andrade Azevedo, enunciou as seguintes ponderações:

"Na verdade, o que difere basicamente o loteamento comum do 'loteamento fechado' é que, no primeiro, as vias e logradouros passam a ser do domínio público, podendo ser utilizadas por qualquer do povo, sem nenhuma restrição a não ser aquelas impostas pelo próprio Município. No segundo, *as ruas e praças, jardins e áreas livres continuam de propriedade dos condôminos*, que delas se utilizarão conforme estabelecerem em convenção. No loteamento comum, cada lote tem acesso direto à via pública; no loteamento condominial, não; os lotes têm acesso ao sistema viário do próprio condomínio, que, por sua vez, alcançará a via pública. No loteamento comum, a gleba loteada perde a sua individualidade, deixa de existir, para dar nascimento aos vários lotes, como unidades autônomas destinadas a edificação. No loteamento condominial a gleba inicial não perde a sua caracterização; ela continua a existir como um todo, pois o seu aproveitamento é feito também como um todo, integrado por lotes de utilização privativa e área de uso comum" ("Loteamento fechado", in *Revista de Direito Imobiliário* 11/67, jan.-jun. 1983 — destaques nossos).

São dele também as seguintes averbações:

"Assim, como o regime jurídico do loteamento fechado é de natureza privada, a ele não se aplica a Lei 6.766/1979, que incide apenas sobre os loteamentos abertos ou loteamentos convencionais. Foi isso o que já decidiu o E. Tribunal de Justiça do Rio de Janeiro, neste expressivo acórdão: 'As partes comuns, em condomínio fechado, regulado pela Lei 4.591/1964, são de uso comum dos condôminos, não podendo a Prefeitura gravá-las como bens públicos. Não se confunde esse condomínio (loteamento fechado) com o loteamento (aberto ou convencional), no qual as ruas e praças passam para o domínio público' (TJRJ, in *RDI* 7/82)" (ob. e loc. cits., p. 68).

4. Dessarte, não há duvidar quanto à juridicidade de tais condomínios, ou ***quanto à propriedade privada sobre suas vias e áreas internas, preservada, pois, a exclusividade de seu uso e conseqüentemente a possibilidade de fechar seu ingresso a terceiros, mediante portões*** (característica esta inerente ao direito de propriedade privada), porquanto, à toda evidência, dita figura está expressamente contemplada em lei e seu fundamento reside no art. 8º da Lei n. 4.591, de 16.12.1964 (que dispõe sobre o condomínio em edificações e as incorporações imobiliárias), segundo cujos termos:

"Quando, em terreno não houver edificação, o proprietário, o promitente comprador, o cessionário deste ou promitente comprador, o cessionário deste ou promitente cessionário sobre ele desejar erigir mais de uma edificação, observar-se-á também o seguinte:

"a) em relação às unidades autônomas que se constituírem em casas térreas ou assobradadas, será discriminada a parte do terreno ocupada pela edificação e também aquela eventualmente reservada como de utilização exclusiva dessas casas, como jardim e quintal, bem assim a fração ideal do todo do terreno e de partes comuns, que corresponderá às unidades;

"b) em relação às unidades autônomas que constituírem edifícios de dois ou mais pavimentos, será discriminada a parte do terreno ocupada pela edificação, aquela que eventualmente for reservada como de utilização exclusiva, correspondente às unidades do edifício, e ainda a fração ideal do todo do terreno e de partes comuns, que corresponderá a cada uma das unidades;

"c) serão discriminadas as partes do total do terreno que poderão ser utilizadas em comum pelos titulares de direito sobre os vários tipos de unidades autônomas;

"d) serão discriminadas as áreas que se constituírem em passagem comum para as vias públicas ou para as unidades entre si".

Nelson Kojranski, cogitando do assunto assim se expressou:

"Enfim, também nesta modalidade de condomínio, especial, prevista na alínea *a* do art. 8º (que tem sido contemplada com variadas denominações), não se verifica o desmembramento do terreno. A cada unidade condominial corresponde a parte do terreno onde se assenta edificação, a parte do terreno reservada para jardim e quintal e, ainda, a participação porcentual sobre as partes comuns do condomínio, compondo a fração ideal respectiva na totalidade do terreno. Vale dizer que, da portaria para dentro, tudo é de propriedade privada, cujo terreno não sofre qualquer tipo de desmembramento, exatamente como ocorre com o prédio vertical.

"Ainda que algumas decisões denominem, inadequadamente, de 'loteamentos fechados' os condomínios especiais do art. 8º da Lei 4.591/1964, os tribunais têm enfatizado o respeito a duas características relevantes dessa espécie de condomínios: *o fechamento de sua área, de sorte a controlar o ingresso em seu território o domínio privado de suas vias de circulação, dos espaços livres e de todos os seus equipamentos de lazer ou de serviços*" ("Loteamento fechado", in *Revista do Instituto dos Advogados de São Paulo*, p. 131).

Em abono destas últimas assertivas cita decisões contidas na *LEX* 79/71, *RT* 619/98 e 717/277.

5. As discussões significativas que se puseram entre os estudiosos foram no tocante à: (a) possível abrangência destes condomínios tão-só a áreas de pequena extensão; (b) possibilidade de serem constituídos unicamente quando esteja a cargo do incorporador a construção das casas, pois o condomínio "deitado" estaria indissoluvelmente associado à realização de edificações. Vejamos, sucintamente, estas posições alternativas.

José Afonso da Silva, que encara ditos condomínios com hostilidade confessada, embora concordando plenamente em que sua natureza é privada, donde serem particulares suas vias interiores, entende que seu natural âmbito seria o de "áreas de dimensão reduzida, *no interior de quadras que sem arruamento*, permitam a construção de conjunto de edificações, em forma de vilas, sob regime condominial. Em situação como essa, a relação condominial é de grande utilidade, como na chamada propriedade horizontal". Fora daí, considera que o art. 8º da Lei 4.591, não lhes poderia servir de calço prestante (*Direito Urbanístico Brasileiro*, Ed. RT, 1981, p. 403). Sem embargo, a dicção normativa, por ele mesmo transcrita, desautoriza o restritivo entendimento deste eminente mestre. Basta ver que a letra *d* do art. 8º em questão menciona que "serão discriminadas as áreas que se constituírem em passagem comum para as vias públicas *ou para as unidades entre si*". Torna-se, assim, evidente que não teve em mira tão-só quadras não arruadas, mas, pelo contrário, além de levar em conta a passagem para a via pública, pressupôs vias internas de comunicação entre as diferentes unidades condominiais, sem estabelecer qualquer restrição no que atina ao número delas e, pois, à extensão da área que abrangerá. Logo, não é possível extrair do dispositivo em causa a concepção limitativa proposta pelo citado jurista ilustre. Aliás, como ao diante se verá, pelo menos ao tempo do Decreto-lei n. 271, tal entendimento ficaria desmentido por completo.

O precitado Nelson Kojranski resumiu com felicidade o ponto em que verdadeiramente se centrou a principal divergência entre os que versaram o tema, ao anotar:

"A distinção sutil entre os conceitos dos renomados juristas repousa na circunstância de que, enquanto o 'loteamento' inspirado no art. 8º da Lei 4.591/1964, está subordinado à obrigação de construir (mediante a incorporação condominial), a outra corrente sustenta a viabilidade de um 'loteamento condominial' ser desatrelado desta obrigação legal" (ob. cit., p. 130).

O referido autor é partidário do primeiro entendimento, bem como Elvino Silva Filho ("Loteamento fechado e condomínio deitado", in *Revista de Direito Imobiliário* 14, jul.-dez. 1984) e Diógenes Gasparini ("Loteamento em condomínio", in *Boletim do Interior* 105, abr. 1982) que, nestas palavras resume o pensamento desta corrente:

"A Lei de Condomínio só se impõe se a hipótese considerada consubstanciar uma edificação. Não se presta, portanto, para fundamentar a formação dos chamados 'loteamentos em condomínio' ou seja lá o nome que tenham, onde não se tem qualquer edificação. Nessas urbanizações, o condomínio incidiria sobre a gleba nua, daí a insubmissão desses 'loteamentos' à lei federal que regula a compropriedade em edifícios. Tanto é assim que a sua ementa, como a fixar os limites de sua aplicabilidade enuncia que dispõe 'sobre o condomínio em edificações e (...)'" (ob. cit., p. 16).

6. Tais pontos de vista, ao nosso ver, não merecem prosperar, o que, de resto, ainda se percebia com maior clareza ao tempo do tempo do Decreto-lei n. 271, de 28.2.1967 e, pois, dos condomínios instituídos sob sua égide, isto é, anteriormente ao advento da Lei n. 6.766, de 19.12.1979.

É que, nos termos do art. 3º do referido Decreto-lei:

"Aplica-se aos loteamentos a Lei n. 4.591, de 16 de dezembro de 1964, equiparando-se o loteador ao incorporador, os compradores de lotes aos condôminos e as obras de infra-estrutura à construção da edificação."

Ainda que a redação deste artigo esteja longe de ser feliz e clara, é manifesto que, por meio dela, não se pretendeu assujeitar os loteamentos comuns ao mesmo regime da Lei n. 4.591, que *isto significaria atribuir caráter condominial a quaisquer loteamentos e caráter privado a quaisquer espaços contidos no interior da gleba loteada (ruas e áreas comuns), permitindo-lhe o fechamento a terceiros*. Tal entendimento implicaria irremissível contradição nao só com o espírito e razão de ser do próprio Decreto-lei n. 271, mas com a expressa dicção de seu art. 4º, segundo o qual, "desde a data da inscrição do loteamento passam a integrar o domínio público do Município todas as ruas, praças e áreas destinadas a edifícios públicos e outros equipamentos urbanos, constantes do projeto e do memorial descritivo", ou seja: literalmente a antítese dos efeitos da citada Lei n. 4.591.

Assim, o que se tem de extrair do art. 3º do Decreto-lei — e não há como fugir a esta conclusão, sem incorrer no ilogismo assinalado ou no absurdo de entender que não possui qualquer sentido — é o propósito de reconhecer aos condomínios em apreço (que de há muito já se haviam imposto como uma realidade social, fática, incontestável) o caráter de *fontes de individuação de unidades de solo e não necessariamente de edificações atreladas a elas*, razão pela qual equiparou as obras de infraestrutura *de tais condomínios* às de edificação a cargo do incorporador nas construções dos condomínios de edifícios de apartamentos. Deverá ter sido também este o entendimento de Hely Lopes Meirelles, pois, no trabalho precitado, grafou:

"Portanto, a lei aplicável aos *loteamentos fechados* ou *condomínios horizontais* é a de n. 4.591/1964, por força do art. 3º do Decreto-lei n. 271/1967, e aos *loteamentos abertos* ou *convencionais*, é a Lei n. 6.766/1979" (ob. cit., p. 11).

Assim, haver-se-á de considerar que nos condomínios deitados, previstos na Lei n. 4.591, não é obrigatório que estejam vinculados à edificação das construções que se superporão aos lotes.

DISCRIMINAÇÃO CONSTITUCIONAL DAS COMPETÊNCIAS AMBIENTAIS. ASPECTOS PONTUAIS DO REGIME JURÍDICO DAS LICENÇAS AMBIENTAIS

LÚCIA VALLE FIGUEIREDO

Professora Titular de Direito Administrativo da Pontifícia Universidade Católica de São Paulo — PUC/SP. Juíza Aposentada do Tribunal Regional Federal da 3ª Região.
Coordenadora dos Cursos de Mestrado e Doutorado de Direito Urbanístico e Ambiental da PUC/SP

I – O meio ambiente na Constituição de 1988. II – Competências constitucionais. III – As licenças ambientais.

I – O meio ambiente na Constituição de 1988

1. O direito de propriedade e sua evolução. O art. 22, inciso II da Constituição, art. 170, incisos II, III e VI e os arts. 182, § 2º e 225 — O direito de propriedade já estava assegurado no art. 153, § 22, da anterior Constituição, todavia, somente no art. 160, inciso V, ainda da antiga Constituição, aludia-se à função social da propriedade.

Atualmente, a situação alterou-se. O direito de propriedade, alojado no inciso XXII do art. 5º, é imediatamente "temperado" pelo subseqüente inciso XXIII: "a propriedade atenderá sua função social".

Assim, parece-nos inarredável termos que compatibilizar, procurar real e efetiva compatibilização entre direito individual de propriedade com sua função social, direito difuso de todos nós, direito meta-individual ou trans-individual, como preferirem. Porém, direito a transcender a esfera jurídica do indivíduo.

1.2 Em conseqüência, temos de afirmar que a Constituição não é mais garantidora apenas de direito individual.

Direi, em primeira aproximação do tema, que impende modificar nossa concepção anterior em face do Texto Constitucional. A Constituição de 1988, democrática, nada tem a ver com a Carta Constitucional de 1967 e sua Emenda n. 1/1969.

Não sei se os constituintes se deram conta do avanço e do progresso a que chegaram na Declaração de Direitos Individuais e Coletivos. Tenho para mim que pela dimensão dada aos direitos coletivos, aos direitos difusos, esta Constituição, se mais não tivesse feito, já teria dado enorme passo. O progresso foi extraordinário.

Dizia o Professor Jorge Miranda, em Congresso de Direito Constitucional, há muito tempo, aqui no Brasil, que, no Direito Português, a função social da propriedade não aparece declaradamente como a temos, mas diluída ao longo de todo o texto, consagrada ao longo de todo o texto.

A Constituição portuguesa, como todos nós sabemos, como também a espanhola, são as mais progressistas no que se refere aos direitos individuais e coletivos.

1.3 Procurei apenas arrolar, em abono do que tenho afirmado, alguns tópicos para demonstrar que a Constituição de 1988, realmente consagra, e consagra fortemente, avanços dignos de nota no que se refere ao direito de propriedade, sua função social, a ênfase dada aos direitos difusos e coletivos somado ao capítulo do meio ambiente e da política urbana.

1.4 O art. 170 refere-se à defesa do meio ambiente, enfatiza dever a ordem econômica ser fundada na valorização do trabalho humano, na livre iniciativa para, por fim, consagrar existência digna a todos, em seu inciso VI.

De seu turno, o art. 182, dispõe:

> Art. 182. A política de desenvolvimento urbano, executada pelo Poder Público municipal, conforme diretrizes gerais fixadas em lei, tem por objetivo ordenar o pleno desenvolvimento das funções sociais da cidade e garantir o bem-estar de seus habitantes.

O art. 216, no § 1º, afirma que o poder público com a colaboração da comunidade promoverá e protegerá o patrimônio cultural brasileiro (neste compreendido o patrimônio cultural ambiental).

1.4.1 Muitos outros artigos poderiam ser enumerados, mas interessa fixar que no § 1º do art. 5º da Declaração de Direitos Individuais e Coletivos há a afirmação expressa de que as normas definidoras dos direitos e garantias fundamentais têm aplicação imediata. Se a aplicação é imediata, infere-se sua enorme importância para o tema da aplicabilidade, também imediata, das normas de estrutura sobre competências incidindo sobre o licenciamento ambiental.

Determinados valores consagrados na Constituição vão independer de legislação específica.

Deveras, se as novas conquistas dependessem de lei para sua aplicação imediata, poderiam se inviabilizar. Bastaria, pois, que se não fizesse legislação integradora para que os direitos conquistados pelo povo, após árdua cruzada democrática, jazessem no limbo.

1.5 Vejam a extensão atual dada às "denominadas" normas programáticas. Delas não mais se pode dizer, como outrora se afirmou, que lhes falta aplicação imediata.

No direito brasileiro, os doutrinadores empenharam-se arduamente para a conquista da aplicabilidade imediata de todas as normas constitucionais, mesmo aquelas ditas como programáticas. Já é pacífico que tais normas, quando menos, serviriam de balizas aos intérpretes como, também e principalmente, aos legisladores infraconstitucionais.

1.5.1 O Professor Gomes Canotilho, em seu livro *Constituição Dirigente*, trabalho já antigo, atribuiu às normas programáticas eficácia bastante grande, quando já, àquela altura, afirmava não só sua eficácia positiva, porém, também negativa para o administrador e para o juiz, ambos intérpretes do Direito. Embora, o destinatário específico dessas normas fosse o legislador.

Deveras, o legislador está coarctado de legislar contrariamente aos valores concebidos nas normas programáticas. Sua própria discricionariedade está reduzida em face dos valores constitucionais veiculados. Isto é de cabal importância, porque o legislador não está apenas jungido às normas programáticas, mas, também, o juiz, titulado que é, para dizer, no caso concreto, o que é o direito.

Permito-me trazer a contexto passagem de Otto Bachoff, em seu livro, *Jueces y Constitución*. Contém o livro citado, seu discurso como reitor, proferido há longo tempo no século passado, em 1959, traduzido posteriormente para a Espanha sem grande proveito à época, pois se vivia, na Espanha, situação de trevas, de ditadura militar. Finalmente, muitos anos depois, encontra esta preciosa obra, seu lugar, seu espaço.

Parece-me incrível o fato de as afirmações do Professor Bachoff serem absolutamente atuais — e foram ditas em 1959 — para o nosso problema, daqui e agora. Permito-me reproduzir, rapidamente, trecho do ilustre reitor alemão para demonstrar a vinculação da administração pública aos princípios constitucionais.

Diz o Professor Bachoff:

"O tomar em consideração a forte vinculação e validade das normas constitucionais materiais deixa-nos reconhecer este controle no seu verdadeiro sentido, se me permitem dirigir, novamente, a sua atenção ao controle judicial da Administração.

"O controle da legalidade da Administração significa hoje, ao mesmo tempo, controle de constitucionalidade da Administração; significa que também se controla a Administração sobre o cumprimento do sistema de valores constitucionais."

2. O direito de propriedade sempre foi concebido como direito de gozar e desfrutar da coisa. Devemos acrescentar, é claro, desfrute nos termos dos direitos de vizinhança, nos termos da legislação urbanística, e diríamos, ainda, nos termos dos princípios constitucionais. E, cada vez mais, vai se desenvolvendo a consciência ambiental, se é que assim se possa falar.

A função social da propriedade, direito da coletividade, está abrigada ao lado do próprio direito de propriedade e, de maneira expressa, a preservação do patrimônio ambiental, o direito ao ambiente hígido, ecologicamente equilibrado.

O novo Código Civil trouxe expressamente a função social da propriedade no § 1º do art. 1.228,[1] acompanhando a inovação constitucional.

O art. 225 da Constituição, de forma a não deixar dúvida, impõe a preservação do meio ambiente.[2]

O estudo do impacto ambiental tornou-se obrigatório para as obras ou atividades potencialmente causadoras de *significativa degradação* ambiental (art. 225, § 1º, IV).

Ainda que se possa dizer ser o conceito "*significativa degradação*" indeterminado, não se poderá afirmar, de seu turno, a impossibilidade de trazê-lo, pelo menos aproximadamente, à zona de certeza por meio da interpretação e com a atenção voltada aos princípios da *razoabilidade* e *proporcionalidade*.

2.1 A Constituição de 1988 trouxe expressa declaração dos direitos coletivos em seu art. 5º (direitos individuais e coletivos). Sempre entendemos que os direitos coletivos seriam o gênero do qual os difusos (expressos explicitamente no art. 129, inciso III, da Constituição) e os coletivos em sentido estrito seriam as espécies.

3. O Direito Ambiental tem como princípios mais relevantes o da *precaução*, que é de sua própria essência, pois de nada adiantaria, após o dano, muita vez absolutamente irremediável, tentar a reparação, o da *prevenção* e o da *responsabilidade objetiva*, que tem sua decorrência lógica no *poluidor-pagador*.

Obviamente, teremos de afirmar que, além desses princípios, ligados especificamente ao Direito Ambiental, outros específicos da Administração Pública devem ser respeitados.

Saliente-se a *legalidade* com sua visão moderna, tal seja, princípio da *constitu-*

1. "Art. 1.228. (...). § 1º. O direito de propriedade deve ser exercido em consonância com as suas finalidades econômicas e sociais e de modo que sejam preservados, de conformidade com o estabelecido em lei especial, a flora, a fauna, as belezas naturais, o equilíbrio ecológico e o patrimônio histórico e artístico, bem como evitada a poluição do ar e das águas."

2. "Art. 225. Todos têm direito ao meio ambiente ecologicamente equilibrado, bem de uso comum do povo e essencial à sadia qualidade de vida, impondo-se ao Poder Público e à coletividade o dever de defendê-lo e preservá-lo para as presentes e futuras gerações."

cionalidade, e, ainda, os princípios da *publicidade*, da *impessoalidade*, da *moralidade*, da *razoabilidade* e da *proporcionalidade*.

II – Competências constitucionais

*4. **A Federação brasileira***[3] — Derivam as competências ambientais de ordens jurídicas parciais diversas, pois vivemos numa Federação.

A Federação brasileira, nos termos da Constituição de 1988, tem particularidade e anomalia que a diferencia do conceito lógico-jurídico de Federação.

Federação é o modelo constitucional em que se prevê a descentralização do poder estatal, tal seja, a pluralidade de centros de poderes autônomos, coordenados pelo poder central, este sim, exercendo a soberania externa.

Assinala Lucio Levi, no *Dicionário Político*, organizado por Norberto Bobbio:

"(...) o equilíbrio constitucional não pode se manter sem a primazia da Constituição em todos os poderes. Com efeito, a autonomia desse modelo se traduz no fato de que o poder de decidir concretamente, em caso de conflito, quais sejam os limites que as duas ordens de poderes soberanos não podem ultrapassar, não pertence nem ao poder central, como acontece no Estado Unitário, onde as coletividades territoriais menores usufruem uma autonomia delegada, nem aos Estados federados (como acontece no sistema confederativo, que não limita a soberania absoluta dos Estados). Este poder pertence a uma autoridade neutral, os tribunais, aos quais é conferido o poder de revisão constitucional das leis" (verbete "Federalismo", ob. cit., p. 481).

4.1 Dissemos que a Constituição de 1988, em termos de Federação, tem particularidade e, ao mesmo tempo, anomalia. A particularidade é — sem dúvida — a inclusão do Município na Federação. E a anomalia reside no fato de o Município não ter, no Poder Central, representatividade, vez que no sistema bicameral, a Câmara dos Deputados é formada por representantes do povo, eleitos proporcionalmente em cada Estado, e pelo Senado Federal com representantes dos Estados e do Distrito Federal.

O Município não se faz, pois, representar. Pois bem, ainda que se possa dizer integrar o Município anomalamente o conceito de Federação, em termos jurídicos-positivos, é o Município ente da Federação.

4.2 A Federação é tão importante na Constituição brasileira, que se constitui em seu cerne fixo, como se verifica do art. 60, § 4º, inciso I.[4]

Característica essencial do Estado federal é a coexistência pacífica de ordens jurídicas parciais.

No dizer de Kelsen:

"(...). O conceito de âmbito de validade material encontra aplicação, p.ex., se uma ordem jurídica total — como no caso de um Estado federal — coordena-se em vários ordenamentos jurídicos parciais, cujo âmbito de validade, em relação aos objetos que por ele devem ser regulados, são reciprocamente delimitados; assim, p.ex., se os ordenamentos jurídicos dos Estados-membros podem regular tão-só certas espécies enumeradas na Constituição ou — como se costuma também expressar — se apenas a regulação dessas espécies entra na competência dos Estados-membros, a regulação de todos os outros casos, todavia, é reserva-

3. A parte deste estudo referente à Federação brasileira, competências e normas gerais, foi tirada, basicamente, do trabalho *Competências Administrativas dos Estados e Municípios*, apresentado em 1.9.1994 no IV Congresso Internacional de Direito Administrativo, realizado em Foz do Iguaçu/PR, e publicado no *Boletim de Direito Administrativo* 11/94, São Paulo, Ed. NDJ.

4. "Art. 60. (...). § 4º. Não será objeto de deliberação a proposta de emenda tendente a abolir: I — a forma federativa de Estado; (...)."

da ao ordenamento jurídico do Estado federal (que também apenas é uma parte do ordenamento jurídico), ou, em outras palavras entra na competência do Estado Federal."[5]

Impende assinalar que a Federação, apesar de ter, pelo menos, conteúdo mínimo para assim se poder chamar, deverá ser analisada precipuamente a lume da Constituição vigente, sobretudo no pertinente à partilha constitucional, esta, sim, essencial à Federação.

4.3 A partilha constitucional de competências — No que tange à partilha constitucional verificamos que a Constituição distingue as competências da União, do Distrito Federal, dos Estados e dos Municípios, reservando a primeira e aos últimos competências expressas. Os Estados, afora a competência expressa atribuída pelo § 2º do art. 25, ficam com as competências residuais (art. 25, § 1º).

4.3.1 Demais disso, a Constituição atribui competências administrativas comuns à União, Estados, Distrito Federal e Municípios (art. 23) e competências legislativas concorrentes à União, Estados e Distrito Federal (art. 24).

Todavia, no art. 30, a competência do Município é para legislar sobre assuntos de interesse local, o que torna a competência municipal também concorrente ou, em certas hipóteses, específica, se a matéria for exclusivamente de interesse local.

Ademais, no inciso II do mencionado art. 30, verifica-se competir ao Município suplementar a legislação federal e a estadual no que couber.

5. Competências expressas da União e dos Municípios

5.1 Há competências legislativas expressas da União, sediadas no art. 21 da Constituição e discriminadas em 25 incisos, que irão alijar a dos Municípios e a dos Estados, as últimas, competências residuais — Quanto às competências da União, listadas no art. 21, incisos I a IV, são elas inerentes à situação de soberania e as inseridas do inciso V em diante transcendem, e muito, interesses regionais ou locais.

Todavia, cumpre assinalar que o inciso IX do art. 21 (elaborar e executar planos nacionais e regionais de ordenação do território e de desenvolvimento econômico e social), bem como o inciso XX do mesmo art. (instituir diretrizes para o desenvolvimento urbano, inclusive habitação, *saneamento básico* e transportes urbanos) pode ensejar alguma dificuldade, porque acabam por se imbricar com competências estaduais (planos regionais) e com competências municipais.

Entretanto, imbricar é sobrepor-se, como as telhas de um telhado. Não é tomar o lugar de, invadir, intrometer-se, imiscuir-se. Portanto, constitucionalmente atribuída a competência, é mister que se mantenha a União estritamente dentro do campo do interesse nacional.

5.2 Quanto à competência concorrente da União para legislar sobre certas matérias, discriminadas no art. 24, dúvidas podem assaltar no tocante à expressa disposição de legislar sobre normas gerais (§ 1º do art. 24).

Também se deve analisar a disceptação entre *competência privativa* para estabelecimento de normas gerais, como a estabelecida, por exemplo, no art. 22, XXVII, e as do art. 24, § 1º, que particularmente vai nos interessar (a competência da União concorrente limitar-se-á a estabelecer normas gerais).

O parágrafo único do art. 22 (competência privativa da União) estabelece a possibilidade de delegação aos Estados, mediante lei complementar.

5.3 Na competência privativa, como é até intuitivo, nenhuma outra pessoa política poderá legislar sobre normas gerais. Não é o que sucede quando se trata de competência concorrente e se atribui à União a limitação de *apenas legislar sobre normas gerais.*

5. *Teoria Geral das Normas*, pp. 187-188.

A conseqüência, no que tange à legislação ambiental, é importante.

6. Competências administrativas concorrentes (art. 23) — É no âmbito das competências concorrentes (neste art. 23, administrativas, consoante entendemos) que pode residir o problema.

Vejamos os diversos incisos, que serão enumerados no que for pertinente ao tema.

> Art. 23. É competência comum da União, dos Estados, do Distrito Federal e dos Municípios: (...);
>
> III — proteger os documentos, as obras e outros bens de valor histórico, artístico e cultural, os monumentos, as paisagens naturais notáveis e os sítios arqueológicos;
>
> IV — impedir a evasão, a destruição e a descaracterização de obras de arte e de outros bens de valor histórico, artístico ou cultural; (...);
>
> VI — *proteger o meio ambiente e combater a poluição em qualquer de suas formas*;
>
> VII — *preservar as florestas, a fauna e a flora*; (...);
>
> IX — promover programas de construção de moradias e a melhoria das condições habitacionais *e de saneamento básico*; (...);
>
> XI — registrar, acompanhar e fiscalizar as concessões de direitos de pesquisa e exploração de recursos hídricos e minerais em seus territórios; (...) (grifos nossos).

6.1 No parágrafo único dispõe-se que lei complementar fixará normas para cooperação entre a União e os Estados, o Distrito Federal e os Municípios, tendo em vista o equilíbrio do desenvolvimento do bem-estar em âmbito nacional.

Quid juris, inexistente a lei complementar? Ficariam inibidas as competências?

Não se nos afigura, pois que as competências são deveres. Nunca será demais repetir que exercem os entes políticos, enumerados nos artigos pré-mencionados, função. E função é "atividade de quem não é dono" (Cirne Lima), seu desempenho é obrigatório.

Entendidas as normas constitucionais como dotadas de eficácia e, em várias das hipóteses, com ratificação expressa de outras normas constitucionais como são as veiculadas nos arts. 216, inciso V, 225 *caput*, §§ 1º e 2º, verificamos que as pessoas enumeradas no art. 23 devem exercitar plenamente a competência constitucional, mesmo sem se configurar a cooperação, que se deverá dar se editada fosse a lei complementar.

Portanto, sua atividade fiscalizadora deverá ser exercida.

7. Competências concorrentes para legislar (art. 24)

7.1 Deveras, é no âmbito da competência concorrente para legislar que problemas de ordem interpretativa podem ocorrer. Comece-se pelo *caput* do artigo: "compete à União, aos Estados e ao Distrito Federal legislar concorrentemente (...)". E a legislação municipal, sobretudo em assuntos de interesse local, na esfera do direito administrativo, como no direito urbanístico e ambiental, proteção do meio ambiente, controle da poluição, proteção do patrimônio histórico, cultural, artístico local (este último explícito nos incisos VIII e IX do art. 30), sempre no que for pertinente ao interesse local.

7.2 O socorro deverá vir da interpretação sistêmica com o art. 30, inciso I (legislar sobre assuntos de interesse local), inciso II (suplementar a legislação federal e a estadual no que couber), inciso VIII (promover, no que couber, adequado ordenamento territorial, mediante planejamento e controle do uso, do parcelamento e da ocupação do solo urbano), em consonância com o art. 182 (a política de desenvolvimento urbano, executada pelo Poder Público municipal, conforme diretrizes gerais fixadas em lei, tem por objetivo ordenar o pleno desenvolvimento das funções sociais da cidade e garantir o bem-estar de seus habitantes); § 1º do art. 182 (o plano diretor, aprovado pela Câmara Municipal, obrigatório para cidades com mais de vinte mil habitantes, é o instrumento básico da política de desenvolvimento e de expansão urbana); § 4º do art. 182 (é facultado ao Poder Público municipal, mediante lei específica para área incluída no plano diretor, exigir, *nos termos da lei federal*: "(...) do proprietário do solo urbano não edificado, subutilizado ou não utilizado, que promova seu adequado aproveitamento, sob pena, sucessivamente, de: (...)".

7.3 Todavia, o problema efetivamente reside, sem sombra de dúvida, no § 1º do art. 24, que determina, como já enfatizamos, que, no âmbito da competência concorrente, a União limite-se a estabelecer normas gerais.

O § 2º não desperta problema maior quando é afirmado que:

> § 2º. A competência da União para legislar sobre normas gerais *não exclui a competência suplementar* dos Estados (grifamos).

E os §§ 3º e 4º:

> § 3º. Inexistindo lei federal sobre normas gerais, os Estados exercerão a competência legislativa plena, para atender a suas peculiaridades.
>
> § 4º. A superveniência de lei federal sobre normas gerais suspende a eficácia da lei estadual, no que lhe for contrário.

8. Enfrentaremos inicialmente os §§ 2º, 3º e 4º, deixando o § 1º, a questão das normas gerais para abordagem mais ampla e específica.

A Constituição admite expressamente, vez que "a competência da União não exclui a competência suplementar dos Estados", que os Estados legislem também sobre normas gerais, suplementarmente, o que, diga-se de passagem, o Estado de São Paulo, em matéria ambiental, exerceu sua competência.

8.1 Suplementar, esclareça-se, é preencher claros, é adicionar, esclarecer, aperfeiçoar. Portanto, ao Estado cabe o aperfeiçoamento regional das normas gerais estabelecidas pela União.

Ainda há mais. Na inexistência de normas gerais exerce o Estado a competência plena, para atendimento de suas peculiaridades (§ 3º do art. 24).

8.2 Todavia, a superveniência de lei federal (nacional) sobre normas gerais suspende a eficácia da lei estadual, no que esta for contrária à lei federal.

8.3 Aos Municípios também cabe a suplementação da legislação federal e estadual, no que couber. Porém não, como é óbvio, o estabelecimento de normas gerais. É dizer, o Município legisla no que não exceda os limites dos procedimentos locais (legislação sobre assuntos de interesse local, art. 30, inciso I, conjugado com o inciso II).

9. Competências remanescentes dos Estados — Segundo os constitucionalistas, as competências remanescentes dos Estados têm abrangência pequena. Em Constituição, como a nossa, que os poderes da União são expressos, e que a legislação municipal também é expressa, pouco remanesce ao Estado, a não ser, certamente, seu direito administrativo, neste podendo incluir-se a legislação sobre meio ambiente (art. 24, inciso VI), a proteção do patrimônio histórico, cultural, paisagístico e controle de poluição (art. 24, inciso VII), a responsabilidade por dano ao meio ambiente, ao consumidor, a bens e direitos de valor artístico, estético, histórico, turístico e paisagístico.

Enfim, o enumerado no prefalado art. 24, legislação concorrente, desde que não atinja o interesse local dos Municípios.

10. Normas gerais e legislação concorrente — É, sem sombra de dúvida, grande problema o deslinde dos exatos termos do possível conteúdo das normas gerais.

Primeiramente devemos notar que a Constituição atribuiu à União a competência para legislar sobre normas gerais, dentro da competência concorrente entre a própria União, Estados e Distrito Federal (o já mencionado art. 24). E, nesse tópico, expressamente afirmou que a competência da União, nessa legislação concorrente, limitar-se-ia apenas às normas gerais.

10.1 Enfatize-se, pois: a competência para normas gerais não é privativa no que concerne às competências do art. 24; o § 1º desse artigo admite, em conseqüência suplementação (§ 2º do art. 24) no que tange ao Estado, como já afirmamos.

10.2 Normas gerais: conceito e alcance — Dito isso apenas, não se resolve o problema, porque persiste, e persiste forte, a dificuldade de se saber o que são afinal as normas gerais e quais seus limites.

As normas gerais dirigem-se aos legisladores e intérpretes como normas de sobredireito. Normas que condicionam, no assunto em que a competência existe, a legislação ordinária da pessoa política, também competente para legislar sobre a matéria.

Esta questão palpitante já foi versada pelos mestres do direito, todavia sem que alcançasse uniformidade. Tal uniformidade ocorre, apenas e tão-somente, em campos parciais.

Diogo de Figueiredo Moreira Neto, em percuciente trabalho, "Competência concorrente limitada — O problema da conceituação das normas gerais",[6] como, aliás, em todos os temas em que o ilustre autor versa, citando Cláudio Pacheco, em seu *Tratado das Constituições Brasileiras*, transcreve o seguinte trecho:

"Surge logo a dificuldade de estabelecer um conceito apriorístico e uniforme de normas gerais, que sirva de chave ou de equação para selecionar, entre as numerosas preceituações que as matérias comportam, quais as que podem ser retidas, como 'gerais', na competência superior da União. Pode-se dizer, por exemplo, em pleno âmbito das expressões imprecisas, que as normas gerais serão os lineamentos fundamentais da matéria, serão as estipulações que apenas darão estrutura, plano e orientação. Pode-se conceituar ainda, pelo efeito indireto e fracionário de negativas, que serão aquelas que não especificarão, que não aplicarão soluções optativas, que não concretizarão procedimentos, que não criarão direções e serviços, que não selecionarão e discriminarão atividades, que não preceituarão para a emergência, para a oportunidade, a modalidade especial e para o caso ocorrente, que não condicionarão a aplicabilidade e adaptabilidade, que não descerão a minúcias e requisitos. Mas em nada disto estará um conceito compacto, previdente e seletivo, que possa servir de critério único para decidir entre o que sejam normas gerais e o que sejam normas especiais ou específicas."

10.3 Vê, o ilustre administrativista as normas gerais como terceiro gênero normativo. De conseguinte com um *quid* diferenciativo. E averba:

"Teríamos aqui três graus de generalização normativa: o generalíssimo, das normas-princípios; o geral, propriamente dito, das normas gerais; e o subgeral, das normas particularizantes."[7]

Em seguida, faz sua sistematização:

"Quanto às *normas gerais*, destacamos:

"1. declaram um valor juridicamente protegido;

"2. conformam um padrão vinculatório para a norma particularizante;

"3. vedam o legislador e o aplicador de agirem em contrariedade ao valor nelas declarado, *e, além distintamente dos princípios*:

"4. aplicam-se concreta e diretamente às relações e situações específicas no âmbito de competência administrativa federal;

"5. aplicam-se concreta e diretamente às relações e situações específicas no âmbito de competência administrativa estadual (ou municipal), sempre que o Estado-membro (ou Município) não haja exercido sua competência concorrente particularizante;

"6. aplicam-se concreta e diretamente às relações e situações específicas no âmbito de competência administrativa estadual (ou municipal), sempre que o Estado-mem-

6. In Separata da *Revista de Informação Legislativa* 100/143, a. 25, out.-dez. 1988.

7. Ibidem, p. 154.

bro (ou Município) haja exercido sua competência concorrente particularizante em contrariedade ao valor nelas declarado."[8]

11. ***Nossa sistematização*** — Pouco discordamos da prefalada sistematização, porém, queremos deixar expressa nossa posição.

11.1 As normas gerais, para nós, possuem características diferenciadas das normas, com hierarquia normativa inibitória ao legislador ordinário, se estadual ou municipal, de disporem de forma diferente. E as matérias, que devam ser objeto de normas gerais, não podem ser legisladas por outros entes políticos, a não ser, nas hipóteses constitucionais de suplementação (art. 24, § 2º, da Constituição).

11.2 Concordamos, pois, com o autor quando se refere a um terceiro gênero normativo. Em termos da pirâmide kelseniana, poderíamos ter: a Constituição, as normas gerais (quando constitucionalmente couberem), as normas (gerais no sentido comum kelseniano) e as normas individuais. Hipóteses há, todavia, em que a pirâmide kelseniana conservar-se-á, em face do ordenamento jurídico brasileiro, como concebido pelo seu idealizador, tal seja, Constituição, normas gerais e individuais.

11.3 Assim, podemos chegar à seguinte sistematização no que tange às normas gerais e, em especial, as que resultam de competências administrativas:

a) disciplinam, de forma homogênea, para as pessoas políticas federativas, nas matérias constitucionalmente permitidas, para garantia da segurança e certeza jurídicas;

b) não podem ter conteúdo particularizante que afete a autonomia dos entes federados, assim não podem dispor de maneira a ofender o conteúdo da Federação, tal seja, não podem se imiscuir em assuntos que devam ser tratados exclusivamente pelos Estados e Municípios;

c) estabelecem diretrizes sobre o cumprimento dos princípios constitucionais expressos e implícitos.

11.4 Principais efeitos das normas gerais — Assim sendo, verificamos que as normas gerais têm como principais efeitos: 1. a legislação homogênea geral, não particularizante para as pessoas políticas; 2. o cumprimento, ainda, dos princípios constitucionais expressos e implícitos; 3. o coarctamento da legislação dos entes federativos no que deve ser preservado homogeneamente, para se obter segurança e certeza jurídicas.

As normas gerais serão constitucionais se e na medida em que não invadam a autonomia dos entes federativos, com particularizações indevidas.

11.5 O emérito Ministro Carlos Velloso, em voto proferido na ação direta de inconstitucionalidade 927-3, do Rio Grande do Sul — medida cautelar, assim averbou:

"(...). A formulação do conceito de 'normas gerais' é tanto mais complexa quando se tem presente o conceito de lei em sentido material — norma geral, abstrata. Ora, se a lei, em sentido material, é norma geral, como seria a de lei de 'normas gerais' referida na Constituição? Penso que essas 'normas gerais' devem apresentar generalidade maior do que apresentam, de regra, as leis. Penso que 'norma geral', tal como posta na Constituição, tem o sentido de diretriz, de princípio geral. A norma geral federal, melhor será dizer nacional, *seria a moldura do quadro a ser pintado pelos Estados e Municípios no âmbito de suas competências*" (grifamos).

11.6 Para encerrar o tópico, embora saibamos que nossa abordagem é apenas uma tentativa de enfrentamento do tortuoso tema, gostaríamos de enfatizar que a norma geral, se corretamente dentro de seu campo de abrangência, ao contrário do que se pode dizer em matéria de invasão das competências federativas, é, sobretudo, fator de segurança e certeza jurídicas, portan-

8. Ibidem, pp. 155-156.

to, tendem a igualdade e certeza da aplicação uniforme de dados princípios.

III – As licenças ambientais

12. A primeira questão a ser enfrentada é se estamos diante de licença, ato administrativo constitutivo para alguns, constitutivo-formal para outros (da mesma forma que entendemos nós, pois, apenas, remove obstáculos, já que estaria ínsita ao direito de propriedade), ou se estamos diante de autorização, ato administrativo inteiramente diferenciado do primeiro em seu regime jurídico.

12.1 Enfim, trata-se de saber se há competência administrativa vinculada ou não. Já dissemos, a respeito do tema:

"*Licenças* são atos vinculados, que *facultam* ao beneficiário o desfrute de situação regulada pela norma jurídica. Exemplos típicos são as licenças para edificar, para habitar, para instalação de luminosos, ou, de um modo geral, as licenças ambientais e urbanísticas.

"No tocante, todavia, às licenças ambientais, necessário será se fazer exame mais acurado e reflexão maior.

"Isso assim deve ser porque, se é verdade que a Administração estará diante de condutas também determinadas pela norma, todavia, tais 'licenças' serão ainda alvo de certo grau de 'discricionariedade', que deverá ser *cabalmente motivada*. As condições para emanação da 'licença' ambiental podem variar com o tempo.

"Na verdade, a relação jurídica formada será, consoante pensamos, *rebus sic stantibus*.

"Verifique-se que o resultado do RIMA (Relatório de Impacto Ambiental), obrigatório diante de obras que possam resultar em 'significativa degradação do meio ambiente' (art. 225, inciso IV, do Texto Constitucional), não é vinculante para o administrador, ou, de qualquer sorte, poderá este escolher dentre as alternativas propostas.

"Não se quer, com a afirmação, todavia, dizer que o administrador não esteja diante de qualquer vinculação. Entretanto, a questão prestar-se-á para ser mais bem esclarecida em trabalho específico no tema."[9]

12.2 É chegada, pois, a hora da reflexão pouco mais acurada. É importante o regime jurídico da licença (competência vinculada ou não) por força da conseqüência, a questão da responsabilidade do Estado, caso venha a ser suprimida a licença em decorrência de situação superveniente.

As coisas não podem se colocar, como afirma Carlos Roberto Siqueira de Castro, na base do "tudo ou nada". Se pretendermos encontrar nas licenças ambientais um único regime jurídico, ou melhor dizendo, regime jurídico referente aos atos discricionários, ou, então, ao ato vinculado, não chegaremos a lugar nenhum.

12.3 Deveras, é importante dizer-se que não há atos inteiramente vinculados (à exceção do eterno exemplo da aposentadoria compulsória, dado pelos professores de direito administrativo), nem, tão-pouco, atos totalmente discricionários.

Sempre haverá um compósito de elementos e, na verdade, há atos que, embora sejam vinculados, vão envolver, inicialmente, a difícil tarefa interpretativa dos conceitos indeterminados dentro de todo contexto.

Há, muita vez, algum aspecto discricionário, pelo menos no que concerne ao momento da expedição do ato.

13. Portanto, podemos dizer que a licença é ato vinculado porque, satisfeitos seus pressupostos legais, deverá ser expedida. Todavia, por se tratar de licença ambiental, não pode ela ter a definitividade das demais licenças concedidas, como, por exemplo, a licença urbanística ou licença de atividade profissional.

Pode-se dizer, é verdade, que mesmo a licença com caráter de definitividade pe-

9. *Curso de Direito Administrativo*, 7ª ed., São Paulo, Malheiros Editores (no prelo).

rante interesse público, real e concreto, poderia ser suprimida pelos meios admitidos em direito. Consoante alguns pela expropriação de direito e, para mim, pela "revogação-expropriação",[10] como a denomina Gomes Canotilho.

Em conseqüência, embora entendamos que se trata de ato vinculado, em face do tratamento constitucional dado ao meio ambiente e à função social da propriedade (a contrabalançar o direito individual ao direito coletivo), mesmo assim, há, consoante entendemos, possibilidade de ser *a termo*, portanto, obrigando à renovação com exigências supervenientes à vista do estado da técnica, cuja evolução é rapidíssima, e da própria alteração das características ambientais de determinada época e de determinado local.

13.1 Além disso, também poderá ser suprimida, dependendo, como é claro, da possibilidade ou impossibilidade de adaptação do empreendedor às novas exigências.

Cumpre salientar, também, que a licença resulta de procedimento administrativo. Segundo nossa concepção nenhum ato administrativo dispensa o procedimento. O ato de licença é resultante de procedimento administrativo.

Procedimento administrativo, consoante averbado anteriormente[11] é o caminho a ser percorrido pela Administração a fim de cumprir determinadas formalidades seqüenciais para chegar ao ato final.

Essas observações vão se refletir, obviamente, no *quantum* indenizatório ou no ressarcimento a ser pago àquele que tiver a licença retirada.

14. O EIA-RIMA, condicionante da licença ambiental, quando houver *significativa degradação ambiental*, não é vinculante para o administrador que poderá escolher uma das soluções encontradas no relatório, mesmo que não seja ela a preferida da equipe técnica elaboradora do estudo.

Evidentemente, a escolha das soluções, entendidas como as melhores, deverá ser amplamente motivada pelo administrador, de tal forma, que seja possível o entendimento de por que a escolha da situação A ou B.

14.1 Quanto à situação do particular, do empreendedor, que tem responsabilidade objetiva, não pretendemos dela tratar especificamente.

15. A competência para outorga das licenças seguirá, sem dúvida, as competências constitucionais já versadas. As normas de estrutura sobre competências incidirão diretamente sobre o licenciamento ambiental, mesmo que não houvesse expressas disposições legislativas.

O licenciamento ambiental será feito pela União, pelos Estados ou, até mesmo, pelo Município quando se colocarem temas de interesse local.

O licenciamento feito pelo Estado federado deverá observar as normas gerais da União, suas normas gerais e as normas específicas para o licenciamento estadual.

Disposições normativas há. A Lei 6.938, de 31 de agosto de 1981, foi recebida pela Constituição, consoante entendemos, como norma geral e, até mesmo, foi modificada depois da Constituição de 1988.

De seu turno, a Resolução 237/1997 do CONAMA, estribada na Lei 6.938, de 31 de agosto de 1981, explicita as competências da União, Estados e Municípios (arts. 4º, 5º e 6º).

16. Temos, pois, a União, o Distrito Federal, os Estados federados e os Municípios outorgando licenças ambientais, dependendo do campo de abrangência. Todavia, entendemos que a licença não será outorgada por mais de um dos entes. Apenas, o campo de abrangência ou competência se-

10. Veja-se meu *Curso...*, 7ª ed., cit., Cap. IX. E, também, Gomes Canotilho, *O Problema da Responsabilidade por Atos Lícitos*, Coimbra Editora, 1982, pp. 137-139.

11. *Curso...*, cit., 7ª ed. (no prelo).

rá diferenciado quando se tratar de âmbito nacional (União), regional (Estados), quando ultrapassarem os limites do Município ou em outras circunstâncias apontadas nos arts. 4º e 5º da Resolução, e, finalmente, ao Município nas hipóteses de possibilidade de impacto apenas local.

16.1 Inclusive a dispensa do EIA-RIMA e a determinação de outros estudos, quando for o caso, ficarão, como é claro, dentro da competência do ente federado.

17. Os problemas que se podem colocar, no tocante à renovação ou não da licença (neste ponto, a Lei 6.938/1981 é norma geral) ou, até mesmo, sua supressão antes de terminado o prazo, são os seguintes:

17.1 a licença foi concedida sem que fossem respeitados os pressupostos legais e constitucionais para sua expedição (hipótese obviamente de invalidade);

17.2 a licença foi concedida quando o estágio da técnica, do conhecimento humano, não permitia prever que determinadas conseqüências adviessem.

Subdivide-se, aqui, a questão:

17.2.1 há possibilidade de o empreendedor conseguir implantar as medidas recomendadas para se adaptar;

17.2.2 não há possibilidade de o empreendedor se adaptar (por exemplo, o produto passa a ser considerado letal);

17.3 a licença atingiu seu termo final, ou;

17.4 a licença não atingiu seu termo final, dependeria de renovação.

18. Na 1ª hipótese, a resposta é simples. Trata-se de invalidade, imputável ou não também ao empreendedor. Ter-se-á que verificar a boa ou má-fé do empreendedor para se aferir se haverá alguma indenização administrativa (responsabilidade objetiva do Estado com ação regressiva quando houver dolo ou culpa do funcionário).

18.1 Na 2ª hipótese, de a licença ter sido concedida ainda quando o estágio da técnica não permitia prever que poderia haver problema posterior, se houver possibilidade de adaptações (17.2.1), estas deverão ser feitas às expensas exclusivas do empreendedor. A função social da propriedade (art. 22, inciso III) e a necessidade do meio ambiente hígido, imposição do art. 225 da Constituição, suportariam esta conclusao.

Por outro lado, também serviria de suporte à conclusão a afirmativa de que a licença ambiental é *rebus sic stantibus.*

18.2 Na hipótese de não haver qualquer possibilidade de adaptação, pois o produto é de tal periculosidade ou letal mesmo, deverá haver a *cassação da licença*, se ainda não esgotado o termo final, com a indenização do que não houver sido ainda amortizado. Portanto, o prejuízo efetivo ressarcido com fundamento da divisão equânime das cargas públicas.

Dissemos, propositalmente, o prejuízo efetivo ressarcido. Descartamos, pelos mesmos princípios enumerados acima, indenização pelos lucros cessantes.

18.3 Na hipótese de a licença não ter atingido seu termo final, não se poderá renová-la, porém dever-se-á proceder como acima explicitado.

Se, porém, a licença atingiu seu termo final, por óbvio não será possível renová-la. Neste caso, segundo nosso entendimento, não caberá indenização em face de todos os princípios de direito ambiental.

19. Como se poderá observar, entendemos que as normas, que tratam da renovação da licença, obrigam Estados e Municípios por serem normas gerais. Não há dúvida, consoante penso, que estamos diante de norma geral obrigatória. Não poderão, quer Estados ou Municípios, outorgar licença sem termo.

Por isso, também, a licença deve ser expedida em três tempos, tal seja, Licença Prévia (LP), Licença de Instalação (LI) e Licença de Operação (LO). Faz sentido que assim seja. E foi por isso mesmo que a qualificamos de *rebus sic stantibus.*

Estas, de maneira bastante singela, algumas conseqüências do fato de as licenças ambientais, embora, decorrentes de processo administrativo (procedimento administrativo nominado), com forte conteúdo vinculado, por serem *rebus sic stantibus*, devem ser renovadas. Têm, pois, prazo de validade, e podem, também, ser suprimidas, quando não mais tiverem condições de ser expedidas.

DIREITO CONSTITUCIONAL, NOVOS PARADIGMAS, CONSTITUIÇÃO GLOBAL E PROCESSOS DE INTEGRAÇÃO

Clèmerson Merlin Clève

Professor Titular das Faculdades de Direito da UniBrasil e da UFPr. Professor nos Cursos de Mestrado e Doutorado da UFPr. Advogado e Parecerista na área de Direito Público

1. Introdução. 2. Direito Constitucional da efetividade. 3. Direito Constitucional e superação de fronteiras. 4. Direito Constitucional global. 5. Integração regional e Mercosul. 6. A experiência européia. 7. Conclusão.

1. Introdução

Propõe-se, nesta exposição, (i) recuperar, em breves pinceladas, a memória da assim chamada *dogmática constitucional emancipatória* (também chamada de *dogmática constitucional da efetividade*), produzindo juízo sobre o esgotamento de sua proposta, e discutir acerca das possibilidades do (ii) constitucionalismo global e do (iii) constitucionalismo nos processos de integração.

No que diz respeito à primeira parte deste ensaio, o campo da abordagem restringe-se ao universo das doutrinas amigas, não havendo lugar para os discursos refratários à atual Constituição, eventualmente combatentes do discurso constitucional democrático. O direito constitucional brasileiro, aliás, como ninguém desconhece, conta com determinados operadores que, a pretexto de concretizar a Constituição, alcançam exatamente o contrário. Trata-se ora de uma dogmática da razão do Estado; ora de uma dogmática liberal ou neoliberal prisioneira do mercado reificado e reificante; ora de um conservadorismo constitucional comprometido com uma idade de ouro encontrada em algum momento da história nacional e, portanto, um constitucionalismo defensor de um *status quo* ou de uma operação regressiva; ora, finalmente, de uma dogmática que se identifica com o autoritarismo ou com o reacionarismo tributários de um pensamento ainda compartilhado por vários setores da sociedade brasileira. Nesse passo, o que se tem é a busca da mudança da Constituição para mutilá-la ou instrumentalizá-la — a chamada *ordinarização da Constituição*. Insiste-se nas deficiências do texto constitucional ou, pura e simplesmente, sabota-se a Constituição, especialmente aqueles capítulos exigentes de uma atuação estatal voltada para a satisfação dos objetivos fundamentais da República Federativa do Brasil ou para a realização dos direitos fundamentais. Neste último caso, afeta-se mais os direitos sociais de natureza prestacional, exigentes de uma atuação positiva do poder público. Cumpre, portanto, tratar apenas da dogmática comprometida com a Constituição, demonstrando, ademais, o esgotamento de determinados tempo e proposta.

2. Direito Constitucional da efetividade

Emergiu no Brasil, após a promulgação da Constituição de 1988, uma interessante doutrina identificada como *dogmática constitucional da efetividade*, ou, como preferiram alguns, *dogmática constitucional emancipatória*, ou ainda *dogmática constitucional transformadora*. O compromisso primeiro, nesse caso, não era propriamente de ordem teórica, sendo mais de ordem política. "A Constituição vincula", "a Constituição vale", "a Constituição incide", estas eram as mensagens do discurso constitucional. Tratava-se de apostar nas virtualidades dirigentes do novo texto e de irrigar a ordem jurídica com os valores plasmados no documento constitucional. Para isso, importava reler todo o direito à luz da principiologia da Constituição, através do processo conhecido como *filtragem constitucional*. Tratava-se, portanto, de uma doutrina amiga da Constituição, enfim, de uma doutrina constitucional amorosa, vinculada até a medula à idéia de normatividade integral da lei fundamental. Propunha a releitura das velhas categorias, a discussão a propósito do renovado papel do Supremo Tribunal Federal, enquanto guardião constitucional (embora não o único), no contexto da nova Constituição, e o estudo das ações constitucionais como meios de efetivação das suas promessas.

O discurso renovou, indiscutivelmente, o direito constitucional brasileiro, autorizando, inclusive, renovadas aberturas teóricas decorrentes, muitas vezes, da forte influência exercida pelas doutrinas alemã, americana, portuguesa e espanhola sobre os novos constitucionalistas. Do ponto de vista teórico, a produção discursiva ainda era, em geral, dependente de paradigmas já experimentados no país. Note-se, por exemplo, a dificuldade para superar a visão segundo a qual a aplicabilidade da norma depende menos do operador jurídico, especialmente do discurso que ele conforma e sustenta, e mais das qualidades intrínsecas do texto, ou seja, a idéia nesse particular de que são as qualidades do texto que determinam a extensão da vinculação dos poderes à normativa constitucional. Perceba-se a dificuldade para superar as velhas teorias classificatórias da aplicabilidade das normas, dificuldade encontrada mesmo nos juristas mais comprometidos com a potencialização das virtualidades normativas da Constituição.

O papel mais interessante da *dogmática constitucional da efetividade*, nestes 15 anos, foi o *pedagógico*, decorrente da comunicação de uma nova forma de relação do jurista cidadão com a Constituição. Fala-se de pedagogia capaz de estimular a criação, nas escolas de direito espalhadas pelo país, de uma leva considerável de jovens juristas e de fomentar, nos cursos de mestrado, doutorado e de especialização, a renovação do pensamento constitucional brasileiro. O esgotamento do discurso, todavia, já era visível nos últimos anos. Daí a necessidade da busca de novos caminhos, especialmente no sítio teorético.

A aliança com a integral efetividade da Constituição continua. Não podia ser diferente, eis que compõe, afinal, compromisso permanente. No entanto, a doutrina constitucional reclama novas premissas, novos conceitos, renovadas *démarches*. Por isso, a afirmação segundo a qual a *dogmática constitucional da efetividade* não morreu, apenas sofreu transfiguração para dar lugar a um discurso, por um lado, essencialmente igual quanto aos seus propósitos e, por outro, essencialmente distinto quanto às qualidades de suas *démarches* ou quanto à reivindicação do lugar constitucional na ordem normativa da sociedade contemporânea. É aqui que se percebe a manifestação daquilo que pode ser chamado de transmutação do lugar normativo da Constituição.

Aprende-se desde cedo, particularmente na faculdade, que a Constituição é o corpo de normas dotadas de superior hierarquia residente no vértice da pirâmide jurídica, portanto, a idéia da ordem jurídica enquanto pirâmide. Está-se a referir, é evidente, à metáfora kelseniana que foi útil por muito tempo. No entanto, o lugar normativo da Constituição, hoje, não pode mais ser o mesmo. Antes de vértice de uma pirâmide, no âmbito nacional apresenta-se mais como centro, um centro exercente de atração de ordem gravitacional sobre o vasto universo normativo contaminado pela fragmentação. O universo jurídico é caos que se faz sistema pelo trabalho árduo do operador jurídico ao lançar mão da linguagem constitucional em busca da unidade de sentido. O que ora se apresenta não constitui nenhuma novidade.

No campo jurídico tudo haverá de orbitar em torno da Constituição. Nesse caso ela é o sol, a estrela ímã que confere integridade ao universo-caos fragmentado e descodificado dos microssistemas normativos que precisam ser reconstruídos enquanto sistema total (exigente, por isso mesmo, de consistência, coerência e integridade). O sistema não é um dado, mas antes um construído, resultado do arranjo arquitetônico do operador.

A Constituição é fundamento, mas é também centro, estrela-mãe a atrair para a sua órbita os fragmentos que compõem o universo normativo contraditório da sociedade complexa. É igualmente filtro que retém e repele o que não pode integrar a ordem jurídica recomposta. Qualquer estudo jurídico, portanto, sendo indiferente o ramo do saber, haverá de começar levando em conta a Constituição do ponto de vista formal e material, especialmente para cotejar a disposição que reclama aplicação com o Texto Constitucional e daí retirar a demonstração de sua legitimidade. Mas o trabalho final do operador jurídico, consistente na solução deste ou daquele caso, não se completa, não se perfaz, se também não for testado mais uma vez à luz da Constituição. A Constituição tem lugar no começo e no fim do trabalho hermenêutico.

Centro, fundamento e filtro, o direito constitucional, agora, é outro. Não é mais um discurso de especialistas, uma linguagem apenas para os iniciados. Ao contrário, é agora língua comum, idioma compartilhado por todos os juristas (para não falar dos cidadãos), uma espécie de língua franca na medida em que não há possibilidade de aplicar o direito (qualquer ramo do direito) sem, ao mesmo tempo, transitar pelo direito constitucional. Mas é língua franca também para o sítio exterior ao exercício profissional do direito. Eis a razão pela qual a Constituição que incide tem seu sentido construído e reconstruído num processo democrático permanente de disputabilidade intersubjetiva levado a efeito pela sociedade aberta dos intérpretes da Constituição, para fazer uso da eloqüente expressão sugerida por Häberle.

A transmutação do lugar constitucional exige o reconhecimento da existência de condições. Envolve uma compreensão da ordem jurídica somente concebível no quadro de uma Constituição renovada em relação não só às suas características normativas, mas, igualmente, em relação ao papel que pretende desempenhar na sociedade complexa, plural e fragmentada da atualidade.

A Constituição absorve determinados valores, apresentados na forma de princípios, de modo a garantir os direitos fundamentais e a dignidade da pessoa humana. Não é mais um simples corpo orgânico destinado a estruturar o Estado, os seus órgãos e a desenhar os limites do exercício do poder. Mais do que isso, é, na verdade, a mina, a reserva, a fonte da materialidade do direito, dos valores que singularizam esta ou aquela ordem jurídica, dos compromissos intergeracionais condensados normativamente. Por isso, ela é conquista, é condensação compromissória, é expressão de luta e, ao mesmo tempo, consenso, resultado do acordo sobre o que é essencial e determinante e, particularmente, sobre o papel que o homem, senhor de sua história, através de seus canais de mediação, em especial as instituições, haverá de desempenhar na comunidade de destino. Em síntese, a Constituição deixa de ser um documento do Estado e para o Estado para afirmar-se como documento também da sociedade e, por isso mesmo, do ser humano dotado de dignidade. O Estado é instrumento a serviço do homem, e não o contrário.

Tem-se, de um tempo para cá, discutido a propósito do papel do direito constitucional, dos tribunais constitucionais, da lei e do legislador no contexto dos Estados Constitucionais que supõem a existência de democracia, pluralismo, direitos fundamentais e justiça. Entre os substancialistas e os procedimentalistas emerge um debate interessantíssimo, porém, muitas vezes, incapaz de dirimir a significação das Constituições contemporâneas e especialmente daquela experimentada aqui e agora, em contexto concretamente compreendido, no espaço-tempo delimitado pela formação social brasileira.

No caso do Brasil, presidido por uma Constituição rica em princípios, a discussão talvez deva ficar mais próxima daquela desenvolvida na Alemanha, onde o Tribunal Constitucional, a despeito de alguma resistência, entende a Lei Fundamental como ordem de valores. Neste caso, entretanto, o procedimento tem um papel importantíssimo a cumprir, qual seja, ordenar a manifestação da sociedade aberta e plural dos intérpretes da Constituição. Por isso, os mecanismos ordenadores da participação democrática devem, entre nós, ser levados a sério sem que isso signifique a desnaturação de uma Constituição principiológica cuja dimensão material igualmente vincula e conforma a experiência jurídica como um todo.

A Constituição aberta, garantia da sociedade pluralista e democrática que se quer, justa e livre, reclama compreensão tocada pela singularidade decorrente dos desafios de uma formação social residente no hemisfério meridional.

Princípios e regras desempenham papéis distintos no direito de uma sociedade complexa e plural (no caso brasileiro, mais complexa devido à existência, a um tempo, de ilhas pré-modernas, modernas e pós-modernas compondo a teia societária). Abre-se aqui a senda para um novo discurso que tem por condição a transmutação do lugar epistêmico do direito constitucional rumo ao que tem sido, por convenção, chamado de pós-positivismo, na verdade um ensaio de superação das *démarches* propostas pelas velhas teorias positivistas, inclusive as de matriz sociológica e normativista.

Aceitar que o conhecimento carrega a verdade, supor que o intérprete é capaz de ostentar uma condição de neutralidade, defender o universo da ciência como presidida por um padrão insuperável de objetividade, alardear que o papel do intérprete é o de desvelar a verdade oculta no objeto investigado, imaginar que o direito é exclusiva obra do legislador e que o juiz não faz mais do que aplicá-lo, eis a cosmovisão do operador tomado pelo positivismo, prisioneiro do paradigma da filosofia da consciência. Ora, a Constituição é um composto de princípios e regras, sendo ambos indispensáveis para o direito constitucional das sociedades complexas, plurais, abertas e democráticas. E este tipo de sociedade reclama um direito constitucional distinto daquele experimentado até aqui. Daí a importância da superação do paradigma da *filosofia da consciência*, para, dentro do *paradigma da filosofia da linguagem*, compreender que o sujeito participa da construção do objeto, que é a disputabilidade entre os sujeitos que o reconstrói, que o objeto não tem uma verdade objetiva oculta que possa ser *revelada* ou *descoberta* pelo intérprete e, mais, que não será a evidência do objeto, mas a consistência do discurso que implicará a adesão à ou a legitimidade da solução apontada para este ou aquele caso. Nesta hipótese, especialmente para os casos difíceis, a importância do discurso, especialmente dos novos aportes hermenêuticos e da teoria da argumentação, são indiscutíveis. Daí a razão da preocupação, no contexto deste paradigma, com o desenvolvimento de teorias vinculadas a uma visão desde o ponto de vista interno (o ponto de vista do operador jurídico), capazes de cimentar um discurso de convencimento suficientemente sólido e consistente erigido no contexto de uma esfera democrática de afirmação de verdades intersubjetivamente alcançadas. Está-se, pois, diante de renovado direito constitucional, diferente daquele ainda contaminado pelo aportes positivistas. Um direito constitucional, ademais, que sem negar as virtualidades dirigentes da Constituição brasileira (o caso de Portugal certamente é distinto!), nem por isso imagina que o sujeito da dinâmica constitucional é, apenas, o Estado, razão pela qual, dialoga com a sociedade complexa, plural e democrática, sem descurar da existência de um mercado que, sendo útil, nem por isso haverá de ser deificado. Trata-se de um direito constitucional que, no universo da prática democrática, realizada no contexto do espaço público, afirma apenas o papel necessário do Estado para a realização do compromisso com as promessas constitucionais, sem descurar da função da sociedade formada por cidadãos livres e autônomos capazes de decidir, no contexto da disputabilidade constitucional, o que é melhor para si. E que, neste caso, apelando para os princípios, aceita a processualidade como forma insuperável de definir o seu sentido, razão pela qual não tolera o comprometimento da fórmula constitucional do Estado com poderes divididos decorrente do eventual monopólio do acesso à *verdade constitucional* por este ou aquele poder. Trata-se, repita-se, de outro direito constitucional. Que se afirma, a um tempo, entre substancialistas e procedimentalistas ou entre aqueles que, como nós, entende que a materialidade constitucional não repele, ao contrário exige, a consideração das conseqüências da processualidade e dos importantes aportes do procedimentalismo.

3. Direito Constitucional e superação de fronteiras

A segunda questão a ser abordada diz respeito à necessidade da abertura dos estudos constitucionais para o problema da superação das fronteiras. O direito constitucional não pode fechar os olhos para o que ocorre no seio da comunidade internacional.

Está-se a provar tempos difíceis nos quais impera, no plano internacional, uma lógica unilateral, por um lado, e mercantilista, por outro. Diante desse "salve-se quem puder" ou "quem pode manda e quem não pode teme", avulta a fragilidade do direito internacional enquanto instância civilizatória dotada de capacidade para garantir a paz e a construção de uma comunidade internacional que seja digna desse nome. É verdade que, até há poucos dias, vivíamos sob a égide do pensamento único, do horror neoliberal que tudo reifica, que tudo transforma em mercadoria. Aliás, ainda vivemos, porque a Organização Mundial do Comércio (OMC) continua a sustentar, desde uma ótica quase fundamentalista, o livre comércio, manifestando pretensão de impor a lógica mercantil a todos os domínios, inclusive cultural, educacional, da saúde e dos chamados serviços públicos. O Fundo Monetário Internacional (FMI), embora dê sinais de tímida mudança, ainda é o lugar das práticas do consenso (ou pós-consenso) de Washington onde, claramente, as economias centrais, em especial a americana, ditam as regras.

O desafio da construção da Área de Livre Comércio das Américas (ALCA) não está imune de pressões e de ameaças, razão pela qual todo cuidado é pouco. Uma negociação mal feita e não se poderá mais implementar, entre nós, políticas públicas em determinados setores da economia, implicando, conforme os resultados do tratado eventualmente concluído, possibilidade de desindustrialização do país.

A globalização (a mundialização financeira e econômica neoliberal ou liberal fundamentalista) preocupa. Trata-se de processo que merece combate, lembra Avelãs Nunes, catedrático da Universidade de Coimbra, mas combate travado nos foros internacionais e também através do desenvolvimento de políticas que atendam ao interesse nacional, não tenhamos vergonha de dizê-lo, nacionalistas mesmo, se for o caso (formulação de uma política industrial, por exemplo). Mas a resistência pode decorrer também da emergência de outro tipo de mundialização, como propunha aquele intelectual que tanto honrou nosso país: Milton Santos. Neste passo, o Brasil, no campo das relações internacionais tem várias tarefas a cumprir, seja formando o "Bloco Sul-Sul", seja propondo o "G-22", seja reivindicando assento no Conselho de Segurança da ONU, seja denunciando a hipocrisia globalizante que sustenta a necessária abertura dos mercados e o livre comércio para todos os povos, menos para os proponentes, seja implantando políticas nacionais articuladas internacionalmente com outras formações políticas dotadas de interesses análogos. Enfim, muita coisa pode ser feita. Cumpre, ao país, evidentemente, nesta toada, aderir à luta pelo multilateralismo, pela criação de foros democráticos multilaterais, pela democratização da comunidade internacional e pelo fortalecimento da Organização das Nações Unidas (ONU). É a esta mundialização que se reporta Milton Santos.

O Brasil não alcançará, neste mundo conturbado, êxito sem uma articulação muito bem feita, entre políticas nacionais de defesa dos seus interesses e uma política internacional de apoio aos foros multilaterais de discussão dos problemas de alcance mundial. A autarquia, o fechamento, não são mais possíveis, pois o interesse nacional passa hoje pelo fortalecimento da posição do país no plano internacional. As políticas internas e desenvolvimentistas, a defesa intransigente do interesse nacional não se sustentam mais na autarquização, demandando, antes, a conquista de posição privilegiada no mundo globalizado. Por isso afirmar-se que o que vale para a política, também vale para o direito.

O direito internacional e o direito constitucional brasileiro precisam fazer amizade. Reporta-se a um direito internacional democrático, dotado de valores tais como aqueles proclamados no Texto Constitucional brasileiro. Neste ponto, manifesta-se igualmente mudança de paradigma no discurso constitucional. Migra-se de um paradigma vinculado à realidade interna, para outro que insere o direito constitucional nacional no contexto daquilo que pode ser chamado de direito constitucional global.

4. Direito Constitucional global

Em que consiste o direito constitucional global? Trata-se, sem dúvida, de uma realidade ainda incipiente que, ultimamente, tem preocupado os constitucionalistas. Compõe, ao primeiro olhar, um conjunto de princípios compartilhados, verdadeiro patrimônio jurídico da humanidade, construído progressivamente a despeito da relatividade dos valores. Um plexo, diga-se de passagem, que desafia a emergência de uma comunicação mais estreita com os direitos constitucionais nacionais, com as constituições nacionais, ou seja, com as ordens jurídicas presididas por verdadeiras constituições e não simplesmente por eventuais cartas constitucionais. Neste passo, a abertura do direito constitucional nacional para o constitucionalismo global significaria o reconhecimento da existência (e pertinência) de uma Constituição material global formada por um *jus cogens* internacional integrado por valores comuns, ainda que poucos.

Valores, cumpre lembrar, decorrentes da experiência consumada nas sociedades democráticas, mas condensados também a partir de decisões prolatadas pelas cortes internacionais, especialmente de direitos humanos, e de determinadas declarações e tratados internacionais. Haveria aqui, portanto, a idéia de que o direito constitucional global emerge e evolui com a formação de comunidades de nações que comungam determinados valores, principalmente aqueles ligados ao princípio da dignidade da pessoa humana.

Os direitos humanos haveriam de ser respeitados nacional e internacionalmente. Também a democracia e a paz, para ficarmos apenas nestes princípios, desenhariam a teia da Constituição global.

Neste momento, porém, o direito constitucional global integra mero meio de legitimação material das constituições nacionais. Todavia, não há como deixar de reconhecer a existência de um modesto *jus cogens* internacional capaz de, do ponto de vista exclusivamente material, caracterizar o direito em questão. Para o fortalecimento desse *jus cogens* internacional e das instituições multilaterais capazes de protegê-lo, deve agir a diplomacia brasileira. Neste particular, o direito internacional transparece como normatividade necessária para, através das instituições multilaterais, promover a revisão da dinâmica que, ultimamente, em virtude de ações unilaterais despidas de sustentação jurídica, tem contaminado as relações entre os povos.

Quanto ao diálogo entre a Constituição material global e a Constituição nacional, essa é tarefa para o novo constitucionalismo brasileiro que vai dando mostras de passar por um processo mutacional de grande significação.

A primeira abertura manifesta-se para considerar a hipótese da pertinência de um diálogo com a Constituição global. A segunda abertura, todavia, de natureza distinta, ocupa-se do encontro necessário do direito constitucional com o direito da integração, manifestando-se no contexto do que determinados autores chamam de direito constitucional do Estado pós-nacional.

5. Integração regional e Mercosul

Neste mundo complexo, dinâmico e globalizado, o Estado se vê compelido a deixar suas fronteiras para a defesa dos seus interesses e de sua soberania. Eis o paradoxo, já que a defesa da soberania não se faz mais apenas desde dentro; faz-se, agora, também, a partir de medidas tomadas no contexto da comunidade internacional.

Testemunha-se a associação de países em estratégias políticas voltadas à conquista de posições mais vantajosas, ou, em muitas das vezes, menos desvantajosas no contexto das inevitáveis negociações travadas no mercado internacional de trocas. Tais medidas, nada obstante necessárias, nem sempre são suficientes. Aliás, não são suficientes! Daí o caminho dos pactos regionais, especialmente daqueles dirigidos à construção de verdadeiros espaços econômicos e espaços políticos comandados por estruturas supranacionais.

Ao considerar os espaços de integração, importa desde logo excluir experiências como a da NAFTA e mesmo a da ALCA, esta última em fase de negociação. Nas duas hipóteses manifesta-se a arquitetura de espaços meramente econômicos, decorrentes da noção de livre comércio regional, o que implica a demissão dos Estados de articularem políticas nacionais de índole econômica. Reporta-se, referida modalidade de integração, à livre circulação de bens, capitais e mercadorias, mas não, todavia, à de pessoas, que continuarão prisioneiras dos territórios dos respectivos Estados nacionais, impedidas, como hoje, de ultrapassar, especialmente, as cercas de Tijuana ou as águas do Rio Grande em direção ao norte.

A ALCA pode, eventualmente, ser também interessante para as economias ao sul do Rio Grande. Todavia, por não guardar a pretensão de constituir uma comunidade política que comungue de determinados valores e princípios, não pode ser confundida com experiências de integração mais complexas, como a européia. É nesse ponto que entra o Mercosul.

O Mercosul nasce, como se sabe, com uma proposta de integração não apenas econômica dos Estados do sul da América. A pretensão é, a longo prazo, de apresentar-se como verdadeiro espaço comunitário. É verdade que o Mercosul passa por dias difíceis, especialmente por conta da crise econômica que, nos últimos anos, atinge a todos os seus membros e, particularmente, aos seus dois sócios maiores. Por outro lado, não foram concebidas ainda as estruturas supranacionais tais como aquelas encontráveis no continente europeu. Não temos ainda um Tribunal do Mercosul (como o de Luxemburgo), embora alguns passos estejam a ser ensaiados nessa direção, nem um Parlamento do Mercosul. Daí porque experimenta-se um direito que pode ser chamado de direito da integração, mas que não se trata, ainda, de um direito comunitário como aquele desenhado no contexto europeu. Mas se é a ocasião de constituir uma comunidade latino-americana de nações, então é fundamental aprofundar a experiência mercosulina e estudar o que ocorre hoje na Europa, especialmente as conseqüências da adoção da assim chamada *Constituição Européia.*

6. A experiência européia

No caso europeu, as instituições supranacionais produzem o direito comunitário seja a partir de delegação, transferência ou cessão de competências, seja do compartilhamento de poderes soberanos. As teses são várias.

Embora os autores não tenham alcançado um consenso, parece certo que, o direito comunitário deriva de uma *delegação* de competências dos Estados nacionais. Esta tese não é incompatível com a manutenção da soberania pelos Estados integrantes. Afinal, o que é delegado pode ser retomado. Neste caso, as instituições comunitárias conformam o direito comunitário, mantida a soberania com seu titular. Afirma-se, por isso mesmo, que apenas o *exercício* de determinados poderes decorrentes *da* e inerente *à* soberania seria transferido (por isso tratar-se de delegação), não, todavia, a titularidade da soberania que remanesceria em mãos dos Estados.

As competências dos órgãos comunitários, definidas a partir de normas convencionais primárias, podem ser exclusivas ou concorrentes com as competências dos Estados nacionais que integram a União Européia. No último caso, o princípio da subsidiariedade exerce uma função importante.

Questão complexa diz respeito ao papel das Constituições dos Estados no espaço comunitário. Isso porque o Tribunal de Luxemburgo tem, de longa data, definido como certo que, *primeiro*, o direito comunitário tem prevalência sobre o direito interno e, *segundo*, o direito comunitário tem prevalência sobre o direito constitucional nacional. Ademais, nessa toada, o Tribunal de Luxemburgo reservou a si, com exclusividade, a função de formar juízo sobre a validade das normas comunitárias, sendo ele, portanto, juiz "da competência da competência".

A Constituição nacional mantém-se como centro; mas, agora, como centro parcial da ordem jurídica total. É centro da ordem jurídica nacional, mas não da ordem jurídica comunitária que, nos termos do que entende o Tribunal de Luxemburgo, não pode ter suas normas controladas pelos órgãos jurisdicionais nacionais (inclusive os tribunais ou cortes constitucionais) tomando como parâmetro a Constituição nacional.

As relações entre o direito constitucional e o direito comunitário implicam mudança do paradigma constitucional, pois a Constituição de centro da ordem jurídica aplicada no espaço nacional passa a apresentar-se como centro unicamente da ordem nacional, mas não da ordem comunitária aplicada no território nacional. E o juiz é juiz, ao mesmo tempo, da ordem nacional e da ordem comunitária, reportando-se aos tribunais superiores do Estado nacional ou, eventualmente, ao Tribunal de Luxemburgo no que diz respeito à ordem comunitária. É evidente que essa questão envolve problemas de legitimação da ordem comunitária, construída não por órgãos representativos (o problema da exigência democrática), mas por órgãos que tiram a sua legitimidade dos órgãos representativos dos Estados. Também gera problema a questão da tensão entre o direito constitucional e o direito comunitário, o que implica, eventualmente, a deslegitimação da Constituição nacional. A crítica ao direito dos burocratas de Bruxelas (direito comunitário) se dá, em geral, em decorrência desse sentimento.

De qualquer modo, a União Européia avança, agora com a aprovação da assim chamada Constituição Européia. Mas Constituição sem Estado? Ora, não há um Estado da União Européia! Constituição de uma Federação de Estados? Mas não se trata de um Estado Federal. Constituição sem soberania? A soberania é dos Estados Nacionais e não da União Européia. Constituição sem povo? Porque o povo é o povo dos Estados nacionais, embora, desde o Tratado de Maastricht de 1992, já seja possível falar de uma incipiente cidadania européia também — que não substitui a cidadania nacional, mas a ela se soma. Constituição sem Assembléia Constituinte, elaborada por uma Convenção que depois haverá de passar pelo crivo dos Estados nacionais? Constituição elaborada como um tratado internacional? A novidade desconcerta, transtorna, perturba, gera polêmica.

O direito constitucional europeu quebra paradigmas. A Europa de hoje poderá influenciar a experiência futura de outros povos. De qualquer modo, se é certo que a experiência européia e o projeto de Constituição votado pela Convenção (tendo como principal artífice o Senhor Giscard d'Estaing) devem ser conhecidos, não é menos certo que essas experiências não podem ser transplantadas, sem mais, para o continente americano, inclusive porque não foi, mesmo no contexto da nova Constituição, resolvido o problema do déficit democrático do direito comunitário europeu.

Temos imensos problemas a superar no Brasil. Desde a visão pacificada no seio do Supremo Tribunal Federal — a partir do julgamento do RE 80.004 — segundo a qual o direito internacional encontra-se em situação de paridade com o direito ordinário federal, implicando a possibilidade de afastamento da execução de tratado em território nacional em decorrência de lei federal posterior, ou mesmo de lei anterior acaso especial (entendimento que se aplica, inclusive, a teor da jurisprudência dessa Alta Corte, aos tratados internacionais relativos aos direitos humanos, não obstante o disposto do art. 5º, § 2º, da Constituição), até a dificuldade de aceitação de um direito da integração que possa alcançar a consistência de um direito comunitário, em que pese o especificado no parágrafo único do art. 4º da Constituição, segundo o qual a República Federativa do Brasil buscará integração econômica, política, social e cultural dos povos da América Latina visando à formação de uma comunidade latino-americana de nações.

A Constituição brasileira, ao que parece, exceto radical mutação da compreensão de seus termos, não dá mostras de tolerar sua transformação em centro de uma ordem jurídica meramente parcial. Ela reivindica a condição de centro de uma ordem jurídica total.

A delegação do exercício de competências inerentes à soberania a uma entidade supranacional, em que pesem os argumentos de notáveis juristas brasileiros, não parece tão claramente defensável a partir de uma primeira leitura da Constituição Federal. De qualquer forma, se é possível do ponto de vista normativo, então importa alterar a percepção do Supremo Tribunal Federal a respeito do assunto, já que este vem exigindo, mesmo quanto aos atos normativos do Mercosul, um mecanismo de internalização do direito internacional. E por isso, a questão desafia debate, podendo eventualmente exigir reforma constitucional. Espera-se, neste caso, entretanto, que o aprofundamento do Mercosul ofereça resposta ao problema ainda não resolvido, no sítio da União Européia, envolvendo o criticável déficit democrático do direito comunitário.

7. Conclusão

Convém concluir. Viu-se que o direito constitucional brasileiro passa por momentos de transformação que exigem um repensar dos juristas. Novos paradigmas estão a produzir um renovado direito constitucional e nesse ponto há muito que se fazer. Participemos, então, da empreitada sem, contudo, abandonar a idéia de que a Constituição é feita para o ser humano. Daí a razão pela qual podemos mudar, mas mudar para melhor alcançar as promessas constitucionais, especialmente aquelas fundadas na dignidade da pessoa humana e no objetivo permanente que deve ser uma obsessão dos professores e estudantes de direito, dos doutrinadores e dos constitucionalistas: construir uma sociedade livre, justa e solidária.

O CONFLITO ENTRE O PÚBLICO E O PRIVADO NO DIREITO

REGIS FERNANDES DE OLIVEIRA

Professor Titular da Universidade de São Paulo — USP

1. Há limitação do público e do privado, no direito? 2. Participação privada nos negócios públicos. 3. Crise do Estado ou do governo? 4. Regulação normativa. 5. O mundo global. 6. Democratização do Estado. E a sociedade? 7. Sociedade civil "vs." sociedade de empresários. 8. Segmentos sociais fracos. 9. Divergências políticas. 10. Conclusão.

1. Há limitação do público e do privado, no direito?

O título parece uma contradição. De duas uma, ou é liberal ou é intervencionista, como ensinam os cientistas políticos. A incoerência é apenas aparente. A dualidade público/privado e sociedade civil/Estado está perdendo a razão de ser.

O mundo já não vive apenas com o maniqueísmo de colocações separadas e exclusivas. O bem e o mal se unem e se separam, ao mesmo tempo, nas mesmas condições temporais e espaciais relativizando-se.

Não se pode falar que o Estado titulariza apenas coisas importantes e seletivas e busca, sempre, o bem-estar da sociedade. Ao contrário, a perseguição incessante de objetivos menos nobres corrompe o estamento burocrático que o domina. De seu turno, não se pode dizer que a sociedade apenas persegue objetivos particulares. Ao contrário, com a instituição das ONGs, dos partidos políticos, dos sindicatos, das associações etc. os segmentos sociais objetivam, cada vez mais, finalidades públicas. Mesclam-se, pois, as conveniências recíprocas.

Não se pode dizer, hoje, que haja demarcação absoluta entre as esferas. Não se pode precisar onde está a equação exata do dilema hamletiano.

Outrora, havia confusão entre os bens públicos e os bens do imperador ("aerarium" e "fiscus") e, aos poucos, as coisas foram sendo separadas. O que era hierarquicamente mandado passa a ser verticalmente dialogado. O rei já não mais podia dispor da *res publica* como coisa sua. Floresce a teoria da responsabilidade do Estado em que é possível imputar faltas ao governo e aos governantes. Nascem novas formas do exercício de poder. A sujeição vertical submete-se à persuasão do outro e, pois, o relacionamento deixa de ser assimétrico.

Daí originarem-se, no seio da sociedade, as legitimações públicas de ações diversas (ação civil pública, ação direta de inconstitucionalidade, mandado de segurança coletivo etc.). Daí a nova dimensão dada ao Ministério Público. Daí o convênio público/privado e daí o tema da Parceria Público/Privado. O privado mescla-se com o público em gostosa simbiose.

A pureza da separação dos interesses deixa de ter sentido.

2. Participação privada nos negócios públicos

Como opera a sociedade, hoje? Ao lado da prestação intensiva de serviços públicos, mediante concessões e permissões, recebe o impacto de normas editadas por órgão do Executivo (agências) e tenta efetuar o controle e a regulação do Poder Público.

E o Estado? Busca concentrar poderes, dizendo-se titular dos interesses públicos. Ocorre que boa parte dos problemas roda em torno da economia. O Estado pretende, então, chamar a si todo seu controle. Só que, ao invés de ser produtor, em termos jurídicos, é mero indutor. Daí perder espaço em termos de assenhoreamento do domínio econômico.

Neste confronto, perde-se o Estado na edição de normas que já não têm mais sentido. Modernamente, a competência do Estado esgota-se na disciplina de seu funcionamento interno. Resta-lhe dispor sobre a estrutura dos órgãos de exercício do poder (Legislativo, Executivo, Judiciário e Ministério Público) e servir de *agente indutor* da economia.

A força e a compreensão das atividades do Estado agigantaram-se quando das ditaduras européias. O Estado todo-poderoso (Leviatã hobbesiano) e que encarnava os reais *interesses* da sociedade, perde espaço. A sociedade já não mais aceita a infiltração de interesses públicos em *seus* interesses privados.

Com o advento dos espaços democráticos no mundo atual, a sociedade, cada vez mais, passa a ocupar seu lugar, reduzindo o tamanho do Estado.

Os empresários e os grandes conglomerados econômicos querem ver-se livres da tutela do Estado. Este, de seu turno, busca agrilhoar as empresas, dentro de escaninhos que não mais cabem. Surge natural confronto de interesses, dando origem a choques ideológicos, cada vez mais descabidos. Esquerda e direita, ao invés de incorporarem idéias e ideais antagônicos, cedem diante de realidades outras, tais como globalização, despublicização da tutela da sociedade e choque em seus interesses com outros Estados.

A vinculação a planos econômicos internacionais (Mercosul, ALCA, Comunidade Européia e tigres asiáticos) perde seu caráter ideológico de "não querer", para assumir uma necessidade imperiosa de mercado. Tem que participar. O Brasil pode levar o jogo para mais adiante, mas terá que dele participar. Se não integrar algum conglomerado econômico, fica "fora do mundo".

Daí a pressão da sociedade civil (leia-se empresários) por seus inúmeros segmentos, para que o governo se vincule, se abra para o mundo, que reduza juros, que pague a dívida, que não rompa com os financiadores universais.

Neste complexo sistema, brota outro paradoxo, qual seja, o risco da explosão participativa contra o Estado do Bem-Estar Social. Paralelamente, há o confronto entre os valores liberdade *x* igualdade. O Estado não pode restringir a liberdade dos indivíduos, além dos preceitos constitucionais, pois disse Bobbio que o problema moderno não é a definição dos direitos, mas instrumentos que os assegurem. De seu turno, a manifestação das liberdades tem limites, uma vez que os direitos não têm caráter absoluto.

3. Crise do Estado ou do governo?

Há, pois, uma crise de identidade do Estado, que é a crise da atual gestão federal. Não é que haja falta de propostas, de planos ou de atuação. É a falta de uma definição real dos papéis do Estado e, como o governo gere a coisa pública e esta não está bem definida, nasce a crise do Estado. A sociedade pressiona para que o governo faça coisas que não são exigíveis dele e, compromissos políticos assumidos, entram em confronto com a eficácia do possível.

Se há crise da estrutura burocrática, pode-se dizer o mesmo da sociedade civil, pois esta aguarda a ação do Estado e permanece inerte. Há exigências políticas que decorrem de promessas de palanque (dez milhões de empregos, assentamento dos sem-terra, redução de juros, rompimento com FMI, recusa de vinculação à ALCA etc.), que se tornam incompatíveis com a realidade encontrada (herança maldita, juros elevados, mercados emergentes, excesso de tributação etc.).

Pode-se, pois, dizer que ao invés da crise do Estado há crise de governo (denúncias que não se conseguem abafar, instalação de CPI) e vê-se ele envolvido em situações pegajosas de que não se consegue livrar. Não se trata de crise de governabilidade (esta se caracterizaria pela perda do rumo e de comando), mas de governo, isto é, de ação.

De outro lado, não se pode dizer que a virtude está no mercado (como se o mercado resolvesse tudo) ou que deva ser regulado. Mas, até onde? Quais os limites de atuação do governo? Daí os desencontros que surgem na base governista, com a perda do rumo entre o discurso e as soluções, entre as promessas e o realizável, entre a satisfação ao eleitor e a descrição de uma nova realidade. A base política fica desnorteada com os rumos político-econômicos do governo. A oposição aproveita a desconexão do discurso para crítica dura e procura marcar um presidente tíbio e covarde.

Dentro de tal quadro, surge o dilema. É mais importante dar espaço à sociedade, fazendo com que ela *zele* pelos interesses públicos e *descentralizar* o Estado, de forma a despi-lo de suas competências ou trazer para o espaço público conveniências e interesses que cabem à sociedade? Os limites são bem indefinidos e compete a todos a discussão sobre eles.

4. Regulação normativa

Evidente está que não se pode padronizar a sociedade. Esta está bem informada, pela massificação dos meios de divulgação. O Estado, que era titular da comunicação de massa, perde tal característica diante dos modernos meios de transmissão de notícias. A mensagem chega rápida aos meios de decisão e o Estado não tem instrumentos para legislar com a eficiência exigida. Logo, perde espaço para as normas internas, decorrentes de convênios, de contratos e da competência regulamentadora de entes estatais (agências, autarquias etc.).

Chega-se a questionar a extensão do princípio da legalidade, fruto de longas guerras e conquistas. O Parlamento, que era o freio e o contrapeso da ditadura do Executivo, perde espaço para novas funções que nascem, como semente frutificada que quebra a terra, no cio das estações, fazendo colocar em situação ambígua a própria teoria da tripartição.

A tripartição dos poderes pode ser questionada a partir do reconhecimento de que há a patologia a justificar indevidas inserções entre os respectivos espaços, até então bem definidos. O Legislativo perde espaço pela sua estrutura burocrática e lenta, ao tentar dar soluções normativas para novas situações que surgem no seio da sociedade. O Executivo assume tal papel (medidas provisórias e normas regulamentares das estatais) e, ao mesmo tempo em que vê reduzido seu espaço como titular das políticas públicas, que vão sendo assumidas por outras instituições. O Judiciário vê se reduzido a sentenciador de soluções já superadas pelo tempo e decide por liminares, vendo outros mecanismos de solução de litígios tendo sucesso (arbitragem, conciliação, soluções informais em juizados etc.). Outros atores sociais passam a desempenhar papel relevante (contraventores, traficantes, religiosos, policiais) e ocupam espaço nas decisões de micro-segmentos. Nasce outro direito, paralelo ao direito oficial, desnorteando a sociedade. Atores marginais passam a desempenhar soluções que, em tese, caberiam aos agentes públicos.

Daí a crise político-institucional do Estado, que desemboca na crise do governo.

5. *O mundo global*

Urge, pois, que o governo supere a crise do Estado e, superada a crise governamental (não de governabilidade), se insira no mundo globalizado, vinculando-se a todos os acordos e tratados globais, abrindo espaço para o Brasil em todo o mundo. Com suporte (não ajuda) do Estado, os empresários poderão confrontar com outros de todos os continentes, buscando colocar seus produtos e serviços. A associação voluntária entre empresas brasileiras ou brasileiras e internacionais é essencial para que se coloquem em diversos lugares, juntando esforços e capitais.

O dilema público/privado e sociedade civil/Estado subsiste. Os diversos autores e professores que se debruçaram sobre a matéria ainda não lograram obter uma resposta razoável. O que é público para o Estado? Qual a noção de espaço público? Qual a participação efetiva da sociedade civil? Esta deve cuidar apenas de sua participação econômica ou deve invadir espaços outrora reservados ao Estado? Quais os limites do Estado em regrar os espaços privados?

6. *Democratização do Estado. E a sociedade?*

É verdade que os problemas só afloram quando se fala na democratização do poder e da sociedade. O Brasil logrou democratizar as instituições, como se isso fosse um fim em si mesmo. Isto é, votar, poder ser votado, poder fiscalizar etc., foi a consagração máxima da luta pela redemocratização do país, consagrado no movimento social das "diretas-já". O direito ao voto passou a ser sinônimo de exercício pleno da democracia. Ledo engano. O voto é apenas um dos instrumentos de que se pode valer a sociedade organizada para exercer seus direitos.

O mais viria depois, isto é, a busca pela realização dos direitos consagrados na "Constituição-cidadã". O direito à vida, à alimentação, à habitação, ao ensino, à saúde, ao meio ambiente sustentável, embora direitos declarados na Constituição, não se materializaram em bem-estar para a população. Democratizaram-se as instituições, não se tendo democratizado a sociedade. Esta ficou à margem do processo decisório, salvo quando da eleição dos governantes. A partir daí fica fora do processo, limitando-se ao papel de assistente, de torcida organizada e vestida com uniforme de seus jogadores.

7. *Sociedade civil "vs." sociedade de empresários*

O risco que se corre é, em decorrência da privatização, ocorrer o esvaziamento da sociedade civil, dando lugar a uma sociedade de empresários. Aí estaria o problema, isto é, de substituir uma sociedade civil organizada, por uma sociedade em que os interesses seriam outros, menos nobres e mais mesquinhos, uma vez que movidos à força do dinheiro. Uma identifica-se com interesses sociais e busca o bem-estar de todos; outra protege seus próprios interesses, o que é maléfico para a coletividade. Identifica objetivos clientelistas e corporativos.

Em sendo assim, o poder ficaria concentrado em mãos de quem poderia acumular mais dinheiro, não se efetuando correta e adequada distribuição de riqueza.

O que importa é que não se deixe ao Estado apenas o conteúdo de uma atuação política (de poder), uma vez que, diante da fragilidade social e da precariedade da distribuição da riqueza, tem que intervir para abrir caminhos, possibilitando equilíbrios sociais. A sociedade está tão desequilibrada, capenga, vesga e desestruturada que se faz necessário um Estado forte para equilibrar os pratos da balança. Imperioso que se tracem limites que não devem ser ultrapassados, a ponto de manter-se em tal espaço. Servindo à sociedade, retira-se o Estado; cumprindo sua função, deixa de intervir. Há, pois, que ser interferência pontual, específica, para apenas e tão-somente identificar pontos de aflição e resolvê-los. Imediatamente, deixa livre a intervenção, passando a ser mero indutor do processo.

Mantém espaço regulatório para disciplinar atividades privatizadas. Transferindo o exercício de determinadas atividades aos particulares, empresas ou não, continua o Estado titularizando interesses maiores do país e, pois, não pode permitir o desmantelamento das atividades transferidas, impondo-se permaneça sobranceiro, no controle e regulação da atividade. Deve intervir, quando necessário, uma vez que continua senhor da indução econômica e dos processos de transferência.

O problema é que a sociedade empresarial não luta pela pacificação dos direitos. Ao contrário, se deixar por conta do *laissez-faire, laissez-passer*, pode até haver melhoria no asseguramento dos direitos, mas não é o que se deduz da história. Ao contrário, pode haver o que se rotulou de capitalismo selvagem, em detrimento dos direitos e garantias individuais. Por outro lado, a estabilidade na garantia dos direitos é pressuposto do desenvolvimento social e dá a certeza de que haverá investimento para se chegar ao pleno emprego, o que permite a pacificação social. É fato que a divergência é imperiosa, para se obter, via consenso, a convergência. O funcionamento das estruturas de solução dos conflitos é essencial numa sociedade em desenvolvimento.

8. Segmentos sociais fracos

Não se pode olvidar, também, que os atuais mecanismos de exercício das atividades no interior da sociedade civil estão ficando superados. Os sindicatos perdem sua força reivindicatória, tornando-se meros pedintes de emprego. As associações tomam novo impulso. Os partidos políticos, instrumentos de conquista de poder, rarefazem-se, pulverizando os interesses que deveriam cuidar. Em verdade, tornaram-se mero jogo de conveniências, sob rótulos de aluguel. Voltamos, pois, aos instrumentos de dominação, cujo caráter de dinheiro volta a primeiro plano, retornando ao conflito de classes. Os interesses esparsos na sociedade são os mais diversos, personificando lutas de conveniência corporativa. Cada qual por si, o que redunda em esvaziamento de pretensões legítimas. Ao invés de postularem no grande espaço dos interesses sociais, ficam na mesquinhez da prevalência de direitos sabidamente equivocados.

Cai-se, daí, no início de que, ao Estado é que vai incumbir definir, de novo, todos os interesses, deixando superados subsistemas corporativos. Tudo volta a depender do Estado, retomando-se a luta pelo poder político. Os demais poderes perdem-se no social e esvaziam-se, na medida em que pretendem a prevalência de escusos e nem sempre reconhecidos interesses.

O Estado, de fartas tetas, vê seu interior dilacerado pela luta de interesses corporativos e de lideranças sazonais. Buscam ocupar espaços que não tinham, cargos que não lhes pertencem, numa autofágica luta sem fim.

As entidades que integram a sociedade civil cedem à lógica das conveniências passageiras.

9. Divergências políticas

A representação política entra em processo de desgaste, ficando rotulados seus participantes e integrantes de apenas acorrerem à sociedade para subsistência e satisfação de interesses pessoais ou corporativos.

O voto que legitima não deslegitima. Processos de cassação de mandatos deixam de atentar à legitimidade popular, para valerem-se de outros instrumentos de cassação mediante processos judiciais. Liminares intermináveis e julgamentos demorados permitem a continuidade de governantes ilegítimos ou ilaqueadores de boa-fé.

Correm paralelas outras estruturas que garantem o exercício do mandato mediante compra de votos, pressões políticas, corrupção, gravação de conversas ao arrepio das garantias constitucionais, descontrole e controle da mídia, tudo a levar ao inferno os contratos sociais estabelecidos. Os pactos são descumpridos e interesses menores gravitam em torno das estruturas de exercício de poder.

As contestações aos governos eleitos fazem periclitar a pacificação social. Instalam-se governos paralelos, com força paramilitar e intervenções em Estados deslegitimam instituições internacionais de grande tradição (ONU, por exemplo, desqualificada pelos EUA, quando da invasão do Iraque).

Internacionalmente, há a debilitação dos organismos criados para garantir a pacificação mundial. Conflitos étnicos superam a força da resistência. Há o esmagamento de países, descrédito das instituições internacionais. Descrença na força das convicções, com prevalência da força de bombas, foguetes, estratégia nuclear e cresce o império da sem-razão.

No âmbito interno dos países, o espaço público vem sendo ocupado por entidades particulares, seja na composição dos conflitos, seja na prestação de serviços públicos, incluindo novos atores sociais, com novas formas de participação (franquias, concessões, permissões etc.). Tudo se faz à margem das instituições burocráticas. Embora o discurso político ainda esteja racionalizado, à custa de mensagens compreensíveis, desgasta-se o relacionamento público/privado com a inserção de novos atores sociais (MST, sindicatos, Igrejas). As Igrejas, inclusive, fazem papel do Estado na pacificação de comportamentos agressivos e ilegais. O MST realiza, querendo ou não, a reforma agrária que é atribuição do Estado. As centrais sindicais confluem interesses corporativos e formam carapaça de garantias às agressões do próprio Estado.

O que se deve repensar é qual o espaço que cabe ao público e o espaço que cabe ao privado. Qual deles deve ser ampliado e qual deve ser reduzido?

10. Conclusão

Em suma, impõe-se a rediscussão dos interesses em jogo na sociedade e no Estado, para que haja uma redefinição de como compô-los e da prevalência de cada qual na realidade empírica. Na verdade, o Estado falha como titular dos interesses públicos e a sociedade, através da inclusão de novos atores, começa a ocupar espaços que eram públicos.

Neste conflito, urge que sejam repensadas as responsabilidades, que seja redimensionado o tamanho do Estado e que a sociedade civil tome e assuma seu novo rumo, apoderando-se de espaços poderosos de deliberação e decisão.

SÚMULA VINCULANTE E A TUTELA DO CONTROLE DIFUSO DE CONSTITUCIONALIDADE

Antônio Souza Prudente

Desembargador Federal da 1ª Região. Professor Decano da Universidade Católica de Brasília

1. Proposta normativa da súmula vinculante e seu perfil constitucional de súmula vinculada. 2. Validade do processo democrático da súmula vinculante em sua figuração vinculada ao controle difuso de constitucionalidade. 3. Efeito vinculante no controle concentrado de constitucionalidade, numa investida desestruturante do Estado Democrático de Direito. 4. Pressuposto de admissibilidade da ação declaratória de constitucionalidade em vinculação ao relevante dissídio jurisprudencial do controle difuso, para salvaguarda do Estado Democrático de Direito. 5. Limitação espacial da jurisprudência criadora da súmula vinculante no controle difuso. 6. Súmula vinculante e sua plena eficácia impeditiva de recursos ante a inútil reedição constitucional de súmula meramente impeditiva de recursos no STJ e no TST. 7. Súmula vinculante e a outorga da tutela de evidência na economia processual. 8. Eficácia da súmula vinculante, no tempo, e a garantia da multa coercitiva. 9. Conclusão.

1. Proposta normativa da súmula vinculante e seu perfil constitucional de súmula vinculada

A Proposta de Emenda à Constituição n. 29, de 2000, que resultou no texto da Emenda Constitucional n. 45, de 8 de dezembro de 2004, com eficácia plena a partir da data de sua publicação (*DOU* de 31.12.2004, Seção 1, p. 9), criou a controvertida *súmula vinculante*, na Suprema Corte, com a determinação de que "O Supremo Tribunal, poderá, de ofício ou por provocação, mediante decisão de dois terços dos seus membros, *após reiteradas decisões sobre a matéria constitucional*, aprovar súmula que, a partir de sua publicação na imprensa oficial, terá efeito vinculante em relação aos demais órgãos do Poder Judiciário e à administração pública direta e indireta, nas esferas federal, estadual e municipal, bem como proceder à sua revisão ou cancelamento, na forma estabelecida em lei (art. 103-A, *caput*). A súmula terá por objetivo a validade, a interpretação e a eficácia de normas determinadas, acerca das quais haja controvérsia atual entre órgãos judiciários ou entre esses e a administração pública, que acarrete grave insegurança jurídica e relevante multiplicação de processos sobre questão idêntica (art. 103-A, § 1º). Sem prejuízo do que vier a ser estabelecido em lei, a aprovação, revisão ou cancelamento de súmula poderá ser provocada por aqueles que podem propor a ação direta de inconstitucionalidade (art. 103-A, §

$2^{\underline{o}}$). Do ato administrativo ou decisão judicial que contrariar a súmula aplicável ou que indevidamente a aplicar, caberá reclamação ao Supremo Tribunal Federal que, julgando-a procedente, anulará o ato administrativo ou cassará a decisão judicial reclamada e determinará que outra seja proferida com ou sem a aplicação da súmula, conforme o caso (art. 103-A, § $3^{\underline{o}}$)".

2. *Validade do processo democrático da súmula vinculante em sua figuração vinculada ao controle difuso de constitucionalidade*

Sempre fui contrário à idéia de criação de uma súmula vinculante, autoritária, totalmente desgarrada do tecido da jurisprudência criativa e difusa de nossos juízos singulares e Tribunais de apelação, a ponto de engessá-los no engenho de sua autonomia e livre convicção.

Vejo, agora, porém, que *o texto normativo da súmula vinculante prestigia o Estado Democrático de Direito, enquanto brote da fermentação jurisprudencial do controle difuso, após reiteradas decisões sobre a matéria a ser sumulada, inibindo a pulverização de ações sobre questões idênticas, descongestionando, assim, os tribunais e evitando a grave insegurança jurídica no meio social.*

A validade democrática da súmula vinculante se apresenta, assim, na firme dimensão de seu vínculo com o tecido jurisprudencial do controle difuso de constitucionalidade a ser praticado por nossos Juízos e Tribunais, não havendo de anular-se a expressão vinculante de "*reiteradas decisões sobre a matéria constitucional*" pelo sofisma interpretativo de considerá-la uma mera expressão cinzenta ou um simples conceito indeterminado, a ponto de autorizar-se a produção de súmulas vinculantes, como produto de argumentos de autoridade, sem autoridade de argumentos, na burla do controle difuso de constitucionalidade, no País (CF, arts. 97 e 102, *caput* e respectivo inciso III, alíneas *a*, *b* e *c*).

A *súmula vinculante*, que se incorpora ao texto normativo da Constituição Federal em vigor, através da Emenda Constitucional n. 45, de 2004, desenganadamente, é *súmula vinculada* às energias do nosso controle difuso de constitucionalidade, que afasta as arrogâncias de um suposto direito autoritário.

Nessa crença, assim, vinculada à postura ética do Supremo Tribunal Federal, que haverá de cumprir com total fidelidade, os pressupostos e objetivos da súmula vinculante, consagrados no dispositivo constitucional em vigor (CF, art. 103-A, §§ $1^{\underline{o}}$, $2^{\underline{o}}$ e $3^{\underline{o}}$), não há como visualizar-se a referida súmula a serviço de um autoritarismo de cúpula subordinante e aniquiladora da independência funcional dos órgãos e agentes do Poder Judiciário.

3. *Efeito vinculante no controle concentrado de constitucionalidade, numa investida desestruturante do Estado Democrático de Direito*

Fenômeno preocupante, contudo, já surgira no corpo normativo de nossa Lei Fundamental, através da Emenda Constitucional n. 3, de 17 de março de 1993, que introduzira, no controle concentrado de constitucionalidade, o efeito vinculante das decisões definitivas de mérito, proferidas pelo Supremo Tribunal Federal, em ações declaratórias de constitucionalidade de lei ou de ato normativo federal (CF, art. 102, § $2^{\underline{o}}$), aplicando-se tal efeito às ações declaratórias de inconstitucionalidade (ADIs), por determinação da Lei n. 9.868, de 10 de novembro de 1999.

A todo modo, a Emenda Constitucional n. 45, de 8.12.2004, introduz sensíveis alterações no texto constitucional em vigor, com a determinação de que "as decisões definitivas de mérito, proferidas pelo Supremo Tribunal Federal, nas ações diretas de inconstitucionalidade e nas ações declaratórias de constitucionalidade de Lei ou ato normativo federal, produzirão eficácia contra todos e efeito vinculante, relativamente aos demais órgãos do Poder Judiciário e à administração pública direta e indireta, nas esferas federal, estadual e municipal" (CF, art. 102, § 2º). "No recurso extraordinário, o recorrente deverá demonstrar a repercussão geral das questões constitucionais discutidas no caso, nos termos da lei, a fim de que o Tribunal examine a admissão do recurso, somente podendo recusá-lo pela manifestação de dois terços de seus membros" (CF, art. 102, § 3º).

Essa determinação da Emenda Constitucional n. 45 consagra, agora, em seu texto, o efeito vinculante das decisões de mérito da Suprema Corte, no controle concentrado de constitucionalidade, com a agravante de haver extraído do obtuário fóssil do regime ditatorial a figura excêntrica da argüição de relevância social das questões constitucionais, como pressuposto de admissibilidade do recurso extraordinário, anulando, assim, parcialmente, esse rico instrumental do controle difuso de constitucionalidade, em total afronta à garantia fundamental do pleno acesso à justiça (CF, art. 5º, inciso XXXV), posto que é do tecido genético desse controle difuso que brotarão as melhores células da jurisprudência de nossos Tribunais, para formação da súmula vinculante, preconizada no art. 103-A do texto oficial da Carta Magna.

Assegura-se, portanto, no controle difuso de constitucionalidade, a livre convicção e independência do juiz natural, como garantia fundamental do cidadão, inscrita em cláusula pétrea. Já no processo objetivo da ação declaratória de constitucionalidade, onde só figura a reduzida legitimação ativa do Poder Político (CF, art. 103, § 4º), sem partes contrapostas, ausentes o contraditório e a ampla defesa, estrangulando-se a cláusula garantidora do *due process of law*, não há como resultar segurança jurídica para os cidadãos, que não tiveram, ali, nem voz nem vez de contraditar a argumentação do Estado.

Qualquer processo judicial ou político, em que se anule a plenitude da defesa, se afigura injusto e inconstitucional e, por conseguinte, absolutamente nulo, a confirmar a assertiva de Otto Bachof de que "também uma norma constitucional pode ser nula, se desrespeitar em medida insuportável os postulados fundamentais da justiça",[1] como a que impõe aos juízes e Tribunais do Brasil "*a perversão jurídica*" do efeito vinculante das decisões definitivas de mérito da Suprema Corte, no processo objetivo e unilateral de declaração de constitucionalidade de lei ou de ato normativo federal, sem a seiva geneticamente organizada no controle difuso de constitucionalidade de nossos Tribunais (CF, art. 97).

Não obstante os doutos fundamentos do voto condutor da Ação Declaratória de Constitucionalidade n. 1-DF/STF, declarando, em tese, como questão de ordem, sua constitucionalidade formal, nos termos da Emenda Constitucional n. 3/1993 (*RTJ* 157/373), vencido, por maioria plena, o eminente Ministro Marco Aurélio, vejo a referida ação como uma anomalia processual, a violar, expressamente, as garantias fundamentais do cidadão, na promessa constitucional do Estado Democrático de Direito e de Justiça.

Nesta infeliz vocação ditatorial, processou-se a Ação Declaratória de Constitucionalidade n. 4-6/DF, em que não se buscou, apenas, a declaração judicial da constitucionalidade do art. 1º da Lei n. 9.494, de 10.9.1997, pelo Alto Pretório, em controle concentrado e abstrato, como objetivo exclusivo do processo especial, sem qualquer relação genética com os processos judiciais em curso, mas numa total agressão aos comandos da Lei Fundamental, atrelaram-se os controles de constitucionalidade concentrado e difuso, em cará-

1. Otto Bachof, *Normas Constitucionais Inconstitucionais?*, p. 3.

ter avocatório da questão constitucional, em trâmite nas instâncias ordinárias, que restaram, no caso, brutalmente suprimidas pela Corte Suprema, em manifesto sacrifício da garantia do devido processo legal, para que fosse atendido, liminarmente, inusitado pedido de medida cautelar, com eficácia *ex nunc* e *erga onmnes* e efeito vinculante, totalmente amordaçante do controle difuso da magistratura federal, para sustar, até o julgamento definitivo de mérito, a produção de qualquer decisão sobre pedido de tutela antecipada contra a Fazenda Pública, que tivesse por pressuposto a afirmação da constitucionalidade ou da inconstitucionalidade do malsinado art. 1º da Lei n. 9.494/1997, assim como os efeitos futuros das decisões de antecipação de tutela já proferidas contra a Fazenda Publica (*DJU* de 13.2.1998, Seção I).

Consagrou-se, assim, naquele infeliz precedente da Ação Declaratória de Constitucionalidade n. 4/DF, em referência, um curioso e prepotente malabarismo jurídico, com a incorporação da instrumentalidade abusiva do frustrado projeto de incidente de inconstitucionalidade, preconizado pela então Assessoria Jurídica da Presidência da República, aproveitando-se a inusitada mesclagem dos controles de constitucionalidade concentrado e difuso, nos autos de um só processo abstrato, para a asfixia e anulação do vigoroso controle difuso de constitucionalidade, naquela matéria de relevância social.

Busca-se, assim, na mira determinante desse controle concentrado uma magistratura ordinária, dócil e genuflexa às decisões vinculantes do Poder Supremo, a não gerar obstáculos às investidas injustas e gananciosas do projeto neoliberal, adotado pelo Estado brasileiro, no influxo globalizante desse novo milênio, e que, a exemplo do fracassado nacional-socialismo dos anos 1940, possibilita a criação de uma doutrina autoritária do Direito, bem a gosto das ditaduras históricas, onde "o sistema já não pode ser manejado pelos homens, porque as pessoas são manejadas pelo sistema",[2] a impor, sem fronteiras, a vontade insana e absoluta do *Führer*, hoje, malignamente incorporada no querer ganancioso e implacável dos mercados globais.

Neste pensar, destaca-se a posição defendida pelo eminente Ministro Celso de Mello, quando, na presidência da Suprema Corte, manifestou-se na fala de que "a Magistratura não pode anular-se como poder político e nem deixar-se subjugar pelos que pretendem impor-lhe o vínculo da dominação institucional, convertendo e degradando o Poder Judiciário à condição de instância desqualificada de submissão, reduzida, de maneira inaceitável, em seu disponível grau de independência e liberdade. (...) que a reforma do Poder Judiciário, embora essencial e indispensável, não pode conduzir à criação de mecanismos que busquem, a partir de formulações interpretativas subordinantes, fixadas por órgãos que se situam na cúpula da estrutura judiciária, imobilizar o poder inovador da jurisprudência, gerando, a partir de verdadeira hermenêutica de submissão, uma grave interdição ao direito de o magistrado refletir de maneira crítica e de decidir em regime de liberdade, segundo convicções fundadas em exegese criteriosa do sistema normativo e com observância responsável dos limites fixados pelo ordenamento positivo".

4. Pressuposto de admissibilidade da ação declaratória de constitucionalidade em vinculação ao relevante dissídio jurisprudencial do controle difuso, para salvaguarda do Estado Democrático de Direito

Com essa lúcida inteligência, o Supremo Tribunal Federal, guardião maior da Constituição da República, já nos legou

2. Eduardo Juan Couture, *Introducción al Estudio del Proceso Civil*, 2ª ed., p. 76.

exemplo eloqüente de que, doravante, não se deixará enfeitiçar pelas magias do Leviatã, quando, nos autos da Ação Declaratória de Constitucionalidade n. 8-8 (1076), de que foi Relator o Ministro Celso de Mello, prestigiou, sobremodo, o controle difuso de constitucionalidade, no Brasil, revelando-se a altivez e independência da Corte Suprema no exercício pleno de suas altas funções constitucionais.

O precedente citado centra-se na fala segura do Relator do processo abstrato em referência, no sentido de que "o ajuizamento da ação declaratória de constitucionalidade que faz instaurar processo objetivo de controle normativo abstrato, *supõe a existência de efetiva controvérsia judicial em torno da legitimidade constitucional de determinada lei ou ato normativo federal*".

Sem a observância desse pressuposto de admissibilidade, torna-se inviável a instauração do processo de fiscalização normativa *in abstracto*, pois a inexistência de pronunciamentos judiciais antagônicos culminaria por converter, a ação declaratória de constitucionalidade, em um inadmissível instrumento de consulta sobre a validade constitucional de determinada lei ou ato normativo federal, descaracterizando, por completo, a própria natureza jurisdicional que qualifica a atividade desenvolvida pelo Supremo Tribunal Federal.

O Supremo Tribunal Federal firmou orientação que exige a comprovação liminar, pelo autor da ação declaratória de constitucionalidade, "da ocorrência, 'em proporções relevantes', de dissídio judicial, cuja existência — precisamente em função do antagonismo interpretativo que dele resulta — faça instaurar, ante a elevada incidência de decisões que consagram teses conflitantes, verdadeiro estado de insegurança jurídica, capaz de gerar um cenário de perplexidade social e de provocar grave incerteza quanto à validade constitucional de determinada lei ou ato normativo federal" (*DJU* de 4.4.2003).

Tal pressuposto de admissibilidade da ação declaratória de constitucionalidade restou, depois, consagrado no texto da Lei n. 9.868, de 10 de novembro de 1999 (art. 14, inciso III).

Com essa postura independente, a Suprema Corte impõe limites às investidas subordinantes do Executivo, nesse contexto político, prestigiando a garantia constitucional do devido processo legal e o princípio maior da independência dos Poderes, na construção do Estado Democrático de Direito e de Justiça, para o qual concorre, decisivamente, o controle difuso de constitucionalidade das leis e dos atos normativos do Poder Público, no Brasil.

5. Limitação espacial da jurisprudência criadora da súmula vinculante no controle difuso

Estando já em vigor o texto da Emenda Constitucional n. 45, de 2004, com a determinação do efeito vinculante das decisões definitivas de mérito, proferidas pelo Supremo Tribunal Federal, nas ações diretas de inconstitucionalidade e nas ações declaratórias de constitucionalidade de lei ou de ato normativo federal (CF, art. 102, § 2º), inexiste espaço para a edição de súmula vinculante, nessa seara do controle concentrado de constitucionalidade, pois o mesmo já se acha totalmente aparelhado dessa eficácia.

De outra banda, há de ver-se que a súmula vinculante preconizada pela Emenda Constitucional n. 45, de 2004, visando eliminar controvérsias entre órgãos judiciários ou entre esses e a administração pública, de que resulte grave insegurança jurídica, com a proliferação de processos sobre questões idênticas (CF, art. 103-A, § 1º), uma vez alimentada da seiva jurisprudencial do controle difuso, tornar-se-á, a todo modo, uma súmula impeditiva de recursos contra a matéria já sumulada pelo Alto Pretório, na linha determinante do art. 557, *caput*, do CPC, ante a possível teimosia recursal do jurisdicionado, mormente em se tratando do poder público.

A súmula vinculante, no entanto, produz uma tutela inibitória dos abusos da administração pública, em face do direito evidente do administrado, evitando, assim, no raio de sua eficácia, o surgimento e a proliferação de lides idênticas, perante os tribunais do país, em manutenção do princípio da segurança jurídica das relações humanas e sociais.

A súmula impeditiva de recursos, todavia, na redação da proposta oficial da PEC n. 29, de 2000 (CF, art. 105-A) não possui a mesma dimensão de eficácia da súmula vinculante, pois não inibe a administração pública na geração de lides e feitos judiciais, protelatórios e repetitivos, mas, tão-somente, impede a interposição de quaisquer recursos contra a decisão judicial que houver aplicado o enunciado sumular, na solução dos processos pendentes de julgamento.

A distinção relevante e essencial entre a *súmula vinculante* e a *súmula impeditiva de recursos* reside, exatamente, na dimensão de eficácia da tutela mandamental de resultado prático e efetivo, que caracteriza cada uma delas, em benefício das *garantias da justiça adequada e da segurança jurídica de todos*, no Estado de Direito.

Enfim, a *súmula impeditiva de recursos* pressupõe já a existência de lides idênticas e a proliferação de processos correlatos, nos escaninhos dos tribunais, enquanto a *súmula vinculante* visa, exatamente, inibir tais lides e processos repetitivos, em seu nascedouro. Por isso, a súmula vinculante, sem dúvida, traz a melhor solução para racionalizar a atividade jurisdicional do Estado, desobstruindo as Cortes de Justiça da imensa pletora de feitos repetitivos, na promessa efetiva de uma *justiça oportuna* para todos os cidadãos.

6. Súmula vinculante e sua plena eficácia impeditiva de recursos ante a inútil reedição constitucional de súmula meramente impeditiva de recursos no STJ e no TST

O texto da Emenda à Constituição n. 29, de 2000, que retornou do Senado Federal à Câmara dos Deputados, criou, apenas, a súmula impeditiva de recurso, no Superior Tribunal de Justiça e no Superior Tribunal do Trabalho, contrariando, assim, os princípios da razoabilidade e da economia processual.

A proposta normativa determina que o Superior Tribunal de Justiça e o Tribunal Superior do Trabalho poderão, de ofício, ou por provocação, mediante decisão de dois terços dos seus membros, após reiteradas decisões sobre a matéria, aprovar súmula que, a partir de sua publicação, constituir-se-á em impedimento à interposição de quaisquer recursos contra decisão que a houver aplicado, bem como proceder à sua revisão ou cancelamento, na forma estabelecida em lei.

A referida súmula terá por objetivo a validade, a interpretação e a eficácia de normas determinadas, acerca das quais haja controvérsia atual entre órgãos judiciários ou entre esses e a administração pública, que acarrete grave insegurança jurídica e relevante multiplicação de processos sobre questão idêntica.

Estabelece, ainda, que, sem prejuízo do que vier a ser estabelecido em lei, a aprovação, revisão ou cancelamento de súmula poderá ser provocada, originariamente, perante o Superior Tribunal de Justiça ou perante o Tribunal Superior do Trabalho, conforme o caso, por aqueles que podem propor a ação direta de inconstitucionalidade. E, também, que são insuscetíveis de recurso e de quaisquer meios de impugnação e incidentes as decisões judiciais, em qualquer instância, que dêem a tratado ou lei federal ou à legislação trabalhista a interpretação determinada pela súmula impeditiva de recurso (CF, arts. 105-A e 111-B e respectivos §§ 1º, 2º e 3º).

A proposta da súmula impeditiva de recurso, em referência, afigura-se, assim, inteiramente irracional, insuficiente aos objetivos visados e absolutamente inócua perante a ordem jurídico-processual já existente.

Pelo visto, a súmula vinculante, nos termos da Emenda Constitucional n. 45, de 2004, não só inibe a Administração Pública, na geração de novas lides e feitos judiciais, protelatórios e repetitivos, mas, na dimensão de sua eficácia plenamente vinculante, também impede a interposição de quaisquer recursos contra a decisão judicial que houver aplicado o enunciado sumular, na solução dos processos pendentes de julgamento, como, assim, determina o art. 557, *caput*, do CPC, em vigor.

Racional seria instalar-se, por via constitucional, a súmula vinculante, também, no Superior Tribunal de Justiça, sempre vinculada ao controle difuso de legalidade, que encerra sua última inteligência jurisprudencial na fala autorizada daquele respeitável Tribunal Superior.

Observe-se, pois, que a *súmula impeditiva de recurso*, na configuração normativa da PEC n. 29, de 2000, por não possuir eficácia inibitória das lides, em seu nascedouro, pelo visto, torna-se insuficiente para atingir seus objetivos propostos, no sentido de combater a grave insegurança jurídica e a relevante multiplicação de processos sobre questão idêntica, não possibilitando, sob todos os ângulos, o pleno acesso à justiça oportuna.

Nesse contexto, a *súmula impeditiva de recurso* já se apresenta no bojo da PEC n. 29, de 2000, como instrumento ineficaz para solucionar, definitivamente, a grave questão do acúmulo invencível de feitos protelatórios e a conseqüente morosidade da justiça na materialização histórica de graves injustiças.

A *súmula vinculante e totalmente vinculada ao tecido jurisprudencial do controle difuso de constitucionalidade* (perante o STF) e *de legalidade* (perante o STJ), com eficácia, também, impeditiva de recurso, para os feitos judiciais ainda em tramitação, seria o instrumento adequado ao pleno acesso à justiça oportuna, efetiva e eficaz.

Com o devido respeito às opiniões em sentido contrário, não há como se ignorar a importância da súmula vinculante, no atual contexto histórico-funcional do Poder Judiciário, como instrumento eficaz de combate à nefasta morosidade e às protelações abusivas da tramitação processual, com evidente prejuízo à tutela jurisdicional do Estado (CF, art. 5º, inciso XXXV) e à boa administração da Justiça.

Por último, há de ver-se que a mal concebida súmula impeditiva de recurso, com a redação clonada do texto da súmula vinculante, na Proposta de Emenda à Constituição n. 29, de 2000, além da incoerente e desastrada restrição da norma do § 2º dos arts. 105-A e 111-B, para a provocação originária perante o STJ e o TST, visando a aprovação, revisão ou cancelamento da malsinada súmula, somente por aqueles que podem propor a ação direta de inconstitucionalidade (CF, art. 103, incisos I a IX), afastando, inexplicavelmente, desse contexto, a legitimação ordinária das partes componentes da relação processual, no controle difuso de legalidade, (posto que inexiste outorga constitucional para o controle concentrado de legalidade, na espécie sob apreciação), essa figura inusitada de súmula impeditiva de recurso já surgiria superada pela rica e versátil *instrumentalidade da súmula impeditiva e liberatória de recurso* e pela idêntica eficácia da *jurisprudência dominante e difusa de nossos Tribunais de apelação, dos Tribunais Superiores e do Supremo Tribunal Federal*, conforme já determina o comando do art. 557, *caput*, e respectivo § 1º-A, do CPC, com a seguinte redação: "O relator negará seguimento a recurso manifestamente inadmissível, improcedente, prejudicado ou em confronto com súmula ou com jurisprudência dominante do respectivo Tribunal, do Supremo Tribunal Federal ou de Tribunal Superior". E "se a decisão recorrida estiver em manifesto confronto com súmula ou com jurisprudência dominante do Supremo Tribunal Federal, ou de Tribunal Superior, o relator poderá dar provimento ao recurso".

Como se vê, a súmula impeditiva de recurso, preconizada na PEC n. 29, de 2000, não mais achará meios de sobrevivência, na ordem jurídico-processual em vigor, se for aprovada pelo Congresso Nacional, pois seu destino será de total ineficácia perante os nossos Tribunais, ante aquela versão original de súmula impeditiva e liberatória de recurso, que já lhe ocupa todo o espaço, no ordenamento processual vigente.

7. *Súmula vinculante e a outorga da tutela de evidência na economia processual*

Nesse contexto da economia processual, a súmula vinculante já encontra apoio na Lei n. 10.352, de 26 de dezembro de 2001, que acrescentou um § 3º ao art. 475 do CPC, para afastar a remessa oficial na hipótese em que a sentença estiver fundada em jurisprudência do plenário do Supremo Tribunal Federal ou em súmula deste Tribunal ou do Tribunal Superior competente.

Com a mesma inteligência, os §§ 3º e 4º do art. 544 do CPC, na redação determinada pela Lei n. 9.756, de 17 de dezembro de 1998, criaram a figura processual extraordinária do *agravo mutante*, *para a concessão da tutela de evidência*, nos Tribunais Superiores (STJ e STF), atendendo às exigências imperativas dos princípios da razoabilidade, da economia processual e da tutela jurisdicional adequada, na determinação de que poderá o relator, se o acórdão recorrido estiver em confronto com a súmula ou jurisprudência dominante do Superior Tribunal de Justiça ou do Supremo Tribunal Federal, conhecer do agravo para dar provimento ao próprio recurso especial ou ao recurso extraordinário, conforme o caso. Esta solução processual afigura-se mais adequada à *garantia do processo justo* do que a prevista para a reclamação ao Supremo Tribunal Federal que, julgando-a procedente, anulará o ato administrativo ou cassará a decisão judicial reclamada, determinando que outra seja proferida com ou sem a aplicação da súmula, conforme o caso (CF, art. 103-A, § 3º). Melhor seria que a Suprema Corte, ao julgar procedente a reclamação, acolhesse, de logo, a pretensão da parte inconformada, admitindo a figura processual da *reclamação mutante*, para atender, prontamente, à inteligência da súmula vinculante, anulando o ato administrativo ou a decisão judicial reclamada.

Nessa inteligência, há de observar-se que, nos feitos judiciais, sob a eficácia irresistível da súmula vinculante, será cabível sempre a antecipação da tutela jurisdicional de evidência, nos termos do art. 273, II, e respectivo § 6º, do CPC, desde que existindo prova inequívoca do direito postulado, fique caracterizado o abuso do direito de defesa ou o manifesto propósito protelatório do réu, pois não é razoável nem justo obrigar o autor a esperar a realização de um direito que não se mostra mais controvertido nos tribunais.

A tutela antecipada e de evidência, nessa hipótese de total eficácia da súmula vinculante, não se funda em probabilidade ou verossimilhança das alegações do autor (pressuposto da tutela cautelar), mas na certeza do direito já declarado pela Suprema Corte, a não mais exigir um mero exercício de cognição sumária, mas uma cognição plenamente exauriente, sem riscos ao direito de defesa e ao contraditório constitucional, nem mesmo de ser modificada ou revogada a qualquer tempo pelas vias recursais, posto que se acha afinada ao que já se decidiu na derradeira instância jurisprudencial.

A tutela de evidência se impõe, assim, na espécie, sob o comando da súmula vinculante, tanto na justiça ordinária quanto nos Juizados Especiais, como técnica eficaz de rápida solução de conflitos, evitando-se o acúmulo de feitos repetitivos perante a Justiça comum e nesses Juizados, a ponto de livrá-los do total estrangulamento e de prejuízos irreparáveis para os jurisdicionados.

Nesse contexto, o próprio Supremo Tribunal Federal afastou a ortodoxia da hermenêutica fazendária quanto à inteligência da decisão proferida na ADC n. 4, firmando a convicção pretoriana sobre o assunto, nos termos seguintes: "1. Tutela antecipada concedida para reconhecimento do direito da viúva do servidor à percepção da integralidade da pensão, com fundamento no art. 40, § 5º, da Constituição. 2. Reclamação buscando garantia da autoridade da decisão proferida na Ação Declaratória de Constitucionalidade n. 4. 3. Liminar indeferida, por implausibilidade da alegação, pelo reclamante, de dano irreparável, ante a coincidência, na questão de fundo (integralidade de pensão), entre o sentido da decisão reclamada e a reiterada jurisprudência do Supremo Tribunal" (AgReg em Reclamação n. 1.067-8/RS, STF, Pleno, unânime, *DJU* de 17.6.1999, Rel. Min. Octávio Gallotti).

Nesse inteligente enfoque jurisprudencial do Alto Pretório, convém reconhecer-se, de plano, que se o conteúdo do provimento antecipatório coincidir com a jurisprudência uniforme do Supremo Tribunal Federal, em matéria constitucional ou do Superior Tribunal de Justiça em questões de natureza infraconstitucional, resta superado o argumento da irreparabilidade do dano ao Erário público, posto que, na decisão final, a tutela antecipatória será certamente mantida.

Nos lindes dessa inteligência, qualquer demanda administrativa ou judicial, que veicule pretensão contrária ao enunciado da súmula vinculante, deverá ter indeferida, liminarmente, sua petição inicial, por impossibilidade jurídica do pedido, sob pena de ser cassada, pelo Supremo Tribunal Federal, a decisão que a acolher, nos termos do § 3º do art. 103-A, da Carta Magna.

8. Eficácia da súmula vinculante, no tempo, e a garantia da multa coercitiva

No que tange à eficácia *erga omnes* da súmula vinculante, no tempo, há de se observar que tal eficácia é *ex nunc*, em respeito à garantia fundamental da irretroatividade das leis (CF, art. 5º, inciso XXXVI), respeitando-se, sempre, o direito adquirido, o ato jurídico perfeito e a coisa julgada, no ponto. Nesse sentido, colhe-se a inteligência do art. 8º da Proposta de Emenda à Constituição n. 29, de 2000, com a determinação de que "as atuais súmulas do Supremo Tribunal Federal somente produzirão efeito vinculante após sua confirmação por dois terços de seus integrantes e publicação na imprensa oficial".

Por último, para que se obtenha a eficácia plena da súmula vinculante, com todos os seus efeitos positivos na boa administração da Justiça, inibindo-se a multiplicação de processos sobre questões idênticas, nos escaninhos dos cartórios e restabelecendo-se a segurança jurídica, com presteza, nas relações humanas e sociais, há de se estabelecer no texto do § 3º do art. 103-A, da Constituição Federal, uma multa coercitiva, que garanta a fiel obediência aos comandos dessa súmula, especialmente contra o agente público, acostumado, historicamente, a desrespeitar as decisões judiciais, pois somente a reclamação perante o Supremo Tribunal Federal, conforme está previsto no referido dispositivo constitucional, não resolverá, satisfatoriamente, a questão da possível desobediência ao aludido enunciado sumular.

As propostas de *súmula vinculante* e de *súmula impeditiva de recursos*, veiculadas no Projeto de Reforma do Poder Judiciário (PEC n. 29, de 2000) encontra abrigo na garantia fundamental de que "a todos, no âmbito judicial e administrativo, são assegurados a razoável duração do processo e os meios que garantam a celeridade de sua tramitação" (CF, art. 5º, LXXVIII).

9. Conclusão

A instituição da súmula vinculante, em nosso ordenamento jurídico, como resultado do tecido celular da jurisprudência construída no controle difuso de constitucionalidade, por nossos Tribunais, após reiteradas decisões sobre a matéria, ali controvertida, contribuirá, decisivamente, para a distribuição de uma *justiça adequada* a todas as pessoas que dela necessitem, no âmbito judicial e administrativo, assegurando-lhes um sistema jurídico moderno e igualitário, que efetivamente garanta e não apenas proclame o direito de todos, como a melhor e mais civilizada forma *de acesso pleno a essa tão almejada justiça, no imaginário do terceiro milênio.*

A todo modo, isto somente será possível se a decantada *súmula vinculante* manifestar-se, geneticamente, no meio forense, como uma autêntica súmula vinculada ao controle difuso de constitucionalidade, sem jamais trair sua legítima vocação constitucional.

Brasília/DF, em 26 de janeiro de 2005.

Bibliografia referida

BACHOF, Otto. *Normas Constitucionais Inconstitucionais?*. Tradução e nota prévia de José Manuel N. Cardoso da Costa. Atlântida Editora, p. 3.

COUTURE, Eduardo Juan. *Introducción al Estudio del Proceso Civil.* 2ª ed. Buenos Aires, Depalma, 1998, p. 76.

REVISÃO ANUAL DA REMUNERAÇÃO DOS SERVIDORES PÚBLICOS

JOSÉ SÉRGIO MONTE ALEGRE

Professor de Direito na Universidade Tiradentes/SE. Atual Procurador-Geral do Ministério Público Especial junto ao TCE. Presidente do Instituto Sergipano de Direito Administrativo. Vice-Presidente do Instituto Sergipano de Estudos da Constituição

Está escrito no art. 37, X, da Constituição Federal que "a remuneração dos servidores públicos e o subsídio de que trata o § 4º do art. 39 somente poderão ser fixados ou alterados por lei específica, observada a iniciativa privativa em cada caso, *assegurada revisão geral anual, sempre na mesma data e sem distinção de índices*" (sem destaque no original). Aqui, umas indagações se alevantam, de pronto: há liberdade para o endereçado da norma na escolha do índice da revisão? Trata-se de um indiferente jurídico, tanto fazendo este como aquele? Tudo se remete ao subjetivismo incontrolável de quem tem o poder da iniciativa da lei?

Parece-nos que não. E as razões, dentre outras admissíveis, são as seguintes, na ordem em que apresentadas.

Primeira: é de norma constitucional que se cuida, porém, de *espécie* de um gênero, o de *norma jurídica*, como expressão formal do Direito. E este, em excerto citado a mais não poder, "há de ser interpretado inteligentemente, não de modo a que a ordem legal envolva um absurdo, prescreva inconveniências, vá ter a conclusões inconsistentes ou impossíveis" (*Interpretação e Aplicação do Direito*, de Carlos Maximiliano, 2ª ed., 1993, Ed. da Livraria Globo, p. 183, *apud* Celso Antônio Bandeira de Mello, no seu *Curso de Direito Administrativo*, 11ª ed., Malheiros Editores, p. 389). Isto assentado, há de reconhecer-se que o *literalismo* do dispositivo sugere liberdade de escolha, qualquer uma, posto que o critério da revisão *não* lhe integra a estrutura, *não* faz parte da prescrição normativa.

Entretanto, a literalidade tem despertado poucas afeições, às vezes nenhuma, a partir do *Supremo Tribunal Federal*, em acórdão recente, assim ementado, no particular "(...) Entre as interpretações possíveis, deve prevalecer a que verdadeiramente afaste o paradoxo, *resistindo o artífice do Direito ao literalismo*" (RE 243.735-SP, 2ª T., Rel. Min. Marco Aurélio, na *RTJ* 180/759, sem o destaque no original). Ou então: "Ofício judicante. Postura do magistrado. Ao examinar a lide, o magistrado deve idealizar a solução mais justa, considerada a respectiva formação humanística. Somente após, cabe recorrer à dogmática para, encontrado o indispensável apoio, formalizá-la" (RE 111.787, 2ª T., Rel. Min. Marco Aurélio). Mais: "Os postulados que informam a teoria do ordenamento jurídico e que lhe dão o necessário substrato doutrinário assentam-se na premissa fundamental de que o sistema de direito positivo, além de caracterizar uma unidade institucional, constitui um complexo de normas que devem manter entre si um vínculo essencial de coerência" (*RDA* 201, 1ª T., p. 157). Agora, como remate: "*Interpretação. Ato de vontade. Visão teleológica.* Toda e qualquer interpretação consubstancia ato de vontade, devendo o intérprete considerar o objetivo da norma. *Descabe a fixação do alcance de modo a prejudicar aquele que a norma almeja proteger* (...)" (AgReg em Agravo de Instrumento 218.668-7, 2ª T., Rel. Min. Marco Aurélio, *DJU* de 16.4.1999, sem o destaque no original).

Todavia, não só o Excelso Pretório. O *Superior Tribunal de Justiça* chega a ser mais incisivo: "As normas da Constituição relativas aos vencimentos dos funcionários públicos, devem ser interpretadas logicamente. *Insuficiente a interpretação meramente literal*" (MS 2.463, *RDA* 195/56-57, sem destaque). E ainda: "O aplicador da lei não deve se deixar limitar pelo conteúdo que possa ser percebido da *leitura literal* e isolada de uma certa regra legal, a ponto de lhe negar sentido e valor" (REsp 146.548-GO, 4ª T., Relator para o acórdão Min. César Asfor Rocha, *RSTJ*, junho de 2001, p. 325, idem).

Na *doutrina estrangeira* lê-se que "(...) a solução jurídica deve ser valorada na medida em que contribui para a manutenção da paz social. Uma teoria jurídica é tanto mais apreciada, antes de mais nada, pelas conseqüências sociais" (Gaston Jèze, citado por Cretella Júnior no seu *Direito Administrativo Brasileiro*, Forense, 1983, p. 14).

Na *doutrina nacional*, Celso Antônio Bandeira de Mello, por todos, encarece a *finalidade* como atributiva de sentido à norma, sem a descoberta da qual esta não permite se lhe desvende o significado e o alcance, ademais do que reconhece a todas as leis finalidade de interesse público, certamente influenciado pelo § 2º do art. 179 da Constituição Imperial de 1824: "Nenhuma lei será estabelecida sem utilidade pública" (*Curso de Direito Administrativo*, 15ª ed., Malheiros Editores, pp. 97-98). Tudo, sem esquecer a Lei de Introdução ao Código Civil: "Na aplicação da lei, o juiz atenderá aos fins sociais a que ela se dirige e às exigências do bem comum" (art. 5º). Portanto, a literalidade aqui não é bem-vinda e os olhares que desperta sugerem desconfiança.

Segunda: desaconselhada a literalidade como pauta de intelecção normativa, qual seria o bom critério de eleição para uma mais aproximada e melhor compreensão da estrutura normativa? Parece-nos que o critério *teleológico* encontra aqui o seu aconchego. Suposto que toda lei é estabelecida em obséquio à utilidade pública, e que o fim legal condiciona, quando não determina, a descoberta e a revelação da razão de ser do preceito, então *qual* o resultado pretendido no enunciado do art. 37, X, da Constituição Federal? Seguramente, *a tutela da função pública* por cuja via o Estado devota-se cumpridamente à prossecução dos *fins* enunciados como *objetivos fundamentais* da República Federativa do Brasil, residentes nos incisos do art. 3º da Lei das Leis. Com isto, estimula-se a funcionalidade do dispositivo constitucional da revisão anual, ao invés de desvalorizá-lo, isto em atenção a que os fins a serem prosseguidos aparecem para o Estado como *deveres* a adimplir e a revisão anual como um dos *poderes* correspectivos. Então, *não* se trata de compreender a norma de modo *a desfavorecer* o que a norma quis tutelar: a *função pública*. Nem de fazer cortesias graciosas ao servidor público, senão, isto sim, de dar os meios adequados para o cumprimento dos fins assinalados, sobremodo em uma Constituição que faz da *eficiência* e da qualidade da gestão pública (o que implica na prestação de contas não só sob o aspecto financeiro, mas também do desempenho), artigos de fé, princípios de dignidade constitucional (art. 37, *caput*, c/c o art. 74, II). E como é de *poder funcional* que se cuida, para o atendimento de *interesses públicos primários*, na conhecida doutrina de Alessi, o Estado-Legislador dele *não* pode descurar, desleixar, descuidar ou dispor, tudo em reverência a princípios como o da indisponibilidade do interesse público, e o da razoabilidade, que se acham na raiz dos dispositivos constitucionais. Se é assim, ao intérprete é interditado o trânsito no sentido contrário ao da Constituição. E nas questões dos homens de leis, também não é suficiente saber *aonde* ir; faz-se necessário conhecer *como* ir.

Em resumo: não há lei sem utilidade pública; a norma garantidora da revisão anual foi posta tendo em vista um *fim* a prosseguir; e este fim reside na *valorização da função pública* como meio idôneo de satisfazê-lo. Nenhuma cortesia, pois, feita com o chapéu alheio. Ao contrário, o que se tem é expressão de adequação proporcionada entre meio e fim, *proporcionalidade* que tem, enquanto *princípio* de contenção de toda forma de legislação opressiva ou arbitrária, residência na *cláusula do devido processo legal em sentido substantivo* (art. 5º, LIV, da CF). Acresce anotar que a deterioração do estipêndio a que corresponde o exercício da função pública, do mesmo passo que se exige idêntico padrão de excelência no seu desempenho, acaso seja possível tamanho paradoxo, resultaria no empobrecimento desmedido de uma parte e no enriquecimento desproporcionado de outra, com o que se aplicariam maus tratos a princípio idoso de muitos anos, o que veda o enriquecimento sem justa causa, intolerável em uma Constituição que senta praça da moralidade como *princípio* (art. 37, *caput*). Custaria muito acreditar na coerência de um sistema que admitisse flexibilidade ao *pacta sunt servanda*, no terreno da autonomia da vontade; à garantia das condições efetivas da proposta, no relacionamento contratual de particulares com a Administração Pública (art. 37, XXI, da CF); à atualização das tarifas, nas concessões e permissões de serviço público celebradas com particulares; e, no entanto, deixasse órfã de proteção contra eventual arbítrio *função* qualificada como própria do Estado, típica dele, em atenção a valores que reputou dignos de sua própria conta, e exercida pelos seus próprios agentes, recrutados, via de regra, em regime de competição de talentos, ademais de submetidos a um regime de prerrogativas e sujeições sem paralelo no setor privado. Ou já não é mais verdade de todo o sempre que todo aquele que tem poder tende a descambar para o abuso?... Afinal, tudo parece confinar-se, aqui também, na necessidade de desestimar e conter toda a forma de arbítrio do Estado.

Terceira: na seqüência, afigura-se-nos que o silêncio quanto ao índice da revisão não é daqueles que a jurisprudência do Supremo Tribunal Federal batizou de *eloqüente*. O dispositivo há de ser integrado ao sistema a que pertence, mediante a analogia. Se não, vejamos: salário, remuneração, vencimento ou vencimentos, benefícios previdenciários, têm natureza alimentar (art. 100, § 1º, da CF).

Pois bem. O que diz a Constituição quanto ao salário mínimo? Assegura-lhe o reajuste periódico que *lhe preserve* o poder aquisitivo (art. 7º, IV). E quanto aos benefícios previdenciários, senão que é assegurado o reajustamento deles para preservar-lhes, em caráter permanente, o valor real, conforme os critérios definidos em lei? (§ 4º do art. 201). Ora, se todos compartilham da mesma natureza, não seria razoável dar a uns o que se nega a outros. A perda do poder aquisitivo radicada na inflação, em si mesma considerada, é rigorosamente idêntica em todos os casos, a moeda desvaloriza-se identicamente, com o que, *sob tal aspecto*, é inadmissível supor corrosão inflacionária mais benéfica para uns e mais detrimentosa para outros. E o princípio da igualdade proíbe que se dispense tratamento desigual a situações iguais (art. 5º, *caput*, da CF). Pelo que, se a finalidade que anima o reajuste é a manutenção do poder aquisitivo, o que, em derradeira análise não é mais senão a restauração da garantia do equilíbrio entre as partes para evitar que uma delas empobreça e a outra enriqueça na mesma medida, outra não será a que inspira a revisão anual *como um dos meios possíveis de evitar a desqualificação da função pública*, que a Constituição, se empenha em resguardar e aprimorar, tantas são as atenções que lhe devota (moralidade, impessoalidade, publicidade, legalidade, eficiência, motivação obrigatória de atos que exprimam o seu exercício, concurso público, proibição de acumulação, regime próprio de previdência para cargos efetivos, irredutibilidade de vencimentos, estabilidade, bom funcionamento do serviço público, organização dos cargos efetivos em carreira, limites de idade, tempo mínimo de exercício de cargo, disponibilidade de servidor estável, forma de participação do usuário na administração pública direta e indireta etc., etc.). *Esta é a utilidade pública inspiradora da norma constitucional.*

Não vale aqui o versinho de uma conhecida canção, segundo o qual este ano não vai ser igual àquele que passou. Vai, sim. A reposição da perda do valor da moeda é dever do Estado, de modo que no ano seguinte o seu poder aquisitivo se mantenha inalterado. O ano subseqüente torna-se igual ao antecedente. E reposição na exata medida do que se perdeu, no mínimo, pois nada impede que a revisão vá além, inclusive por diversas razões, em obséquio à valorização do trabalho humano, fundamento da República e da Ordem Econômica. Enfim, o que nos parece é que *inexiste* liberdade de *escolha* de índice, quando se trata de revisão. A exemplo do que sucede com a contratação administrativa, o índice é o *oficial*. *E, havendo mais de um*, o que melhor refletir a variação real e efetiva do poder aquisitivo, decorrente da corrosão inflacionária. Ou, *ao menos*, o que mais aproxime dela, posto que este é o critério adotado pelo Poder Público quando se trata de receber os seus créditos.

Quarta: Por derradeiro, e sobremodo entre nós, é preciso ter cuidado com a tentação, *sempre presente no discurso autoritário*, de fazer-se leitura invertida da Constituição, a ponto de dizer-se que, como a lei não tem palavras inúteis, nem se há de presumir desatenção do legislador, quando a Constituição quis atrelar o reajuste à preservação do poder aquisitivo, ela o fez expressamente, casos do salário mínimo e dos benefícios previdenciários. Se silenciou na revisão, então "vale o que vier". A demasia, o excesso, a extravagância de uma tal leitura literal esvaziaria de conteúdo significante tudo quanto anteriormente se disse e ainda outro tanto que se poderia dizer. Um regime normativo inteiro da função pública seria reduzido a mera figura de retórica. E o que é mais grave: impunemente. Realmente, a valer o argumento, então como as palavras *julgar e apreciar* têm sentidos díspares, qual seria o papel do STF na argüição de descumprimento de preceito fundamental, decorrente da Constituição? Sim, porque aí se fala que "será apreciada" e não que compete ao STF *julgar*, como se encontra no art. 102, I; 102, II; 102, III..., da Constituição Federal.

A EFICÁCIA DO DIREITO FUNDAMENTAL À SEGURANÇA JURÍDICA: DIGNIDADE DA PESSOA HUMANA, DIREITOS FUNDAMENTAIS E PROIBIÇÃO DE RETROCESSO SOCIAL NO DIREITO CONSTITUCIONAL BRASILEIRO[1]

INGO WOLFGANG SARLET

Doutor em Direito (Universidade de Munique, Alemanha). Professor de Direito Constitucional na Faculdade e no Programa de Pós-Graduação em Direito (Mestrado e Doutorado) da PUC/RS e na Escola Superior da Magistratura do RS. Juiz de Direito no RS

1. Considerações introdutórias. 2. Contornos do direito fundamental à segurança jurídica no Estado Democrático de Direito e na Constituição Federal de 1988. 3. Segurança jurídica e proibição de retrocesso: 3.1 Considerações de ordem geral; 3.2 O problema da proibição de retrocesso e suas manifestações; 3.3 Fundamentação jurídico-constitucional de uma proibição de retrocesso no Brasil, especialmente em matéria de direitos sociais; 3.4 Dignidade da pessoa, mínimo existencial e proteção da confiança na condição de critérios materiais para aferição dos padrões de segurança (jurídica e social) no âmbito da proibição de retrocesso. 4. Considerações finais.

1. Considerações introdutórias

Mesmo que se saiba, pelo menos desde Heráclito, "que a imutabilidade não é um atributo das coisas deste mundo, que nada está em repouso e tudo flui" e que também para o Direito tal destino se revela inexorável,[2] igualmente é certo de que o cla-

1. Na elaboração deste texto (desenvolvido no âmbito de um projeto mais amplo envolvendo os direitos fundamentais sociais) contamos com o apoio decisivo do Instituto Max-Planck de Direito Social Internacional e Estrangeiro, sediado em Munique, Alemanha, onde desenvolvemos boa parte da nossa pesquisa bibliográfica e jurisprudencial, notadamente em língua alemã, parte da qual acabou sendo utilizada neste trabalho. De modo particular, agradeço aos Professores Doutores Bernd Baron von Maydell, Hans Friedrich Zacher e Ulrich Becker, assim como aos Doutores e Pesquisadores Eva Maria Hohnerlein e Bernd Schulte, tanto pela generosa acolhida, quanto pelas valiosas informações e referências sobre o tema, agradecimentos extensivos aos demais pesquisadores e funcionários do Instituto, especialmente à equipe da biblioteca.

2. Cf. a oportuna lembrança de Cláudio Ari Mello, "Contribuição para uma teoria híbrida dos

mor das pessoas por segurança (aqui ainda compreendida num sentido amplo) e — no que diz com as mudanças experimentadas pelo fenômeno jurídico — por uma certa estabilidade das relações jurídicas, constitui um valor fundamental de todo e qualquer Estado que tenha a pretensão de merecer o título de Estado de Direito, de tal sorte que, pelo menos desde a Declaração dos Direitos Humanos de 1948 o direito (humano e fundamental) à segurança passou a constar nos principais documentos internacionais e em expressivo número de Constituições modernas, inclusive na nossa Constituição Federal de 1988, onde um direito geral à segurança e algumas manifestações específicas de um direito à segurança jurídica foram expressamente previstas no art. 5º, assim como em outros dispositivos da nossa Lei Fundamental.

Que também o direito à segurança (e isto vale mesmo limitando-nos à segurança jurídica) é marcado pela multifuncionalidade e complexidade inerente aos direitos fundamentais de um modo geral, assume feições de obviedade. No entanto, são justamente estas características, somadas aos inúmeros problemas e perplexidades registrados no âmbito doutrinário e jurisprudencial, por sua vez retroalimentados pelas grandes dificuldades e repercussões na esfera da aplicação aos casos concretos, que seguem imprimindo permanente atualidade e relevância ao tema. Ainda que nos limitássemos a apontar a discussão em torno de um conceito constitucionalmente adequado de direitos adquiridos (e não de um conceito calcado predominantemente — se não exclusivamente — em postulados do direito privado) e do alcance da proteção assegurada pela Constituição a estas posições jurídicas (o que envolve a tormentosa discussão a respeito da oponibilidade do direito adquirido contra a Constituição e as suas emendas, bem como a possibilidade de sua eventual relativização) já teríamos farto material para o debate e de plano já restaria plenamente justificada coletânea, que tivemos a honra e o privilégio de integrar, sob a regência sempre talentosa e competente da Professora Doutora Cármen Lúcia Antunes Rocha.

Quando se percebe, contudo, que o alcance do direito à segurança jurídica é muito mais abrangente e que levar a sério a segurança jurídica implica a análise de todas as suas dimensões, o que inclui não apenas uma compreensão do significado e conteúdo do direito à segurança jurídica, mas alcança igualmente o problema de sua eficácia e efetividade, torna-se imperioso direcionar os rumos da investigação, pena de inevitável dispersão e superficialidade. Assim, tendo em conta os limites (especialmente espaciais) da presente contribuição, procuremos evitar pelo menos — e na medida do possível — a dispersão, já que o aprofundamento adequado de qualquer aspecto vinculado à temática exigiria um ensaio de dimensões monográficas.

Tendo em conta tais premissas, optamos por enfrentar o que provavelmente ainda constitui (e não apenas entre nós) um dos aspectos menos desenvolvidos de um direito à segurança jurídica, qual seja, o da sua eficácia e efetividade, sem desconsiderar aqui que, para o cidadão, a possibilidade de confiar na eficácia e, acima de tudo, na efetividade dos direitos que lhe são assegurados pela ordem jurídica já integra, de certo modo, um direito à segurança. Como também nesta esfera o leque de alternativas segue imenso (em se considerando as peculiaridades de cada manifestação especial do direito à segurança) centraremos a nossa atenção na idéia de proteção da pessoa (notadamente dos seus direitos fundamentais) e da própria ordem jurídica objetiva contra medidas de cunho retrocessivo, isto é, que tenham por escopo a redução e/ou supressão de posições jurídicas (aqui tomadas em sentido amplo) já implementa-

direitos de personalidade", in Ingo Wolfgang Sarlet (Org.), *O Novo Código Civil e a Constituição*, Porto Alegre, Livraria do Advogado, 2003.

das. Assim, é possível afirmar que o presente estudo tem por objetivo principal analisar a eficácia do direito à segurança jurídica na condição de direito à proteção contra o retrocesso em matéria de direitos fundamentais, priorizando aquilo que a doutrina tem designado de princípio da vedação do retrocesso social, já que é na esfera dos direitos sociais (pela intensa e muitas vezes indispensável atuação do legislador infraconstitucional no que concerne à sua regulamentação e implementação) onde se concentra o maior número de problemas e para onde também nós direcionaremos o nosso estudo.

Cuida-se, aliás, de temática reveladora da genética vinculação entre o direito à segurança social (aqui considerado como direito a um conjunto de direitos sociais [simultaneamente positivos e negativos] garantidores de uma vida com dignidade) e do direito à segurança jurídica. Que a análise da problemática relativa à proibição de retrocesso no âmbito dos direitos sociais não dispensa uma prévia, embora necessariamente rápida incursão pelo significado e conteúdo do direito à segurança jurídica, bem como uma compreensão mínima das diversas facetas da própria proibição de retrocesso no direito constitucional brasileiro, vai aqui assumido como corolário lógico-sistemático da limitação temática ora proposta. Além disso, ao invés de detalharmos já nesta fase todos os aspectos a serem versados, preferimos adotar uma metodologia calcada na contínua apresentação e delimitação do tema, à medida que o texto vai sendo estruturado.

2. *Contornos do direito fundamental à segurança jurídica no Estado Democrático de Direito e na Constituição Federal de 1988*

Sem que se vá aqui colacionar e analisar toda a gama de documentos internacionais e constitucionais que, ao longo dos tempos, agasalharam um direito fundamental à segurança, o que se percebe, desde logo e mesmo a partir de uma análise superficial, é que de modo geral as Constituições e a normativa internacional, em sua expressiva maioria, não especificaram os contornos do direito à segurança, no sentido de não terem precisado o seu âmbito de aplicação. Com efeito, a utilização da expressão genérica segurança faz com que o direito à segurança (também) possa ser encarado como uma espécie de cláusula geral, que abrange uma série de manifestações específicas, como é o caso da segurança jurídica, da segurança social, da segurança pública, da segurança pessoal, apenas para referir as mais conhecidas.

De outra parte, constata-se que para além da menção genérica a um direito à segurança, algumas de suas dimensões mais concretas (em particular as já referidas) igualmente acabaram sendo objeto de previsão expressa nos diversos pactos internacionais e Constituições. Assim, apenas para tomarmos alguns exemplos que nos são próximos, verifica-se que tanto a Constituição da República Portuguesa (1976) quanto a Constituição Espanhola (1978) asseguram a todos um direito à liberdade pessoal e segurança (respectivamente, art. 27/1 e 17.1), destacando-se que este direito à segurança, além de ter sido consagrado juntamente com o direito geral de liberdade, encontra-se associado diretamente aos dispositivos sobre os limites da restrição da liberdade pessoal.[3] Ambas as Constituições voltam a

3. V., neste sentido, no que diz com a Espanha, o atual ensaio de Francisco Fernández Segado, "El derecho a la libertad y a la seguridad personal en España" (in Eros Roberto Grau e Willis Santiago Guerra Filho (Orgs.), *Direito Constitucional. Estudos em Homenagem a Paulo Bonavides*, São Paulo, Malheiros Editores, 2001, pp. 416 e ss.), explorando as diversas dimensões de um direito à segurança pessoal e revelando — ainda que não explicitamente — o quanto este possui um caráter autônomo em relação a um direito à segurança jurídica.

referir-se à segurança no âmbito das disposições que versam sobre a ordem social, já que a Constituição Portuguesa reconhece, além de um direito à segurança no emprego (art. 53), que todos têm um direito à segurança social (art. 63/1) e a Espanhola, no âmbito dos seus *princípios rectores de la política social y econômica* dispõe, entre outras referências à segurança, que os poderes públicos devem assegurar a proteção social, econômica e jurídica da família (art. 39.1). O Constituinte Espanhol, diversamente do que ocorreu no caso de Portugal, chegou a referir expressamente a segurança jurídica no mesmo dispositivo que assegura a irretroatividade das disposições sancionadoras desfavoráveis ou restritivas de direitos individuais (art. 9.3).

No plano internacional, por sua vez, verifica-se que os principais documentos em matéria de reconhecimento e proteção dos Direitos Humanos Fundamentais não contêm referência expressa a um direito à segurança jurídica como tal, mas apenas à segurança pessoal do indivíduo, como é o caso, apenas a título ilustrativo, da Declaração dos Direitos Humanos da ONU, de 1948 (art. 3º), do Pacto Internacional da ONU de Direitos Civis e Políticos de 1966 (art. 9º) e da Convenção Americana de São José da Costa Rica, de 1969 (art. 7º, n. 1). A segurança jurídica encontra-se contemplada apenas no âmbito de algumas garantias contra a irretroatividade de determinados atos estatais, notadamente em matéria penal, mediante o reconhecimento do princípio de que ninguém poderá ser condenado por delito que não tenha sido previamente tipificado em lei (art. 9º, da Convenção Americana, art. 15 do Pacto Internacional de Direitos Civis e Políticos, bem como o art. 11, da Declaração da ONU). Tal ausência de previsão expressa de um direito à segurança jurídica ou mesmo da proteção de direitos adquiridos não constituiu, todavia, obstáculo ao reconhecimento de algumas manifestações do princípio da segurança jurídica no âmbito do direito convencional regional e na esfera da jurisprudência das instâncias judiciárias supranacionais, com destaque para o Tribunal de Justiça das Comunidades Européias e o Tribunal Europeu de Direitos Humanos, o que aqui não será desenvolvido.[4]

Certo é que havendo, ou não, menção expressa a um direito à segurança jurídica, de há muito, pelo menos no âmbito do pensamento constitucional contemporâneo, se enraizou a idéia de que um autêntico Estado de Direito é sempre também — pelo menos em princípio *e num certo sentido* — um Estado da segurança jurídica,[5] já que, do contrário, também o "governo das leis" (até pelo fato de serem expressão da vontade política de um grupo) poderá resultar em despotismo e toda a sorte de iniqüidades.

4. A respeito desta temática, v., dentre outros, Winfried Boecken, *Der verfassungsrechtliche Schutz von Altersrentenansprüche und Anwartschaften in Italien und in der Bundesrepublik Deutschland sowie deren Schutz im Rahmen der Europäischen Menschenrechtskonvention*, Berlim, Duncker & Humblot, 1987; Franz Ruland, *Verfassungs-und europarechtliche Grenzen bei der Umgestaltung des Sozialstaats im Bereich der Alterssicherung*, in VSSR 1997, pp. 19, 40 e ss.; Wolfgang Rüfner, *Verfassungs-und europarechtliche Grenzen bei der Umgestaltung des Sozialstaats im Bereich des Sozialhilferechts*, in VSSR 1997, pp. 59 e ss.; Eberhard Eichendorfer, *Umbau des Sozialstaats und Europarecht*, in VSSR 1997, pp. 71 e ss. Importa consignar que a doutrina, de um modo geral, refere que a proteção outorgada no plano do direito europeu é em geral bem mais frágil do que as soluções desenvolvidas na esfera interna (constitucional) de cada Estado, até mesmo em respeito às circunstâncias específicas de cada País e diante da necessidade de uma ampla liberdade de cada legislador interno nesta seara. Isto não significa, contudo, que não existam contribuições de relevo que aqui pudessem ser exploradas, mas que, em face da delimitação do tema e da abordagem constitucional voltada ao direito pátrio aqui proposta, deixaremos de adentrar.

5. Não é por nada que o Tribunal Constitucional Federal da Alemanha, em recentíssimo julgado, reiterou o seu já consagrado entendimento sufragando a idéia de que a segurança jurídica

Com efeito, a doutrina constitucional contemporânea, de há muito e sem maior controvérsia no que diz com este ponto, tem considerado a segurança jurídica como expressão inarredável do Estado de Direito, de tal sorte que a segurança jurídica passou a ter o *status* de subprincípio concretizador do princípio fundamental e estruturante do Estado de Direito.[6] Assim, para além de assumir a condição de direito fundamental da pessoa humana, a segurança jurídica constitui simultaneamente princípio fundamental da ordem jurídica estatal e, para além desta, da própria ordem jurídica internacional.

No caso da ordem jurídica brasileira, a Constituição Federal de 1988, após mencionar a segurança como valor fundamental no seu Preâmbulo, incluiu a segurança no seleto elenco dos direitos "invioláveis" arrolados no *caput* do art. 5º, ao lado dos direitos à vida, liberdade, igualdade e propriedade. Muito embora em nenhum momento tenha o nosso Constituinte referido expressamente um direito à segurança jurídica, este (em algumas de suas manifestações mais relevantes) acabou sendo contemplado em diversos dispositivos da Constituição, a começar pelo princípio da legalidade e do correspondente direito de a não ser obrigado a fazer ou deixar de fazer alguma coisa senão em virtude de lei (art. 5º, inc. II), passando pela expressa proteção do direito adquirido, da coisa julgada e do ato jurídico perfeito (art. 5º, inc. XXXVI), bem como pelo princípio da legalidade e anterioridade em matéria penal (de acordo com o art. 5º, inc. XXXIX, não há crime sem lei anterior que o defina, nem pena sem prévia cominação legal) e da irretroatividade da lei penal desfavorável (art. 5º, inc. XL), até chegar às demais garantias processuais (penais e civis), como é o caso da individualização e limitação das penas (art. 5º, incs. XLV a XLVIII), das restrições à extradição (art. 5º, incs. LI e LII) e das garantias do devido processo legal, do contraditório e da ampla defesa (art. 5º, incs. LIV e LV), apenas para referir algumas das mais relevantes, limitando-nos aqui aos exemplos extraídos do art. 5º, que, num sentido amplo, também guardam conexão com a noção de segurança jurídica.

Assim, bastariam estas breves considerações, para demonstrar o quanto a segurança jurídica (aqui tomada num sentido propositalmente amplo) assumiu um lugar de destaque na atual ordem jurídico-constitucional brasileira, ao lado da segurança social (igualmente consagrada de modo expresso no âmbito da ordem social e ligada diretamente aos direitos fundamentais à saúde, assistência e previdência social). Importa relembrar, neste contexto, que a segurança jurídica (para além das manifestações espe-

constitui um dos elementos nucleares do princípio do Estado de Direito, no sentido de que o particular encontra-se protegido contra leis retroativas que afetem os seus direitos adquiridos, evitando assim que venha a ter frustrada a sua confiança na ordem jurídica, já que segurança jurídica significa, em primeira linha, proteção de confiança, que, por sua vez, possui hierarquia constitucional (*BverfGE* = Coletânea Oficial das Decisões do Tribunal Constitucional Federal, v. 105, 2002, p. 57). Entre nós, vale destacar a sempre abalizada lição de Celso Antônio Bandeira de Mello (*Curso de Direito Administrativo*, 15ª ed., São Paulo, Malheiros Editores, pp. 112 e ss.), sinalando que, a despeito de não poder ser radicado em qualquer dispositivo constitucional específico, o princípio da segurança jurídica "é, porém, da essência do próprio Direito, notadamente de um Estado Democrático de Direito, de tal sorte que faz parte do sistema constitucional como um todo".

6. Cf., dentre tantos, as contribuições de José Joaquim Gomes Canotilho, *Direito Constitucional e Teoria da Constituição*, 3ª ed., Coimbra, Almedina, 1999, pp. 252 e ss.; Helmuth Schulze-Fielitz, "Kernelemente des Rechtsstaatsprinzips", in Horst Dreier (Org.), *Grundgesetz Kommentar*, v. II, Tübingen, Mohr Siebeck, 1998, pp. 184 e ss., bem como Michael Sachs, "Das Rechtsstaatsprinzip", in Michael Sachs (Org.), *Grundgesetz Kommentar*, Munique, C. H. Beck, 1996, pp. 641 e ss. Entre nós, v. o já lembrado Celso Antônio Bandeira de Mello, *Curso de Direito Administrativo*, pp. 112 e ss.

cíficas expressamente constantes do texto constitucional) integra, na condição de subprincípio, também os elementos nucleares da noção de Estado de Direito plasmada na Constituição de 1988 desta sendo indissociável. Ademais, nem o princípio fundamental da segurança jurídica e nem mesmo o complexo de direitos fundamentais específicos já referidos e agasalhados pelo nosso Constituinte, esgotam o elenco de possibilidades quando se cuida de delimitar o âmbito de proteção de um direito à segurança jurídica, à luz do sistema constitucional brasileiro.[7] Dentre essas outras possíveis manifestações, destacam-se duas que, pela sua relevância para a presente abordagem, já aqui não poderiam deixar de ser mencionadas, quais sejam, a idéia da proteção da confiança e a da proibição de retrocesso. Ambas, contudo, carecem de maior explicitação e desenvolvimento, missão da qual nos ocuparemos no próximo segmento.

Que o direito à segurança não se restringe, por sua vez, a estas dimensões e abrange, para além de um direito à segurança jurídica e social, um direito geral à segurança, no sentido de um direito à proteção [por meio de prestações normativas e materiais] contra atos — do poder público e de outros particulares — violadores dos diversos direitos pessoais, igualmente parece evidente. Isto deflui tanto de uma série de previsões expressas e específicas no texto constitucional (despontando aqui a formulação genérica adotada pelo Constituinte no art. 5º, *caput*, da CF), quanto do reconhecimento de deveres gerais e especiais de proteção que resultam diretamente da dimensão jurídico-objetiva dos direitos fundamentais, na condição de expressões de uma ordem de valores comunitária e que, pelo ângulo subjetivo, levou expressiva parte da doutrina a reconhecer a existência de correspondentes direitos à proteção.[8]

Da mesma forma, inquestionável a conexão direta entre a segurança jurídica (nas suas diversas manifestações) e as demais dimensões referidas, notadamente da segurança social e pessoal, tal qual sumariamente delineadas, já que segurança social — aqui destacada pela sua relevância para o presente ensaio — também envolve necessariamente um certo grau de proteção dos direitos sociais (acima de tudo no âmbito dos benefícios de cunho existencial) contra ingerências dos órgãos estatais, assim como contra violações provindas de outros particulares. Aliás, tal circunstância já seria suficiente para demonstrar o quanto mes-

7. Uma mostra disso é o fato de que as Leis 9.868 e 9.882, ambas de 1999, chancelaram a possibilidade de o Supremo Tribunal Federal, por maioria de 2/3 dos seus integrantes, e com base justamente no argumento da segurança jurídica, restringir os efeitos da declaração de inconstitucionalidade ou mesmo outorgar-lhe eficácia prospectiva. Ainda que tal possibilidade tenha sido objeto de intensa discussão (que aqui não iremos reprisar) o fato — e isto é o que importa neste momento — é que a segurança jurídica assume um caráter tão relevante para o legislador pátrio, a ponto de justificar até mesmo — mesmo que em caráter excepcional — que não se venha a anular os atos praticados sob a égide de uma lei declarada inconstitucional na esfera do controle concentrado e abstrato de constitucionalidade.

8. A respeito deste tópico (deveres de proteção e direitos à proteção, como expressão de uma dupla dimensão objetiva e subjetiva dos direitos fundamentais), v., em primeira linha, o paradigmático ensaio de Robert Alexy, "Grundrechte als subjektive Rechte und als objektive Normen", in *Der Staat* 29, 1990, pp. 49 e ss., bem como os desenvolvimentos da teoria dos deveres de proteção efetuados pelo mesmo autor no seu já clássico e indispensável *Theorie der Grundrechte*, 2ª ed., Frankfurt am Main, Suhrkamp, 1994, pp. 410 e ss. (existe conhecida tradução para o espanhol com o título *Teoría de los Derechos Fundamentales*, Madri, Centro de Estúdios Constitucionales, 1997). Na doutrina nacional, v. o nosso *A Eficácia dos Direitos Fundamentais*, 3ª ed., pp. 145 e ss., assim como o recente e importante ensaio de Daniel Sarmento, "A dimensão objetiva dos direitos fundamentais: fragmentos de uma teoria", in Ricardo Lobo Torres e Celso Albuquerque Mello (Orgs.), *Arquivos de Direitos Humanos*, v. IV, Rio de Janeiro, Renovar, 2002, pp. 63 e ss.

mo a segurança jurídica jamais será estritamente "jurídica", já que se cuida de condição precípua da própria segurança pessoal e da ordem comunitária como um todo, temática que, a despeito de seu fascínio e relevância, aqui não iremos desenvolver de modo autônomo.

Portanto, mesmo cientes da correção e atualidade da lição de Heráclito e ainda que estejamos cada vez mais inseridos — como bem demonstrou Ilya Prigogine[9] — num contexto marcado pelas incertezas (e incerteza, em determinado sentido, sempre será indicativo de insegurança), segue sendo certo que também no direito constitucional brasileiro a segurança jurídica constitui princípio e direito fundamental. Aliás, justamente em face da instabilidade institucional, social e econômica vivenciada (e não estamos aqui em face de um fenômeno exclusivamente nacional), que inevitavelmente tem resultado numa maratona reformista, igualmente acompanhada por elevados níveis de instabilidade, verifica-se que o reconhecimento, a eficácia e a efetividade do direito à segurança cada vez mais assume papel de destaque na constelação dos princípios e direitos fundamentais. Que, além disso, a segurança jurídica não pode ser encarada por um prisma demasiadamente formal e não quer, além disso, significar a absoluta previsibilidade dos atos do poder público e a impossibilidade de sua alteração, aqui vai assumido como elementar e deverá ser confirmado ao longo da nossa exposição.[10]

9. Ilya Prigogine, *O Fim das Certezas: Tempo, Caos e as Leis da Natureza*, São Paulo, Ed. UNESP, 1996. Muito embora o autor discorra sobre o fenômeno do tempo e, de modo geral, sobre o futuro da ciência em face das complexidades do mundo real, sustentando, em linhas gerais e entre outros aspectos, que mesmo no âmbito do conhecimento científico as certezas a respeito de certo fenômeno perduram apenas até a descoberta, por força do avanço tecnológico e do incremento dos métodos científicos, de novas perspectivas, já que vivemos num universo em permanente construção. Tais considerações aplicam-se, como é sabido e amplamente aceito, *mutatis mutandis*, também no campo das instituições, da cultura e, no que diz respeito ao presente ensaio, na esfera do próprio Direito, já que a complexidade das relações sociais em geral e da vida dão conta da atualidade e pertinência da abordagem proposta pelo autor, isto sem falar na circunstância de que a evolução no campo da ciência igualmente tem gerado uma série de inseguranças e mudanças significativas no plano jurídico-institucional. Basta, neste contexto, apontar para as novas tendências legislativas em termos de proteção do genoma humano, no campo da biomedicina em geral, na regulação do uso da informática, das comunicações, da proteção ambiental etc. Além disso, a dinâmica da vida social e econômica obriga o Estado e o legislador a respostas rápidas e eficazes para enfrentar os desafios da realidade, o que não raras vezes conduz a medidas de cunho interventivo na esfera pessoal dos indivíduos, sendo causadora de expressivos e justificados níveis de insegurança pessoal e coletiva. Tal dimensão, contudo, será explorada nos itens que seguem.

10. Convém destacar este ponto, já que também em nome de uma determinada noção de segurança jurídica já foram e poderão ser cometidas graves iniqüidades. Da mesma forma, temos por equivocado o pensamento dos que — ainda que movidos pelas melhores intenções (dentre as quais encontra-se a segurança jurídica) — propugnam pela supressão do controle difuso de constitucionalidade (argumentando que este é um dos responsáveis pelo estado caótico no qual se encontra a jurisdição brasileira), acarretando, no nosso sentir, um deslocamento de perspectiva. Especialmente a adoção irrestrita do instituto das súmulas vinculantes, a despeito de estar servindo pretensamente a causa da segurança jurídica, em muitos casos está, em verdade, servindo a uma determinada (e neste caso não desejável) concepção de segurança jurídica compreendida como absoluta previsibilidade das decisões judiciais e uma completa sujeição ao entendimento dos Tribunais Superiores, que passam, a depender da natureza do provimento (como ocorre na declaração de constitucionalidade e na interpretação conforme a Constituição), a estar investidos de funções de cunho tipicamente legislativo. Para uma análise mais detida desta temática, remetemos às indispensáveis e já clássicas lições de Clèmerson Merlin Clève, *A Fiscalização Abstrata da Constitucionalidade no Direito Brasileiro*, 2ª ed., São Paulo, Ed. RT, 1999 e

3. Segurança jurídica e proibição de retrocesso

3.1 Considerações de ordem geral

Considerando que também a segurança jurídica coincide com uma das mais profundas aspirações do ser humano,[11] viabilizando, mediante a garantia de uma certa estabilidade das relações jurídicas e da própria ordem jurídica como tal, tanto a elaboração de projetos de vida, bem como a sua realização, desde logo é perceptível o quanto a idéia de segurança jurídica encontra-se umbilicalmente vinculada à própria noção de dignidade da pessoa humana.

Se partirmos do pressuposto de que a dignidade da pessoa pode ser definida como sendo "a qualidade intrínseca e distintiva de cada ser humano que o faz merecedor do mesmo respeito e consideração por parte do Estado e da comunidade, implicando, neste sentido, um complexo de direitos e deveres fundamentais que assegurem a pessoa tanto contra todo e qualquer ato de cunho degradante e desumano, como venham a lhe garantir as condições existenciais mínimas para uma vida saudável, além de propiciar e promover sua participação ativa e co-responsável nos destinos da própria existência e da vida em comunhão com os demais seres humanos",[12] ver-se-á que a dignidade não restará suficientemente respeitada e protegida em todo o lugar onde as pessoas estejam sendo atingidas por um tal nível de instabilidade jurídica que não estejam mais em condições de, com um mínimo de segurança e tranqüilidade, confiar nas instituições sociais e estatais (incluindo o Direito) e numa certa estabilidade das suas próprias posições jurídicas.

Com efeito, a plena e descontrolada disponibilização dos direitos e dos projetos de vida pessoais por parte da ordem jurídica acabaria por transformar os mesmos (e, portanto, os seus titulares e autores) em simples instrumento da vontade estatal, sendo, portanto, manifestamente incompatível mesmo com uma visão estritamente kantiana da dignidade.[13]

Para além disso, há que levar em conta que especialmente o reconhecimento e a garantia de direitos fundamentais tem sido consensualmente considerado uma exigência inarredável da dignidade da pessoa humana (assim como da própria noção de Estado de Direito), já que os direitos fundamentais (ao menos em princípio e com intensidade variável) constituem explicitações da dignidade da pessoa, de tal sorte que em cada direito fundamental se faz presente um conteúdo ou, pelo menos, alguma

Gilmar Ferreira Mendes, *Jurisdição Constitucional*, São Paulo, Saraiva, 1999, bem como aos recentes e alentados estudos de José Adércio Leite Sampaio, *A Constituição Reinventada*, Belo Horizonte, Del Rey, 2002, e Lenio Luiz Streck, *Jurisdição Constitucional e Hermenêutica*, Porto Alegre, Livraria do Advogado, 2002 (este priorizando uma análise crítica à luz da hermenêutica filosófica).

11. Cf. bem lembra Celso Antônio Bandeira de Mello, *Curso de Direito Administrativo*, p. 113.

12. Este o conceito (conscientemente amplo e analítico) proposto no nosso *Dignidade da Pessoa Humana e Direitos Fundamentais na Constituição Federal de 1988*, 2ª ed., Porto Alegre, Livraria do Advogado, 2002, p. 62.

13. Convém não esquecer que, para Immanuel Kant (*Fundamentos da Metafísica dos Costumes*, in Coleção "Os Pensadores" (Kant II), trad. de Paulo Quintela, São Paulo, Abril Cultural, 1980, pp. 134 e ss.), a pessoa humana constitui um fim em si mesma e, portanto, não pode ser empregada como simples meio da vontade própria e alheia. Assim, desde logo, verifica-se que, na concepção de Kant (largamente incorporada ao pensamento filosófico, político e jurídico contemporâneo) a coisificação e instrumentalização da pessoa humana encontra-se desde logo vedada, ainda que, consoante oportuna lembrança de Ronald Dworkin (*El Dominio de la Vida. Una Discusión acerca del Aborto, la Eutanásia y la Libertad Individual*, Barcelona, Ariel, 1998, p. 310), isto não signifique que, em hipótese alguma, as pessoas não possam ser colocadas em alguma situação de desvantagem.

projeção da dignidade da pessoa.[14] Portanto, a proteção dos direitos fundamentais, pelo menos no que concerne ao seu núcleo essencial e/ou ao seu conteúdo em dignidade,[15] evidentemente apenas será possível onde estiver assegurado um mínimo em segurança jurídica.

Não sendo o caso de detalhar (pelo menos nesta quadra da exposição) ainda mais a íntima e evidente conexão entre dignidade da pessoa e segurança jurídica, importa, todavia, registrar que um patamar mínimo em segurança (jurídica) estará apenas assegurado quando o Direito assegurar também a proteção da confiança do indivíduo (e do corpo social com um todo) na própria ordem jurídica e, de modo especial, na ordem constitucional vigente. Neste sentido, constata-se que segurança jurídica implica sempre um certo grau de proteção da confiança, o que, a despeito de não constituir nenhuma novidade, não dispensa algumas considerações adicionais, já que cuida-se de dimensão carente de maior desenvolvimento entre nós e que, além disso, guarda direta ligação com a temática da proibição de retrocesso.

Como bem destaca Gomes Canotilho, em lição que aqui recolhemos como pressuposto da nossa análise, o princípio da segurança jurídica (aqui também tomado em sentido amplo como abrangendo a proteção da confiança) exige tanto a confiabilidade, clareza, racionalidade e transparência dos atos do poder público, quanto a segurança do cidadão no que diz com as suas disposições pessoais e efeitos jurídicos de seus próprios atos, de tal sorte que tanto a segurança jurídica quanto a proteção da confiança incidem em face de qualquer ato de qualquer órgão estatal.[16] A segurança jurídica, na sua dimensão objetiva, exige um patamar mínimo de continuidade *do* (e, no nosso sentir, também *no*) Direito, ao passo que, na perspectiva subjetiva, significa a proteção da confiança do cidadão nesta continuidade da ordem jurídica no sentido de uma segurança individual das suas próprias posições jurídicas.[17] Que ambos os princípios implicam a proteção dos direitos adquiridos, do ato jurídico perfeito e da coisa julgada, constitui aspecto que, além de encontrar sustentação na doutrina, na jurisprudência e no direito constitucional positivo contemporâneo (ainda que em muitos casos de modo implícito[18]) assume ares de ob-

14. Aqui vale colacionar a lição de Dominique Rousseau (*Les Libertes Individuelles et la Dignité de la Personne*, Paris, Montchrestien, 1998, p. 70), ao referir que os direitos fundamentais adquirem vida e inteligência por meio da dignidade da pessoa, ao passo que esta não se realiza e torna efetiva se não pelos direitos fundamentais.

15. Convém lembrar aqui não existir uma necessária convergência entre o conteúdo em dignidade da pessoa e o núcleo essencial dos direitos fundamentais, já que a garantia do núcleo essencial (que possui uma função autônoma) pode ir até mesmo além da proteção assegurada pelo conteúdo em dignidade da pessoa, dependendo do direito fundamental que estiver em causa.

16. J. J. Gomes Canotilho, *Direito Constitucional...*, cit., p. 252. Registre-se que não são poucos os que tratam a segurança jurídica e a proteção de confiança como princípios independentes e elementares e constitutivos (embora ambos intimamente vinculados) do Estado de Direito, assim como outros preferem compreender a proteção de confiança como subprincípio (e, portanto, elemento) da segurança jurídica. Tal discussão, para efeito deste ensaio, não se reveste de maior importância (com o que não estamos, por óbvio, refutando a relevância em si da temática) já que para o nosso propósito basta a certeza — e neste ponto, reitere-se —, inexiste maior controvérsia, de que ambas as categorias (proteção da confiança e segurança jurídica) andam abraçadas e não podem ser compreendidas isoladamente.

17. Este o ensinamento de Helmuth Schulze-Fielitz, "Kernelemente des Rechtstaatsprinzips", in Horst Dreier, *Grundgesetz Kommentar*, p. 184.

18. Não são poucas as Constituições que deixaram de assegurar expressamente os direitos adquiridos, sem que disso resulte uma desconsideração das situações jurídicas consolidadas por força dos princípios da segurança jurídica e da proteção de confiança, diretamente deduzidos do princípio do Estado de Direito, tal como ocorre na Ale-

viedade e não tem merecido maior controvérsia, pelo menos em se tratando de Constituições de um Estado de Direito. O mesmo, todavia, não se pode afirmar em relação ao alcance desta proteção,[19] onde a controvérsia principia já no plano conceitual, visto que até hoje sequer existe consenso no concernente ao conceito e conteúdo da noção de direitos adquiridos. De resto, considerando os objetivos propostos e o fato de que expressiva parte dos ensaios que integram a presente coletânea discorrem sobre tal temática, renunciamos desde logo a qualquer desenvolvimento da matéria.

De qualquer modo, ainda no que diz com a proteção de confiança, esta atua como importante elemento para a aferição da legitimidade constitucional de leis e atos de cunho retroativo, até mesmo pelo fato de que a irretroatividade de determinados atos do poder público encontra o seu fundamento justamente na necessidade de proteger a confiança do cidadão na estabilidade de suas posições jurídicas e do próprio ordenamento, o que tem levado ao reconhecimento, para além da salvaguarda dos direitos adquiridos, até mesmo de um certo grau de proteção das assim denominadas expectativas de direitos, assim como da necessidade de estabelecer regras de transição razoáveis, nos casos de uma alteração de determinados regimes jurídicos.[20]

Ainda neste contexto, convém não olvidar (muito embora seja comum a falta de lembrança) que o princípio da proteção da confiança guarda estreita relação com o princípio da boa-fé (no sentido de que a proteção da confiança constitui um dos elementos materiais da boa-fé), que, apesar de estar sendo intensamente versado na esfera do direito privado (pelo menos de algum tempo para cá[21]), ainda se ressente — pelo menos no direito pátrio — de um maior desenvolvimento no âmbito do direito público (especialmente no campo do direito constitucional, administrativo e tributário), em que pese alguns importantes progressos já efetuados.[22] Importa lembrar aqui o fato de que a proteção da confiança constitui um dos elementos materiais do princí-

manha, de acordo com a praticamente unanimidade da doutrina e do entendimento de há muito consagrado no Tribunal Constitucional Federal.

19. Basta lembrar aqui a discussão em torno da oponibilidade dos direitos adquiridos contra emendas constitucionais, em relação à qual adotamos posição favorável, mas que aqui deixamos de desenvolver, inclusive considerando a existência de expressiva e qualificada doutrina a respeito do tema.

20. Neste sentido, também tem apontado a jurisprudência da Corte Constitucional Alemã e de outros Tribunais Constitucionais, destacando-se, todavia, que a doutrina e jurisprudência germânicas não costumam reconhecer uma proteção da confiança nos casos em que o legislador apenas regula suportes fáticos *pro futuro*, o que, contudo, não afasta a existência de hipóteses excepcionais onde se verifica uma configuração fática especialmente merecedora da proteção da confiança (cf., por todos, Michael Sachs, "Das Rechtsstaatsprinzip", in *Grundgesetz-Kommentar*, p. 644, colacionando acórdãos do Tribunal Constitucional Federal).

21. No direito brasileiro, um dos pioneiros no trato do princípio da boa-fé certamente foi o Professor Clóvis do Couto e Silva ("O princípio da boa-fé no direito brasileiro e português", in *Estudos de Direito Civil Brasileiro e Português*, São Paulo, Ed. RT, 1980), cujas lições seguem influenciando importantes nomes da nossa doutrina, e não apenas no âmbito do direito privado. Dentre as contribuições nacionais mais recentes, importa referir a obra de Teresa Negreiros, *Fundamentos para uma Interpretação Constitucional do Princípio da Boa-Fé*, Rio de Janeiro, Renovar, 1998, bem como o alentado estudo de Judith Martins-Costa, *A Boa-Fé no Direito Privado*, São Paulo, Ed. RT, 2002, pp. 472 e ss., e o contributo de Jorge Cesa Ferreira da Silva, *A Boa-Fé e a Violação Positiva do Contrato*, Rio de Janeiro, Renovar, 2002, pp. 45 e ss.

22. Cite-se, a título ilustrativo, o estudo de Almiro do Couto e Silva, "Princípio da legalidade da administração pública e da segurança jurídica no Estado de Direito", in *Revista de Direito Público* 84, especialmente pp. 61 e ss., v. XX, out.-dez. 1987; mais recentemente, v. aqui por todos,

pio da boa-fé,[23] tendo por corolário — notadamente no âmbito das relações negociais — o dever da parte de não fraudar as legítimas expectativas criadas pelos próprios atos,[24] o que evidencia a conexão direta da boa-fé com a proteção da confiança no sentido de uma certa auto-vinculação dos atos e, portanto, de uma inequívoca relação com a noção de proibição de retrocesso.

Que a proteção da confiança e a segurança jurídica de modo geral não se limitam às dimensões aqui exemplificativa e sumariamente referidas já foi devidamente anunciado. O que importa consignar, nesta quadra, é a circunstância de que a dignidade da pessoa humana não exige apenas uma proteção em face de atos de cunho retroativo (isto, é claro, quando estiver em causa uma efetiva ou potencial violação da dignidade em algumas de suas manifestações), mas também não dispensa — pelo menos é esta a tese que estaremos a sustentar — uma proteção contra medidas retrocessivas, mas que não podem ser tidas como propriamente retroativas, já que não alcançam as figuras dos direitos adquiridos, do ato jurídico perfeito e da coisa julgada. Basta lembrar aqui a possibilidade de o legislador, seja por meio de uma emenda constitucional, seja por uma reforma no plano legislativo, suprimir determinados conteúdos da Constituição ou revogar normas legais destinadas à regulamentação de dispositivos constitucionais, notadamente em matéria de direitos sociais, ainda que com efeitos meramente prospectivos. Com isso, deparamo-nos com a noção que tem sido "batizada" pela doutrina — entre outros termos utilizados — como proibição (ou vedação) de retrocesso[25] e aproximamo-nos ainda mais do cerne do nosso estudo.

3.2 O problema da proibição de retrocesso e suas manifestações

Se tomarmos a idéia da proibição de retrocesso em um sentido amplo, constata-se, desde logo, que a nossa ordem jurídica, ainda que não sob este rótulo, também já consagrou a noção, pelo menos em algumas de suas dimensões. Com efeito, desde logo se verifica que a já mencionada garantia constitucional dos direitos adquiridos, dos atos jurídicos perfeitos e da coisa julgada, assim como as demais limitações constitucionais de atos retroativos ou mesmo as garantias contra restrições legislativas dos direitos fundamentais,[26] constituem uma decisão clara do Constituinte em prol de uma vedação do retrocesso pelo menos

Juarez Freitas (*Estudos de Direito Administrativo*, São Paulo, Malheiros Editores, 1995, pp. 19 e ss.), versando especificamente sobre o princípio da boa-fé e da proteção da confiança, como critérios para a anulação e convalidação de atos administrativos.

23. Cf. bem o lembra Jorge Cesa Ferreira da Silva, *A Boa-Fé...*, cit., pp. 45 e ss.

24. Cf. a lição de Judith Martins-Costa, *A Boa-Fé no Direito Privado*, pp. 474-475, colacionando doutrina e jurisprudência neste sentido.

25. Cf., a respeito da multiplicidade na esfera terminológica, José Vicente dos Santos Mendonça, "Vedação do retrocesso: o que é e como perder o medo", in Gustavo Binenbojm (Coord.), *Revista de Direito da Associação dos Procuradores do Novo Estado do Rio de Janeiro*, v. XII — Direitos Fundamentais, Rio de Janeiro, Lumen Juris, 2003, p. 218.

26. A respeito dos limites à restrição legislativa dos direitos fundamentais já existe abundante e valiosa doutrina entre nós. Neste contexto, restringindo-nos apenas à produção monográfica específica, vale citar as contribuições de Suzana Toledo Barros, *O Princípio da Proporcionalidade e o Controle de Constitucionalidade das Leis Restritivas de Direitos Fundamentais*, Brasília, Brasília Jurídica, 1996; Gilmar Ferreira Mendes/Inocêncio Mártires Coelho/Paulo Gustavo Gonet Branco, *Hermenêutica Constitucional e Direitos Fundamentais*, Brasília, Brasília Jurídica, 2000; Jairo Gilberto Schäfer, *Direitos Fundamentais: Proteção e Restrições*, Porto Alegre, Livraria do Advogado, 2001; Wilson Antônio Steinmetz, *Colisão de Direitos Fundamentais e Princípio da Proporcionalidade*, Porto Alegre, Livraria do Advogado, 2001.

nestas hipóteses. Da mesma forma, a proteção contra a ação do poder constituinte reformador, notadamente no concernente aos limites materiais à reforma, igualmente não deixa de constituir uma relevante manifestação em favor da manutenção de determinados conteúdos da Constituição, notadamente de todos aqueles que integram o cerne material da ordem constitucional ou — para os que ainda teimam em refutar a existência de limites implícitos — pelo menos daqueles dispositivos (e respectivos conteúdos normativos) expressamente tidos como insuprimíveis (inclusive tendencialmente), pelo nosso Constituinte.[27] Ambas as constelações referidas, todavia, em que pese a sua relevância e a despeito de abarcarem expressiva parcela das situações envolvendo a problemática de medidas retrocessivas do poder público (especialmente, mas não exclusivamente na esfera legislativa), não esgotam o espectro de situações carentes de uma proteção em face de um retrocesso, notadamente a que aqui iremos desenvolver, tal como já anunciado.

Com efeito, na esteira do que tem sido reconhecido na seara do direito constitucional alienígena e, de modo particular, em face do que tem sido experimentado no âmbito da prática normativa (muito embora não exclusivamente nesta esfera), cada vez mais constata-se a existência de medidas inequivocamente retrocessivas que não chegam a ter caráter propriamente retroativo, pelo fato de não alcançarem posições jurídicas já consolidadas no patrimônio de seu titular, ou que, de modo geral, não atingem situações anteriores. Assim, por paradoxal que possa parecer à primeira vista, retrocesso também pode ocorrer mediante atos com efeitos prospectivos. Basta lembrar aqui da hipótese — talvez a mais comum em se considerando as referências feitas na doutrina e jurisprudência — da concretização pelo legislador infraconstitucional do conteúdo e da proteção dos direitos sociais, especialmente (mas não exclusivamente) na sua dimensão positiva, o que nos remete diretamente à noção de que o conteúdo essencial dos direitos sociais deverá ser interpretado (também!) no sentido dos elementos nucleares do nível prestacional legislativamente definido, o que, por sua vez, desemboca inevitavelmente no já anunciado problema da proibição de um retrocesso social. Em suma, a questão central que se coloca neste contexto específico da proibição de retrocesso é a de saber se e até que ponto pode o legislador infraconstitucional (assim como os demais órgãos estatais, quando for o caso) voltar atrás no que diz com a implementação dos direitos fundamentais sociais, assim como dos objetivos estabelecidos pelo Constituinte — por exemplo, no art. 3º, da Constituição de 1988 — no âmbito das normas de cunho programático (ou impositivo, se preferirmos esta terminologia[28])

27. A respeito do conteúdo dos limites materiais à reforma constitucional e do alcance da sua proteção, especialmente demonstrando que também esta proteção não poderá ser absoluta, já que o nosso Constituinte vedou apenas uma abolição efetiva ou tendencial, que, em princípio, não impede ajustes e até mesmo algum tipo de flexibilização desde que respeitado o núcleo essencial do princípio e/ou direito protegido, v. o nosso *A Eficácia dos Direitos Fundamentais*, 3ª ed., especialmente pp. 371 e ss., bem como o recente artigo, também da nossa autoria, sobre "Os direitos fundamentais sociais como limites materiais ao poder de reforma da Constituição: contributo para uma leitura constitucionalmente adequada", in *Revista Latino-Americana de Estudos Constitucionais* 1/631-680 (Diretor e Fundador, Paulo Bonavides), Belo Horizonte, Del Rey, jan.-jun. 2003.

28. Desde logo, para espancar toda e qualquer incompreensão, seguimos entendendo que o reconhecimento da existência de normas de cunho programático (nas suas diversas manifestações) em hipótese alguma significa que estas normas sejam destituídas de eficácia, sendo, ademais, sempre imediatamente — portanto, diretamente — aplicáveis na medida da sua eficácia. Assim, também a recepção da distinção entre normas de eficácia plena e limitada (categoria na qual se enquadram, em princípio, as normas de cunho programático) se deve ao fato de existirem diferenças

ainda que não o faça com efeitos retroativos e que não esteja em causa uma alteração do texto constitucional.

Não se poderá, contudo, confundir o problema da concretização legislativa dos direitos fundamentais sociais — em que pesem suas inequívocas similitudes e seus aspectos comuns — com o da manutenção dos níveis gerais de proteção social alcançados no âmbito do Estado Social, já que esta problemática abrange toda e qualquer forma de redução das conquistas sociais, mesmo quando realizadas única e exclusivamente no plano da legislação infraconstitucional densificadora do princípio da Justiça e do Estado Social que, paralelamente com o princípio do Estado de Direito e com o princípio democrático, encontrou ampla e expressa guarida na nossa Constituição. Neste contexto, poder-se-ia indagar a respeito da possibilidade de desmontar-se, parcial ou totalmente (e mesmo com efeitos prospectivos), o sistema de seguridade social (incluindo os parcos benefícios no âmbito da assistência social e os serviços e prestações assegurados no já fragilizado e insuficiente Sistema Único de Saúde), o acesso ao ensino público e gratuito, a flexibilização dos direitos e garantias dos trabalhadores, entre tantas outras hipóteses que aqui poderiam ser referidas a título ilustrativo e que bem demonstram o quanto tal problemática nos é próxima e está constantemente na ordem do dia.

Desde logo, à vista do que foi colocado, nos parece dispensar maiores considerações, o quanto medidas tomadas com efeitos prospectivos podem representar um grave retrocesso, não apenas (embora também) sob a ótica dos direitos de cada pessoa considerada na sua individualidade, quanto para a ordem jurídica e social como um todo. Para além disso, percebe-se nitidamente a amplitude e complexidade da temática[29] relativa a uma proibição de retrocesso especialmente (embora não exclusivamente) no âmbito daquilo que, em outra oportunidade, designei de uma "eficácia protetiva" dos direitos fundamentais.[30] Que não estamos diante de um fenômeno que se manifesta apenas na seara dos direitos fundamentais sociais (o que, considerando uma acepção ampla da proibição de retrocesso, já deflui da proteção outorgada aos direitos adquiridos em geral e à proteção com base nas assim denominadas "cláusulas pétreas" da Constituição) igualmente merece destaque. Todavia, também há que reconhecer — até mesmo em face dos exemplos citados em caráter especulativo no parágrafo anterior — que é na seara das normas que estabelecem objetivos na seara da justiça social e, acima de tudo, dos direitos fundamentais sociais,[31] que a problemática tem alcança

consideráveis no concernente às "cargas eficaciais" das normas constitucionais, no sentido de que estas — ainda que tenham sempre eficácia e aplicabilidade (direta) — poderão não gerar sempre os mesmos efeitos ou, pelo menos, não na mesma extensão. Não sendo o nosso propósito desenvolver aqui o ponto, remetemos ao nosso *A Eficácia dos Direitos Fundamentais*, pp. 280 e ss.; especificamente a respeito das normas programáticas, importa conferir especialmente a obra de Regina Maria Macedo Nery Ferrari, *Normas Constitucionais Programáticas. Normatividade, Operatividade e Efetividade*, São Paulo, Ed. RT, 2001, assim como a recente contribuição de José Carlos Vasconcellos dos Reis, *As Normas Constitucionais Programáticas e o Controle do Estado*, Rio de Janeiro, Renovar, 2003.

29. Dentre a doutrina pátria mais recente, v. a contribuição de José Vicente dos Santos Mendonça, "Vedação do retrocesso:...", pp. 205 e ss., ao referir tanto a ausência de uniformidade terminológica no âmbito da doutrina, quanto ao destacar, ainda que com base em outro critério do que o aqui adotado, algumas das diversas e possíveis acepções da problemática (especialmente pp. 218 e ss.).

30. Cf. o nosso *A Eficácia dos Direitos Fundamentais*, pp. 361 e ss.

31. Aqui não iremos discorrer a respeito da conceituação de direitos fundamentais sociais, para o que remetemos ao nosso "Os direitos fundamentais sociais na Constituição de 1988", in Ingo Wolfgang Sarlet (Org.), *O Direito Público em Tem-*

do a sua maior repercussão e onde também nós — tal como anunciado — iremos centrar a nossa atenção, notadamente naquilo em que estão em causa as noções de segurança jurídica, proteção da confiança e a dignidade da pessoa, no âmbito de uma proibição do retrocesso. Antes, contudo, de enveredarmos de vez por todas por este caminho, pelo menos algumas palavras sobre a efetiva possibilidade de se admitir, à luz do direito constitucional positivo pátrio, uma proteção contra o retrocesso na acepção mais limitada aqui enfocada e que, para efeitos de uma delimitação em relação às demais dimensões referidas, designaremos de proibição de retrocesso em sentido estrito e que, da mesma forma como recentemente foi proposto por José Vicente Mendonça, será analisada pelo prisma da dogmática jurídico-constitucional.[32]

3.3 Fundamentação jurídico-constitucional de uma proibição de retrocesso no Brasil, especialmente em matéria de direitos sociais

3.3.1 Os direitos fundamentais sociais e a crise do Estado Social e Democrático de Direito: o dilema da manutenção de níveis satisfatórios de proteção social num contexto de crise

O ponto de partida de uma fundamentação constitucional (embora não exclusivamente dogmático-jurídica) de uma proibição de retrocesso encontra-se diretamente conectado às contradições inerentes ao próprio Estado social e democrático de Direito,[33] especialmente no âmbito da crise de efetividade e identidade pela qual passam tanto o Estado, a Constituição e os direitos fundamentais, a tal ponto que — e neste sentido com razão — já se sustentou que estamos a vivenciar um verdadeiro mal-estar constitucional e um pessimismo pós-moderno.[34] Com efeito, seja em virtude do incremento dos níveis de exclusão sócio-econômica e da implantação, em maior ou menor escala, daquilo que Boaventura Santos designou de "fascismo societal"[35] em todo

pos de Crise: Estudos em Homenagem a Ruy Ruben Ruschel, Porto Alegre, Livraria do Advogado, 1999, pp. 146 e ss.

32. Cf. José Vicente dos Santos Mendonça, "Vedação do retrocesso:...", pp. 218 e ss., que faz referência a outras possíveis acepções da proibição de retrocesso.

Registre-se que a nossa concepção de proibição de retrocesso em sentido estrito, embora próxima, não coincide exatamente com o entendimento adotado pelo ilustre Procurador da República citado, já que este restringe a proibição de retrocesso em sentido estrito à seara dos direitos sociais.

No nosso entender, a proibição de retrocesso em sentido estrito não se manifesta apenas na esfera dos direitos fundamentais sociais (ou das normas programáticas em matéria de justiça social em geral), mas diz com a possibilidade de limitar a auto-reversibilidade de medidas do poder público que tenham concretizado direitos fundamentais em geral, ainda que o problema tenha indubitavelmente maior relevância no campo dos direitos sociais e que este tenha sido o enfoque priorizado neste estudo.

33. Para efeitos deste estudo e sem adentrar aqui na relevante discussão conceitual e terminológica a respeito do tema, adotamos aqui as premissas subjacentes ao conceito desenvolvido por Hans Friedrich Zacher, "Das soziale Staatsziel", in Josef Isensee/Paul Kirchhof (Orgs.), *Handbuch des Staatsrechts der Bundesrepublik Deutschland*, v. I, Heidelberg, C. F. Muller, 1987, número de margem 96, no sentido de que o Estado Social e Democrático de Direito constitui um Estado Social que se realiza mediante os procedimentos, a forma e os limites inerentes ao Estado de Direito, sendo, por outro lado, um Estado de Direito voltado à consecução da justiça social.

34. Cf. a oportuna e instigante advertência feita por José Joaquim Gomes Canotilho, *Constituição Dirigente e Vinculação do Legislador*, 2ª ed., Coimbra, Coimbra Editora, 2001, pp. V e ss.

35. Cf. Boaventura Souza Santos, *Reinventar a Democracia: entre o Pré-Contratualismo e*

o Planeta (já que também nos países desenvolvidos tem aumentado gradativamente o número de pessoas que vivem abaixo da linha de pobreza), seja como conseqüência da fragilização das instituições estatais e do fortalecimento correspondente das esferas de poder econômico no contexto da globalização,[36] certo é que hoje, mais do que nunca, constata-se que a problemática da sobrevivência do assim denominado Estado social e democrático de Direito — e, conseqüentemente, da efetiva implementação de padrões mínimos de justiça social — constitui um dos temas centrais da nossa época.

A já corriqueira afirmativa de que o "Welfare State" ou Estado-Providência se encontra gravemente enfermo,[37] além de constantemente submetido à prova, não perdeu, portanto, sua atualidade, não sendo à toa que já se fala até mesmo na formação de um Estado pós-social, impregnado dos contrastes e da complexidade da pós-modernidade. Que as discussões de longe já não se restringem mais à esfera da análise política, sócio-econômica e jurídica, mas se transformaram na preocupação de larga parcela da humanidade pela manutenção de seu padrão de vida e até mesmo pela sua sobrevivência resulta mais do que evidente.

Oportunamente denominado de filho da moderna sociedade industrial, o Estado Social de Direito não poderá jamais permanecer imune às suas transformações e desenvolvimento.[38] Limitando-nos, por exemplo, a uma das manifestações da atuação do Estado Social e analisando a problemática dos sistemas de segurança social e, quando for o caso, também da implementação dos direitos sociais assegurados na Constituição ou mesmo na esfera legal (infraconstitucional),[39] verifica-se que é particularmente nesta esfera que o dilema representado pela simultânea necessidade de proteção e, por outro lado, de uma constante adequação dos níveis de segurança social vigentes à realidade sócio-econômica cambiante e tendencialmente desfavorável se manifesta com particular agudeza. Se, por um lado, a necessidade de uma adaptação dos sistemas de prestações sociais às exigências de um mundo em constante transformação não pode ser desconsiderada, simultaneamente o clamor elementar da humanidade por segurança e justiça sociais — em suma, por direitos sociais efetivos — continua a ser um dos principais desafios e tarefas do Estado.[40]

De outra parte, a crescente insegurança no âmbito da seguridade social decorre, neste contexto, de uma demanda cada vez maior por prestações sociais (ainda mais em sociedades marcadas pelo incremento da exclusão social) e de um paralelo decrésci-

o Pós-Contratualismo, Coimbra, Oficina do Centro de Estudos Sociais, 1998, p. 23.

36. Sobre o tema, dentre muitos, v. especialmente José Eduardo Faria, *O Direito na Economia Globalizada*, São Paulo, Malheiros Editores, 1999; Plauto Faraco de Azevedo, *Direito, Justiça Social e Neoliberalismo*, São Paulo, Ed. RT, 1999 (notadamente pp. 96 e ss.); Daniel Sarmento, "Direitos sociais e globalização: limites ético-jurídicos ao realinhamento constitucional", in *Revista de Direito Administrativo* 223/154 e ss., 2001.

37. Neste sentido, entre outros, Pierre Rosanvallon, *A Crise do Estado-Providência*, Goiânia, UnB, 1997, analisando o problema especialmente com base na experiência francesa.

38. Cf. Karl Heinrich Friauf, "Der Sozialstaat des Grundgesetzes unter den Bedingungen der Industriegesellschaft", in *Sozialstaat Idee und Entwicklung, Reformzwänge und Reformziele*, Köln, Wirtschaftsverlag Bachem, 1996, p. 67.

39. Cumpre destacar que nem sempre as Constituições, mesmo de um Estado Social de Direito, consagram expressamente direitos sociais, limitando-se, como foi o caso da Lei Fundamental da Alemanha, a enunciar uma cláusula geral reconhecendo o princípio da justiça social e remetendo ao plano infraconstitucional a concretização deste princípio, especialmente pela implementação legislativa e administrativa de um sistema eficiente de segurança social.

40. A este respeito v. Bernd Schulte, *Bestandschutz sozialer Rechtspositionen — Eine rechtsvergleichende Betrachtung*, in ZIAS 1988, pp. 208 e ss.

mo da capacidade prestacional do Estado e da sociedade.[41] O quadro delineado remete-nos, por outro lado, ao angustiante questionamento de o quanto as conquistas sociais podem e devem ser preservadas e, portanto, dizem diretamente com a pergunta de o quão segura é, afinal de contas, a segurança social.[42] Que tal questionamento, como já anunciado, diz de perto com a problemática da segurança jurídica e com a garantia (e garantia é segurança) de uma existência digna para todos, igualmente dispensa aqui maiores comentários. Ainda que o entendimento dominante pareça ser mesmo o de que uma supressão pura e simples dos sistemas de seguridade social, sem qualquer tipo de compensação, não é, em princípio, admissível, não tendo sequer sido seriamente defendida (pelo menos não abertamente e salvo exceções), a problemática relativa à proteção constitucional das conquistas na esfera da justiça social permanece no centro das atenções.[43] Em outras palavras, cuida-se de investigar se, como e em que medida os direitos fundamentais sociais e, de modo geral, os sistemas de proteção social no âmbito da concretização dos direitos sociais e do princípio fundamental da justiça social, podem ser assegurados contra uma supressão e/ou restrições.[44]

Convém relembrar o leitor[45] de que, ao mesmo tempo em que a discussão em torno da redução (e até mesmo do desmonte completo) do Estado social de Direito e dos direitos sociais que lhe são inerentes apresenta proporções mundiais, não há como desconsiderar que as dimensões da crise e as respostas reclamadas em cada Estado individualmente considerado são inexoravelmente diversas, ainda que se possam constatar pontos comuns. Diferenciadas são, por outro lado, as soluções encontradas por cada ordem jurídica para enfrentar o problema, diferenças que não se limitam à esfera da natureza dos instrumentos, mas que abrangem, de modo especial, a intensidade da proteção outorgada por estes aos sistemas de seguridade social, o que, à evidência, não poderá deixar de ser considerado nas linhas que se seguem, de tal sorte que também a temática da proibição de retrocesso reclama um tratamento constitucionalmente adequado. Tal enfoque — necessariamente diferenciado e contextuali-

41. Cf., entre outros, Bernd Schulte, "Wie sicher ist die soziale Sicherung? International-vergleichende Perspektive", in B. Riedmüller/M. Rodenstein (Orgs.), *Wie sicher ist die soziale Sicherheit?*, Frankfurt am Main, Suhrkamp, 1989, pp. 323-4. Sobre as causas da crise v. também Pierre Rosanvallon, *A Crise do Estado-Providência*, pp. 13 e ss.

42. Esta mesma pergunta constitui precisamente o título de uma das obras aqui citadas, notadamente Bernd Riedmüller/Martin Rodenstein (Orgs.), *Wie sicher ist die soziale Sicherheit?*.

43. A este respeito v. Eberhard Eichenhofer, *Der verfassungsrechtliche Schutz von sozialversicherungsrechtlichen Anrechten in der Bundesrepublik Deutschland, Italien und den USA*, in ZIAS 1988, pp. 239 e ss.; Otto Depenheuer, *Wie sicher ist verfassungsrechtlich die Rente? — vom liberalen zum solidarischen Eigentumsbegriff*, in AÖR 120 1995, pp. 417 e ss.; Karl Jürgen Bieback, *Verfassungsrechtlicher Schutz gegen Abbau und Umstrukturierung von Sozialleistungen*, Berlim-Nova York, Walter de Gruyter, 1997. Na literatura em língua portuguesa encontramos, posicionando-se favoravelmente a uma vedação pelo menos relativa de retrocesso na esfera social, especialmente J. J. Gomes Canotilho, *Direito Constitucional...*, cit., 3ª ed., pp. 320 e ss.

44. Note-se que a proteção contra eventual retrocesso, mesmo no campo dos direitos fundamentais, também não abrange apenas os direitos de cunho prestacional (positivo) embora nesta esfera seja mais usual e possivelmente mais impactante no que diz com as suas conseqüências, mas também alcança a proteção de outros direitos sociais, bastando aqui referir os direitos dos trabalhadores (boa parte dos quais são, em primeira linha, direitos de defesa [negativos]).

45. Reportamo-nos aqui às considerações tecidas em nosso estudo anterior sobre o tema ("O Estado Social de Direito...", in *Revista da Faculdade de Direito da UFRGS* 17/111 e ss., 1999), no qual, contudo, centramos a nossa atenção na apresentação da "solução" germânica, com algumas considerações juscomparativas.

zado — assume feições ainda mais emergenciais quando nos damos conta que a Constituição Brasileira insere-se num ambiente significativamente diverso do constitucionalismo europeu, onde estamos vivenciando inclusive o surgimento de uma Constituição Européia, além de ter (ainda) um caráter marcadamente compromissário e dirigente, o que, somado ao fato — bem lembrado por Lenio Streck — de que as promessas da modernidade entre nós sequer foram minimamente cumpridas e que o Estado democrático (e social) de Direito brasileiro, na condição de Estado da justiça material, não passa de um simulacro,[46] torna a discussão em torno da proibição de retrocesso na esfera dos direitos sociais absolutamente obrigatória e inadiável.

3.3.2 O princípio da proibição de retrocesso na Constituição de 1988

Na doutrina e jurisprudência nacional e estrangeira, constata-se, de modo geral, uma postura amistosa relativamente ao princípio da proibição de um retrocesso social, muito embora não se possa dizer que existe um consenso a respeito desta problemática. No âmbito da doutrina constitucional portuguesa, que tem exercido significativa influência sobre o nosso próprio pensamento jurídico, o que se percebe é que, de modo geral, os defensores de uma proibição de retrocesso, dentre os quais merece destaque o nome do conceituado publicista Gomes Canotilho, sustentam que após sua concretização em nível infraconstitucional, os direitos fundamentais sociais assumem, simultaneamente, a condição de direitos subjetivos a determinadas prestações estatais e de uma garantia institucional, de tal sorte que não se encontram mais na (plena) esfera de disponibilidade do legislador, no sentido de que os direitos adquiridos não mais podem ser reduzidos ou suprimidos, sob pena de flagrante infração do princípio da proteção da confiança (por sua vez, diretamente deduzido do princípio do Estado de Direito), que, de sua parte, implica a inconstitucionalidade de todas as medidas que inequivocamente venham a ameaçar o padrão de prestações já alcançado.[47] Esta proibi-

46. Neste contexto insere-se a (entre nós) célebre discussão a respeito da "sobrevivência" do constitucionalismo dirigente, tal qual sustentado, originariamente, pelo ilustre publicista de Coimbra, José Joaquim Gomes Canotilho (na sua obra *Constituição Dirigente...*, cit.), justamente em função da revisão crítica levada a efeito pelo próprio Gomes Canotilho em diversos trabalhos mais recentes, especialmente a contar da década de 1990, no que diz com as premissas basilares de sua antiga tese, bastando aqui remeter o leitor ao prefácio redigido para a segunda edição da obra ora citada. Não sendo o caso de adentrar aqui esta controvérsia, o que se verifica é que as mudanças no âmbito do pensamento do Professor Gomes Canotilho sem dúvida devem ser enquadradas no seu devido contexto, já que nem o texto da Constituição Portuguesa de 1976 guarda o mesmo perfil revolucionário e dirigente que lhe foi originariamente atribuído, já que objeto de várias e relativamente profundas revisões, notadamente em face da inserção de Portugal na União Européia e, portanto, seu enquadramento em uma ordem jurídica supranacional. Por isso também nós — embora não de modo necessariamente coincidente com o de outros autores — seguimos sustentando que o paradigma da Constituição dirigente ainda cumpre um relevante papel no âmbito do constitucionalismo pátrio e apresenta — mesmo hoje (e talvez por isso mesmo) — todo um potencial a ser explorado. A respeito dessa temática, v., ainda, além do indispensável contributo de Lenio Luiz Streck (*Jurisdição Constitucional...*, cit., especialmente pp. 106 e ss.), também as lições de Gilberto Bercovici ("A problemática da Constituição dirigente: algumas considerações sobre o caso brasileiro", in *Revista de Informação Legislativa* 142/35-51, Brasília, Senado Federal, abr.-jun. 1999), assim como a oportuna coletânea organizada por Jacinto Nelson de Miranda Coutinho (*Canotilho e a Constituição Dirigente*, Rio de Janeiro, Renovar, 2002, obra que reúne aportes de diversos autores nacionais e retrata uma discussão sobre o tema travada com o próprio Gomes Canotilho).

47. Cf. J. J. Gomes Canotilho, *Direito Constitucional...*, cit., pp. 474-475.

ção de retrocesso, segundo Gomes Canotilho e Vital Moreira, pode ser considerada uma das conseqüências da perspectiva jurídico-subjetiva dos direitos fundamentais sociais na sua dimensão prestacional, que, neste contexto, assumem a condição de verdadeiros direitos de defesa contra medidas de cunho retrocessivo, que tenham por objeto a sua destruição ou redução.[48]

Esta mesma concepção encontrou acolhida também na jurisprudência do Tribunal Constitucional de Portugal, que, já há algum tempo (acórdão 39, de 1984), declarou a inconstitucionalidade de uma lei que havia revogado boa parte da Lei do Serviço Nacional de Saúde, sob o argumento de que com esta revogação estava o legislador atentando contra o direito fundamental à saúde (art. 64 da CRP), ainda mais em se levando em conta que este deveria ser realizado justamente mediante a criação de um serviço nacional, geral e gratuito de saúde (art. 64/2 da CRP),[49] posição esta que, em linhas gerais, restou reafirmada pelo mesmo Tribunal Constitucional ao reconhecer, recentemente, a inconstitucionalidade da exclusão — por meio de lei — das pessoas com idade entre 18 e 25 anos (mesmo com ressalva dos direitos adquiridos) do benefício do rendimento mínimo de inserção, que havia substituído o rendimento mínimo garantido, que contemplava esta faixa etária.[50] Neste contexto, impõe-se uma referência ao fato de que uma declaração de inconstitucionalidade no âmbito da proibição de retrocesso social não se faz necessária tão-somente quando se cuida da revogação, mas também quando estamos diante de uma afronta legislativa ao conteúdo do direito fundamental social concretizado pelo legislador.[51] Também na Alemanha, onde, de resto, a doutrina e jurisprudência lusitana encontrou forte inspiração, de há muito existe um elevado grau de consenso a respeito do reconhecimento de algumas manifestações da proibição de retrocesso na esfera da segurança social, destacando-se a expressiva produção doutrinária e jurisprudencial acerca do tema, pelo menos desde o incremento dos ajustes levados a efeito no âmbito da já referida crise do Estado Social.[52]

Muito embora não seja o caso de aqui retomar, em toda a sua amplitude, a discussão a respeito da proibição de retrocesso

48. Cf. Gomes Canotilho, *Constituição Dirigente...*, cit., p. 374, entendimento que, neste ponto, não tem sido objeto de maior reformulação em obras posteriores do renomado constitucionalista; assim, também, Canotilho e Vital Moreira, *Fundamentos da Constituição*, Coimbra, Coimbra Editora, 1991, p. 131.

49. A respeito desta decisão, v. principalmente José Casalta Nabais ("Os direitos fundamentais na jurisprudência do Tribunal Constitucional", in *Boletim do Ministério da Justiça* 400/40-41, 1990), que se refere à estabilidade dos direitos fundamentais sociais legislativamente concretizados, salientando, contudo, que o Tribunal não chegou a posicionar-se expressamente a favor de uma proibição de retrocesso social. Ainda relativamente a esta paradigmática decisão, apontou-se para a circunstância de que o Tribunal apenas considerou vedada a revogação da Lei do Serviço Nacional de Saúde, de tal sorte que tão-somente a restauração de uma omissão inconstitucional foi tida como vedada, sustentando-se, neste contexto, que uma simples redução ou alteração do nível de concretização e realização do direito à saúde teria sido chancelada pelo Tribunal (neste sentido, v. João Caupers, *Os Direitos Fundamentais dos Trabalhadores e a Constituição*, Coimbra, Almedina, 1985, p. 43).

50. Cf. acórdão do Tribunal Constitucional 509/2002, de 19.12.2002.

51. Neste sentido, Jorge Miranda, *Manual de Direito Constitucional*, v. IV, 3ª ed., Coimbra, Coimbra Editora, 2000, p. 351, que igualmente se posiciona favoravelmente à proibição de retrocesso social e, de modo mais contundente, J. J. Gomes Canotilho, *Direito Constitucional...*, cit., p. 327.

52. A respeito do tema v. especialmente e aqui por todos, Rolf-Ulrich Schlencker, *Soziales Rückschrittsverbot und Grundgesetz*, Berlim, Duncker & Humblot, 1986, advogando, em monografia considerada referencial, a existência de uma vedação relativa de retrocesso em matéria de direitos sociais. A respeito da "solução" alemã na matéria v. também o nosso já referido "O Estado Social de Direito...", cit., in *Revista da Faculdade de Direito da UFRGS* 17/111 e ss.

social na Alemanha, vale destacar que lá, a despeito da ausência de uma proteção expressa até mesmo dos direitos adquiridos no plano constitucional, tanto a doutrina, quanto o Tribunal Constitucional Federal, sempre chancelaram a proteção (ainda que não ilimitada) tanto do direito adquirido como das próprias expectativas de direitos (em que pese com menor intensidade), dimensões que, como já demonstrado, integram uma compreensão ampla da proibição de retrocesso. Além disso, no âmbito de uma jurisprudência tida como referencial, especialmente no que concerne à criatividade da solução, o Tribunal Constitucional Federal reconheceu, em uma série de decisões, que a garantia da propriedade alcança também a proteção de posições jurídico-subjetivas de natureza pública (com destaque para os direitos a prestações no âmbito da seguridade social legislativamente concretizados), existindo atualmente, a despeito de uma série de críticas, um determinado grau de consenso nesta esfera.[53]

Como bem demonstrou Peter Badura, a partir do conceito funcionalista de propriedade desenvolvido por Martin Wolff ainda na época de Weimar, a garantia da propriedade, para além da proteção da propriedade em termos de direitos reais, alcançou também uma função conservadora de direitos, oferecendo ao indivíduo segurança jurídica relativamente aos direitos patrimoniais reconhecidos pela ordem jurídica, além de proteger a confiança depositada no conteúdo de seus direitos.[54]

O Tribunal Federal Constitucional chancelou este entendimento, considerando que a proteção por meio da garantia da propriedade tem por pressuposto a circunstância de que ao titular do direito é atribuída uma posição jurídica equivalente à da propriedade privada e que, no caso de uma supressão sem qualquer compensação, ocorreria uma colisão frontal com o princípio do Estado de Direito,[55] o que, especialmente pela inclusão no âmbito de proteção da garantia da propriedade de direitos patrimoniais na esfera da segurança social, acabou levando a uma ampliação do conceito de propriedade vigente no direito privado, do qual o conceito constitucional de propriedade veio a se despreender quase que completamente.[56]

Todavia, cumpre frisar que nem todos os direitos patrimoniais de natureza pública (inclusive nem todos os direitos sociais) foram considerados protegidos pela garantia da propriedade, já que, de acordo com a jurisprudência do Tribunal Constitucional Federal, aqui apresentada em apertadíssima síntese, devem estar satisfeitos alguns requisitos: a) à posição jurídica individual (isto é, ao direito subjetivo a prestação social) deve corresponder uma contraprestação pessoal de seu titular, que necessariamente não pode ser irrelevante, de tal sorte que

53. Cf. Hans-Jürgen Papier, "Anmerkungen zu Art. 14 GG", in Maunz/Dürig/Herzog/Scholz, *Grundgesetz Kommentar*, v. II, Munique, C. H. Beck, 1994, p. 77.

54. Cf. Peter Badura, "Eigentum", in E. Benda/W. Maihofer/H.-J. Vogel (Orgs.), *Handbuch des Verfassungsrechts*, 2ª ed., Berlim, Walter de Gruyter, p. 347. Registre-se que não adentraremos aqui a discussão (travada especialmente no âmbito da doutrina privatista) em torno de uma concepção funcionalista de propriedade e da gradativa afirmação, pelo menos no âmbito do direito pátrio, de uma visão que poderíamos designar de existencial da propriedade, como revelam, entre outros, os paradigmáticos estudos de Gustavo Tepedino, *Temas de Direito Civil*, Rio de Janeiro, Renovar, 1999; Ricardo Aronne, *Propriedade e Domínio*, Rio de Janeiro, Renovar, 1999; e Luiz Edson Fachin, *Estatuto Jurídico do Patrimônio Mínimo*, Rio de Janeiro, Renovar, 2001.

55. Sobre a evolução da jurisprudência do Tribunal Constitucional Federal nesta matéria, v., entre outros, Walter Leisner, "Eigentum", in Josef Isensee/Paul Kirchhof (Orgs.), *Handbuch des Staatsrechts der Bundesrepublik Deutschland*, v. VI, p. 1.069.

56. Esta a oportuna lição de Brunn Otto Bryde, "Anmerkungen zu Art. 14 GG", in Ingo von Münch/Philip Kunig, *Grundgesetz- Kommentar*, v. I, 4ª ed., Munique, C. H. Beck, 1992, p. 830.

uma equivalência absoluta entre a prestação estatal e a contrapartida pessoal não tem sido considerada indispensável, sendo tido como suficiente que a pretensão do particular não se encontre embasada única e exclusivamente numa prestação unilateral do Estado;[57] b) deve tratar-se de uma posição jurídica de natureza patrimonial, que possa ser tida como de fruição privada para o seu titular, o que ocorre quando o titular do direito pode partir da premissa de que se cuida de uma posição jurídica pessoal, própria e exclusiva, caracterizada por uma essencial disponibilidade por parte de seu titular;[58] c) a prestação deve servir à garantia da existência de seu titular, já que a propriedade também protege as condições necessárias para uma vida autônoma e responsável, especialmente considerando que a maior parte dos cidadãos alcança a sua segurança existencial menos por meio do patrimônio privado imobiliário e/ou mobiliário, do que pelo resultado de seu trabalho e, portanto, por meio de suas posições jurídico-subjetivas patrimoniais.[59]

No âmbito destes três pressupostos e do seu gradativo incremento, bem como da ampliação do conteúdo social da propriedade a eles vinculada,[60] a proteção das posições jurídico-subjetivas patrimoniais de direito público foi consideravelmente enrobustecida, abrangendo a considerável parte das prestações que integram o sistema público de seguridade social (especialmente aposentadorias, pensões, seguro-desemprego, seguro contra acidentes de trabalho etc.), além de alcançar até mesmo as expectativas de direitos, notadamente aquelas posições que, mediante o implemento de outras condições (por exemplo, um certo prazo de espera e/ou carência) tornam-se plenamente exigíveis.[61] De outra parte, tem sido excluídas da proteção as prestações de cunho reabilitatório e secundário, sem a respectiva contraprestação,[62] assim como prestações discricionárias, que não radicam numa posição jurídica similar à propriedade privada, devendo, portanto, tratar-se de prestações obrigatórias.[63]

A despeito das diversas e relevantes críticas formuladas em relação à solução preconizada pelo Tribunal Constitucional Federal, que aqui não poderão ser rastreadas e discutidas na sua integralidade (destacando-se a objeção de que a proteção por meio da garantia da propriedade é insuficiente, por não abranger uma série de posições jurídicas relevantes na esfera da proteção social, sendo, ademais, demasiado relativa, já que ampla a possibilidade de intervenções na propriedade[64]), bem como

57. Cf. *BverfGE* (= Coletânea Oficial das Decisões do Tribunal Constitucional Federal), v. 69, pp. 272, 301.

58. Cf. novamente *BverfGE* v. 69, pp. 272, 300-1.

59. Cf. *BVerfGE* v. 53, pp. 257, 294.

60. Tal incremento do conteúdo social da garantia da propriedade foi bem destacado por Walter Leisner, in *Handbuch des Staatsrechts*, v. VI, p. 1.070.

61. Neste sentido *BVerfGE* v. 53, pp. 257, 289-290.

62. Cf. Rudolf Wendt, "Anmerkungen zu Art. 14 GG", in Michael Sachs (Org.), *Grundgesetz*, Munique, C. H. Beck, 1996, p. 492.

63. Cf. Hans-Jürgen Papier, in Maunz/Dürig/Herzog/Scholz, v. II, p. 94.

64. Neste sentido v. também Hans-Jürgen Papier (ob. cit., p. 94), sustentando que, além de assegurar uma proteção relativizante, o recurso supletivo à garantia da propriedade como fundamento constitucional para uma proteção das posições subjetivas patrimoniais de direito público é até mesmo desnecessário, já que a especial força jurídica dos direitos subjetivos públicos decorre de outras normas constitucionais. Da literatura mais recente, registre-se o estudo crítico de Harald Bogs, "Art. 14 GG (Eigentum) als Vertrauensschutz-Basisnorm für Rentenversicherte?", in Franz Ruland/Bernd Baron von Maydell/Hans-Jürgen Papier (Orgs.), *Verfassung, Theorie und Praxis des Sozialstaats — Festschrift für Hans F. Zacher zum 70. Geburtstag*, Heidelberg, C. F. Müller, 1998, pp. 65-83, desenvolvendo especialmente a idéia de que existem caminhos mais eficazes para a proteção dos direitos subjetivos na esfera da pre-

considerando a existência de outras formas de proteção contra o retrocesso reconhecidas e desenvolvidas na doutrina e jurisprudência constitucional germânica (como é o caso das alternativas embasadas na proteção de confiança, no princípio da isonomia e na dignidade da pessoa humana),[65] o que importa, nesta quadra da exposição, é a constatação da importância que tem sido atribuída à proibição de retrocesso, mesmo bem além da proteção dos direitos adquiridos, em ordens constitucionais onde inexiste uma expressa previsão de tal proibição e onde — convém frisar este aspecto — os níveis de proteção social são muito superiores aos nossos. Que também na Alemanha (e, de resto, na esfera européia) tal proteção não é absoluta e em que medida — e sob que pressupostos — algum tipo de retrocesso é considerado constitucionalmente legítimo, voltará ser referido mais adiante, ainda que sem maior aprofundamento.

Contra o reconhecimento, em princípio, de uma proibição de retrocesso na esfera das conquistas sociais, costuma esgrimir-se especialmente o argumento de que esta esbarra no fato de que o conteúdo do objeto dos direitos fundamentais sociais não se encontra, de regra, definido ao nível da Constituição, sendo, além disso, indeterminável sem a intervenção do legislador, de tal sorte que este deverá dispor de uma quase absoluta liberdade de conformação nesta seara, que, por sua vez, engloba a autonomia para voltar atrás no que diz com as próprias decisões, liberdade esta que, no entanto, se encontra limitada pelo princípio da proteção da confiança e pela necessidade de justificação das medidas reducionistas.[66]

Tal concepção, ao menos no nosso sentir, não pode merecer acolhida, sob pena de se outorgar ao legislador o poder de dispor (de modo demasiado livre) do conteúdo essencial dos direitos fundamentais sociais, notadamente no que diz com a sua concretização legislativa, já que no plano da mudança constitucional formal já se dispõe da proteção (igualmente não absoluta, embora reforçada) assegurada pelos limites à reforma da Constituição, temática que — tal como anunciado — aqui não será desenvolvida. Da mesma forma, não há como acolher — pelo menos não integralmente e de modo especial no que diz com as suas conseqüências — a crítica tecida, entre nós, por Roger Stiefelman Leal, que chega a admitir — em face da incapacidade prestacional do poder público (no âmbito dos limites postos pela reserva do possível) a possibilidade de uma total supressão de uma determinada legislação concretizadora de direitos sociais ou políticas públicas nesta seara.[67]

Com efeito, em se admitindo uma ausência de vinculação mínima do legislador (assim como dos órgãos estatais em geral) ao núcleo essencial já concretizado na esfera dos direitos sociais e das imposições cons-

vidência social do que a oferecida pela garantia da propriedade.

65. Cf. o nosso "O Estado Social de Direito...", in *Revista da Faculdade de Direito da UFRGS* 17/124 e ss.

66. Este o pensamento de Miguel Afonso Vaz, *Lei e Reserva de Lei. A Causa da Lei na Constituição Portuguesa de 1976*, Porto, 1992, pp. 383 e ss., consignando-se, todavia, que o autor não chega a considerar inexistente qualquer manifestação de uma proibição de retrocesso, já que faz menção à proteção da confiança e à necessidade de uma justificação para a edição de medidas retrocessivas no âmbito da legislação infraconstitucional. Entre nós, seguindo precisamente esta linha de entendimento, v. Suzana Toledo Barros, *O Princípio da Proporcionalidade...*, cit., p. 163, para quem "a admissão de um princípio da proibição de retrocesso social, entendido como uma garantia dos direitos sociais perante a lei, conflita com o princípio da autonomia do legislador, uma vez que o nível de determinação constitucional desses direitos parece ser nenhum".

67. Cf. Roger Stifelman Leal, "Direitos sociais e a vulgarização da noção de direitos fundamentais", artigo extraído da página do Programa de Pós-Graduação em Direito da Universidade Federal do Rio Grande do Sul, acessível em <http://orion.ufrgs.br/mestredir/doutrina/leal2.htm>.

titucionais em matéria de justiça social, estar-se-ia chancelando uma fraude à Constituição, pois o legislador — que ao legislar em matéria de proteção social apenas está a cumprir um mandamento do Constituinte — poderia pura e simplesmente desfazer o que fez no estrito cumprimento da Constituição. Valendo-nos aqui da lição de Jorge Miranda (que, todavia, admite uma proibição apenas relativa de retrocesso), o legislador não pode simplesmente eliminar as normas (legais) concretizadoras de direitos sociais, pois isto equivaleria a subtrair às normas constitucionais a sua eficácia jurídica, já que o cumprimento de um comando constitucional acaba por converter-se em uma proibição de destruir a situação instaurada pelo legislador.[68]

Além disso, mediante a supressão pura e simples do próprio núcleo essencial legislativamente concretizado de determinado direito social (especialmente dos direitos sociais vinculados ao mínimo existencial) estará sendo afetada, em muitos casos, a própria dignidade da pessoa, o que desde logo se revela inadmissível, ainda mais em se considerando que na seara das prestações mínimas (que constituem o núcleo essencial mínimo judicialmente exigível dos direitos a prestações) para uma vida condigna não poderá prevalecer até mesmo a objeção da reserva do possível e a alegação de uma eventual ofensa ao princípio democrático e da separação dos poderes.[69]

Sem que aqui se pretenda rastrear todas as dimensões da questão, procedendo a uma exaustiva análise de toda a doutrina e jurisprudência disponível,[70] importa, contudo, cimentar minimamente a possibilidade de se reconhecer um princípio de proibição de retrocesso também na ordem jurídico-constitucional brasileira. No plano doutrinário, valemo-nos da lição de Luís Roberto Barroso, que, de certo modo, representa o entendimento que (a despeito de algumas posições reticentes) tem — cada vez mais — dominado o nosso cenário jurídico. Para o notável constitucionalista carioca, "por este princípio, que não é expresso, mas decorre do sistema jurídico-constitucional, entende-se que se uma lei, ao regulamentar um mandamento constitucional, instituir determinado direito, ele se incorpora ao patrimônio jurídico da cidadania e não pode ser absolutamente suprimido".[71] Em linhas gerais, o que se percebe é que a noção de proibição de retrocesso tem sido por muitos reconduzida à noção que José Afonso da Silva apresenta como sendo de um direito subjetivo negativo, no sentido de que é possível impugnar judicialmente toda e qualquer medida que se encontre em conflito com o teor da Constituição (inclusive com os objetivos estabelecidos nas normas de cunho programático), bem como rechaçar medidas legislativas que venham, pura e simplesmente, subtrair supervenientemente a uma norma constitucional o grau de concretização anterior que lhe foi outorgado pelo legislador.[72] Em suma, reiterando

68. Cf. Jorge Miranda, *Manual de Direito Constitucional*, v. IV, pp. 397 e ss.

69. Sobre este ponto remetemos ao nosso *A Eficácia dos Direitos Fundamentais*, pp. 287 e ss. Neste mesmo sentido, pugnando por um reconhecimento de um direito subjetivo individual a determinada prestação social, v., entre outros, especialmente Andreas Krell, *Direitos Sociais e Controle Judicial no Brasil e na Alemanha*, pp. 37 e ss., Ana Paula de Barcellos, *A Eficácia Jurídica dos Princípios Constitucionais*, pp. 246 e ss., e, mais recentemente, Marcos Maselli Gouvêa, *O Controle Judicial das Omissões Administrativas*, Rio de Janeiro, Forense, 2003.

70. Para uma análise mais detida das diversas posições no âmbito da doutrina (especialmente brasileira e portuguesa) remetemos ao estudo de José Vicente dos S. Mendonça, "Vedação do retrocesso:...", pp. 218 e ss.

71. Cf. Luís Roberto Barroso, *O Direito Constitucional e a Efetividade de suas Normas*, 5ª ed., Rio de Janeiro, Renovar, 2001, p. 158.

72. Neste sentido, aponta-se aqui, entre outros, além do já referido entendimento de Luís Roberto Barroso, a lição já clássica (mantida em edições mais recentes de sua obra) de José Afonso da

aqui a lição de Gomes Canotilho e Vital Moreira, as normas constitucionais que reconhecem direitos sociais de caráter positivo implicam uma proibição de retrocesso, já que "uma vez dada satisfação ao direito, este transforma-se, nessa medida, em direito negativo, ou direito de defesa, isto é, num direito a que o Estado se abstenha de atentar contra ele".[73]

Sem que se pretenda aqui esgotar nem aprofundar isoladamente todo o leque de razões passíveis de serem referidas, verifica-se que, no âmbito do direito constitucional brasileiro, o princípio da proibição de retrocesso, como já sinalizado, decorre implicitamente do sistema constitucional, designadamente dos seguintes princípios e argumentos de matriz jurídico-constitucional:

a) O princípio do Estado democrático e social de Direito, que impõe um patamar mínimo de segurança jurídica, o qual necessariamente abrange a proteção da confiança e a manutenção de um nível mínimo de segurança contra medidas retroativas e, pelo menos em certa medida, atos de cunho retrocessivo de um modo geral;

b) O princípio da dignidade da pessoa humana que, exigindo a satisfação — por meio de prestações positivas (e, portanto, de direitos fundamentais sociais) — de uma existência condigna para todos, tem como efeito, na sua perspectiva negativa, a inviabilidade de medidas que fiquem aquém deste patamar;

c) No princípio da máxima eficácia e efetividade das normas definidoras de direitos fundamentais contido no art. 5º, § 1º, e que abrange também a maximização da proteção dos direitos fundamentais. Com efeito, a indispensável otimização da eficácia e efetividade do direito à segurança jurídica (e, portanto, sempre também do princípio da segurança jurídica) reclama que se dê ao mesmo a maior proteção possível, o que, por seu turno, exige uma proteção também contra medidas de caráter retrocessivo, inclusive na acepção aqui desenvolvida;

d) As manifestações específicas e expressamente previstas na Constituição, no que diz com a proteção contra medidas de cunho retroativo (na qual se enquadra a proteção dos direitos adquiridos, da coisa julgada e do ato jurídico perfeito) não dão conta do universo de situações que integram a noção mais ampla de segurança jurídica, que, de resto, encontra fundamento direto no art. 5º, *caput*, da nossa Lei Fundamental e no princípio do Estado social e democrático de Direito;

e) O princípio da proteção da confiança, na condição de elemento nuclear do Estado de Direito (além da sua íntima conexão com a própria segurança jurídica) impõe ao poder público — inclusive (mas não exclusivamente) como exigência da boa-fé nas relações com os particulares — o respeito pela confiança depositada pelos indivíduos em relação a uma certa estabilidade e continuidade da ordem jurídica como um todo e das relações jurídicas especificamente consideradas;

f) Os órgãos estatais, especialmente como corolário da segurança jurídica e proteção da confiança, encontram-se vinculados não apenas às imposições constitucionais no âmbito da sua concretização no plano infraconstitucional, mas estão sujeitos a uma certa auto-vinculação em relação aos

Silva, *Aplicabilidade das Normas Constitucionais*, 2ª ed., São Paulo, Ed. RT, 1982, pp. 147 e 156 e ss.; Jorge Miranda, *Manual de Direito Constitucional*, v. IV, pp. 397-99; Lenio Luiz Streck, *Hermenêutica Jurídica e(m) Crise*, Porto Alegre, Livraria do Advogado, 1999, pp. 31 e ss.; assim como, Ana Paula de Barcellos, *A Eficácia dos Princípios Constitucionais — O Princípio da Dignidade da Pessoa Humana*, Rio de Janeiro, Renovar, 2002, pp. 68 e ss., que sustenta tratar-se de um desdobramento de uma eficácia negativa dos princípios constitucionais. Mais recentemente, v. José Vicente dos S. Mendonça, "Vedação do retrocesso:...", pp. 218 e ss., muito embora sinalando que não se trata de uma questão apenas atrelada à eficácia negativa das normas constitucionais.

73. Cf. Gomes Canotilho e Vital Moreira, *Fundamentos da Constituição*, p. 131.

atos anteriores.[74] Esta, por sua vez, alcança tanto o legislador, quando os atos da administração e, em certa medida, dos órgãos jurisdicionais, aspecto que, todavia, carece de maior desenvolvimento do que o permitido pelos limites do presente estudo;

g) Negar reconhecimento ao princípio da proibição de retrocesso significaria, em última análise, admitir que os órgãos legislativos (assim como o poder público de modo geral), a despeito de estarem inquestionavelmente vinculados aos direitos fundamentais e às normas constitucionais em geral, dispõem do poder de tomar livremente suas decisões mesmo em flagrante desrespeito à vontade expressa do Constituinte.[75] Com efeito, como bem lembra Luís Roberto Barroso, mediante o reconhecimento de uma proibição de retrocesso está a se impedir a frustração da efetividade constitucional, já que, na hipótese de o legislador revogar o ato que deu concretude a uma norma programática ou tornou viável o exercício de um direito, estaria acarretando um retorno à situação de omissão (inconstitucional, como poderíamos acrescentar) anterior.[76] Precisamente neste contexto, insere-se a também argumentação deduzida pelos votos condutores (especialmente do então Conselheiro Vital Moreira) do já referido *leading case* do Tribunal Constitucional de Portugal, versando sobre o Serviço Nacional de Saúde, sustentando que "as tarefas constitucionais impostas ao Estado em sede de direitos fundamentais no sentido de criar certas instituições ou serviços não o obrigam apenas a criá-los, obrigam também a não aboli-los uma vez criados", aduzindo que "após ter emanado uma lei requerida pela Constituição para realizar um direito fundamental, é interdito ao legislador revogar esta lei, repondo o estado de coisas anterior. A instituição, serviço ou instituto jurídico por ela criados passam a ter a sua existência constitucionalmente garantida. Uma nova lei pode vir a alterá-los ou reformá-los nos limites constitucionalmente admitidos (grifo nosso); mas não pode vir a extingui-los ou revogá-los".

A partir do exposto, verifica-se que a proibição de retrocesso, mesmo na acepção mais estrita aqui enfocada, também resulta diretamente do princípio da maximização da eficácia de (todas) as normas de direitos fundamentais. Por via de conseqüência, o art. 5º, § 1º, da nossa Constituição, impõe a proteção efetiva dos direitos fundamentais não apenas contra a atuação do poder de reforma constitucional (em combinação com o art. 60, que dispõe a respeito dos limites formais e materiais às emendas constitucionais), mas também contra o legislador ordinário e os demais órgãos estatais

74. Cf., dentre outros, Harmut Maurer, "Kontinuitätsgewähr und Vertrauensschutz", in Josef Isensee/Paul Kirchhof (Orgs.), *Handbuch des Staatsrechts der Bundesrepublik Deutschland*, v. III, pp. 244 e ss., não obstante o autor — assim como a doutrina e jurisprudência em geral — sejam bastante restritivos no que diz com a admissão de uma auto-vinculação do legislador, temática que aqui não iremos desenvolver, mas que tem sido objeto de uma certa discussão na Alemanha, sob a rubrica de uma vinculação sistêmica do legislador, desenvolvida essencialmente à luz do princípio da igualdade. Neste sentido, v., entre outros, Uwe Kischel, "Systembindung des Gesetzgebers und Gleichheitssatz", in *Archiv des öffentlichen Rechts*, v. 124, 1999, pp. 174-211.

75. Tal ponto de vista apenas poderia ser sustentado, em tese, em se partindo da premissa de que os direitos sociais não podem (mesmo no que diz com seu conteúdo essencial) ser definidos em nível constitucional, a exemplo do que parece propor Manuel Afonso Vaz (*Lei e Reserva de Lei...*, pp. 383-384), mas que contraria até mesmo a lógica do sistema jurídico-constitucional, notadamente no que diz com a função concretizadora exercida pelo legislador e demais órgãos estatais.

76. Cf. Luís Roberto Barroso, *O Direito Constitucional...*, pp. 158-159. Neste contexto, assume relevância a controvérsia a respeito dos limites do controle da atividade legislativa pelo Poder Judiciário, vinculada, por sua vez, à questão da legitimidade dos órgãos jurisdicionais para tal controle, temática que evidentemente aqui não poderia ser desenvolvida e sobre a qual existe vasta e qualificada doutrina nacional e estrangeira.

(já que medidas administrativas e decisões jurisdicionais também podem atentar contra a segurança jurídica e a proteção de confiança), que, portanto, além de estarem incumbidos de um dever permanente de desenvolvimento e concretização eficiente dos direitos fundamentais (inclusive e, no âmbito da temática versada, de modo particular os direitos sociais) não pode — em qualquer hipótese — suprimir pura e simplesmente ou restringir de modo a invadir o núcleo essencial do direito fundamental ou atentar, de outro modo, contra as exigências da proporcionalidade.

Se em favor do reconhecimento, em princípio, de uma proibição de retrocesso em matéria de direitos fundamentais não parecem subsistir maiores dúvidas, já que cada vez mais isoladas as vozes que se posicionam contrariamente ao instituto (ainda mais em face do elenco — não exaustivo — de argumentos colacionados), também é verdade que há, ainda, considerável espaço para controvérsia no que concerne à amplitude da proteção outorgada pelo princípio da proibição de retrocesso social. Com efeito, se é correto apontar a existência de elevado grau de consenso (pelo menos na doutrina e jurisprudência nacional e, de modo geral, no espaço europeu) quanto à existência de uma proteção contra o retrocesso, igualmente é certo que tal consenso (como já foi lembrado) abrange o reconhecimento de que tal proteção não pode assumir um caráter absoluto, notadamente no que diz com a concretização dos direitos sociais a prestações. Para além desse consenso (no sentido de que existe uma proibição relativa de retrocesso em matéria de direitos sociais), constata-se intensa discussão em torno da amplitude da proteção contra o retrocesso, sendo significativas as diferenças de entendimento registradas no âmbito doutrinário e jurisprudencial, mas também na seara das soluções adotadas pelo direito positivo de cada ordem jurídica individualmente considerada.

Neste sentido, Vieira de Andrade — que, convém dizê-lo, adota posição relativamente cautelosa nesta matéria (bem mais cautelosa e restritiva do que a sustentada no presente ensaio) — apontou para a circunstância de que a proibição de retrocesso social não pode ser tida como uma regra geral, sob pena de se colocar seriamente em risco a indispensável autonomia da função legiferante, já que não se pode considerar o legislador como órgão de mera execução das decisões constitucionais.[77] Além disso — ainda de acordo com Vieira de Andrade — uma proibição em termos absolutos do retrocesso social acabaria por outorgar aos direitos fundamentais sociais a prestações legislativamente concretizados uma eficácia mais reforçada do que a atribuída aos direitos de defesa em geral, já que estes podem ser restringidos pelo legislador, desde que preservado seu núcleo essencial, ressaltando-se, ainda, que o direito constitucional lusitano justamente consagrou a juridicidade reforçada dos direitos, liberdades e garantias.[78] Entre nós, muito embora partindo de um outro referencial em termos de direito constitucional positivo e do seu respectivo contexto sócio-econômico, cumpre registrar a lembrança de Andreas Krell, ao referir — na mesma linha de Vieira de Andrade (no que diz com a proibição de retrocesso) — que a aplicação dessa teoria, que, por si só não veda uma diminuição dos direitos sociais individuais para assegurar interesses públicos urgentes e relevantes, poderia levar a uma proteção maior dos direitos sociais em relação aos direitos de liberdade.[79]

77. Cf. José Carlos Vieira de Andrade, *Os Direitos Fundamentais na Constituição Portuguesa de 1976*, Coimbra, Almedina, 1987, pp. 307-309.

78. Cf. José Carlos Vieira de Andrade, *Os Direitos Fundamentais...*, p. 309.

79. Cf. Andreas Krell, *Direitos Sociais e Controle Judicial no Brasil e na Alemanha — Os (Des) Caminhos de um Direito Constitucional Comparado*, Porto Alegre, Sergio Antonio Fabris Editor, p. 40.

Bastaria esta linha argumentativa para reconhecer que (ainda que no Brasil não se possa acolher a tese de um regime jurídico diferenciado e reforçado dos direitos de defesa[80]) não se pode encarar a proibição de retrocesso como tendo a natureza de uma regra geral de cunho absoluto, já que não apenas a redução da atividade legislativa à execução pura e simples da Constituição se revela insustentável, mas também pelo fato de que esta solução radical, caso tida como aceitável, acabaria por conduzir a uma espécie de transmutação das normas infraconstitucionais em direito constitucional, além de inviabilizar o próprio desenvolvimento deste.[81]

Além disso, resulta evidente que a admissão de uma vedação absoluta de retrocesso — especialmente no sentido estrito aqui versado — inexoravelmente resultaria na procedência das críticas formuladas pelos seus adversários. Assim, a proibição de retrocesso assume (como parece ter sido suficientemente fundamentado) feições de verdadeiro princípio constitucional fundamental implícito, que pode ser reconduzido tanto ao princípio do Estado de Direito (no âmbito da proteção da confiança e da estabilidade das relações jurídicas inerentes à segurança jurídica), quanto ao princípio do Estado Social, na condição de garantia da manutenção dos graus mínimos de segurança social alcançados, sendo, de resto, corolário da máxima eficácia e efetividade das normas de direitos fundamentais sociais e do direito à segurança jurídica, assim como da própria dignidade da pessoa humana.

Em se levando em conta que a proibição de retrocesso social, por não se tratar de regra geral e absoluta, mas, sim, de princípio, não admite solução baseada na "lógica do tudo ou nada" (na esteira das lições de Dworkin, Alexy e Canotilho[82]), aceitando determinadas reduções no âmbito das conquistas sociais ao nível infraconstitucional, encontra-se vedada, desde logo e por evidente, sua supressão pura e simples.

Com efeito, neste contexto, vale reproduzir a lição de Gomes Canotilho, ao sustentar que o núcleo essencial dos direitos sociais já realizado e efetivado pelo legislador encontra-se constitucionalmente garantido contra medidas estatais que, na prática, resultem na anulação, revogação ou aniquilação pura e simples desse núcleo essen-

80. Registre-se que a Constituição de 1988, diversamente da Portuguesa e Espanhola, não traçou um regime jurídico diferenciado entre os direitos de defesa e os direitos sociais a prestações. Neste sentido, para um maior desenvolvimento, v. o nosso "Os direitos fundamentais...", in *Revista Latino-Americana de Estudos Constitucionais* 1/150 e ss. Os direitos sociais são, portanto, igualmente fundamentais, no sentido formal e material.

81. Neste sentido v. também José Carlos Vieira de Andrade, *Os Direitos Fundamentais...*, p. 308. Assim também João Caupers, *Os Direitos Fundamentais dos Trabalhadores e a Constituição*, p. 44, que, apesar de favorável à proibição de retrocesso social, comunga o entendimento de que a proteção dos sistemas prestacionais existentes não pode ser maior do que a concedida aos direitos de liberdade (direitos de defesa).

82. Com isso não estamos a admitir, na sua integralidade, todos os aspectos da teoria normativa de Alexy, especialmente no que diz com a distinção entre princípios e regras, já que — na esteira da iluminada proposta formulada por Juarez Freitas (*A Interpretação Sistemática do Direito*, 3ª ed., São Paulo, Malheiros Editores, 2002, pp. 54 e ss. e 140 e ss.), também as regras podem sofrer algum tipo de ponderação (hierarquização), no sentido de não estarem sujeitas inexoravelmente a uma lógica do "tudo ou nada", especialmente pelo fato de que por detrás de uma antinomia entre duas (ou mais) regras encontra-se sempre uma antinomia de princípios. Sem que se pretenda avançar aqui nesta discussão (para o que remetemos à leitura da obra do ilustre jurista gaúcho), o que importa é a compreensão de que os princípios, de fato e num certo sentido, constituem mandados de otimização e carecem da ponderação e harmonização com outros princípios (e regras, quando for o caso) no âmbito do sistema jurídico. Traçando uma visão crítica da teoria dos princípios, v., ainda, a recente contribuição de Humberto Bergman Ávila, *Teoria dos Princípios. Da Definição à Aplicação dos Princípios Jurídicos*, São Paulo, Malheiros Editores, 2003.

cial, de tal sorte que a liberdade de conformação do legislador e a inerente auto-reversibilidade encontram limitação no núcleo essencial já realizado.[83] Muito embora tal concepção possa servir como ponto de partida para a análise da problemática do alcance da proteção contra o retrocesso em matéria de direitos sociais, não nos parece dispensável algum tipo de aprofundamento, notadamente no que diz com a vinculação do problema às noções de dignidade da pessoa e segurança jurídica, o que será objeto da nossa atenção no próximo segmento.

3.4 Dignidade da pessoa, mínimo existencial e proteção da confiança na condição de critérios materiais para aferição dos padrões de segurança (jurídica e social) no âmbito da proibição de retrocesso

A dinâmica das relações sociais e econômicas, notadamente no que concerne às demandas de determinada sociedade em matéria de segurança social e, por via de conseqüência, em termos de prestações sociais asseguradas pelo poder público, por si só já demonstra a inviabilidade de se sustentar uma vedação absoluta de retrocesso em matéria de direitos sociais. Se somarmos estes fatores à variabilidade e instabilidade da capacidade prestacional do Estado e da própria sociedade (de qualquer Estado e sociedade, como deflui da experiência vivenciada em quase todos os recantos do planeta[84]) como um todo, especialmente num contexto de crise econômica e incremento dos níveis de exclusão social (que, por sua vez, resulta no aumento da demanda por proteção social), acompanhado de problemas na esfera arrecadação de recursos que possam dar conta dos reclamos na esfera da proteção social, igualmente dá conta que o reconhecimento de um princípio da proibição de retrocesso não poderia — como suficientemente destacado nas páginas precedentes — resultar numa vedação absoluta de qualquer medida que tenha por objeto a promoção de ajustes, eventualmente até mesmo de alguma redução ou flexibilização em matéria de segurança social, onde realmente estiverem presentes os pressupostos para tanto.

Visto isso, importa avançar no que diz com a construção de alguns critérios materiais que viabilizem uma solução constitucionalmente adequada e equânime no âmbito da aferição dos limites da aplicação do

83. Cf. Canotilho, *Direito Constitucional...*, cit., p. 327.

84. Ilustrativa é, neste contexto, a crise relativamente aguda vivenciada, já há bom tempo mas com ritmo crescente, pela Alemanha, onde se intensificam os clamores em prol de uma reforma geral da Lei Fundamental, acusada, em diversos círculos (inclusive no meio acadêmico) de estar tornando ingovernável o país (v., a respeito, a ampla e bem documentada reportagem veiculada pelo importante periódico *Der Spiegel*, na sua edição de 12.5.2003, que ostenta o sugestivo título "Die verstaubte Verfasung", que, em bom português, significa "A Constituição empoeirada"). Registre-se, contudo, que muito embora significativa parcela das reformas em andamento envolva o sistema de segurança social e a problemática do ajuste fiscal e do déficit público, o que mais tem preocupado os críticos é a inviabilidade prática de mudanças com a rapidez necessária, tendo em conta o intrincado e paralisante sistema federativo, a repartição de competências, o intrincado sistema partidário e a complexidade do processo legislativo, além da possibilidade de pequenos blocos partidários e representantes dos Estados impedirem a aprovação de projetos essenciais para o saneamento do País e retomada do crescimento econômico. Se este discurso (entre nós igualmente difundido) há de prevalecer na sua íntegra, aqui não será questionado, mas o exemplo serve para demonstrar o quanto a questão da reforma do Estado e das instituições, num contexto social, político e econômico altamente explosivo e influenciado pela globalização econômica, representa um fenômeno de proporções mundiais e não pode ser simplesmente desconsiderado na seara jurídica e jurisdicional, especialmente no âmbito da discussão em torno da proibição de retrocesso.

princípio da proibição de retrocesso. Neste contexto, a primeira noção a ser resgatada é a do núcleo essencial dos direitos fundamentais sociais que estejam sendo objeto de alguma medida retrocessiva. Como já restou suficientemente destacado, o legislador (assim como o poder público em geral) não pode, uma vez concretizado determinado direito social no plano da legislação infraconstitucional, mesmo com efeitos meramente prospectivos, voltar atrás e, mediante uma supressão ou mesmo relativização (no sentido de uma restrição), afetar o núcleo essencial legislativamente concretizado de determinado direito social constitucionalmente assegurado. Assim, como já deflui do próprio texto, é em primeira linha o núcleo essencial dos direitos sociais que vincula o poder público no âmbito de uma proteção contra o retrocesso e que, portanto, encontra-se protegido.

Que tal núcleo essencial encontra-se diretamente vinculado ao princípio da dignidade da pessoa humana, notadamente (em se tratando de direitos sociais prestacionais), ao conjunto de prestações materiais indispensáveis para uma vida com dignidade, constitui uma das teses centrais aqui sustentadas, ainda que sem qualquer pretensão de originalidade. Além disso, a noção de mínimo existencial, compreendida, por sua vez, como abrangendo o conjunto de prestações materiais que asseguram a cada indivíduo uma vida com dignidade, que necessariamente só poderá ser uma vida saudável, que corresponda a padrões qualitativos mínimos,[85] nos revela que a dignidade da pessoa atual como diretriz jurídico-material tanto para a definição do núcleo essencial, quanto para a definição do que constitui a garantia do mínimo existencial, que, na esteira de farta doutrina, abrange bem mais do que a garantia da mera sobrevivência física, não podendo ser restringido, portanto, à noção de um mínimo vital ou a uma noção estritamente liberal de um mínimo suficiente para assegurar o exercício das liberdades fundamentais.[86] Em se partindo do pressuposto que as prestações estatais básicas destinadas à garantia de uma vida digna para cada pessoa constituem (tal como já foi lembrado) inclusive parâmetro necessário para a justiciabilidade dos direitos sociais prestacionais, no sentido de direitos subjetivos definitivos que prevalecem até mesmo em face de outros princípios constitucionais (como é o caso da "reserva do possível" [e da conexa reserva parlamentar em matéria orçamentária] e da separação dos poderes, apenas para referir os que têm sido mais citados na doutrina, resulta evidente — ainda mais em se cuidando de uma dimensão negativa (ou defensiva) dos direitos sociais (e neste sentido não apenas dos direitos a prestações[87]) — que este conjun-

85. Reportamo-nos aqui novamente ao nosso conceito de dignidade da pessoa tal como já citado neste ensaio, destacando que uma vida digna é necessariamente uma vida saudável. De tal conceito aproxima-se a noção recentemente sustentada por Luis Fernando Barzotto, *A Democracia na Constituição*, São Leopoldo, Ed. Unisinos, 2003, especialmente pp. 175 e ss., ao referir-se a uma "vida boa" como objetivo e fundamento do Estado Democrático de Direito na Constituição de 1988.

86. A respeito da noção de mínimo existencial, remetemos ao indispensável e pioneiro estudo de Ricardo Lobo Torres, "O mínimo existencial e os direitos fundamentais", in *Revista de Direito Administrativo* 177/29 e ss., 1989, muito embora o autor — a partir de uma profunda análise especialmente da doutrina norte-americana e germânica — esteja aparentemente a se inclinar em prol de uma noção tendencialmente liberal (embora não necessariamente reducionista) de mínimo existencial, já que bem destaca o papel da dignidade da pessoa na construção do conceito de mínimo existencial. Dentre as contribuições mais recentes, importa referir o já citado estudo de Ana Paula de Barcellos, *A Eficácia Jurídica...*, especialmente pp. 247 e ss.

87. Registre-se aqui que, a despeito das críticas incisivas formuladas por Flávio Galdino, "O custo dos direitos", in Ricardo Lobo Torres (Org.), *Legitimação dos Direitos Humanos*, Rio de Janeiro, Renovar, 2002, pp. 139 e ss. (especialmente a

to de prestações básicas não poderá ser suprimido ou reduzido (para aquém do seu conteúdo em dignidade da pessoa) nem mesmo mediante ressalva dos direitos adquiridos, já que afetar o cerne material da dignidade da pessoa (na sua dupla dimensão positiva e negativa) continuará sempre sendo uma violação injustificável do valor (e princípio) máximo da ordem jurídica e social.

Com isso também se percebe nitidamente que a proibição de retrocesso no sentido aqui versado representa, em verdade, uma proteção adicional outorgada pela ordem jurídico-constitucional, que vai além da proteção tradicionalmente imprimida pelas figuras do direito adquirido, da coisa julgada, bem como das demais vedações específicas de medidas retroativas. Assim, até mesmo em homenagem às evidentes diferenças entre atos de cunho retroativo e medidas prospectivas, não se poderia imprimir, ao menos em princípio, tratamento similar a ambas as situações.

A partir do exposto, e aderindo aqui ao magistério paradigmático de Juarez Freitas, verifica-se que também no âmbito da indispensável hierarquização (ou ponderação, como prefere boa parte da doutrina) a ser procedida em cada hipótese concreta em que estiver em causa uma medida retrocessiva — já que igualmente na seara da aplicação do princípio da proibição de retrocesso não há como escapar de uma interpretação tópico-sistemática (inexoravelmente hierarquizadora) —, importa optar sempre (pois esta será não a única, mas a melhor resposta hermenêutica) pela solução mais compatível com a dignidade da pessoa humana.[88]

Justamente tal premissa (ainda que não expressamente referida da mesma forma na fundamentação), encontra-se na base do recente e já referido acórdão do Tribunal Constitucional de Portugal (acórdão n. 509/2002), a respeito da inconstitucionalidade (por violação do princípio da proibição de retrocesso) do Decreto da Assembléia da República que, ao substituir o antigo rendimento mínimo garantido por um novo rendimento social de inserção, excluiu da fruição do benefício (ainda que mediante a ressalva dos direitos adquiridos) pessoas com idade entre 18 e 25 anos. Em termos gerais e para o que importa neste momento, a decisão, ainda que não unânime, entendeu que a legislação revogada, atinente ao rendimento mínimo garantido, concretizou o direito à segurança social dos cidadãos mais carentes (incluindo os jovens entre os 18 e 25 anos), de tal sorte que a nova legislação, ao excluir do novo rendimento social de inserção as pessoas nesta faixa etária, sem a previsão e/ou manutenção de algum tipo de proteção social similar, estaria a retroceder no grau de realização já alcançado do direito à segurança social a ponto de violar o conteúdo mínimo desse direito já que atin-

partir da p. 173) sempre reconhecemos (embora talvez não com suficiente ênfase) a interligação entre direitos negativos e positivos, assim como o fato de que os direitos positivos possuem uma dimensão negativa (e a proibição de retrocesso é um dos aspectos que melhor dá conta desta circunstância). De outra parte, convém não esquecer que ao priorizarmos o critério da eficácia jurídica (e não propriamente o da efetividade, a despeito de estar intimamente relacionado com o primeiro) acabamos sustentando — e assim seguimos entendendo — que o fato de todos os direitos terem uma dimensão positiva (como bem enfatiza Flávio Galdino, na esteira de Holmes e Sunstein), no sentido de que também para proteger o direito de propriedade e a liberdade de expressão o poder público necessita disponibilizar todo um aparato judiciário, policial etc., que implica em investimentos de ordem econômica (aspecto que nunca negamos, pois seria negar o óbvio), não afasta a possibilidade de qualquer Juiz (independentemente de uma dimensão positiva e economicamente relevante) desde logo e sem qualquer intermediação do legislador, assegurar — em qualquer processo — a fruição e/ou proteção dos direitos designados (por esta razão) de negativos ou defensivos.

88. Cf., aqui retratado em apertadíssima síntese, Juarez Freitas, *A Interpretação Sistemática do Direito*, notadamente pp. 207 e ss.

gido o conteúdo nuclear do direito a um mínimo de existência condigna, não existindo outros instrumentos jurídicos que o possam assegurar com um mínimo de eficácia. Destaque-se, ainda, que o Tribunal Constitucional português reiterou pronunciamentos anteriores, reconhecendo que no âmbito da concretização dos direitos sociais o legislador dispõe de ampla liberdade de conformação, podendo decidir a respeito dos instrumentos e sobre o montante dos benefícios sociais a serem prestados, *sob pressuposto de que, em qualquer caso* a escolha legislativa assegure, com um mínimo de eficácia jurídica, a garantia do direito a um mínimo de existência condigna para todos os casos.[89]

Para além do exposto, convém frisar que, na fundamentação do pedido de fiscalização da constitucionalidade em sede preventiva, aforado pelo Presidente da República, restou assentado que "mesmo quando se sustente numa justificação objectivamente comprovável e de base constitucional, o Estado não pode afetar ou suprimir prestações existentes de uma forma arbitrária, discriminatória, com eventual violação de princípios constitucionalmente consagrados, como sejam o princípio da confiança própria do Estado de Direito ou, mais especificamente, no caso, o princípio da igualdade ou o princípio da universalidade na titularidade e exercício dos direitos fundamentais".

Da análise da paradigmática decisão ora citada, que harmoniza com a argumentação desenvolvida ao longo do presente texto, resulta que uma medida de cunho retrocessivo, para que não venha a violar o princípio da proibição de retrocesso, deve, além de contar com uma justificativa de porte constitucional, salvaguardar — em qualquer hipótese — o núcleo essencial dos direitos sociais, notadamente naquilo em que corresponde às prestações materiais indispensáveis para uma vida com dignidade para todas as pessoas, já que — como bem revela o caso ora examinado — também haverá de ser respeitado o princípio da universalidade da titularidade e do exercício dos direitos fundamentais, pelo menos daqueles que possuem um conteúdo em dignidade da pessoa humana. De tal sorte não há, de fato, como sustentar que o reconhecimento de uma proibição de retrocesso em matéria de direitos sociais (nos termos expostos) resultaria numa aniquilação da liberdade de conformação do legislador, que, de resto — e importa relembrar tal circunstância — nunca foi e nem poderia ser ilimitada no contexto de um Estado constitucional de Direito, como bem revelam os significativos limites impostos na seara das restrições legislativas ao exercício dos direitos fundamentais. Além disso, não se poderá olvidar jamais que uma violação do mínimo existencial (mesmo em se cuidando do núcleo essencial legislativamente concretizado dos direitos sociais) significará sempre uma violação da dignidade da pessoa humana e por esta razão será sempre desproporcional e, portanto, inconstitucional.[90]

Considerando que o núcleo essencial dos direitos fundamentais, inclusive sociais, nem sempre corresponde ao seu conteúdo em dignidade (que poderá ser variável, a depender do direito fundamental em causa) é de se admitir até mesmo a eventual inconstitucionalidade de medidas que — mesmo não afetando diretamente a dignidade da pessoa humana — inequivocamente estejam a invadir o núcleo essencial.

89. Para quem deseja aprofundar a análise, vale a pena conferir na íntegra a fundamentação do já citado acórdão 509/2002, processo 768/2002, apreciado pelo Tribunal Constitucional de Portugal, em 19.12.2002.

90. A respeito da dignidade da pessoa humana como limite das restrições a direitos fundamentais v. o meu *A Dignidade da Pessoa Humana...*, pp. 119 e ss.; sobre o princípio da proporcionalidade e a função da dignidade da pessoa humana neste contexto, v., entre outros, Heinrich Scholler, "O princípio da proporcionalidade no direito constitucional e administrativo da Alemanha", in *Revista Interesse Público* 2/93-107, 1999.

Que também no âmbito da proibição de retrocesso importa que se tenha sempre presente a circunstância de que o conteúdo do mínimo existencial para uma vida digna encontra-se condicionado pelas circunstâncias históricas, geográficas, sociais, econômicas e culturais em cada lugar e momento em que estiver em causa, resulta evidente e vai aqui assumido como pressuposto de nossa análise.

Considerando que a dignidade da pessoa humana e a correlata noção de mínimo existencial, a despeito de sua transcendental e decisiva relevância, não são os únicos critérios a serem considerados no âmbito da aplicação do princípio da proibição de retrocesso, importa retomar aqui as noções de segurança jurídica e proteção da confiança, igualmente referidas na decisão colacionada.

Muito embora o direito à segurança jurídica (que abrange um determinado nível de proteção da confiança das pessoas na estabilidade das suas posições jurídicas) seja mais amplo que o instituto da proibição de retrocesso no sentido aqui desenvolvido, já que abrange as figuras dos direitos adquiridos e outros institutos no âmbito dos limites da retroatividade dos atos do poder público, não há como desconsiderar que a garantia da manutenção de um nível mínimo de proteção social — no âmbito de um direito à uma existência condigna — importa também em um correspondente padrão mínimo de segurança jurídica nesta esfera, já que as pessoas poderão — ou pelo menos deveriam poder estar em condições para tanto — confiar (e aqui a presença inquestionável de um elemento de proteção da confiança e de segurança jurídica) na manutenção de tais condições básicas de vida, especialmente no contexto de um Estado democrático de Direito inequivocamente comprometido com realização da justiça social.

Por outro lado, de acordo com o que deflui da experiência constitucional germânica, a proteção da confiança atua como diretriz para que, em cada situação concreta em que estiver em causa a afetação de alguma posição social, se possa aferir até que ponto é possível retroceder, já que — mesmo ressalvada a garantia do mínimo para uma existência com dignidade — o princípio da proteção da confiança poderá exigir níveis diferenciados e eventualmente mais reforçados de segurança jurídica, mesmo para o futuro.

Com efeito, ainda que a doutrina e jurisprudência constitucional tenham aplicado a proteção da confiança usualmente no contexto da proteção dos direitos adquiridos e em situações onde estavam em causa medidas de cunho retroativo (como transparece inclusive do acórdão do Tribunal Constitucional de Portugal), também é verdade que por força da proteção de confiança e do princípio da proporcionalidade (ambos deduzidos do Estado de Direito), o Tribunal Constitucional Federal da Alemanha, em reiterada jurisprudência, reconhece um certo grau de proteção até mesmo para as expectativas de direitos, exigindo, nesta hipótese, pelo menos a adoção de razoáveis regras de transição (ainda que mediante a concessão de ampla liberdade para o legislador), pena de inconstitucionalidade.[91] Como concretização do princípio da segurança jurídica, o princípio da proteção da confiança serve como fundamento para limitação de leis retroativas que agridem situações fáticas já consolidadas (retroatividade própria), ou que atingem situações fáticas atuais, acabando, contudo, por restringir posições jurídicas geradas no passado (retroatividade imprópria), já que a idéia de segu-

91. Cf., por todas as decisões que aqui poderiam ser colacionadas, *BVerfGE* v. 67, pp. 1, 14 e ss. Oferecendo uma visão atualizada e crítica da discussão na Alemanha, v. Karl-Jürgen Bieback, "Verfassungsrechtliche Probleme, inbesondere Aspekte des Eigentumschutzes und Übergangsrechts bei einer Reform der Rentenversicherung — Diskutiert am Reformmodell des DJB", in Ursula Rust (Org.), *Eigenständige Alterssicherung von Frauen*, Wiesbaden, Verlag Chmielorz GmbH, 2000, pp. 779 e ss.

rança jurídica pressupõe a confiança na estabilidade de uma situação legal atual.[92] Com base no princípio da proteção da confiança, eventual intervenção restritiva no âmbito de posições jurídicas sociais exige, portanto, uma ponderação (hierarquização) entre a agressão (dano) provocada pela lei restritiva à confiança individual e a importância do objetivo almejado pelo legislador para o bem da coletividade.[93]

Tais considerações, mesmo que assim não o tenha sido expressamente admitido pela doutrina e jurisprudência referidas, certamente aplicam-se também no âmbito da proibição de retrocesso no sentido aqui desenvolvido, já que igualmente vinculada às noções de segurança jurídica e proteção da confiança, como pretendemos ter demonstrado. Além disso, assume relevo a argumentação de que tanto maior deverá ser a garantia da segurança jurídica individual, quanto mais merecedora de proteção for a confiança depositada pelo indivíduo no sistema vigente, proteção esta vinculada também ao fator tempo.[94] Em outras palavras — valendo-nos do exemplo da alteração das regras para aposentadoria e pensões — quanto mais alguém estiver contribuindo num determinado regime de aposentadoria, maior deverá ser a sua segurança jurídica já que mais merecedora de proteção a sua confiança, o que, por sua vez, deverá ser observado no âmbito das regras de transição a serem estabelecidas pelo legislador. Resulta inadmissível, neste sentido, alterar as regras vigentes, ainda que mediante a ressalva dos direitos adquiridos, da mesma forma para quem estiver contribuindo — e, portanto, confiando — há dois, há vinte anos ou mesmo há trinta anos, pois é evidente que diversa a intensidade da confiança depositada pelo cidadão individualmente considerado (no sentido subjetivo) bem como diferente o dever de respeito a esta confiança. Que tais questões — consoante já frisado — nos remetem novamente ao princípio da proporcionalidade, mas também dizem com o princípio da isonomia, que igualmente devem ser observados neste contexto, salta aos olhos embora aqui não venha a ser mais desenvolvido, até mesmo por força dos limites deste estudo. Para nosso propósito, basta aqui que se faça referência, com particular ênfase, ao fato de que tanto o princípio da proteção da confiança, quanto os princípios da proporcionalidade e isonomia, exigem a adoção não apenas de regras razoáveis de transição, mas também a imposição de soluções suficientemente di-

92. Cf. Winfried Boecken, *Der verfassungsrechtliche Schutz...*, p. 80.

93. Cf., dentre tantos, Dietrich Katzenstein, *Die bisherige Rechtsprechung des Bundesverfassungsgerichts...*, p. 862, com apoio na jurisprudência do Tribunal Constitucional Federal. Neste contexto, Hans-Jürgen Papier, "Der Einfluss des Verfassungsrechts auf das Sozialrecht", in Bernd Baron von Maydell/Franz Ruland (Orgs.), *Sozialrechtshandbuch*, 2ª ed., Neuwied/Berlim, Luchterhand, 1996, p. 120, lembra que no âmbito da ponderação de bens e interesses a ser procedida em cada caso, a regulação legislativa será inconstitucional apenas quando se verificar que a confiança do indivíduo na continuidade da situação legal atual pode ser tida como prevalente em face dos objetivos almejados pelo legislador com as alterações propostas, destacando, todavia, que tais critérios assumem um papel secundário na aferição da constitucionalidade de medidas retroativas. Tal fórmula tem sido largamente adotada pelo Tribunal Constitucional Federal da Alemanha (especialmente desde *BVerfGE* v. 24, pp. 220, 230 e ss.), no sentido de que importa ponderar, em cada caso, entre a extensão do dano à confiança do indivíduo e o significado da medida adotada pelo poder público para a comunidade.

94. A importância (muito embora relativa e complementar) do aspecto temporal também foi objeto de reconhecimento em parte da jurisprudência do Tribunal Constitucional Federal da Alemanha, com destaque para a posição chancelada pelo primeiro Senado do Tribunal, que, ao referir os aspectos a serem considerados a partir da perspectiva do direito individual atingido pela reforma empreendida pelo legislador, considerou também a confiança gerada na pessoa do segurado pela preservação, por muitos anos, de suas posições jurídicas (cf., especialmente, *BVerfGE* v. 97, pp. 378, 389).

ferenciadas e proporcionais mesmo no âmbito interno das regras de transição.

De todo o exposto, recolhe-se, ainda, na esteira da lição de Hartmut Maurer (muito embora este não tenha explorado com maior ênfase a questão da proibição de retrocesso no sentido aqui proposto), que segurança jurídica acaba por significar igualmente uma certa garantia de continuidade da ordem jurídica, que evidentemente não se assegura exclusivamente com a limitação de medidas estatais tipicamente retroativas.[95] Que o princípio da proibição do retrocesso atua como relevante fator assecuratório também de um padrão mínimo de continuidade do ordenamento jurídico nos parece, portanto, mais um dado elementar a ser levado em conta.

4. Considerações finais

Cientes de que deixamos muitas questões em aberto e renunciando, desde logo, a maiores avanços no exame da fascinante problemática que nos foi proposta, esperamos, todavia, que tenhamos logrado êxito pelo menos na tarefa de consignar algumas das possibilidades de desenvolvimento que o tema oferece. Em síntese, cremos ter conseguido demonstrar a estreita ligação entre o problema da proibição de retrocesso social e o direito à segurança jurídica, evidenciando o quanto a otimização da eficácia e efetividade deste direito e princípio fundamental reclama (também) uma certa proteção contra medidas do poder público que venham a aniquilar ou reduzir de modo desproporcional e/ou ofensivo à dignidade da pessoa (já que as duas situações nem sempre são coincidentes) os níveis já concretizados de proteção social. Por outro lado, atentando especialmente para os gritantes níveis de exclusão social e os correspondentes reclamos de proteção contra medidas que venham a corroer ainda mais os deficitários patamares de segurança social ora vigentes entre nós, é possível afirmar — com ênfase — que a análise sóbria e constitucionalmente adequada da temática ora versada neste ensaio e na obra coletiva no qual se encontra inserido, assume caráter emergencial.

Neste contexto, parece-nos que um dos desafios principais a serem enfrentados e vencidos é o da adequada hierarquização entre o direito à segurança jurídica (que não possui — convém frisá-lo — uma dimensão puramente individual, já que constitui elemento nuclear da ordem objetiva de valores do Estado de Direito como tal) e a igualmente fundamental necessidade de, sempre em prol do interesse comunitário, proceder aos ajustes que comprovadamente se fizerem indispensáveis, já que a possibilidade de mudanças constitucionalmente legítimas e que correspondam às necessidades da sociedade como um todo (mas também para a pessoa individualmente considerada) carrega em si também um componente de segurança que não pode ser desconsiderado.

No embate entre o paradigma do Estado Social intervencionista e altamente regulador e a nefasta tentativa de implantar um Estado minimalista à feição dos projetos globalizantes do modelo econômico e da ideologia neoliberal, o correto manejo da proibição do retrocesso na esfera dos direitos fundamentais sociais poderá constituir uma importante ferramenta jurídica para a afirmação do Estado necessário, do qual nos fala Juarez Freitas.[96] E necessário será justamente o Estado apto a assegurar nunca menos do que uma vida com dignidade para cada indivíduo e, portanto, uma vida saudá-

95. Cf. Hartmut Maurer, *Kontinuitätsgewähr und Vertrauensschutz...*, pp. 243 e ss., sinalando, todavia, a existência de uma distinção entre proteção de confiança e a garantia de continuidade da ordem jurídica, aspecto que aqui não iremos desenvolver e a respeito do qual, inclusive na doutrina germânica, não existe pleno consenso.

96. Referindo-se a uma noção de Estado necessário, v. Juarez Freitas, *Estudos de Direito Administrativo*, pp. 31 e ss.

vel para todos os integrantes (isolada e coletivamente considerados) do corpo social.

Importa relembrar, nesta quadra, a oportuna lembrança de Cármen Lúcia Antunes Rocha, que, ao sufragar o princípio da proibição de retrocesso, afirmou que "as conquistas relativas aos direitos fundamentais não podem ser destruídas, anuladas ou combalidas, por se cuidarem de avanços da humanidade, e não de dádivas estatais que pudessem ser retiradas segundo opiniões de momento ou eventuais maiorias parlamentares". Tal assertiva merece ser levada ainda mais a sério quando estiver em causa o núcleo essencial dos direitos fundamentais sociais, especialmente no que diz com a salvaguarda do mínimo existencial, em outras palavras, do conjunto de condições para uma vida saudável e, portanto, para uma vida com dignidade, tal qual sustentado ao longo do presente ensaio.

Por derradeiro,[97] cuidando-se a dignidade — e aqui tomamos novamente emprestadas as palavras da ilustre Profa. Cármen Lúcia Antunes Rocha, do que se poderia denominar de "coração do patrimônio jurídico-moral da pessoa humana",[98] é imprescindível que se outorgue ao princípio fundamental da dignidade da pessoa humana, em todas as suas manifestações e aplicações (portanto, também no âmbito da proibição de retrocesso e da correlata noção de segurança jurídica) a sua máxima eficácia e efetividade possível, em suma, que se guarde e proteja com todo o zelo e carinho este coração de toda sorte de moléstias e agressões, evitando ao máximo o recurso a cirurgias invasivas[99] e, quando estas se fizerem inadiáveis, que tenham por escopo viabilizar que este coração (ético-jurídico) efetivamente esteja e/ou venha a estar a bater para todas as pessoas com a mesma intensidade. Do contrário, tal qual com lucidez nos lembra Paulo Bonavides, estaremos cada vez mais próximos de uma lamentável, mas cada vez menos controlável e contornável transformação de muitos Estados Democráticos de Direito em verdadeiros "estados neocoloniais",[100] onde estarão seguros (a exemplo dos "amigos do rei") apenas os amigos e parceiros do "colonizador" ou mesmo de alguma ditadura de plantão ou maioria parlamentar ocasional, mas somente enquanto gozarem da privilegiada condição de amigos e parceiros! Com isso, no entanto, já estamos a trilhar caminhos que, embora sua evidente conexão, ultrapassam as fronteiras deste estudo.

97. Neste último parágrafo, tomamos a liberdade de reproduzir o nosso próprio pensamento, tal qual exposto no nosso *Dignidade da Pessoa Humana...*, pp. 148-149.

98. Cf. Cármen Lúcia Antunes Rocha, *O Princípio da Dignidade da Pessoa...*, p. 32.

99. Valemo-nos aqui da figura utilizada por Juarez Freitas, "Tendências atuais e perspectivas da hermenêutica constitucional", in *Revista da Ajuris* 76/404, 1999, aplicando-a, todavia, à Constituição como um todo, na condição de coração jurídico-institucional de um Estado.

100. Cf. Paulo Bonavides, *Do País Constitucional ao País Neocolonial. A Derrubada da Constituição e a Recolonização pelo Golpe de Estado Institucional*, São Paulo, Malheiros Editores, 2000, p. 110.

O SUPREMO TRIBUNAL FEDERAL E A DISCIPLINA DA EFICÁCIA DAS MEDIDAS PROVISÓRIAS NÃO CONVERTIDAS

EDILSON PEREIRA NOBRE JÚNIOR

Professor da UFRN. Professor da Especialização em Direito Administrativo da UFPE e Mestre em Direito pela UFPE. Juiz Federal

O Constituinte de 1988, mantendo tradição inaugurada em 1891, reservou ao Supremo Tribunal Federal papel de destaque na organização judiciária pátrial, consistente na missão de guardião da autoridade, inteireza positiva e uniformidade interpretativa da Lei Máxima.

Essa afirmativa é corroborada pelo art. 102, *caput*, do Texto Magno, ao declarar competir àquele, de maneira precípua, a vigilância da Constituição, cabendo-lhe, entre outras competências, as de julgar: a) a ação direta de inconstitucionalidade de lei ou ato normativo federal ou estadual; b) a ação declaratória de constitucionalidade de lei ou ato normativo federal; c) mandado de injunção, quando a norma indispensável à eficácia de direito ou liberdade constitucional for da alçada do Presidente da República, do Congresso Nacional, da Câmara dos Deputados, do Senado Federal, do Tribunal de Contas da União, dos Tribunais Superiores, ou do próprio Supremo Tribunal Federal; d) recurso extraordinário, desde que a decisão recorrida contrarie dispositivo da Constituição, declare a inconstitucionalidade de tratado ou lei federal, ou que julgue válida lei ou ato de governo local, contestado em face da Constituição; e) a argüição de descumprimento de preceito fundamental, disciplinada pela Lei 9.882, de 3.12.1999. Fora do largo elenco do art. 102 da CF, colhe-se no art. 103, § 2º, do mesmo diploma, a competência para processar e julgar a ação declaratória de inconstitucionalidade por omissão.

Daí se pode, com facilidade, perceber que, conquanto possa não se admitir a existência de efeito vinculante às decisões do Supremo Tribunal Federal em matéria de interpretação da Lei Maior, salvo a explícita previsão constitucional no particular da ação declaratória de constitucionalidade, não se pode deixar de constatar a circunstância de que, na prática, enorme influência tais deliberações exercem sobre os julgamentos dos demais juízes e tribunais.

Tanto é assim que, tão logo promulgada a atual Lei Fundamental, o Ministro Sydney Sanches, comentando, em estudo doutrinário, as novas atribuições confiadas ao Pretório Excelso, destacou: "a função precípua de guarda da Constituição confere ao Supremo Tribunal Federal posição de enorme responsabilidade e importância na implantação e preservação da nova ordem constitucional".[1]

Feita essa advertência inicial, seguese que, na Constituição promulgada em 1988, dentre os inúmeros dispositivos que vêm ensejando maiores discussões, está o seu art. 62, ao traçar competência legislativa especial em prol do chefe do Poder Executivo, consistente na edição de medidas provisórias.

Acolheu-se, assim, instituto que habilita o Governo a legislar por atribuição própria, sem prévio consentimento do Parlamento,[2] cuja intervenção fiscalizadora se faz posteriormente, a exemplo do que ocorre, em virtude da necessidade inarredável de ação legislativa rápida, vivenciada nos tempos hodiernos, com vários modelos hauridos no constitucionalismo contemporâneo, a saber: os arts. 77 da Constituição italiana de 1947 (*decreto-legge*), 81 da Constituição alemã de 1949 (estado de necessidade legislativa), 16 e 34 da Constituição da França de 1958 (poderes extraordinários do Presidente da República e o regulamento autônomo), 44 da Constituição da Grécia de 1975 (adoção de atos legislativos em circunstâncias excepcionais de necessidade extremadamente urgente e imprevista), 198º da Constituição de Portugal de 1976 (decreto-lei), 86 da Constituição hispânica de 1978 (*decreto-ley*), 99, inciso 3, da Constituição da Nação Argentina de 1853, com a reforma de 1994 (*decretos de necesidad y urgencia*) e, mais recentemente, os arts. 101 da Constituição da Croácia (decretos com força de lei), 108 da Constituição da Eslovênia de 1991 (decretos com força de lei), 114.4 da Constituição da Romênia de 1991 (ordenanças de urgência), 109 da Constituição da Estônia (decretos presidenciais) e 85 da Lituânia (decreto-lei), ambas de 1992.

É sabido que, na praxe, o Congresso Nacional tem, com freqüência, se omitido no exercício do relevante controle que lhe outorgara o Constituinte, pois não vem convertendo, no escasso trintídio constitucional, as medidas provisórias editadas pelo Presidente da República, ocasionando o fenômeno que se convencionou denominar de reedição, de admissibilidade tranqüila no Supremo Tribunal Federal.[3]

A não conversão em lei tem como efeito implicar na perda da vigência da medida provisória desde a sua edição (*ex tunc*), conforme texto expresso do art. 62, parágrafo único, primeira parte, da CF, no que colhera inspiração no art. 77.3 da Constituição italiana.

Não se pode descartar haverem as normas, contidas na medida não convertida, logrado aplicação a numerosos casos concretos durante a sua efêmera vigência. Qual será, então, a sorte dos atos realizados com base na referida norma? Reputar-se-ão írritos ou válidos? A princípio, a primeira alternativa se impõe. A perda de eficácia *ex tunc* da medida provisória desemboca, como corolário lógico, na cessação, também retrooperante, das suas aplicações.[4]

1. "O Supremo Tribunal Federal na nova Constituição", in *A Constituição Brasileira 1988 — Interpretações*, 1ª ed., Rio de Janeiro, Forense Universitária, p. 214.

2. A legislação governamental por competência constitucional específica não constitui novidade em nosso sistema jurídico, como se pode relembrar do decreto-lei das Constituições de 1937 (arts. 13 e 14) e de 1969 (art. 55), sem contar os Atos Institucionais 2 (art. 30) e 5 (art. 2).

3. ADI 293-7, Pleno, m.v., rel. Min. Celso de Melo, *DJU* 16.4.1993; ADI 1.660-SE, Pleno, m.v., rel. desig. Min. Nelson Jobim, *DJU* 7.12.2000, p. 4; ADI 1.610-5, Pleno, m.v., rel. Min. Sydney Sanches, *DJU* 5.12.1997, p. 63.148; ADI 1.398-1-DF, Pleno, rel. Min. Carlos Veloso, *DJU* 27.6.1997.

4. Mais simples a sistemática projetada para o extinto decreto-lei, haja vista que o art. 55, § 2º, da Lei Maior revogada, era expresso em enfatizar que a rejeição daquele não implicará na nulidade dos atos praticados durante a sua vigência. Assim também era, na península itálica, com o art. 3º da famigerada Lei 100, de 1926, prevendo que não convertido o *decreto-legge* no prazo marcado, que

Para uma resposta completa, inconcebível, porém, olvidar-se o temperamento imposto pela parte final do parágrafo único do art. 62, preceituando caber ao Congresso Nacional a disciplina das relações jurídicas, decorrentes da temporária aplicação das medidas provisórias não transmudadas em lei. Estatuiu o Constituinte, conforme se pode ver sem sombra de dúvidas, a solução para o problema calcada no instituto da convalidação dos efeitos das medidas provisórias não convertidas.

Percebe-se, portanto, que a melhor exegese do art. 62, parágrafo único, parte final da CF, é aquela a recomendar, ante a não-validade das normas da medida não convertida, a qualidade de inválidos aos atos perpetrados no decorrer de sua aplicação. No entanto, permite-se ao Congresso Nacional regular — e com força retroativa, advirta-se — as conseqüências da medida provisória, reconhecendo-lhe, no todo ou em parte, validade. Pode, assim, o Legislativo, conferir validez a atos praticados com fulcro em medida provisória não aprovada.[5]

Trata-se de previsão expressa de retroatividade pela própria Constituição, a ressalvar apenas as regras que consagrara nos seus arts. 5º, XXXVI, XL e 150, III, *a*, desde que a base fática indispensável à sua aplicação preceda à convalidação. Para uma melhor compreensão, esclareça-se que a configuração de ato jurídico perfeito, direito adquirido, ou coisa julgada, anteriores à vigência da medida provisória não convertida, mas cujos efeitos foram convalidados pela atividade do Congresso Nacional, orienta-se pela nota da intangibilidade. Caso o fato gerador daqueles institutos se situe em instante posterior à convalidação, deverá aplicar-se a disciplina introduzida pela medida provisória cuja eficácia fora convalidada, não sendo a hipótese de prestigiar-se a segurança jurídica.

O fenômeno, originário do ordenamento constitucional italiano, foi bem retratado através de Federico Sorrentino, ao expressamente mencionar a possibilidade de retroação, inclusive com a possibilidade de não se proceder ao respeito aos correspondentes limites constitucionais. Diz o autor: "A falta de conversão autoriza, como se viu, as Câmaras a disciplinar com lei as relações jurídicas surgidas com base no decreto não convertido, consentindo aquelas em assim superar eventuais limites à retroatividade das leis e, sobretudo, em derrogar o

se prolongava até dois anos, a cessação dos seus efeitos se dava *ex nunc*.

5. No sistema jurídico italiano, prevalece a convicção de competir ao Parlamento disciplinar ou não tais relações jurídicas (*Sentenze* 86/1966, 144/1972 e 185/1981; recentemente, esse pendor constou de forma cristalina da *Sentenza* 84/1996, a ser doravante mencionada), não existindo obrigatoriedade para fazê-lo. Da mesma forma, caso as Câmaras decidam fazer uso de tal competência, não estão sujeitas a qualquer prazo de preclusão, podendo, como bem anota Alessandro Pizzorusso (*Lecciones de Derecho Constitucional*, Madri, Centro de Estudios Constitucionales, 1984, pp. 275-276) fazê-lo em procedimento singularizado, em relação à lei de conversão, ou no corpo desta, ou ainda através da lei de conversão de outro *decreto-legge*, conforme ressaltou a Corte Constitucional na *Sentenza* 249, de 28 de maio de 1996, relatada pelo Juiz Enzo Cheli (disponível em <www.giurcost.org/decisioni>, acesso em 9.7.2001). No Brasil, a doutrina se biparte, havendo alguns autores que, à consideração de ser inconstitucional a omissão do Congresso Nacional, advogam a possibilidade, para combatê-la, de ajuizamento de mandado de injunção ou de ação declaratória de inconstitucionalidade por omissão, como é o caso de Ivo Dantas (*Aspectos Jurídicos das Medidas Provisórias*, 3ª ed., Brasília, Brasília Jurídica, 1997, p. 85) e Clèmerson Merlin Clève (*Atividade Legislativa do Poder Executivo no Estado Contemporâneo e na Constituição de 1988*, São Paulo, Ed. RT, 1993, p. 173), enquanto outros propendem à liberdade da avaliação política de agir do Parlamento, servindo de exemplo José Afonso da Silva, embora este ressalve possa o Judiciário ser convocado a examinar o assunto a teor do disposto no art. 5º, XXXV, se houver lesão de direito de outrem (*Curso de Direito Constitucional Positivo*, 8ª ed., São Paulo, Malheiros Editores, 1992, p. 465).

princípio da decadência retroativa dos decretos não convertidos, fazendo seguras as relações que tal decadência renderia inválidas".[6] Mais à frente, remata: "Na praxe o legislador faz uso deste poder com uma fórmula geral de sanatória de todos os atos e relações conseqüentes ao decreto não convertido: isto equivale a uma confirmação do decreto pelo período no qual aquele esteve em vigor, com todas as conseqüências que podem provir em sede aplicativa".[7]

O magistério do referido autor, deduzido do exame da ordem jurídica italiana, mas que guarda, nesse ponto, sensível similitude com a nossa, longe está a induzir a autorização para que, nas reiterações, as futuras edições de *decreti-legge* tragam a cláusula de que ficam convalidadas as relações jurídicas surgidas com fundamento no *decreto-legge* não convertido, haja vista que o art. 77.3 da Constituição italiana atribui tal competência à lei.

A semelhança dos sistemas, antes apontada, reside em que o art. 62, parágrafo único, parte final, da CF, é expresso, para não dizer enfático, em ditar que, não convertida a medida provisória em lei, os efeitos desta decorrente serão disciplinados pelo Congresso Nacional. Isso é o suficiente para excluir, nesse campo, a atividade isolada do Chefe do Poder Executivo.

O Supremo Tribunal Federal, inicialmente, propendeu a esse entendimento, salientando o despropósito do Presidente da República em editar medida provisória, com vistas a prover a competência do art. 62, parágrafo único, parte final, da Lei Básica. Expresso, a esse respeito, o despacho, da lavra do Ministro Celso de Mello, ao negar seguimento à ADI 365-8/600,[8] ratificado em sede de agravo regimental.[9]

6. "La mancata conversione, autorizza, como si è visto, le Camere a disciplinare con legge i rapporti giuridici sorti sulla base del decreto non convertito, consentendo loro di superare così eventuali limiti alla retroattività delle leggi e, soprattutto, di derogare al principio della decadenza retroattiva dei decreti non convertiti, facendo salvi rapporti che tale decadenza renderebbe invalidi" ("Il decreto-legge non convertito", in Maryse Baudrez *et alli*, *I Decreti-Legge non Convertiti*, Milão, Giuffrè, 1996, p. 82).

7. "Nella prassi il legislatore fa uso di questo potere con una formula generale di sanatoria di tutti gli atti e i rapporti conseguenti al decreto non convertito: ciò che equivale ad una conferma del decreto per il periodo in cui esso è stato in vigore, con tutte le conseguenze che ne possono discendere in sede applicativa" (ibidem, p. 82). A Corte de Cassação (*Sentenze* 4.262, de 6.10.1977 e 3.034, de 25.5.1979) — mostra-nos Giovanni Pitruzzella (*La Legge di Conversione del Decreto-Legge*, Pádua, Cedam, 1989, p. 330) — no particular das relações tributárias, manifesta-se que a incidência retroativa da lei de sanatória somente poderá atingir situações de fato, geradoras do crédito tributário, caso sucedidas durante a vigência do *decreto-legge* não convertido. O raciocínio jurisprudencial peninsular é idêntico ao que expusemos no parágrafo anterior ao objeto desta nota.

8. *DJU* 5.10.1990, p. 10.717. Cuidava-se a hipótese de impugnação, pela Confederação Nacional da Indústria, da Instrução Normativa 102/1990, editada pela Secretaria da Receita Federal, apontada como instituidora de novas hipóteses de incidência do IOF. Em decisão monocrática, entendeu-se incabível a ação direta de inconstitucionalidade, uma vez que o ato regulamentar em causa, em estabelecendo interpretação não autorizada à MP 195/1990, não traduzia situação de conflito constitucional, mas de ilegalidade. Atento à circunstância fática de que o art. 10 da MP 212/1990, dispondo sobre o mesmo assunto, inserira cláusula de convalidação das MPs 195/1990 e 200/1990, o relator, no referido despacho, tecera breve consideração sobre essa questão, a despeito de não constituir a finalidade primordial do feito em exame: "A disciplina das relações jurídicas formadas com base no ato cautelar não convertido em lei constitui obrigação indeclinável do Congresso Nacional, que deverá regrá-las mediante procedimento legislativo adequado. O exercício dessa prerrogativa congressional deriva, fundamentalmente, de um princípio essencial de nosso sistema constitucional: o princípio da *reserva de competência* do Congresso Nacional. A disciplina de que trata o parágrafo único do art. 62 da Carta Política tem, por isso mesmo, *na lei formal*, de exclusiva atribuição do Congresso, seu instrumento jurídico idôneo, sendo relevante observar que, de seu proces-

É sabido que, posteriormente, o STF, em várias oportunidades, como se pode exemplificar no julgamento da ADI 1.660-SE, ao reputar válida a MP 560/1994 e suas reedições, que instituíram a alíquota de 12% para a contribuição previdenciária dos servidores públicos federais, louvou-se no entendimento de que referido instrumento normativo, renovado, sucessiva e tempestivamente, manteve, por isso, a eficácia de lei.

Na motivação exarada no julgado, acima referenciado, não é abordado o tema da convalidação dos efeitos das anteriores medidas provisórias não convertidas. A discussão teve como foco a possibilidade ou não de reedição.

Não obstante, em recente manifestação na ADIMC 2.251-DF,[10] assestada contra o art. 14 da MP 1.984-19, que convalidara os atos praticados com base na MP 1.984-18, o Plenário do Supremo Tribunal Federal, vencidos os Ministros Marco Aurélio e Celso de Mello, entendeu, já agora enfrentando o tema, não ofender a competência do Poder Legislativo a circunstância de medida provisória convalidar a eficácia produzida por medida provisória não convertida. Uma abordagem crítica desse julgado configurará o objeto deste estudo.

É certo que, aproximadamente três meses depois, no desate do RE 254.818-PR,[11] o Supremo Tribunal Federal manteve decisão do Tribunal Regional da 4ª Região, que aplicara o benefício de suspensão da ação penal pela suposta prática do delito do art. 95, *d*, da Lei 8.212/1991, previsto na Medida Provisória 1.571-6/1997, mas suprimido pela Medida Provisória 1.571-8/1997, em virtude da convalidação dos efeitos daquela pela Lei 9.639/1998, tendo o relator, ao ensejo da confirmação de seu voto, feito remissão elogiosa ao voto-vista do Ministro Moreira Alves, ao reputar válida tal cláusula, contida na lei de conversão, a qual seria, no particular, insuscetível de veto, por a matéria ser específica de decreto legislativo.

Da decisão no RE 254.818-PR penso não haver decorrido a alteração do ponto de vista fixado na também recente ADIMC 2.251-DF, porquanto no voto do relator, Ministro Sepúlveda Pertence, disponibilizado no *Informativo STF* 220, haja vista a não publicação da respectiva ementa, não fora reativado o debate em torno da violação do art. 62, parágrafo único, da CF, pela circunstância de a convalidação da eficácia dos atos de medida provisória não convertida advir de medida provisória posterior.

Abstraindo-se a quizília doutrinária sobre se a espécie normativa adequada para se concretizar o fim visado pelo art. 62, parágrafo único, parte final, da CF, é a lei ou o decreto legislativo,[12] porquanto ambos são

so de formação, *co-participará* o Presidente da República, pelo exercício da competência constitucional de que dispõe para sancionar ou vetar os projetos de lei aprovados pelo Legislativo".

9. AGRADI 365-DF, Plenário, ac.un., rel. Min. Celso de Mello, *DJU* 15.3.1991, p. 2.645.

10. Plenário, m.v., rel. Min. Sydney Sanches, *DJU* 23.8.2000, *Informativo STF* 199. Considerando-se que, ao instante em que escrito este trabalho, a ementa do julgado ainda não tinha sido publicada, com a disponibilização dos votos predominantes e minoritários, o nosso conhecimento da doutrina naquele firmada se limita a resenha contida em órgão de divulgação da Excelsa Corte.

11. Pleno, ac.un., rel. Min. Sepúlveda Pertence, j. 8.11.2000, *Informativo STF* 209.

12. Favoráveis à lei para o desempenho da competência do art. 62, parágrafo único, parte final, da Lei Básica, podemos citar: Ivo Dantas (*Aspectos Jurídicos das Medidas Provisórias*, 3ª ed., cit., p. 85); Nagib Slaibi Filho (*Anotações à Constituição de 1988 — Aspectos Fundamentais*, Rio de Janeiro, Forense, 1989, p. 346); José Afonso da Silva (*Curso...*, 8ª ed., cit., p. 465); Clèmerson Merlin Clève (*Atividade Legislativa do Poder Executivo...*, cit., p. 173). Diversamente, para Alexandre de Moraes (*Direito Constitucional*, 8ª ed., São Paulo, Atlas, 1999, p. 536), o veículo apropriado será o decreto legislativo. Esta fora a opção, a nosso ver acertada, da Resolução 1/1989 do Congresso Nacional (arts. 6º, parágrafo único, 7º, II e 17). Almejando pôr cobro à discussão, a PEC 472-C, de 1997, projeta o acréscimo de § 1º ao art. 62, conferindo tal mister ao decreto legislativo.

produtos da atividade legislativa do Congresso Nacional (e assim, em ambas hipóteses, eventual inconstitucionalidade formal seria facilmente contornada), é de concluir-se, sem tergiversação, que o dispositivo constitucional, ao contrário do respeitável ponto de vista do Supremo Tribunal Federal ADIMC 2.251-DF, dispôs pela não admissibilidade da medida provisória, vista esta emanar, como frisado linhas retro, da atuação exclusiva do Poder Executivo.

É induvidoso que o Supremo Tribunal Federal, na sua missão de guardião da Lei Magna, possa adaptar o conteúdo das normas constitucionais às mudanças na sociedade, sem que para tanto seja necessário alterar o texto daquelas. No entanto, essa operação exegética, denominada mutação constitucional, não pode ser arbitrária. Não há de esconder limites, entre os quais, pondera Hesse,[13] o de que resulta inadmissível uma interpretação diferente dos enunciados magnos em aberta contradição com o texto da Lei Fundamental. Admitir-se que a disciplina das relações jurídicas surgidas com base em medida provisória, não transmudada em lei no prazo de 30 dias, seja realizada por outra medida provisória, é o mesmo que desconstituir a cláusula contida no art. 62, parágrafo único, segunda parte, da CF, quando enuncia, sem deixar a mínima margem de dúvida, dever "o Congresso Nacional disciplinar as relações jurídicas delas decorrentes".

Indispensável, mais uma vez, o recurso ao sistema jurídico italiano, cuja prática do *decreto-legge*, fonte informativa da medida provisória, recua há aproximadamente 54 anos, sem contar as decretações de urgência emanadas com autorização implícita do Estatuto Albertino de 1848 e sob os auspícios da Lei 100, de 1926, produto do regime fascista.[14] E não é só. O apelo ao modelo italiano torna-se obrigatório quando se constata — não é demasiado tornar a repetir — que o art. 77.3, da Lei Maior da Itália de 1947, perfilha idêntica solução à preconizada pelo art. 62, parágrafo único, parte final, da CF, ao dizer competir às Câmaras tal regulação. A única diferença — a nosso ver, desinfluente para o questionamento proposto pela inicial — é que o constituinte peninsular houve por bem indicar a lei como o instrumento posto à mão do Parlamento para dispor sobre as relações surgidas no espaço de vigência de *decreto-legge* não convertido.

Atenta à hipótese, que se tornou freqüente na Itália, no interregno antecedente à *Sentenza* 360, de 17 de outubro de 1996,[15]

13. "Constitución y derecho constitucional", in Ernesto Benda *et alii*, *Manual de Derecho Constitucional*, Madri, Marcial Pons, 1996, p. 10. Luís Roberto Barroso (*Interpretação e Aplicação da Constituição*, 3ª ed., São Paulo, Saraiva, 1999, p. 146), ao referir-se ao fenômeno como interpretação evolutiva, adverte que esta há de sofrer limitações, ora porque a abertura da linguagem constitucional e a polissemia de seus termos não são absolutas, estancando-se diante de significados mínimos, ora em virtude dos princípios fundamentais do sistema serem intangíveis, de sorte que as alterações informais introduzidas pela via hermenêutica não poderão contravir os programas constitucionais. Idem, Arnaldo Penteado Laudísio ("Controle de constitucionalidade e interpretação constitucional", *Revista Ajufe*, São Paulo, v. 45, p. 46, abr./jun. 1995), ao suster que a exegese deve encontrar divisas, a fim de que não seja desnaturado o texto, a intenção e a genética constitucional. Acrescente-se ainda que o próprio Supremo Tribunal Federal, na Representação de Inconstitucionalidade 1.417-7 (Pleno, ac.un., rel. Min. Moreira Alves), deixou evidente não caber a aplicação do princípio da interpretação conforme à Constituição quando a única exegese possível para harmonizar a norma impugnada com a Lei Maior contrariar o sentido inequívoco desta.

14. Em retrospectiva, Biscaretti di Ruffia (*Diritto Costituzionale*, 15ª ed., Nápoles, Jovene Editore, 1989, p. 569) aponta, no solo itálico, o pioneirismo para o decreto de 27 de maio de 1948.

15. Rel. Juiz Enzo Cheli, disponível em <www.giurcost.org/decisioni>, acesso em 8.2.2001. Aludida decisão que, segundo Maryse Baudrez ("Décrets-lois réitérés en Italie: l'exaspération mesurée de la Cour Constitutionnelle", *Revue Fran-*

onde os sucessivos decretos-leis, embora sem lograr conversão em lei, declaravam válidos, para o passado, os efeitos dos precedentes, de que eram reprodução, a doutrina, sem maiores considerações, ante a pacificidade que deveria ostentar o tema, reputara impossível que um *decreto-legge* dispusesse sobre os efeitos de outro *decreto-legge*, mantendo-os hígidos.[16] Nesse ponto, aliás, clara é a lição de Vezio Crisafulli que, em comentários à Constituição de 1947, afirma: "Em verdade, a circunstância — agora apontada no texto — de que o sujeito lexical da disposição da última parte do art. 77 da Constituição são apenas as Câmaras, constitui um forte indício da inconstitucionalidade da convalidação, disposta mediante um novo decreto, do efeito produzido por decreto-lei não convertido".[17]

Vittorio di Ciolo, fazendo remissão à Lei 400/1988, que traça procedimentos a serem observados na emissão de *decreti-legge*, afirma: "É conhecido que o art. 15 da Lei 400/1988 estabelece, além disso, que o Governo não pode, mediante decreto-lei, regular as relações jurídicas surgidas com base em decretos não convertidos (*é que o último inciso do art. 77 da Constituição confia às Câmaras tal tarefa*: também se reconheceu que uma aplicação lenta da previsão constitucional pode determinar efeitos danosos para os sujeitos que, em obséquio à lei, tenham-se submetido às disposições do decreto)".[18]

Alfonso Celloto, por sua vez, é peremptório: "Igualmente pacífica aparece a preclusão para os decretos de sanar os efeitos surgidos com base em decretos precedentes não convertidos, ante a explícita reserva às "*Camere* (de) regular *com lei* as relações jurídicas surgidas com base nos decretos-lei não convertidos".[19]

Não pára por aí. Giovanni Pitruzzella, a propósito de comentar o art. 77.3, parte final, da Lei Maior itálica, acentuou, sem dar azo a qualquer dúvida: "A disposição em exame pode ser entendida no sentido

çaise de Droit Constitucionnel 32/752, 1997), consubstanciou lídima "bomba" jurisprudencial, ao interditar a reiteração do *decreto-legge*.

16. Entre as diversas hipóteses de utilização indevida do *decreto-legge*, listadas por Franco Modugno, em trabalho realizado em co-autoria com Alfonso Celloto ("Rimedi all'abuso del decreto-legge", *Giurisprudenza Costituzionale*, ano XXXIX, n. 5, p. 3.234, set./out. 1994), está a de regular as relações jurídicas surgidas com base em decreto não convertido, exemplificada, dentre outras situações, pelo *Decreto-Legge* 457, de 24 de novembro de 1992 e de suas reiterações (*Decreto-Legge* 17, de 23 de janeiro de 1993, e 80, de 25 de março de 1993), os quais, tenderam a convalidar os efeitos do art. 20 do *Decreto-Legge* 195, de 1 de novembro de 1992, 274, de 30 de abril de 1992, e 325, de 1 de julho de 1992).

17. "Per la verità, la circostanza — dianzi accennata nel testo — che il soggetto lessicale della disposizione dell'ultima parte dell'art. 77 Cost. siano proprio [le Camere] costituisce un indizio assai forte dell'inconstituzionalitá della convalida di effetti prodotti da un decreto-legge non convertito, disposta con un nuovo decreto" (*Lezioni di Diritto Costituzionale*, Pádua, Cedam, 1993, p. 100).

18. "È noto che l'art. 15 della legge n. 400/1988 stabilisce, tra l'altro, che il Governo no pùo, mediante decreto-legge, regolare i rapporti giuridici sorti sulla base dei decreti non convertiti (*è l'ultimo comma dell'art. 77 della Costituzione che affida alle Camere tale compito*: anche se va riconosciuto che un'applicazione lenta della previsione costituzionale può determinare effetti danosi per i soggetti che, in ossequio alla lege, abbiano ottemperato alle disposizioni del decreto)" ("Riflessioni in tema di decreti-legge non convertiti", in Maryse Baudrez *et alli*, *I Decreti-Legge non Convertiti*, cit., pp. 137-138). Para ser mais preciso, é bom dizer que, na Itália, demais da Constituição, o art. 15, inciso segundo, letra *d*, da Lei 400/88, tentando racionalizar a matéria, obsta que um *decreto-legge* regule as relações produzidas por *decreto-legge* não convertido.

19. "Ugualmente pacifica appare la preclusione per i decreti a sanare gli effetti sorti sulla base di precedenti decreti non convertiti, stante la esplicita riserva alle *Camere* [di] regolare con legge i rapporti giuridici sorti sulla base dei decreti-legge non convertiti" (*L'Abuso del Decreto-Legge*, Roma, Cedam, 1997, p. 535).

que proíbe que a disciplina das relações jurídicas surgidas com base em um decreto-lei não convertido seja disposta por um outro decreto-lei, mas deste modo aquela não faz outra coisa que reforçar uma norma já deduzida da complexa disciplina predisposta pelo art. 77".[20]

As lições da doutrina produziram forte eco perante a Corte Constitucional, que vedou a chamada *reiterazone "a catena"*, conforme exemplifica a *Sentenza* 544, de 14 de dezembro de 1989, ou seja, que a convalidação tivesse lugar mediante os sucessivos *decreti-legge* produzidos em cadeia. Embora essa não tenha sido a questão principal do debate, da referida decisão é encontradiça a seguinte passagem: "Não pode haver dúvida que o decreto-lei seja uma fonte incompetente para regular as relações jurídicas surgidas com base em precedentes decretos não convertidos e que, em geral, uma disposição de um decreto-lei, a qual estabelece um termo dos seus efeitos, a partir da data da entrada em vigor do precedente decreto não convertido, possa suscitar sérias dúvidas sobre a correção da conduta do Governo à luz do art. 77 Cost. e 15l. 400/1988".[21]

Mais recentemente, por ocasião de questão incidental de legitimidade constitucional do art. 2º do *Decreto-legge* 238, de 21 de junho de 1995, que modificara o art. 8º do Código de Processo Civil italiano, suscitada pelo Pretor de Verona, a Corte Constitucional, rejeitando-a na *Sentenza* 84, de 21 de fevereiro de 1996, relatada pelo Juiz Renato Granata, expôs: "E esta Corte já afirmou, em geral (sentença n. 243 de 1985), que 'através da técnica da sanatória' 'o terceiro inciso do art. 77 da Constituição habilita o legislador a ditar uma regulamentação retroativa das relações, sem por outros limites a não ser aqueles representados pelo respeito das outras normas e princípios constitucionais'".[22] Prosseguindo, acentuou que o conteúdo da disposição não convertida, embora reproduzido em um ou mais decretos-lei sucessivos até a sua conversão em lei, fora atingido pela cláusula de salvaguarda, contida naquela, a qual tem a função de repristinar, segundo uma opção atribuída à avaliação discricionária do

20. "La disposizione in esame può essere intesa nel senso che essa vieti che la disciplina dei rapporti giuridici sorti sulla base di un decreto non convertito sia disposta con un altro decreto legge, ma in questo modo essa non fa altro che ribadire una norma già desumibile dalla disciplina complessiva predisposta dall'art. 77" (*La Legge di Conversione del Decreto-Legge*, Pádua, Cedam, 1989, p. 332). No mesmo sentido, consultar ainda: Paolo Biscaretti di Rufia (*Diritto Costituzionale*, 15ª ed., Nápoles, Jovene Editore, 1989, p. 569), Livio Paladin (*Diritto Costituzionale*, 3ª ed., Milão, Cedam, 1998, p. 198), Fausto Cuocolo (*Principi di Diritto Costituzionale*, Milão, Giuffrè Editore, 1996, p. 163), Giuseppe de Vergottini (*Diritto Costituzionale*, Pádua, Cedam, 1997, p. 209). Na doutrina francesa, merecedora de destaque Maryse Baudrez, professora da Universidade de Toulon, às voltas com a análise da figura do art. 77 da Constituição italiana ("Décrets-lois réitérés en Italie:...", cit., *Revue Française de Droit Constitutionnel* 32/751, 1997), torna manifesta a compulsoriedade do pensamento aqui exposto ao depois da *Sentenza* 84/1996 da Corte Constitucional.

21. "Non vi può esser dubbio che il decreto-legge sia una fonte incompetente a regolare i rapporti giuridici sorti in base a precedenti decreti non convertiti e che, in generale, una disposizione di un decreto-legge la quale stabilisca una decorrenza dei propri effetti a partire dalla data di entrata in vigore del precedente decreto non convertido possa suscitare seri dubbi circa la correttezza dell'operato del Governo alla luce dei citati art. 77 Cost. e 15 l. 400/1988" (*apud* Franco Modugno e Alfonso Celloto, "Rimedi all'abuso del decreto-legge", *Giurisprudenza Costituzionale*, ano XXXIX, n. 5, p. 3.242, set./out. 1994).

22. "E questa Corte già affermato, in generale (sentenza n. 243 del 1985), che 'traverso la tecnica della sanatoria' 'il terzo comma dell'art. 77 da Costituzione abilita il legislatore a dettare una regolamentazione retroattiva dei rapporti', senza porre 'altri limiti se non quelli rappresentati dal rispetto delle altre norme e principi costituzionali'" (disponível em <www.giurcost.org/decisioni>, acesso em 9.3.2001).

Parlamento, uma continuidade normativa, fazendo remontar no tempo a nova disciplina à originária disposição não convertida, com a consolidação dos efeitos desta. Restou elucidada, de maneira tácita, mas ao mesmo tempo suficientemente óbvia, que tal atribuição constitui exclusividade do Poder Legislativo, não se admitindo a interferência substitutiva do Governo.

Fazendo-se incidir tais ensinamentos ao modelo brasileiro, adaptados à pequena diferença introduzida pelo art. 62, parágrafo único, parte final, da Lei Máxima, tem-se, da mesma forma, a total impossibilidade de medida provisória disciplinar as relações jurídicas surgidas sob o efêmero império temporal de medida provisória não convertida em lei.

A razão para tanto não deveria dispensar maiores comentários, em virtude da clareza da dicção constitucional. O Constituinte de 1988 serviu-se, no dispositivo acima mencionado, do binômio Congresso Nacional, órgão que, na redação mais límpida impossível do art. 44, *caput*, da Constituição Federal, tem a seguinte configuração: "Art. 44. O Poder Legislativo é exercido pelo Congresso Nacional, que se compõe da Câmara dos Deputados e do Senado Federal". Daí se vê que a medida provisória, cuja competência para a sua edição pertence ao Presidente da República, é inteiramente inidônea para o fim sob discussão.

Visto isso, não se pode deixar de considerar que a grande maioria dos tribunais e juízes, apesar da não existência de previsão de eficácia vinculante das decisões do Supremo Tribunal Federal e do Superior Tribunal de Justiça, em matéria constitucional e legal, respectivamente, vem adotando, no desate dos litígios que lhe são submetidos, as orientações de ditas Cortes, a fim de evitar desagradáveis incoerências na aplicação do ordenamento jurídico, as quais, em algumas situações, têm sido capazes de gravemente maltratar o princípio da isonomia.

A despeito dessa postura, estou em que a observância dos precedentes, emanados das Cortes Superiores, pelos juízes e tribunais inferiores, não é tal que seja capaz de transformar estes na condição de meros autômatos na aplicação das orientações firmadas por aquelas. Absolutamente. Nos países, cuja cultura jurídica é fortemente marcada pela doutrina do precedente, assoma possível ao julgador distanciar-se, motivadamente, da orientação naquele assentada.

Invoque-se a consagrada opinião de Charles D. Cole, ao anotar que quando "o juiz de primeira instância se depara com a aplicação de um precedente anterior que tenha sido muito desgastado com o passar do tempo ou por outros casos precedenciais deixando claro que o precedente deveria ser revogado se o caso fosse submetido à Corte recursal própria, ele pode se recusar a seguir o precedente".[23] Corroborando esse entendimento, demasiado pertinente o ensinamento de João de Castro Mendes, no sentido de "que os precedentes e regras devem ser seguidos, a não ser que sejam abertamente absurdos ou injustos".[24]

Atento a tais pontos de vista, de inegável valia, demonstrando que a vinculação precedencial não é uma província estranha a exceções, manifesto-me pela razoabilidade da não observância da orientação firmada na ADIMC 2.251-DF, a qual, a despeito de promanada do sábio descortino da Excelsa Corte, investe, de maneira flagrante, não só em detrimento da letra, mas, sobretudo, do espírito do art. 62, parágrafo único, parte final, da Constituição vigente.

Não se diga que o assunto é de somenos importância. Pelo contrário, é capaz de assumir, nos casos concretos, grande inte-

23. "Precedente judicial — A experiência americana", *Revista de Processo*, a. 23, n. 92, out./dez. 1998, p. 80.

24. *Direito Comparado*, ed. rev. e atual., Lisboa, Associação Acadêmica da Faculdade de Direito Lisboa, 1982-1983, p. 207.

resse, no escopo do resguardo do postulado da segurança jurídica, principalmente quando se observa em nosso país forte tendência legislativa, centrada no uso da medida provisória como instrumento de restrição de direitos. Alguns exemplos, versados nas linhas abaixo, são bastante esclarecedores.

O art. 192, I e II, da Lei 8.112/1990, assegurava ao servidor que contasse com tempo para aposentar-se com proventos integrais o direito, na inatividade, à remuneração do padrão da classe imediatamente superior àquela em que se encontrava posicionado. Caso aquele já estivesse posicionado na última classe, faria *jus* à diferença entre a remuneração desta e da antecedente.

Em 11.10.1996, fora editada a Medida Provisória 1.522, revogando, às expressas, o art. 192 da Lei 8.112/1990. Ao depois de várias reedições, fora transformada na Lei 9.527/1997, que manteve a abrogação do citado dispositivo. À vista disso, indaga-se qual o termo *a quo* da alteração jurídica? Poderá ser considerada a data do início da cadeia das medidas provisórias, todas reiteradas no trintídio constitucional, o que recairia no dia 11.10.1996? Adotando-se a concepção acolhida na ADIMC 2.251-DF, a resposta inelutavelmente seria afirmativa.

Todavia, não se pode olvidar que a Lei 9.527/1997, ao converter em lei a extinção da aludida vantagem funcional, enunciara, no seu art. 16, apenas a convalidação dos efeitos produzidos pelas Medidas Provisórias 1.573-13, de 27.10.1997, e 1.595-14, de 10.11.1997. Quanto às medidas provisórias anteriores, o ato de convalidação teve sua origem em medida provisória posterior, como a hipótese vivenciada pela própria Medida Provisória 1.595-14, cujo art. 15 diz ficarem convalidados os atos praticados com base na Medida Provisória 1.573-13/1997.

Diferentemente, com a leitura do art. 62, parágrafo único, parte final, da CF — cuja finalidade outra não fora senão a de reservar ao Parlamento a missão de controlar a legislação governamental, a fim de que o desvirtuamento desta não afetasse o equilíbrio entre os poderes estatais —, somente pode ser reputada extinta a vantagem do art. 192 da Lei 8.112/1990 a contar de 27.10.1997 e não de 11.10.1996, porquanto aquele assinala o marco, a partir do qual a eficácia da longa cadeia de medidas provisórias não convertidas tivera a sua convalidação operada mediante atividade do Congresso Nacional, calcada no art. 16 da Lei 9.527/1997. Daquela data, então, é que, validamente, poderá operar seus efeitos a restrição estipendiária imposta aos funcionários públicos da Administração Federal direta, autárquica e fundacional.

De concluir, portanto, que os servidores públicos federais que tenham reunido os requisitos necessários à aposentação, por tempo de serviço, com proventos integrais, até 27.10.1997, poderão ser beneficiados pela vantagem do art. 192, I e II, da Lei 8.112/1990. Indevido será pensar, pelas razões expostas, que a extinção de tal benefício pudera ter início em 11.10.1996.

O mesmo sucedeu com a licença-prêmio por assiduidade, substituída pela licença para capacitação. Neste ponto, a agressão à segurança jurídica restou mais evidente, uma vez a Lei 9.527/1997, no seu art. 7º, ter resguardado o direito adquirido dos servidores à sua contagem até 15.10.1996, quando a extinção da vantagem, como já salientado linhas atrás, somente ocorrera em 27.10.1997, data da Medida Provisória 1.573-13, primeira a possuir os seus efeitos salvaguardados na forma do art. 62, parágrafo único, parte final, da Lei Magna. Idêntica sorte se estende à forma de pagamento de substituições, em face de mudança imposta ao art. 38 da Lei 8.112/1990. Não se pense que essa viciada praxe legislativa está circunscrita à limitação dos direitos funcionais, mas poderá, de igual maneira, ser verificada por ocasião das restrições de outros direitos subjetivos, efetuados pela via da medida provisória.

Disso tudo, assoma importante concluir que, tendo em vista a consentida reedição sem peias de medida provisória haver quase conduzido a uma absorção do poder de legislar pelo Presidente da República, com grave prejuízo à separação de poderes, torna-se necessário que tal prática degenerativa seja minimizada, a fim de que pelo menos reste incólume a segurança jurídica, cuja tutela não dispensa que a convalidação dos efeitos das anteriores medidas não convertidas seja efetuada de acordo com os precisos termos do art. 62, parágrafo único, parte final, da Constituição.

Como a nossa experiência em tema de legislação pelo Executivo é bastante recente, haja vista que os modelos constitucionais pretéritos foram desenvolvidos sob clima político de exceção, resta-nos esperar que a Suprema Corte não dê por encerrada a discussão do assunto com a ADIMC 2.251-DF, de sorte a que, no futuro, aquele possa ser reexaminado, com a prevalência das opiniões vencidas dos Ministros Marco Aurélio e Celso de Mello.[25]

25. De salientar que o uso abusivo de medidas provisórias foi passível de censura pelo Min. Celso de Mello, em despacho no RE 239.286 (*RDA* 219/323-329).

ANOTAÇÕES À TEORIA DAS NORMAS JURÍDICAS

VLADIMIR DA ROCHA FRANÇA

Mestre em Direito Público pela UFPE. Doutor em Direito Administrativo pela PUC/SP. Professor de Direito Administrativo da Universidade Potiguar. Advogado em Natal/RN

1. Introdução. 2. Conceito de norma jurídica. 3. Norma jurídica e sistema do direito positivo. 4. As regras jurídicas. 5. Os princípios jurídicos. 6. Considerações finais.

1. Introdução

Na teoria geral do direito, procura-se identificar e construir conceitos que possam ser utilizados indistintamente na compreensão dos fenômenos vinculados à criação e aplicação do direito que é posto ou reconhecido pelo Estado: o *direito positivo*.

É certo que a realidade não ingressa no plano do direito positivo em toda sua riqueza. Somente os eventos sociais ou naturais que servem de base para a identificação do *fato jurídico* devem ser levados em consideração pelo jurista no exame dos problemas que demandam soluções inspiradas no direito positivo.

Para se compreender o fenômeno do fato jurídico, faz-se necessário compreender a sua gênese. E, a gênese do fato jurídico é realizada pelo e no sistema do direito positivo.

Em outras palavras: *um fato somente tem relevância jurídica quando selecionado pelo sistema do direito positivo*. Tal seleção é realizada pelas unidades mínimas desse sistema de linguagem prescritiva: as *normas jurídicas*.

Nesse despretensioso e breve ensaio, tentaremos trazer algumas breves notas aos ensinamentos doutrinários que têm obtido grande influência dentre os cultores do direito público, em torno da norma jurídica.

2. Conceito de norma jurídica

As normas jurídicas são sentidos (proposições) construídos a partir dos textos (enunciados) do sistema do direito positivo, observada a realidade social.[1] As normas jurídicas não se confundem com o(s) texto(s) que a(s) veicula(m), sendo o produ-

1. Sobre o assunto, vide: Robert Alexy, *Teoría de los Derechos Fundamentales*, pp. 50-56; Humberto Ávila, *Teoria dos Princípios: da Definição à Aplicação dos Princípios Jurídicos*, pp. 22-23; Norberto Bobbio, *Teoria Generale del Diritto*, pp. 45-77; Paulo de Barros Carvalho, *Curso de Direito Tributário, passim*; Eros Roberto Grau, *Ensaio e Discurso sobre a Interpretação/Aplicação do Direito*, p. 56; Friedrich Müller, *Métodos de Trabalho do Direito Constitucional*, pp. 42-43; e Lourival Vilanova, *As Estruturas Lógicas e o Sistema do Direito Positivo*.

to da interpretação dos dispositivos (enunciados) do sistema do direito positivo. Embora os enunciados do direito positivo possam ser expressos ou implícitos, as normas jurídicas sempre estarão na implicitude dos textos do sistema do direito positivo.[2]

O enunciado é o produto da atividade psicofísica de enunciação. Como bem define Paulo de Barros Carvalho,[3] enunciado é: "(...) um conjunto de fonemas ou de grafemas que, obedecendo a regras gramaticais de determinado idioma, consubstancia a mensagem expedida pelo sujeito emissor para ser recebida pelo destinatário, no contexto da comunicação".

É importante distinguir proposição de enunciado. Este compreende o conjunto de palavras dotadas de sentido, enquanto que aquela, o próprio sentido.[4] Um único enunciado pode exprimir mais de uma proposição, como a proposição pode ser composta a partir de mais de um enunciado.[5]

Em rigor, todo e qualquer enunciado do sistema do direito positivo tem natureza prescritiva. Entretanto, somente se obtém a norma jurídica completa quando se alcança uma unidade integral de significação deôntica (dever-ser),[6] sendo necessário para tanto: (i) identificar os enunciados do direito positivo; (ii) aferir os sentidos desses enunciados; e, por fim, (iii) conjugá-los para se obter a norma jurídica completa.

A norma jurídica somente é obtida, ressalte-se, mediante interpretação.

Mediante a interpretação, é possível compreender signos lingüísticos. Há a atividade de atribuição de um significado específico a um signo lingüístico, fixando a conotação que expressa consoante as normas de sentido da linguagem no contexto do próprio signo.[7] Duas situações podem se apresentar:[8] (i) as palavras e as expressões de linguagem apresentam-se claras para o intérprete, com sentidos pacificados, configurando-se aí uma situação de isomorfia; ou, (ii) o sentido da palavra ou expressão não aparece claro ou inequívoco para o intérprete, criando-se nesse caso uma situação de dúvida a ser superada. Ambas as situações resultam da compreensão, da interpretação efetuada diante dos signos.

No sistema do direito positivo,[9] podem-se visualizar duas espécies de interpretação: (i) a interpretação doutrinária, realizada pela ciência do direito, que tem por finalidade a descrição do sistema do direito positivo; e, (ii) a interpretação autêntica, realizada por quem tem o poder de criar norma jurídica.

A interpretação autêntica não é exclusiva do órgão jurisdicional, embora caiba a ele dar a palavra final no que concerne à compreensão dos enunciados do sistema do direito positivo. A autoridade administrativa igualmente realiza a interpretação autêntica.[10] Se a interpretação autêntica é aquela que vincula terceiros,[11] os juizes de primeira instância não o seriam, uma vez que as suas decisões são passíveis de serem revisadas pelos tribunais. As decisões administrativas também não carecem de natureza vinculante para os cidadãos, enquanto servidores públicos. Como bem alerta Antônio Car-

2. Paulo de Barros Carvalho, *Curso...*, p. 10.

3. *Direito Tributário — Fundamentos Jurídicos da Incidência*, pp. 19-20. Cf. Nicola Abbagnano, *Dicionário de Filosofia*, p. 337.

4. Paulo de Barros Carvalho, *Curso...*, p. 19.

5. Idem, *Direito Tributário — Fundamentos Jurídicos da Incidência*, p. 115.

6. Em outros termos, permitir ao destinatário das prescrições do direito positivo discernir qual o comportamento devido e, de certo modo, a razão do mandamento. Cf. Paulo de Barros Carvalho, *Direito...*, pp. 57-90.

7. Eros Roberto Grau, *Ensaio...*, p. 61.

8. Cf. Eros Roberto Grau, *Ensaio...*, pp. 62-63.

9. Cf. Eros Roberto Grau, *Ensaio...*, pp. 78-79; e Hans Kelsen, *Teoria Pura do Direito*, pp. 363-371.

10. Cf. Antônio Carlos Cintra do Amaral, "Validade e invalidade do ato administrativo", *Comentando as Licitações Públicas*, pp. 17-21.

11. Cf. Eros Roberto Grau, *Ensaio...*, p. 77.

los Cintra Amaral: "Transitada em julgado, porém, a decisão judicial passa a ser o Direito para o caso concreto. A questão de saber se, nesse caso, o juiz, ou o tribunal, ultrapassou a 'moldura' legal é juridicamente irrelevante. *Toda decisão judicial transitada em julgado é legal.* Nesse sentido é que se pode falar em *interpretação autêntica*, do juiz, tal como faz Kelsen. *Não como a única, mas aquela que termina por prevalecer sobre as demais*".[12]

A interpretação autêntica pressupõe a aplicação.[13] Diante de um caso concreto ou hipotético, o intérprete autêntico procura compreender os enunciados do direito positivo e os fatos sociais, para construir a norma jurídica que deve servir de supedâneo para a expedição de outra norma jurídica.

Logo, o texto normativo representa apenas o ponto de partida para o processo de concretização do sistema do direito positivo. Fazendo-se uma analogia com os brinquedos educativos, temos uma caixa (o texto normativo) que contêm as peças (os enunciados normativos) que devem ser empregadas para a construção da coisa (a norma jurídica) intuída pela criança (o intérprete). Todavia, o formato das peças pode impedir que a criança monte algumas estruturas, por mais que o seu eventual capricho imponha o contrário. Mas de qualquer modo, a realidade que circunda a criança influenciará seu lazer com esse jogo de peças.

A interpretação é imprescindível para a produção de norma jurídica. O intérprete autêntico depara-se com o enunciado normativo e expressa o seu sentido de um novo modo, para que ele possa servir de base para a resolução de um caso real ou hipotético. O intérprete doutrinário, por sua vez, realiza operação similar com o intuito de descrever as normas que compõem o sistema do direito positivo. Somente a intervenção do intérprete dará completude ao texto normativo, pois ele precisa da reprodução de seu sentido para ser compreendido por outro intérprete.[14]

Uma coisa é o sentido imprimido por quem expediu o texto normativo; outra, o sentido expresso pela norma jurídica. O texto normativo é a norma potencial, que exprime apenas possibilidades de interpretação; a norma jurídica, por sua vez, é fruto da interpretação conjugada do complexo dos enunciados normativos com a realidade social.[15] Portanto, a norma jurídica não é produto do nada, preexistindo potencial e parcialmente no invólucro do texto normativo.[16] E, quando se produz um texto normativo, parece-nos correto afirmar que também se produz norma jurídica, *mas em potência*, já que a prescrição somente será integral e efetiva após a interpretação. Portanto, *apenas parcela da norma jurídica preexiste à interpretação*.[17]

12. Ob. cit., p. 19.

13. Tércio Sampaio Ferraz Júnior, *Introdução ao Estudo do Direito*, p. 315.

14. Cf. Eros Roberto Grau, *Ensaio...*, pp. 61-71. Pode-se sintetizar, nesse ponto, a seguinte diferença entre a interpretação autêntica e a interpretação doutrinária: enquanto o intérprete autêntico (re)produz a norma jurídica com a finalidade de produzir outra norma jurídica, o intérprete doutrinário (re)produz a norma jurídica com o escopo de apreender as possibilidades de sua aplicação. Assevera José Gláucio Veiga ("Lógica da argumentação", *Anuário do Mestrado em Direito* 5/50): "O Direito é orquestra de vários instrumentos prontos a interpretar variada pauta de notação musical. Aplicar ao Direito a lógica dedutiva, exclusiva ou preponderantemente, é interpretar a pauta musical com um único instrumento. O Direito é polifônico".

15. Cf. Eros Roberto Grau, *Ensaio...*, pp. 71-73; e Miguel Reale, *Lições Preliminares de Direito*, p. 95.

16. Cf. Eros Roberto Grau, *Ensaio...*, pp. 73-74.

17. Para Antônio Carlos Cintra do Amaral (2002: 11) a norma se encontra inteiramente implícita ao texto legal, cabendo ao intérprete encontrar o seu sentido, dentro das opções que forem razoáveis, mediante a conjugação do texto com o ordenamento jurídico e a finalidade tutelada pela norma. Isso não nos parece preciso, com a devida

Por conseguinte, o texto normativo é insuficiente para a produção da norma jurídica. É preciso que o intérprete confronte o revelado do enunciado normativo com a realidade social que ele demarca, para que possa determinar com efetividade a disciplina jurídica que deve ser observada nos casos hipotéticos ou concretos com que se depara.[18]

Uma vez que não existe uma forma padrão para o revestimento lingüístico dos enunciados do direito positivo, faz-se necessário o emprego da formalização, ou seja, da busca das estruturas lógicas que as sustentam, para surpreender a norma jurídica em sentido estrito, a norma jurídica completa.[19]

Assim, num sentido amplo, toda e qualquer proposição estruturada de modo hipotético-condicional é uma norma jurídica em sentido estrito. Na norma jurídica, há: (i) um *descritor* ou *antecedente normativo*, no qual se descreve um evento da realidade ou a referência a um valor; e (ii) um *prescritor* ou *conseqüente normativo*, onde se qualifica uma conduta como obrigatória, proibida ou permitida diante da ocorrência do relato do evento descrito ou do valor referido no antecedente normativo.

No sistema do direito positivo, existem duas espécies de normas jurídicas em sentido estrito: (i) as *regras jurídicas*; e (ii) os *princípios jurídicos*.

3. Norma jurídica e sistema do direito positivo

A existência da norma jurídica decorre do fundamento de existência do sistema do direito positivo. Como bem leciona Hans Kelsen: "Todas as normas cuja validade pode ser reconduzida a uma e mesma norma fundamental formam um sistema de normas, uma ordem normativa. A norma fundamental é a fonte comum da validade de todas as normas pertencentes a uma e mesma ordem normativa, o seu fundamento de validade comum. O fato de um norma pertencer a uma determinada ordem normativa baseia-se em que o seu último fundamento de validade é a norma fundamental desta ordem. É a norma fundamental que constitui a unidade de uma pluralidade de normas enquanto representa o fundamento da validade de todas as normas pertencentes a essa ordem normativa".[20]

O sistema do direito positivo institui necessariamente os órgãos, usualmente o procedimento, e eventualmente o conteúdo para a produção das normas jurídicas. Na lição de Hans Kelsen,[21] o sistema do direito positivo é, ao mesmo tempo: (i) estático, por compreender um conjunto de normas jurídicas; e, (ii) dinâmico, ao se referir à conduta humana regulada, ao instituir o seu próprio processo de produção e aplicação de seus elementos, as normas jurídicas. É justamente essa aptidão do sistema do

vênia, *pois o texto normativo é insuficiente para se definir a norma jurídica aplicável ao caso concreto*

18. Cf. Eros Roberto Grau, *Ensaio...*, p. 75. Na estrutura proposta por Friedrich Müller (ob. cit., pp. 56-61), e corroborada por Paulo Lopo Saraiva (*Direito, Política e Justiça na Contemporaneidade*, pp. 9-10), a norma seria composta pelo "programa normativo" (o que aqui se denomina norma jurídica) e pelo âmbito normativo (dados da realidade delimitados pelo "programa normativo"), edificada a partir do texto da norma. Todavia, como bem aponta Robert Alexy (ob. cit., pp. 73-80), deve se diferenciar a norma do que lhe serve de argumento para a sua expedição. Sobre a matéria, vide João Maurício Adeodato, "A 'concretização constitucional' de Friedrich Müller", *Revista da Escola Superior da Magistratura do Estado de Pernambuco* 2/3.

19. Cf. Eurico Marcos Diniz De Santi, *Lançamento Tributário*, pp. 33-34; e Lourival Vilanova, *As Estruturas...*, p. 95.

20. *Teoria Pura...*, p. 207. Recorde-se que para o jusfilósofo austríaco, a validade é sinônimo de existência.

21. Ibid., pp. 77-78.

direito positivo que mantém a sua identidade perante os demais sistemas sociais.[22]

Hans Kelsen vê, numa "norma fundamental", o fundamento de existência do sistema do direito positivo. Não integra a norma fundamental o sistema do direito positivo: ela permite o conhecimento do sistema do direito positivo ao pressupor a existência do próprio sistema do direito positivo. A norma fundamental não é uma constatação feita pela ciência jurídica ao investigar e descrever seu objeto, mas sim um recurso metodológico para delinear o seu foco de preocupações.[23]

A norma fundamental não possui qualquer conteúdo. O sistema do direito positivo não consiste, exclusivamente, num sistema estático de normas, onde a norma fundamental pressuposta oferece tanto a existência, como o conteúdo dos elementos que integram essa espécie de ordem normativa (mediante mera dedução lógica).[24]

Mas ao contrário do que defende Hans Kelsen,[25] o sistema do direito positivo não pode assumir qualquer conteúdo. É preciso que o sistema do direito positivo seja coerente com o modelo de direito preconizado pela sociedade.[26] Caso contrário, o ordenamento jurídico perde efetividade e passa a ser rejeitado globalmente por aqueles cuja conduta pretendeu regular.[27]

Assim, a norma fundamental estabelece o evento produtor da Constituição, demarcando o início de todo o processo de criação e concretização do sistema do direito positivo. A partir da Constituição, o ordenamento jurídico torna-se dinâmico — ao estabelecer como deve ser criado e aplicado — e estático — ao vedar ou estabelecer conteúdos para as normas jurídicas criadas ou aplicadas. Como bem leciona Hans Kelsen: "O princípio estático e o princípio dinâmico estão reunidos numa e na mesma norma quando a norma fundamental pressuposta se limita, segundo o princípio dinâmico, a conferir poder a uma autoridade legisladora e esta mesma autoridade ou uma outra por ela instituída não só estabelecem normas pelas quais delegam outras atividades legisladoras, mas também normas pelas quais se prescreve uma determinada conduta dos sujeitos subordinados às normas e das quais — como o particular do geral — podem ser deduzidas normas através de uma operação lógica".[28]

Não cabe, nesse limitado estudo, discutir a complexa questão da legitimidade do sistema do direito positivo. Mas para compreendê-lo, não há alternativa senão presumi-la. E, para tanto, a teoria preconizada por Hans Kelsen mantém-se atual.

4. As regras jurídicas

As *regras jurídicas* são normas que qualificam os comportamentos como obrigatórios, proibidos ou permitidos diante da ocorrência de eventos hipotéticos ou con-

22. Cf. Marcelo Neves, *A Constitucionalização Simbólica*.

23. Cf. Paulo de Barros Carvalho, *Curso...*, pp. 133-136; Hans Kelsen, *Teoria Pura...*, pp. 210-219; e Lourival Vilanova, *As Estruturas...*, pp. 166-167.

24. Hans Kelsen, *Teoria Pura...*, pp. 207-208.

25. *Teoria Pura...*, pp. 208-212.

26. Cf. Vladimir da Rocha França, *Invalidação Judicial da Discricionariedade Administrativa no Regime Jurídico-Administrativo*, p. 40; e Eros Roberto Grau, *O Direito Posto e o Direito Pressuposto*.

27. Mas isso não significa a defesa de uma "justiça universal" ou da existência de "direitos naturais eternos e absolutos": "Quando o oprimido não pode em parte alguma achar proteção, quando o peso se lhe torna insuportável então ele ergue-se corajoso até o céu, donde faz descerem os eternos direitos, que lá pendem inalienáveis e inquebrantáveis, como as estrelas mesmas" (trecho de *Guilherme Tell*, *apud* Tobias Barreto, *Estudos de Direito*, p. 97). Cf. Lourival Vilanova, "Fundamentos de Direito", *Revista de Direito Público* 43-44; e idem, "Política e direito — Relação normativa", *Revista da Faculdade de Direito*, v. XXXIV.

28. *Teoria Pura...*, pp. 209-210.

cretos nelas descritos.[29] São normas jurídicas que demandam a avaliação da correspondência entre a construção conceitual dos eventos e a construção conceitual do descritor, bem como entre elas e a finalidade que serve de supedâneo para a regra.[30] Têm igualmente a pretensão de oferecer todos os aspectos relevantes para tornar possível uma solução específica para o caso concreto.[31]

As regras podem ser gerais ou individuais.[32]

A regra geral é aquela que descreve um evento de possível ocorrência na realidade, cuja eclosão (e relato) determina a submissão de todos os sujeitos de direito nela envolvidos ao determinado em seu prescritor. No prescritor a regra geral se limita a indicar os critérios que devem estar presentes nos aspectos intrínsecos ao vínculo relacional (os sujeitos ativo e passivo, a prestação e o objeto da prestação) que deve ser instaurado diante da configuração do contido em seu descritor.

Já nas regras individuais, há a descrição de um evento já ocorrido na realidade social, e a prescrição de uma relação jurídica onde há a especificação da prestação e respectivo objeto, bem como de pelo menos um de seus termos (os sujeitos de direito), consoante a subsunção dos elementos pessoais do caso concreto ao estabelecido pela regra geral.[33] Em alguns casos, as regras individuais podem se apresentar categóricas, ou seja, desprovidas de descritor.[34]

Note-se que estamos associando a abstração à generalidade, e a concreção à individualidade. Como bem leciona Celso Antônio Bandeira de Mello,[35] a existência de uma situação abstratamente tipificada pressupõe que novos sujeitos poderão sofrer a incidência da regra que a previu, toda vez que esse evento se reproduzir na realidade. Acresça-se que uma relação jurídica pressupõe a sua imputação a um fato concreto. Admitir uma regra que prescreva uma relação jurídica sem indicar individualmente todos os seus elementos constitutivos diante da descrição de um evento já consolidado no espaço e no tempo é reconhecer a possibilidade de existência de fato jurídico sem correspondente efeito jurídico.[36]

As regras gerais, por sua vez, podem ser: (i) primárias; ou (ii) secundárias.

As regras primárias subdividem-se em dispositivas e sancionadoras: (i) na regra primária dispositiva, a hipótese compreende a descrição abstrata de um ou mais eventos de possível ocorrência na realidade, cuja constatação implica a eclosão de uma relação jurídica[37] ou de uma situação jurídica,[38]

29. Cf. Humberto Ávila, ob. cit., pp. 63-65; e Eros Roberto Grau, *Ensaio...*, p. 143.

30. Cf. Humberto Ávila, ob. cit., pp. 65-68.

31. Cf. Humberto Ávila, ob. cit., pp. 68-69.

32. Cf. Hans Kelsen, *Teoria Geral do Direito e do Estado*, pp. 42-43.

33. Para que se configure uma relação jurídica, basta que um dos sujeitos da relação esteja determinado, e que tal vínculo resulte de um fato jurídico (cf. Lourival Vilanova, *Causalidade e Relação no Direito*, pp. 137 e 164-165). Não é absurda a hipótese da existência de deveres jurídicos ou direitos subjetivos sem titulares determinados, como acontece, respectivamente, nos direitos subjetivos reais e nas situações que envolvem interesses difusos.

34. Cf. Hans Kelsen, *Teoria Geral...*, p. 43.

35. *O Conteúdo Jurídico do Princípio da Igualdade*, p. 27.

36. Sobre a admissibilidade da existência de regras "abstratas e individuais" e "concretas e gerais", vide: Celso Antônio Bandeira de Mello, *O Conteúdo...*, pp. 26-28; e Paulo de Barros Carvalho, *Direito...*, pp. 33-35.

37. Na regra geral, a relação jurídica tem os seus elementos indicados de modo abstrato. Numa acepção ampla, todo e qualquer efeito determinado pelo sistema do direito positivo é uma relação jurídica. Contudo, somente haverá a relação jurídica em sentido estrito quando se identificar um vínculo entre pelo menos dois sujeitos de direito, que envolve uma conduta tipificada como obrigatória, proibida ou permitida. Cf. Lourival Vilanova, *Causalidade...*, pp. 114-122.

38. Situação jurídica é qualquer atributo conferido a eventos, pessoas ou coisas. São as rela-

(ii) já na regra primária sancionadora, há a descrição hipotética da inobservância[39] do dever prescrito numa regra primária dispositiva, que ensejará a restrição a um bem jurídico ou a retirada de uma regra ou ato jurídico do sistema do direito positivo.

Na regra secundária, confere-se ao sujeito de direito o poder de pedir a tutela jurisdicional caso haja controvérsia em torno da observância dos deveres prescritos nas regras primárias dispositivas, ou mesmo para viabilizar a execução da sanção prevista em regra primária sancionadora.[40] Em alguns casos, a regra secundária pode conferir ao titular do direito sonegado o poder de executar diretamente a sanção.[41]

Tanto a previsão da sanção como do meio para executá-la são imprescindíveis à disciplina jurídica da conduta, malgrado seja correta a afirmação de que a regra jurídica não necessita da penalidade para ser identificada como elemento do sistema do direito positivo.[42] Ou seja: uma conduta específica somente é obrigatória, proibida ou permitida se houver uma sanção aplicável que garanta tal atributo, mas isso não significa afirmar que a regra jurídica primária deixa de pertencer ao ordenamento jurídico caso não esteja associada a uma regra secundária.

As regras individuais são o fruto da aplicação das regras gerais. Aquelas regras podem corresponder às regras primárias ou às regras secundárias, segundo o caráter lícito ou ilícito do relatado no antecedente normativo. Enfim, correspondem à concretização das regras jurídicas gerais.

5. Os princípios jurídicos

O *princípio jurídico* é uma norma jurídica que estabelece as diretrizes que devem ser alcançadas com a concretização do sistema do direito positivo. Instituem o dever jurídico de realizar os comportamentos necessários para a preservação ou realização de um estado ideal de coisas.[43] Esse estado ideal de coisas é composto de uma finalidade, de um valor, ou seja, de uma preferência intersubjetivamente compartilhada.[44] Assim o define Celso Antônio Bandeira de Mello: "Princípio — já averbamos alhures — é, por definição, mandamento nuclear de um sistema, verdadeiro alicerce dele, disposição fundamental que se irradia sobre diferentes normas compondo-lhes o espírito e servindo de critério para sua exata compreensão e inteligência exatamente por definir a lógica e a racionalidade do sistema normativo, no que lhe confere a tônica e lhe dá sentido harmônico. É o conhecimento dos princípios que preside a intelecção das di-

ções jurídicas em sentido amplo. Reservamos a expressão "relação jurídica" para designar apenas as relações jurídicas em sentido estrito.

39. Entende-se por observância o efetivo cumprimento do dever determinado pela regra primária dispositiva. Não se confunde com o uso, que constitui o emprego dos enunciados do direito positivo na aplicação da norma jurídica. Cf. Marcelo Neves, ob. cit., pp. 43-45.

40. A execução encontra-se relacionada com a coação: é a imposição material de restrição a um bem jurídico ou da invalidação de regra jurídica. Trata-se de uma atividade relacionada às funções administrativa e jurisdicional do Estado.

41. Como acontece nas sanções administrativas disciplinares, por exemplo.

42. Nesse sentido, vide: Norberto Bobbio, ob. cit., pp. 134-137; Marcelo Neves, ob. cit., pp. 43-45; Hans Kelsen, *Teoria Pura...*, pp. 128-129; idem, *Teoria Geral...*, pp. 65-68; Lourival Vilanova, "Norma jurídica — Proposição jurídica (significação semiótica)", *Revista de Direito Público* 61/16; e idem, *As Estruturas...*, pp. 123-127.

43. Sobre o assunto, vide: Humberto Ávila, ob. cit., pp. 63-65; Ivo Dantas, *Princípios Constitucionais e Interpretação Constitucional*, pp. 47-77; Vladimir da Rocha França, "Questões sobre a hierarquia entre as normas constitucionais na Constituição de 1988", *Revista da Escola Superior da Magistratura do Estado de Pernambuco* 4/477-478, v. 2; e Eros Roberto Grau, *Ensaio...*, pp. 143-144; Cármen Lúcia Antunes Rocha, ob. cit., pp. 19-66.

44. Cf. Eros Roberto Grau, *Ensaio...*, pp. 78-79.

ferentes partes componentes do todo unitário que há por nome sistema jurídico positivo".[45]

Na interpretação do princípio jurídico, há o escopo de se avaliar a correlação entre o valor qualificado por essa norma e os efeitos sociais da conduta a ser adotada para a tutela ou materialização desse estado de coisas.[46] Acresça-se, que os princípios jurídicos não oferecem todos os elementos indispensáveis para a resolução do caso concreto, embora determine aspectos pertinentes a uma decisão.[47]

Para assegurar a efetividade do princípio jurídico, o sistema do direito positivo estabelece laços entre essa norma jurídica e regras jurídicas (primárias sancionadoras e secundárias).[48] De qualquer modo, os princípios jurídicos demandam a aplicação das regras jurídicas para se viabilizar a sua concretização.

Os princípios jurídicos devem ser construídos, tal como as regras jurídicas, a partir dos enunciados normativos. É possível que haja um enunciado normativo que faça referência expressa ao princípio jurídico,[49] mas em considerável número de casos, o princípio jurídico é resultado da análise de um ou mais enunciados normativos.[50]

É certa a afirmação de que o sistema do direito positivo é operacionalmente fechado — uma vez que a sua dinâmica é determinada pelo mesmo — mas goza de abertura cognitiva.[51] O sistema do direito positivo não é impermeável às expectativas normativas que eclodem na sociedade, nem aos valores que esta cultiva e preconiza. Mas o ingresso dessas expectativas e desses valores demanda o respeito à dinâmica imposta pelo ordenamento jurídico.

No caso dos princípios jurídicos, a sua positivação ocorre por via da Constituição.[52] É a Constituição que determina os valores fundamentais que deverão orientar a dinâmica do sistema do direito positivo. É ela que determina a absorção *do que seja compatível* com os valores constitucionais.

As normas jurídicas que positivam esses fundamentos e diretrizes constitucionais são, justamente, os princípios jurídicos que são veiculados pela Constituição. Uma coisa é o valor ou diretriz, outra é a norma que impõe esse valor ou diretriz.[53]

Dentre os princípios jurídicos, há os *postulados normativos*. Os postulados normativos são preceitos que estruturam a aplicação do sistema do direito positivo.[54] São, na verdade, normas cujo escopo é orientar a aplicação das regras e demais princípios jurídicos, determinando os vínculos que devem ser desenvolvidos entre os elementos considerados relevantes para a decisão no caso concreto ou hipotético. Os preceitos que regem a hermenêutica jurídica, bem como a proporcionalidade, são bons exemplos de postulados normativos.

Segundo Humberto Ávila[55] o postulado normativo não impõe a promoção de um estado de coisas, mas sim modos de raciocínio e de argumentação que devem ser observados na aplicação dos princípios e regras

45. *Curso de Direito Administrativo*, pp. 771-772.

46. Cf. Humberto Ávila, ob. cit., pp. 65-68.

47. Cf. Humberto Ávila, ob. cit., pp. 68-69.

48. Os exemplos da improbidade administrativa e da ação civil pública confirmam essa assertiva.

49. Vide art. 37, *caput*, da Constituição Federal.

50. Como o princípio da motivação dos atos administrativos, até o advento da Lei Federal 9.784/1999.

51. Cf. Celso Fernandes Campilongo, "O governo representativo *versus* o governo de juízes: a *autopoiese* dos sistemas político e jurídico", *O Direito da Sociedade Complexa*.

52. Cf. Celso Ribeiro Bastos, *Hermenêutica e Interpretação Constitucional*, pp. 144-145; e Paulo Bonavides, *Curso de Direito Constitucional*, p. 264.

53. Cf. Paulo de Barros Carvalho, *Curso...*, p. 142; Vladimir da Rocha França, "Questões...", p. 478; e Eros Roberto Grau, *Ensaio...*, pp. 78-79.

54. Cf. Humberto Ávila, ob. cit., pp. 77-117.

55. Ob. cit., p. 81.

jurídicas. O que impediria a sua classificação dentre os princípios jurídicos.

Entretanto, parece-nos que os postulados normativos determinam sim um estado de coisas: *a racionalidade e a coerência na dinâmica do ordenamento jurídico*. O que não deixa de estar associado a uma finalidade onipresente em todo e qualquer sistema de direito positivo: *a segurança jurídica*.[56]

6. Considerações finais

Como vimos, a atividade dos operadores do direito positivo tem como ponto de partida os enunciados dos textos normativos, e caminha entre os valores e eventos sociais, com o escopo de oferecer ou impor uma decisão para uma sociedade cada vez mais complexa e exigente.

É inegável que, na práxis jurídica, não raras vezes opta-se (ou sugere-se) por uma solução para o caso concreto, independentemente de qualquer consideração aos princípios e regras do sistema do direito positivo. Todavia, ainda nessa hipótese, o ordenamento jurídico demanda do agente que o mesmo trace — mediante as *normas jurídicas* — as linhas que justificam a legitimidade da decisão, diante da realidade social e dos valores que galgaram a tutela estatal.

Pode-se até afirmar que o direito não se reduz à norma jurídica. Mas sem norma jurídica, não há qualquer direito.

56. A segurança jurídica abrange tanto a certeza do direito como o primado da justiça: "Se a justiça é essencial para a sociedade, apesar de contingente e instável, é preciso que o corpo social tenha certeza quanto ao padrão de justo a ser aplicado na regulação da conduta intersubjetiva. Não é qualquer justiça a tutelada e concretizada pelo Direito Positivo. *A segurança jurídica abrange apenas a concepção de justo positivada pelas normas jurídicas e, manifesta-se naquelas que são as mais importantes para o ordenamento jurídico: os princípios jurídicos.* (...)" (Vladimir da Rocha França, "Invalidação administrativa na Lei Federal 9.784/1999", *Revista de Direito Administrativo* 225/232).

Referências bibliográficas

ABBAGNANO, Nicola. *Dicionário de Filosofia*. Trad. Alfredo Bosi *et al*. São Paulo, Martins Fontes, 2000.

ADEODATO, João Maurício. "A 'concretização constitucional' de Friedrich Müller", *Revista da Escola Superior da Magistratura do Estado de Pernambuco* 3/223-232, Recife, ESMAPE, v. 2, jan./mar. 1997.

ALEXY, Robert. *Teoría de los Derechos Fundamentales*. Madri, Centro de Estudios Políticos y Constitucionales, 2001.

ÁVILA, Humberto. *Teoria dos Princípios: da Definição à Aplicação dos Princípios Jurídicos*. São Paulo, Malheiros Editores, 2003.

AMARAL, Antônio Carlos Cintra do. "Validade e invalidade do ato administrativo", *Comentando as Licitações Públicas*. Rio de Janeiro, Temas & Idéias Editora, 2002, pp. 17-34.

BANDEIRA DE MELLO, Celso Antônio. *O Conteúdo Jurídico do Princípio da Igualdade*. 3ª ed., São Paulo, Malheiros Editores, 1993.

______. *Curso de Direito Administrativo*. 13ª ed., São Paulo, Malheiros Editores, 2001.

BARRETO, Tobias. *Estudos de Direito*. Campinas, Bookseller, 2000.

BASTOS, Celso Ribeiro. *Hermenêutica e Interpretação Constitucional*. São Paulo, Celso Bastos Editor, 1997.

BOBBIO, Norberto. *Teoria Generale del Diritto*. Turim, G. Giappichelli Editore, 1993.

BONAVIDES, Paulo. *Curso de Direito Constitucional*. 12ª ed., São Paulo, Malheiros Editores, 2002.

CAMPILONGO, Celso Fernandes. "O governo representativo *versus* o governo dos juízes: a *autopoiese* dos sistemas político e jurídico", *O Direito na Sociedade Complexa*. São Paulo, Max Limonad, 2000, pp. 79-88.

CARVALHO, Paulo de Barros. *Direito Tributário — Fundamentos Jurídicos da Incidência*. 2ª ed., São Paulo, Saraiva, 1999.

______. *Curso de Direito Tributário*. 13ª ed., São Paulo, Saraiva, 2000.

DANTAS, Ivo. *Princípios Constitucionais e Interpretação Constitucional*. Rio de Janeiro, Lumen Juris, 1995.

DE SANTI, Eurico Marcos Diniz. *Lançamento Tributário*. São Paulo, Max Limonad, 1996.

FERRAZ JÚNIOR, Tércio Sampaio. *Introdução ao Estudo do Direito*. 2ª ed., São Paulo, Atlas, 1994.

FRANÇA, Vladimir da Rocha. *Invalidação Judicial da Discricionariedade Administrativa no*

Regime Jurídico-Administrativo Brasileiro. Rio de Janeiro, Forense, 2000.

______. "Questões sobre a hierarquia entre as normas constitucionais na Constituição de 1988", *Revista da Escola Superior da Magistratura do Estado de Pernambuco* 4/467-495, Recife, ESMAPE, v. 2, abr./jun. 1997.

______. "Invalidação administrativa na Lei Federal 9.784/1999", *Revista de Direito Administrativo* 225/221-248, Rio de Janeiro, Renovar, jul./set. 2001.

GRAU, Eros Roberto. *O Direito Posto e o Direito Pressuposto*. São Paulo, Malheiros Editores, 1996.

______. *Ensaio e Discurso sobre a Interpretação/Aplicação do Direito*. São Paulo, Malheiros Editores, 2002.

KELSEN, Hans. *Teoria Pura do Direito*. 3ª ed. Trad. João Baptista Machado, São Paulo, Martins Fontes, 1991.

______. *Teoria Geral do Direito e do Estado*. Trad. Luís Carlos Borges, São Paulo, Martins Fontes, 1992.

MAXIMILIANO, Carlos. *Hermenêutica e Aplicação do Direito*. 14ª ed., Rio de Janeiro, Forense, 1994.

MÜLLER, Friedrich. *Métodos de Trabalho do Direito Constitucional*. 2ª ed. Trad. Peter Naumann, São Paulo, Max Limonad, 2000.

NEVES, Marcelo. *A Constitucionalização Simbólica*. São Paulo, Acadêmica, 1994.

REALE, Miguel. *Lições Preliminares de Direito*. 17ª ed., São Paulo, Saraiva, 1990.

ROCHA, Cármen Lúcia Antunes. *Princípios Constitucionais da Administração Pública*. Belo Horizonte, Del Rey, 1994.

SARAIVA, Paulo Lopo. *Direito, Política e Justiça na Contemporaneidade*. Campinas, Edicamp, 2002.

VEIGA, José Gláucio. "Lógica da argumentação", *Anuário do Mestrado em Direito* 5/50-54, Recife, Universidade Federal de Pernambuco, 1992.

VILANOVA, Lourival. *As Estruturas Lógicas e o Sistema do Direito Positivo*. São Paulo, Max Limonad, 1997.

______. *Causalidade e Relação no Direito*. São Paulo, Saraiva, 2000.

______. "Fundamentos do Estado de Direito", *Revista de Direito Público* 43-44/21-31, São Paulo, Ed. RT, ano X, jul./set. 1977.

______. "Norma jurídica — Proposição jurídica (significação semiótica)", *Revista de Direito Público* 61/12-26, São Paulo, Ed. RT, ano XV, 1982.

______. "Política e direito — Relação normativa", *Revista da Faculdade de Direito* XXXIV/53-62, Lisboa, 1993.

PARECERES

UNICAMP-UNIVERSIDADE ESTADUAL DE CAMPINAS — PROFESSORES UNIVERSITÁRIOS — CONTRATO POR PRAZO DETERMINADO — AUSÊNCIA DE CONCURSO PÚBLICO - REGIME ESTATUTÁRIO E SISTEMA PREVIDENCIÁRIO

EROS ROBERTO GRAU

Professor Titular da Faculdade de Direito da USP.
Professor Visitante da Faculdade de Direito da Universidade de Montpellier I (França) (1995-1998)

A ADUNICAMP encaminhou-me a seguinte

"*Consulta*

"O Corpo Docente da Universidade Estadual de Campinas — UNICAMP compreende, além dos professores integrados na carreira docente, dois grupos de professores, que se refere como Parte Especial-PE e Parte Suplementar-PS.

"A Parte Especial-PE é composta exclusivamente de funções autárquicas exercidas por tempo determinado, na qual há

"(i) admissão sem processo seletivo para os níveis e denominações previstas nos artigos do Estatuto: 90 e 93, combinados com o 105 (há artigos correspondentes nos outros diplomas: Regimento Geral, arts. 157, 160 e 174; além do Esunicamp); e

"(ii) admissão com processo seletivo para os níveis e denominações previstas nas regras citadas acima.

"A Parte Suplementar-PS é composta exclusivamente de funções autárquicas de natureza permanente (parte em extinção: art. 172 do Estatuto), na qual há

"(iii) admissão sem processo seletivo para os níveis e denominações previstas nos artigos do Estatuto: 90, inciso I e 93 (há artigos correspondentes nos outros diplomas);

"(iv) admissão com processo seletivo para os níveis e denominações previstas nas regras citadas.

"Todos os professores sob esses casos sempre contribuíram para o IPESP, nos termos do art. 158 do Esunicamp.

"O Governador do Estado de São Paulo encaminhou ao Poder Legislativo projeto de lei destinado a criar um novo sistema previdenciário para o funcionalismo do Estado, absolutamente nenhuma regra dispondo, esse projeto, à respeito da aposentadoria desses professores, integrados tanto na Parte Especial-PE quanto na Parte Suplementar-PS.

"Indaga-se:

"*1.* Qual o regime previdenciário que se aplica a esses professores? Incide a regra do art. 40, § 13, da CF? Com a aprovação do Projeto de Lei Complementar 11/1999, que cria o sistema único de previdência para os servidores no Estado de São Paulo, os docentes dos casos têm garantido sua inclusão do regime básico?

"*2.* Qual a validade e quais os efeitos da admissão de docentes mediante contrato nos termos do Estatuto? Qual a validade da renovação sucessiva desses contratos? Continua caracterizado a temporalidade do contrato?

"*3.* Qual o âmbito de auto-regulação da Universidade, nos termos da autonomia universitária, para prever formas de contratação por tempo determinado? Qual a validade das atuais regras do Estatuto sobre contratação?"

Parecer

1. Diz o art. 175 do Regimento Geral da UNICAMP que "O QD-UNICAMP é composto de Parte Permanente-PP, Parte Suplementar em Extinção-PS e Parte Especial-PE".

Paralelamente, dispõe o art. 90 do Estatuto da UNICAMP:

> Art. 90. A Universidade poderá admitir, mediante proposta dos Departamentos aos correspondentes Conselhos Interdepartamentais:
>
> I — professores e outros intelectuais, artistas ou técnicos de reconhecida competência, para colaborar nas atividades universitárias, em níveis paralelos aos do magistério;
>
> II — professores e especialistas, como professores visitantes, também em níveis paralelos aos do magistério.

Por seu lado, definem o art. 174 e seu § 1º do Regimento Geral da UNICAMP:

> Art. 174. Em qualquer dos níveis da carreira docente a que se refere o art. 160, poderá haver pessoal admitido mediante contrato, pelo prazo máximo de 3 (três) anos.
>
> § 1º. O prazo a que se refere este artigo somente poderá ser renovado mediante prévia autorização da Câmara de Administração, em cada caso.

2. Vê-se prontamente, destarte, que o primeiro aspecto relevante a considerar respeita à situação dos professores dos quais cuida a Consulta, integrados na Parte Suplementar em Extinção-PS e na Parte Especial-PE do QD-UNICAMP.

Todos eles foram, em diferentes ocasiões, contratados pela Universidade, mercê dessas contratações tendo se operado a sua admissão a ela. Assim, houve a contratação de (a) professores e outros intelectuais, artistas ou técnicos de reconhecida competência, para colaborar nas atividades universitárias, em níveis paralelos aos do magistério e de (b) professores e especialistas, como professores visitantes, também em níveis paralelos aos do magistério, estes últimos tendo sido contratados por prazo determinado (prazo máximo de três anos).

A situação ocupada por esses professores é, como será visto prontamente, situação de servidor estatutário.

Deveras, em monografia primorosa,[1] Paulo Emílio de Ribeiro Vilhena, cogitando da Lei 6.185/1974,[2] observou: "Em realidade, há dois regimes que se excluem e sim-

1. *O Contrato de Trabalho com o Estado*, São Paulo, LTr, 1975.

2. A Lei 6.185/1974 deu execução ao preceito do art. 106 da Emenda Constitucional 1/1969, disciplinando as relações de trabalho estatal prestado por servidores não-funcionários; essa lei, na dicção de Paulo Emílio de Ribeiro Vilhena, "De um lado, agrupou os funcionários públicos e, de outro, em termos de cotejo e equivalência, situou os trabalhadores contratados" (ob. cit., p. 137).

ples é a operação exegética como simples é a localização das posições jurídicas: se o prestador [de trabalho] não é *funcionário* é *contratado*. No plano da regra objetiva, ou se submete ao Estatuto dos Funcionários ou se enreda no sistema da legislação do trabalho (Consolidação das Leis do Trabalho, legislação complementar e, *a fortiori*, lei do FGTS, ressalvado os institutos da sindicalização e da greve, como se exporá adiante). Em suma, não há meio-termo, não há entrecruzamentos amaciadores, assim como não há figuras fora de um ou de outro estatutos: o do funcionário e o do empregado".

A observação de Paulo Emílio de Ribeiro Vilhena permanece íntegra ainda no regime da Constituição de 1988, em especial após o advento da Emenda Constitucional 19/1998, que suprimiu a obrigatoriedade, anteriormente consagrada no seu art. 39 [dela, Constituição de 1988], da instituição de "regime jurídico único" para os servidores da administração pública direta, das autarquias e das fundações públicas.

A circunstância de esses professores terem sido *contratados* não os aparta do *regime estatutário*. Tanto eles, quanto os professores integrantes da Parte Permanente-PP do QD-UNICAMP, estão sujeitos àquele regime, distinguindo-os unicamente o tipo de investidura de uns e outros. Os professores integrantes da Parte Permanente-PP são investidos em cargos públicos, ao passo que os demais são admitidos à Universidade para o desempenho de determinados serviços. A circunstância dos últimos serem *contratados* — insisto nisso — não os sujeita, de plano, ao sistema da legislação do trabalho.

3. Cumpre enfatizar, de resto, que esses professores *contratados* são e sempre foram tratados como estatutários pela Universidade.

Assim, de uma banda são descontadas de suas respectivas remunerações contribuições para o Instituto de Previdência do Estado de São Paulo — IPESP e para o Instituto de Assistência Médica do Servidor Público Estadual — IAMSPE. De outra, tanto foram absorvidos administrativamente pela UNICAMP, em sua autonomia, que, *v.g.*, (i) ficam sujeitos aos mesmos processos de avaliação aos quais se submetem os docentes integrantes da Parte Permanente-PP, (ii) recebem, a cada qüinqüênio, o mesmo adicional a que fazem jus os professores integrados na Parte Permanente-PP, (iii) recebem gratificação quando assumem funções administrativas, exatamente como ocorre em relação aos professores integrados na Parte Permanente-PP e (iv) gozam do direito a afastamentos, à semelhança ainda dos professores integrados na Parte Permanente-PP.

De mais a mais, especificamente no que tange àqueles integrados na Parte Suplementar-PS, a disposição contemplada no art. 107 do Estatuto da UNICAMP é suficientemente expressiva do que venho sustentando:

> Art. 107. Os direitos políticos, acadêmicos, administrativos e funcionais são idênticos para os docentes integrantes das Partes Permanente e Suplementar em Extinção do QD-UNICAMP, enquanto perdurar o seu vínculo funcional, independentemente da forma de provimento, resguardadas as prerrogativas de titulação e de cada nível.

Podemos assim dizer que tanto os docentes integrados na Parte Suplementar-PS, quanto aqueles integrados na Parte Especial-PE, estão sujeitos a regime estatutário, distinguindo-os a circunstância de os direitos políticos, acadêmicos, administrativos e funcionais dos primeiros serem *idênticos* aos dos docentes integrados na Parte Permanente-PP, ao passo que os direitos políticos, acadêmicos, administrativos e funcionais dos docentes integrados na Parte Especial-PE são *análogos* aos dos docentes integrados na Parte Permanente-PP.

Lembro uma vez mais, aqui, a observação de Paulo Emílio de Ribeiro Vilhena: "Em suma, não há meio-termo, não há entrecruzamentos amaciadores, assim como não há figuras fora de um ou de outro estatutos: o do funcionário e o do empregado".

4. Esclarece, no entanto, a Consulente que alguns desses professores, seja integrados na Parte Especial-PE, seja integrados na Parte Suplementar-PS, foram admitidos sem processo seletivo.

Ora, a autonomia da Universidade, afirmada pelo art. 207 da Constituição do Brasil, certamente a autoriza a dispor sobre o *regime estatutário* de seus servidores. Por isso mesmo posso prontamente conferir resposta ao terceiro quesito proposto na Consulta, afirmando que a Universidade pode, nos termos da autonomia universitária, prever formas de contratação por tempo determinado. De outra parte, no caso concreto do Estatuto da UNICAMP, as regras que atualmente dispõe sobre contratação me parece serem perfeitamente adequadas à ordem constitucional.

O que se não pode admitir, é óbvio, é o desacato a preceitos constitucionais, o que ocorre não quando o Estatuto da UNICAMP admite a contratação de pessoal docente, mas quando contratações sejam feitas sem concurso público. Por isso não se manifesta qualquer inconstitucionalidade, desde a primeira perspectiva, no Estatuto da UNICAMP, não obstante afrontem francamente a Constituição as contratações de professores, mesmo para que integrem a Parte Especial-PE ou a Parte Suplementar-PS do QD-UNICAMP, sem concurso público.

5. Quanto aos professores contratados mediante a realização de processo seletivo que atenda às exigências do art. 37, II, da Constituição de 1988, integrados na Parte Especial-PE ou na Parte Suplementar-PS, a eles não se aplica, porque ocupam a situação de servidores estatutários, a regra do § 13 do art. 40 da Constituição do Brasil — é muito nítido que não se trata, aí, nem de "servidor ocupante, exclusivamente, de cargo em comissão declarado em lei de livre nomeação exoneração", nem de servidor ocupante de "outro cargo temporário ou de emprego público".

Examinada bem a situação de que se cuida, teremos que, reconhecida a sujeição desses professores ao *regime estatutário* — ainda que não ocupem *cargo* — apenas seria possível cogitarmos da incidência da regra desse § 13 do art. 40 sobre aquela situação na medida em que ficasse comprovado o caráter temporário de suas respectivas contratações. Sucede que, na hipótese, as reiteradas renovações de tais contratos descaracterizam a sua temporariedade.

Assim, dúvida nenhuma pode restar quanto à sujeição, daqueles professores, ao regime previdenciário estatutário, que o Projeto de Lei Complementar 11/1999 refere como Regime Próprio de Previdência dos Servidores Públicos do Estado de São Paulo.

6. Indaga ainda a Consulente, contudo, se com a aprovação do Projeto de Lei Complementar 11/1999, que cria o sistema único de previdência para os servidores no Estado de São Paulo, os mesmos professores têm garantida sua inclusão no regime básico (arts. 3º e ss. do Projeto).

O art. 5º do Projeto não inclui esses professores entre os segurados obrigatórios do "Regime Básico de Previdência". Assim, é certo que, tal como redigido o projeto, não garante a inclusão daqueles professores nesse regime. Logo, salvo a hipótese de a lei expressamente vir a incluí-los no elenco dos segurados obrigatórios do Regime Básico da Previdência, o reconhecimento da sua inclusão nesse regime terá de ser reclamado ao Poder Judiciário.

7. Resta a considerarmos a situação dos professores contratados sem a prévia realização de processo seletivo que atendesse às exigências do art. 37, II, da Constituição de 1988, integrados na Parte Especial-PE ou na Parte Suplementar-PS.

A eles evidentemente não se aplica a regra do § 13 do art. 40 da Constituição do Brasil, visto não se tratar, aí, nem de "servidor ocupante, exclusivamente, de cargo em comissão declarado em lei de livre nomeação exoneração", nem de servidor ocupante de "outro cargo temporário ou de emprego público".

De outra parte, é certo que as contratações sem concurso público são nulas, o que conduz à conclusão de que aos professores assim contratados não assiste nenhum direito de caráter previdenciário. Não é bem assim, porém, como passo a demonstrar.

8. Ora, ainda que nulas as contratações desses professores, o fato é que eles cumpriram determinadas atividades na Universidade, prestando trabalho a ela, e — como afirmado na Consulta — "sempre contribuíram para o IPESP, nos termos do art. 158 do Esunicamp".[3]

Vale dizer: embora nulas, essas contratações surtiram inegáveis efeitos jurídicos, de modo que dúvida nenhuma pode restar quanto à circunstância de serem devidos os pagamentos feitos a esses professores à título de remuneração pelo trabalho prestado à Universidade.

Dir-se-á, mesmo, ser descabido o entendimento de que a nulidade das contratações acarretaria a necessidade de os professores devolverem à Universidade o quanto receberam àquele título, porquanto, além de inconcebível, no caso, a prestação de trabalho gratuito, aquela devolução importaria no enriquecimento sem causa da Universidade.

9. A lei civil brasileira, observa Valle Ferreira,[4] "não formulou nenhum princípio geral no sentido de qualificar o enriquecimento sem causa como fonte especial de obrigações". Não obstante, o princípio da vedação do enriquecimento sem causa está consagrado pelo nosso direito, atuando como norma jurídica, informando e conformando soluções jurídicas a serem aplicadas a determinadas hipóteses. Cuida-se, aí, de *princípio* que, no caso dos direitos que o consagram, pouco ou nada importa tenha sido mesmo positivado como *regra*.[5] O que conta é a circunstância de, na expressão de Francisco Madrazo,[6] funcionar como fundamento do direito das obrigações, regra de ouro das transferências patrimoniais, padrão ou medida com o qual se julga a eqüidade de um negócio ou de uma situação jurídica.

O *princípio da vedação do enriquecimento sem causa*, que o direito brasileiro, ainda que de modo latente, consagra, encontra sua matriz na *eqüidade*, que — como anotou Jorge Americano[7] — no direito ro-

3. "Esunicamp" é o Estatuto da UNICAMP.

4. *Enriquecimento sem Causa*, (tese) sem indicação de editor e de data, p. 83.

5. É necessário salientarmos, a esta altura, o fato de tanto os *princípios positivados* [ou *positivos*], quanto os *princípios gerais de cada direito* — isto é, os que se manifestam de modo apenas latente sob cada direito — constituírem *norma jurídica* (sobre os princípios latentes em cada direito e a propósito da distinção entre princípios gerais do direito e princípios gerais de cada direito, vide meu *A Ordem Econômica na Constituição de 1988*, 4ª ed., São Paulo, Malheiros Editores, 1998, pp. 73 e ss. e 102 e ss.). Assim, *norma jurídica* é *gênero* no qual se incluem, como *espécies*, as *regras* e os *princípios gerais do direito*, esta última expressão abrangendo tanto os *princípios positivados* [ou *positivos*] quanto os *princípios gerais de cada direito*, após sua "*descoberta*" no *direito pressuposto* (vide meu *O Direito Posto e o Direito Pressuposto*, 2ª ed., São Paulo, Malheiros Editores, 1998, pp. 46-47). Tanto as regras como os princípios são normas jurídicas, pois, como enfatiza Robert Alexy (*Theorie der Grundrecht*, Frankfurt am Main, Suhrkamp, 1986, p. 77), ambos afirmam o que *deve ser*, ambos são formulados a partir da deontologia da expressão básica da ordem (*Grundausdrücke des Gebots*). Por isso que a distinção entre regras e princípios se equaciona como distinção entre duas espécies de norma: "Jede norm ist entwender eine Regel oder ein Prinzip" — cada norma é uma regra ou um princípio. O não discernimento da circunstância de *norma jurídica* ser o *gênero*, do qual *espécies* são as *regras* e os *princípios gerais de direito*, é que conduz o estudioso do direito a equivocadamente equiparar *regra* e *norma jurídica* — o que torna hermético o tema dos *princípios jurídicos*. As *regras* são concreções dos *princípios*.

6. *Orden Jurídico y Derecho Judicial*, Buenos Aires, Depalma, 1985, p. 96.

7. *Ensaio sobre o Enriquecimento sem Causa*, São Paulo, Livraria Academica (Saraiva & Cia.), 1933, p. 9.

mano "se combinou com o princípio da proteção ao patrimônio para repelir o locupletamento injustificado, criando a ação de *in rem verso*".[8]

Iure naturae et aequum est, neminem, cum alterius detrimento et iniuria, fieri locupletiorem — diz o *Digesto*.[9] *Enriquecimento sem causa* é aquele em função do qual alguém, em detrimento de outrem, vê acrescido seu patrimônio. Há, aí, locupletamento indevido,[10] a ninguém cabendo locupletar-se com o dano de outrem (*nemo locupletari debet cum aliena injuria*).

Colhido no seio do direito civil, o princípio penetra nosso Direito Administrativo de modo tal que não importa se cá ele se impõe assimilado à *in rem verso* [do direito civil] ou se autonomamente, em relação a ele [isto é, ao direito civil].[11] E tal a sua importância, em especial no campo das obrigações, que a doutrina chega a afirmar a maior relevância dele na contratação administrativa do que na contratação civil.[12-13]

Ora, o não pagamento de remuneração pelo trabalho prestado aos professores de que se cuida seguramente importaria em dano para eles, ao qual corresponderia o acréscimo do patrimônio da Universidade.

10. O que no entanto torna definidamente inquestionável o direito, dos professores contratados sem a prévia realização de processo seletivo que atendesse às exigências do art. 37, II, da Constituição de 1988, ao recebimento da remuneração pelo trabalho por eles prestado é a circunstância dessa remuneração ter caráter alimentar.

Desejo enfatizar, neste ponto, o fato de o credor de remuneração pela prestação de trabalho não gozar plenamente do poder de disposição do direito ao qual corresponde esse crédito. Estamos, aqui, diante de bem cuja importância para o todo social é de tal vulto que o ordenamento jurídico limita todo ato que possa prejudicar o seu desfrute, seja proveniente de seu titular, seja proveniente de terceiros seus credores.[14] Indisponível determinado direito, a ele não pode renunciar o seu titular.

É que o direito a remuneração constitui uma *garantia*, e não apenas uma *prerrogativa* do seu titular. Os direitos que consubstanciam *garantia* beneficiam não apenas o seu titular, mas também a terceiros e à própria sociedade. A certeza de que aquele que trabalha receberá remuneração suficiente para cobrir as suas necessidades mínimas é essencial à construção da coesão e da paz social.

Ora, tal qual o direito a remuneração, o direito a aposentadoria é também expressão de *garantia* conferida a quem alcance certa idade ou já tenha trabalhado durante determinado período de tempo. Não se trata, aqui, meramente de vantagem atribuída a quem tenha sido investido em cargo público, mas de prestação devida pelo Estado, em benefício do interesse do todo social, ao indivíduo que cumpriu aquelas condições. Daí porque esse direito não pode ser objeto de renúncia, entendida esta, na expressão de José Paulo Cavalcanti,[15] como

8. Ação que cabia aos credores, contra o dono, pelo fato da gestão de negócio, como também cabia aos credores contra o pai, pelas dívidas que o filho contraiu como simples gestor de negócios.

9. LXII, Título VI, 14 — Pompônio.

10. Vide meu *Correção Monetária: Concordata e Créditos Fiscais*, São Paulo, Ed. RT, 1984, pp. 43 e ss.; tb. José Carlos Moreira Alves, *Direito Romano*, v. II, 4ª ed., Forense, 1986, pp. 258 e ss. e Mário Júlio de Almeida Costa, *Direito das Obrigações*, 5ª ed., Coimbra, Almedina, 1991, pp. 391 e ss.

11. Cf. Gabriel Bayle, *L'Enrichissement sans Cause en Droit Administratif*, Paris, LGDJ, 1973, pp. 30 e ss.

12. Manuel Rebollo Puig, *El Enriquecimiento Injusto de la Administración Pública*, Madri, Marcial Pons, 1995, pp. 270 e ss.

13. V. tb. Celso Antônio Bandeira de Mello, "O princípio do enriquecimento sem causa em Direito Administrativo", in *RDA* 210/25-35.

14. Vide Antonio Ojeda Aviles, *La Renuncia de Derechos del Trabajador*, Madri, Instituto de Estudios Políticos, 1971, p. 61.

15. *Direito Civil (Escritos Diversos)*, Rio de Janeiro, Forense, 1983, p. 111.

"o ato pelo qual o sujeito — à semelhança do suicida, com relação à vida animal — voluntariamente acaba com seu direito".[16]

Os professores contratados sem a prévia realização de processo seletivo que atendesse às exigências do art. 37, II, da Constituição de 1988 por certo não gozam de prerrogativas que acodem àqueles que prestaram concurso público, não podendo porém a eles serem sonegados o direito à percepção de adequada remuneração e de aposentadoria (e, quanto aos seus dependentes, de pensão), idênticas às prestadas àqueles outros, professores que se sujeitaram a concurso, e seus dependentes.

11. Indaga ainda a Consulente à respeito da validade da renovação sucessiva dos contratos de que se cuida e se, apesar dessas renovações, continua caracterizada a sua temporalidade.

As contratações temporárias de pessoal docente são previstas pelo Regimento Geral da UNICAMP, em seu art. 174, como vimos, dispondo o § 1º:

> § 1º. O prazo a que se refere este artigo somente poderá ser renovado mediante prévia autorização da Câmara de Administração, em cada caso.

Por isso as renovações dos contratos, ainda que reiteradas, por certo não comprometem a sua validade desde que autorizadas pela Câmara de Administração da UNICAMP e os professores contratados desempenhem atividades cuja realização seja efetivamente indispensável ao atendimento do interesse público. Vale dizer: se as atividades desempenhadas forem necessárias ao pleno funcionamento e à boa qualidade dos serviços fornecidos pela Universidade tais renovações não afetarão a validade dos contratos.

De outra parte, é fora de dúvida que essas renovações descaracterizam a temporalidade dos contratos de que se cuida, o que, aliás, a própria UNICAMP reconhece ao pagar aos professores contratados, a cada qüinqüênio, o mesmo adicional a que fazem jus os professores integrados na Parte Permanente-PP do QD-UNICAMP.

12. Em face de todo o exposto dou as seguintes respostas aos quesitos propostos na Consulta:

1. o regime previdenciário que se aplica aos professores aos quais respeita a Consulta é o aplicável aos servidores públicos estaduais; não incide, no caso, a regra do art. 40, § 13, da Constituição de 1988; embora a esses professores se aplique o sistema único de previdência para os servidores no Estado de São Paulo, a aprovação do Projeto de Lei Complementar 11/1999, que o cria, não garante, tal como redigido, aos docentes de que se cuida, inclusão no regime básico;

2. a admissão de docentes mediante contrato nos termos do Estatuto é plenamente válida quando antecedida de concurso público; a admissão sem a prévia realização de concurso público é nula, não obstante produza alguns efeitos, qual acima explicitado; a renovação sucessiva desses contratos pode ser tida como válida, nos termos explicitados no item 11, acima; essas renovações sucessivas descaracterizam a temporalidade do contrato;

3. a autonomia da Universidade lhe permite a previsão de formas de contratação por tempo determinado; as atuais regras do Estatuto sobre contratação são plenamente válidas.

É o que me parece

São Paulo, 19 de outubro de 1999.

16. A alusão ao texto de José Paulo Cavalcanti é oportuna também porque, ao provocar reflexão, permite o discernimento de que suicida é também o discurso neoliberal, ao propor o abandono, pelo Estado, das políticas sociais que amortecem conflitos e promovem a coesão social.

COMPROMISSO ARBITRAL

Nulidade na esfera do direito administrativo. Reajuste de preço com base na variação do dólar: nulidade. Desvio de Poder

CELSO ANTÔNIO BANDEIRA DE MELLO

Professor Titular de Direito Administrativo da Faculdade de Direito da Pontifícia Universidade Católica de São Paulo — PUC/SP

A empresa *X* formula-nos a seguinte

Consulta

I — Em face do princípio da legalidade e da supremacia do interesse público, bem como ante a submissão da Consulente ao disposto na Lei 8.666, de 21.6.1993, notadamente ao disposto no art. 55, § 2º, poderia ela ter firmado a cláusula compromissória comprometendo-se à solução de controvérsias mediante a adoção de procedimento arbitral? Referida cláusula é válida?

II — Dado que o objeto do contrato e as relações a serem por força dele desenvolvidas são concernentes ao setor elétrico, fortemente regulamentado pelo Poder Público e dependente de atos controladores da Agência Nacional de Energia Elétrica — ANEEL, estão ou não em pauta direitos disponíveis, pertinentes ao campo em que pode incidir a Lei de Arbitragem (Lei 9.307, de 23.9.1996)? Dita matéria poderia ser objeto de arbitramento?

III — A previsão de reajuste de preço por meio de indexação à variação cambial da moeda norte-americana era, *in casu*, juridicamente admissível ou, pelo contrário ressentiu-se de invalidade? Tal matéria é de direito disponível e pode ser submetida a juízo arbitral?

IV — É juridicamente cabível ou se ressente de invalidade a cláusula do contrato que impõe à Consulente, se incidir em inadimplemento contratual, a obrigação de adquirir a Usina, por decisão exclusiva da *X* Ltda.? Isto é matéria de direito disponível pelas partes e pode ser levada a juízo arbitral?

V — O contrato *sub examine* pode ser considerado eficaz e exigíveis as obrigações de fundo nele disciplinadas enquanto pender de manifestação aquiescente da ANEEL? Este tópico se encaixa em matéria suscetível de ser decidida em juízo arbitral?

VI — Vindo a ser demonstrado que o real objeto do contrato não era a compra de potência assegurada, como constou da cláusula primeira que se propôs a identificá-lo, mas que as partes, sob tal capa, compuseram na verdade um arrendamento (locação) da Usina, negócio muito mais compromedor e gravoso para a Consulente do que uma simples compra de potência assegurada, estará configurado desvio de poder ou desvio de finalidade, acarretando a nulidade do contrato e impossibilidade de sua convalidação? Pode esta matéria ser objeto de juízo arbitral?

Às indagações respondo nos termos que seguem.

Parecer

1. As questões formuladas dizem respeito a um contrato travado entre uma sociedade de economia mista, Consulente e a *X* Ltda., Produtora Independente de Energia, sociedade por quotas de responsabilidade limitada, controlada por estrangeiros e da qual a própria Consulente detém 20% (vinte por cento) das quotas. Como o referido contrato está invulgarmente mal redigido, despertando a inafastável impressão de haver sido elaborado por estrangeiro com conhecimentos insuficientes da língua portuguesa, sua intelecção apresenta alguma dificuldade, o que, todavia, não cria problemas maiores para o enfrentamento das indagações feitas, por serem de muito fácil desate. Deveras, ditas questões estão reportadas a cláusulas que incidem em ilegalidades visíveis, ostensivas mesmo e que, curiosamente, sao francamente desfavoráveis à sociedade de economia mista.

Trata-se de um contrato surpreendente, pois é sabido e ressabido que nos contratos firmados pelo Poder Público ou entidades governamentais, costuma haver uma pletora de disposições estabelecidas na defesa dos interesses de tais sujeitos. Neste, entretanto, ocorre exatamente a situação inversa e – de modo particularmente notável – porque vazadas em cláusulas frontalmente ilegais, como as objeto da Consulta. É o que se passa a examinar.

2. A Constituição Federal, em seu art. 37, *caput*, dispõe que:

> A administração pública direta e *indireta* de qualquer dos poderes da União, do Estados do Distrito Federal e dos Municípios obedecerá aos princípios da *legalidade*, impessoalidade, *moralidade*, publicidade e *eficiência* e, também ao seguinte: (...).

De momento, interessa apenas o princípio da legalidade. A Consulente, como se sabe, é sociedade de economia mista estadual, pessoa da administração pública indireta; logo, sujeita ao sobredito princípio.

Este, como é sabido e ressabido, significa que a administração não está apenas proibida de atuar *contra legem* ou *praeter legem*, mas só pode agir *secundum legem*, conforme feliz e preciso ensinamento de Michel Stassinopoulos,[1] cuja lição correspondente, entre nós, é a de Hely Lopes Meirelles, segundo quem, enquanto "na administração particular é lícito fazer tudo que a lei não proíbe, na Administração Pública só é permitido fazer o que a lei autoriza". Daí porque também averbou que o administrador não pode se afastar da legalidade e das exigências do bem comum, "sob pena de praticar ato inválido e expor-se a responsabilidade disciplinar, civil e criminal, conforme o caso".[2]

In casu, a legalidade está estampada de modo hialinamente claro na Lei 8.666, de 21.6.1993, com alterações posteriores, que institui normas para licitação e contratos da Administração Pública. De acordo com o parágrafo único de seu art. 1º:

> Subordinam-se ao regime desta Lei, além dos órgãos da administração direta, os fundos especiais, as autarquias, as fundações públicas, as empresas públicas, *as sociedades de economia mista e demais entidades controladas direta ou indiretamente pela União, Estados, Distrito Federal e Municípios.*

Ora bem, o art. 55, estatuidor das cláusulas necessárias a todo contrato administrativo, em seu § 2º, dispõe:

1. *Traité des Actes Administratifs*, Athenas, Librairie Sirey, 1954, p. 69.

2. *Direito Administrativo Brasileiro*, 27ª ed., Malheiros Editores, 2002, p. 86.

§ 2º. Nos contratos celebrados pela Administração Pública com pessoas físicas ou jurídicas, inclusive aquelas domiciliadas no estrangeiro, deverá constar necessariamente *cláusula que declare competente o foro da sede da Administração para dirimir qualquer questão contratual*, salvo o disposto no § 6º do art. 32 desta Lei" *(inciso incluído pela Lei 9.854, de 27.10.1999)*.

Eis, pois, evidenciado de modo translúcido e inobjetável que a cláusula compromissória estampada sob o número 34.3 do contrato travado entre a Consulente e a *X* Ltda., de acordo com a qual as controvérsias oriundas ou associadas ao sobredito vínculo seriam solucionadas por Arbitragem (e de acordo com as normas de arbitragem da Câmara Internacional de Paris, local onde seria conduzido o arbitramento), ofende à força aberta o direito brasileiro, revelando o mais cabal descaso pelo princípio da legalidade.

De fato, se a lei reguladora dos contratos das sociedades de economia mista impõe como cláusula obrigatória deles que o foro competente, isto é, o juízo próprio do Poder Judiciário, seja o da sede da Administração, evidentemente não poderia ser prevista em contrato a solução de contendas em Juízo arbitral e, além disto, efetuada em Paris.

3. Não só pelas razões expostas se exibe a nulidade da cláusula referida. Ela também é perceptível no fato de que a lei de arbitragem explicitamente nega a possibilidade de arbitramento em hipóteses correspondentes às do caso *sub examine*. Com efeito, o art. 1º deste diploma estatui:

> As pessoas capazes de contratar poderão valer-se da arbitragem para dirimir litígios relativos a direitos patrimoniais *disponíveis*.

Assim, seu âmbito de aplicação não alcança situações em que estejam causa interesses indisponíveis, que é o que ocorre no contrato em apreço, como se pode verificar por diferentes ângulos, a começar pelo da índole dos assuntos afetos à entidade.

A Consulente é uma sociedade de economia mista estadual e, ademais, prestadora de serviço público, na qualidade de concessionária federal, circunstância que denota a indisponibilidade dos interesses e correspondentes direitos postos a seu cargo.

4. Em obra teórica, tratando das empresas públicas e sociedades mistas, encarecemos o fato de que ditas pessoas existem exata e precisamente para coadjuvar a ação do Estado na busca de objetivos que ultrapassam os meramente privados, o que lhes marca indelevelmente a natureza. Bem por isto, sofrem inexoráveis limitações, desconhecidas por entidades particulares, já que está em pauta a defesa de interesses — e de qualificada hierarquia — não só contra terceiros, mas contra os próprios agentes de tais sujeitos. O reconhecimento disto vem se impondo paulatinamente, em despeito de certas vacilações que ainda hoje ocorrem por parte de intérpretes desavisados ou de agentes governamentais mal orientados. Daí havermos averbado: "Empresa pública e sociedades de economia mista são, fundamentalmente e acima de tudo, instrumentos de ação do Estado. O traço essencial caracterizador destas pessoas é o de se constituírem em *auxiliares* do Poder Público; logo, são entidades voltadas, por definição, à busca de interesses transcendentes aos meramente privados".[3]

E à página seguinte registramos:

"É preciso, pois, aturado precato para não incorrer no equívoco de assumir fetichisticamente a personalidade de Direito Privado (como costumava ocorrer no Brasil) das estatais e imaginar que, por força dela, seu regime pode ensejar-lhe uma desenvoltura equivalente à dos sujeitos cujo modelo tipológico inspirou-lhes a criação. Deveras, a personalidade de Direito Privado que as reveste não passa de um expediente técnico cujo préstimo adscreve-se, inevitavelmente, a certos limites, já que não po-

3. *Curso de Direito Administrativo*, 15ª ed., Malheiros Editores, p. 179.

deria ter o condão de embargar a positividade de certos princípios e normas de Direito Público cujo arredamento comprometeria objetivos celulares do Estado de Direito.

"O traço nuclear das empresas estatais, isto é, das empresas públicas e sociedades de economia mista, reside no fato de serem coadjuvantes de misteres estatais. Nada pode dissolver este signo insculpido em suas naturezas. Dita realidade jurídica representa o mais certeiro norte para a intelecção destas pessoas. Conseqüentemente, aí está o critério retor para interpretação dos princípios jurídicos que lhes são obrigatoriamente aplicáveis, pena de converter-se o acidental — suas personalidades de Direito Privado — em essencial, e o essencial — seu caráter de sujeitos auxiliares do Estado — em acidental.

"Como os objetivos estatais são profundamente distintos dos escopos privados, próprios dos particulares, já que almejam o bem-estar coletivo e não o proveito individual, singular (que é perseguido pelos particulares), compreende-se que exista um abismo profundo entre as entidades que o Estado criou para secundá-lo e as demais pessoas de Direito Privado, das quais se tomou por empréstimo a forma jurídica. Assim, o regime que a estas últimas naturalmente corresponde, ao ser transposto para empresas públicas e sociedades de economia mista, tem que sofrer — também naturalmente — significativas adaptações, em atenção a suas peculiaridades.

"Se assim não fosse, e se as estatais desfrutassem da mesma liberdade que assiste ao comum das empresas privadas, haveria comprometimento de seus objetivos e funções essenciais, instaurando-se, ademais, sério risco para a lisura no manejo de recursos hauridos total ou parcialmente nos cofres públicos. Além disto, sempre que o Poder Público atuasse por via destes sujeitos, estariam postas em xeque as garantias dos administrados, descendentes da própria índole do Estado de Direito ou das disposições constitucionais que o explicitam. Com efeito, o regime de Direito Privado, *sic et simpliciter*, evidentemente, não impõe o conjunto de restrições instauradas precisamente em atenção aos interesses aludidos."

E pouco além, à p. 182, rematamos:

"Cumpre realçar que os preceitos conformadores da atuação estatal não visam apenas a assegurar-lhe condições de eficiência. No Estado de Direito, destinam-se também e, sobretudo, a estabelecer as indispensáveis limitações que embarguem ação desatada ou descomedida dos próprios governantes, para impedir que seja gravosa quer ao interesse público, que lhes assiste curar, quer às garantias pertinentes aos administrados em suas relações com o Poder Público. De resto, esta última é a própria razão inspiradora do Estado de Direito. Então, obviamente, não lhe basta travestir-se de pessoa de Direito Privado para esquivar-se das contenções armadas em favor do aludido propósito.

"Donde, desconhecer ou menoscabar estes vetores implicaria ofensa a diretrizes fundamentais do Texto Constitucional. Assim, não seria prestante interpretação que os postergasse.

"Segue-se que entidades constituídas à sombra do Estado como auxiliares suas na produção de utilidade coletiva e que manejam recursos captados total ou majoritariamente de fontes públicas têm que estar submetidas a disposições cautelares, defensivas tanto da lisura e propriedade no dispêndio destes recursos quanto dos direitos dos administrados a uma atuação impessoal e isonômica, quando das relações que com elas entretenham. Isto só é possível quando existam mecanismos de controle internos e externos, suscitados quer pelos órgãos públicos, quer pelos próprios particulares, na defesa de interesses individuais ou da Sociedade.

"É esta compreensão que, pouco e pouco, vem-se impondo no Direito brasileiro, sobretudo pela via normativa (que bem a refletiu) e já agora com maior intensidade, apesar de algumas recidivas ainda ocorrentes, sempre alimentadas por agentes governamentais ou das próprias empresas; uns e outros interessados em se evadir de controles externos, notadamente dos que provêm ou podem provir da iniciativa dos administrados, cujos direitos — sobretudo a um tratamento impessoal e isonômico — eram sistemática e olimpicamente pisoteados por estas entidades da Administração indireta, sob a argumentação de que, sendo pessoas de Direito Privado, podiam agir com a correspondente autonomia.

"Sem embargo, como ainda não houve tempo para solidificação de doutrina e jurisprudência perante textos mais recentes, que introduziram contenções explícitas a tais pessoas (advindas, sobretudo, da Constituição vigente), não está superado o risco de retrocessos. É esta circunstância que justifica o realce dado ao tópico em questão."

5. Eis, pois, que a conatural índole destes sujeitos, tanto como o caráter ancilar das funções que exercem, à toda evidência os impediria de dispor a seu talante sobre a submissão de suas contendas jurídicas a um juízo arbitral, sobreposse a ser desenvolvido e decidido fora do País na conformidade de regras também estabelecidas em outra esfera (normas da CCI).

Não dispondo como os particulares da liberdade ampla de decidir, que é própria apenas de quem tem senhoria até para comprometer os próprios interesses, dos quais pode mesmo abrir mão se o desejar, compreende-se que entidades constituídas à sombra do Estado, para secundar-lhe a ação, carecem de poder para, *sponte propria*, renunciarem a se socorrer desde logo do Judiciário do País. Conduta desta ordem, além de se por às testilhas com a legislação pátria sobre contratos das entidades governamentais, ainda quando não existisse dito confronto, na melhor das hipóteses demandaria autorização legislativa expressa.

De toda sorte, a circunstância da Consulente ser *concessionária de serviço público* interditaria o uso deste instituto. É que estando em causa serviço público, estarão presentes, *ipso facto*, interesses públicos, direitos por definição incidentes sobre bens indisponíveis, como é universalmente sabido.

6. De resto, o objeto contratual, tal como apresentado no instrumento do contrato, diz respeito à aquisição pela Consulente de potência energética, nomeadamente, de toda a Potência Inicial Assegurada gerada pelo Produtor Independente de Energia *X* Ltda., empresa controlada por estrangeiros. Seja este mesmo o objeto contratual ou apenas mascare, como de fato mascara, um arrendamento da Usina produtora da energia, em ambas as hipóteses coloca em questão um interesse público cuja cura, por óbvio, não configura um bem disponível no sentido utilizado pela legislação de arbitramento; isto é, não configura um bem do qual a Consulente pudesse abrir mão.

Estando em pauta, como está, matéria toda ela assujeitada à legislação publicística relativa a aproveitamento e utilização de energia elétrica, bem como a autorizações do órgão regulamentador e fiscalizador, isto é, da ANEEL, bem se vê que os direitos em questão refogem, por inteiro, à livre disposição característica dos interesses privados e direitos que lhes sejam correspondentes. Assim, conflitos surdidos ao propósito de relações com a compostura assinalada não podem sofrer condicionamentos à sua imediata submissão ao Poder Judiciário, que é, na conformidade da Constituição do País, a instância própria para solução de conflitos.

Deveras, a adoção de arbitramento desenganadamente pressupõe a possibilidade de transigência e a renúncia ao livre acesso ao Poder Judiciário. Nenhum destes dois poderes são reconhecíveis em entidade que, ao invés de se governar pelo princípio da autonomia da vontade, que é o que ocorre com os particulares, governa-se pelo princípio da legalidade, o qual, como já se anotou, é impositivo tanto para a Administração direta, como para a indireta, *ex vi* do art. 37, *caput*, da Constituição Federal.

Foi este mesmo aspecto que levou o Tribunal de Contas da União, por sua Segunda Câmara, em julgamento ocorrido em 10 de abril deste ano e publicado aos 28 do mesmo mês, a considerar inválida a cláusula de arbitragem constante de contrato firmado pela empresa pública federal, Comercializadora Brasileira de Energia Emergencial — CBEE. O Ministro Relator considerou que "não se pode falar em direito disponível quando se trata de fornecimento de energia elétrica (...)", o que o excluiria do âmbito da lei de arbitragem, além de que, "não existindo autorização legal para que a CBEE pudesse ter estabelecido a via arbitral para solução das controvérsias contratuais, tal previsão não obedeceu a um dos princípios fundamentais que regem a administração pública, que é o da legalidade".

Donde, encarada a questão também por este ângulo seria inadmissível o arbitramento, visto não estarem em causa *litígios relativos a direitos patrimoniais* ***disponíveis***, que é o delimitado campo no qual se admite a utilização do instituto em apreço e fora do qual não tem cabida, a teor da legislação que o regula. Assim, não há senão concluir que a cláusula de compromisso arbitral estabelecida no contrato entre a Consulente e a *X* Ltda. é absolutamente nula, não devendo, pois, surtir efeito o efeito nela suposto.

7. O contrato *sub examine* prevê reajuste de preço mediante indexação à variação cambial da moeda norte-americana. Trata-se, também aqui, de previsão à toda evidência nula, por não envolver matéria de direito disponível, pelo que é insuscetível de ser submetida a exame de Corte Arbitral.

Com efeito, atrelar obrigação constituída no Brasil e a ser cumprida no Brasil a uma moeda estrangeira corresponde a fazer com que relação jurídica interna seja solvida mediante valoração estranha não só à moeda nacional, mas também a critérios internamente constituídos para atualização de valores. Há nisto, pois, uma subordinação explícita a elementos exógenos.

Por óbvio, ocorrência desta ordem não deve ser aceita como da normalidade jurídica em um País soberano, por significar um atrelamento da compostura econômica de negócios internos a eventos não controláveis ou, pelo menos, não totalmente controláveis no âmbito interno. O fato de existir tal ocorrência, ora ostensiva, ora clandestinamente, sem dúvida retrata o desprestígio da moeda nacional e o prestígio da moeda estrangeira adotada como referência. Seja como for, é impossível deixar de reconhecer que se trata de procedimento que refoge ao que seria a normalidade jurídica. Com efeito, cunhar moeda, com seu consectário — constituí-la no termo de referência dos negócios e valores — consiste precisamente, como é de todos sabido, em uma das mais expressivas manifestações de soberania.

Conseqüentemente, não se haverá de admitir que entidades da administração indireta do Estado, ao travarem relações contratuais internas, possam, *sponte propria*, assumir cláusula que incorra nesta falta de normalidade jurídica e traga consigo um implícito desprestígio à moeda do País e aos índices internos de atualização de valores. Ou seja, salvo específica disposição legal que a tanto as habilite, não se haverá de aceitar como válida disposição contratual que hajam assumido por decisão própria.

8. O que se vem de dizer é particularmente visível quando há, como ocorre no direito brasileiro, expressa vedação legal a que se vinculem estipulações de pagamento à moeda estrangeira, salvo exceções previstas em lei. Deveras, a Lei 10.192, de 14.2.2001, que é a conversão da Medida Provisória 2.074-73 e cuja primeira origem é a Medida Provisória 1.053, de 30.6.1995, que, sob distintas numerações foi reeditada 72 vezes, em seu art. 1º, parágrafo único, dispõe que:

> São vedadas, sob pena de nulidade, quaisquer estipulações de:
>
> I — pagamento expressas em, ou vinculadas a ouro ou moeda estrangeira, ressalvado o disposto nos arts. 2º e

3º do Decreto-lei 857, de 11 de setembro de 1969 e na parte final do art. 6º da Lei 8.880, de 27 de maio de 1994.

Assim, com as ressalvas mencionadas, não são de aceitar vinculações de valor do pagamento de obrigações ou de reajustes deles a moeda estrangeira, motivo pela qual as cláusulas do contrato em tela são inválidas naquilo em que contrariam o regramento *supra* mencionado.

Note-se que, consoante informa a Consulta, a ANEEL negou homologação ao contrato entre a Consulente e a *X* Ltda. por reputar inválida a cláusula décima sétima do contrato na qual se estipula vinculação do reajuste à variação cambial, por considerá-la contrária ao Direito, notadamente à citada Lei 10.192.

Independentemente disto, todavia, o tópico relativo ao atrelamento de pagamentos à variação do dólar, para além de qualquer dúvida ou entredúvida é insuscetível de ser apreciado por juízo arbitral, uma vez que o tema clarissimamente envolve questão de direito não disponível pelas partes, já que dependente por inteiro de intelecção sobre normas de direito público de transcendente relevância e cuja aplicação ou não ao caso concreto penderia, desde logo, de juízo a cargo de entidade pública, como o é a ANEEL.

9. A cláusula 22.6, *b*, prevê que no caso da *X* Ltda. "rescindir este Contrato", em conseqüência de um "Evento de Inadimplemento da Consulente, a *X* Ltda. poderá exigir que a Consulente adquira a Usina, pagando em dólares americanos convertidos à taxa de câmbio então vigente, ou, se for proibido pela legislação brasileira, um valor equivalente em reais "igual ao que for maior entre o Justo Valor de Mercado da USINA ou o Valor Presente dos Pagamentos Mensais ainda devidos pelo prazo restante deste Contrato (...)".

É bem de ver que tal previsão é literalmente teratológica. Ultrapassa as raias do absurdo jurídico. De fora parte outros aspectos, basta considerar que ela envolve o dislate de supor possível que as partes, por estarem de acordo, podem transgredir princípios e normas elementares do Direito brasileiro. Deveras, a Constituição Federal expressamente dispõe no art. 37 que: "XX — depende de autorização legislativa, em cada caso, a criação de subsidiárias das entidades mencionadas no inciso anterior (...) (que são as autarquias, empresas públicas, sociedades de economia mista e fundações governamentais) (...), assim como a participação delas em empresas privadas".

Se a simples participação acionária *depende de autorização legislativa, em cada caso*, é meridianamente claro que a aquisição de uma empresa privada, *a fortiori*, sujeitar-se-á à mesma condição.

10. Acresce que, de fora parte o tema da autorização legislativa, é também de solar evidência que entidades auxiliares do Estado, como o são as sociedades mistas, maiormente se prestadoras de serviços públicos, só podem adquirir uma empresa privada *para atender a conveniências do Poder Público*; *nunca como sanção por inadimplência contratual*, que isto significaria prevalência de conveniências de particular sobre interesses da Sociedade como um todo. Estas são noções curiais, primárias mesmo, que não podem ser desconhecidas por quem quer que disponha de conhecimentos rudimentares de direito público.

Conquanto as razões mencionadas já fossem bastamente suficientes para revelar a nulidade absoluta da cláusula em apreço, o vício que a fulmina é tão completo que ainda outra razão comparece para exibir-lhe a visceral incompatibilidade com o direito positivo do País. É que, nos termos da Lei 8.666, de 21.6.1993 (a mesma que foi invocada no preâmbulo do contrato para justificar dispensa de licitação para travamento dele com a *X* Ltda.), para que o Estado ou entidade auxiliar efetue aquisições deverá obedecer a um procedimento previsto no citado diploma e, mesmo quando dispensável ou inexigível licitação é impostergável a adoção de um procedimento específico, devidamente instruído, que explicitamente os justifique, conforme resulta do art. 26 e parágrafo único. Donde, jamais poderia ocorrer a aquisição prevista na cláusula 22.6, *b*, da forma singela como ali se estabeleceu, isto é, pelo simples desejo da contraparte da Consulente.

11. Contudo, ainda há mais. Dado que o setor elétrico é inteiramente regulado e controlado pelo Poder Público, não poderia haver a aquisição de uma usina com os consectários disto sem que a matéria fosse submetida à ANEEL, *tanto mais em se considerando que a Consulente coligada da X Ltda.*

Deveras, a Lei 9.427, de 26.12.1996, que criou a ANEEL, entre outras atribuições que lhe conferiu no art. 3º, menciona as de:

> IV — celebrar e gerir os contratos de concessão ou de permissão de serviços públicos de energia elétrica, de concessão de uso de bem público, expedir as autorizações, bem como fiscalizar, diretamente ou mediante convênios com órgãos estaduais, as concessões e a prestação dos serviços de energia elétrica;
>
> VIII — estabelecer, com vistas a propiciar concorrência efetiva entre os agentes e a impedir a concentração econômica nos serviços e atividades de energia elétrica, restrições, limites ou condições para empresas, grupos empresariais e acionistas, quanto à obtenção e transferência de concessões, permissões e autorizações, à concentração societária e à realização de negócios entre si;
>
> XIII — *efetuar o controle prévio e "a posteriori" de atos e negócios jurídicos a serem celebrados entre concessionárias, permissionárias, autorizadas e seus controladores*, suas sociedades controladas ou coligadas e outras sociedades controladas ou coligadas de controlador comum, impondo-lhes restrições à mútua constituição de direitos e obrigações, especialmente comerciais e, no limite, a abstenção do próprio ato ou contrato.

Dessarte, a Resolução ANEEL 22, de 4.2.1999, em seu art. 1º dispôs:

> A celebração de acordos, ajustes, convênios e contratos, por concessionária ou permissionária com integrantes do seu grupo controlador, diretos ou indiretos; com empresas controladas ou coligadas; com pessoas físicas ou jurídicas que, juntamente com a concessionária ou permissionária, façam parte, direta ou indiretamente, de uma mesma empresa controlada; com pessoas físicas e jurídicas que tenham diretores ou administradores comuns, tendo por objeto a transferência de tecnologia, assistência técnica e prestação de serviços de forma contínua e regular, deverá observar os procedimentos estabelecidos nesta Resolução.
>
> § 1º. (...).
>
> § 2º. Deverão ser submetidos ao exame e aprovação da ANEEL, dentro do prazo de 30 (trinta) dias da data em que forem firmados e nas condições desta Resolução, os instrumentos contratuais celebrados entre as concessionárias ou permissionárias, e as pessoas físicas ou jurídicas listadas no *caput* deste artigo, em especial, os que versem sobre direção, engenharia, contabilidade, consultoria, compras, informática, construção, operação, manutenção, supervisão, planejamento e testes de avaliação dos sistemas de geração, transmissão, distribuição e comercialização de energia elétrica.

A tudo isto se agregue que o Decreto 2.003, de 10.9.1996, estatui em seu art. 24, que:

> Os contratos de comercialização de energia elétrica celebrados entre o produtor independente e o concessionário ou permissionário de serviço público de energia elétrica deverão ser submetidos por estes a *homologação* do órgão regulador e fiscalizador do Poder concedente.

12. O quanto foi dito ao propósito do grosseiro vício que afeta a cláusula 22.6, *b*, é mais que suficiente para exibir o fato de que ela regula matéria de direito indisponível pelas partes. Deveras, a eventual aquisição da Usina por parte da Consulente é questão que sofre o influxo de disciplina publicística e controle governamental, motivo pelo qual não podia ser livremente disposta pelas partes e, em conseqüência, igualmente não pode ser objeto de arbitragem.

13. O contrato em apreço, como resulta dos há pouco transcritos art. 1º e § 2º da Resolução 22, de 4.2.1999, expedidos na conformidade da supramencionada Lei 9.427, de 26.12.1996 (notadamente de seu art. 3º, incisos IV, VIII e XIII) e do art. 24 do suso transcrito Decreto 2.003, de 10.9.1996, dependia de apreciação da ANEEL e de homologação dela para poder produzir seus efeitos.

Segundo informa a Consulente, exigência de semelhante teor encontra-se, ainda, no próprio contrato de concessão, cuja Cláusula Sexta, Subcláusula Primeira, estatui que:

> A concessionária deverá submeter ao exame e aprovação da ANEEL, nas hipóteses, condições e segundo procedimentos estabelecidos em regulamento específico, os contratos, convênios, acordos ou ajustes celebrados entre ela e acionistas pertinentes ao seu Grupo Controlador, diretos ou indiretos, ou empresas controladas ou coligadas, bem como celebrados com: (...).

As normas até aqui referidas ora falam em aprovação, ora em homologação. A nomenclatura dos atos administrativos, entre nós, ainda é movediça, como resultado da própria imprecisão normativa que usa indiscriminadamente determinados termos para batizar objetos jurídicos distintos.

Sem embargo, ninguém discrepa em que "aprovação" e "homologação" são termos que, em todo e qualquer caso, nominam atos de *aquiescência*, de concordância de um órgão controlador com a conduta de um sujeito cujo comportamento necessita passar pelo crivo da autoridade para estar liberada sua produção ou os efeitos jurídicos dela.

Dessarte, é livre de qualquer dúvida ou entredúvida que o contrato entre a Consulente e a *X* Ltda. jamais seria de direito eficaz enquanto pendesse de manifestação aquiescente da ANEEL.

Esta questão, como é claro à todas as luzes, encarta-se em sítio temático inteiramente alheio ao dos direitos disponíveis pelas partes, razão pela qual salta aos olhos que não é matéria resolúvel no âmbito de arbitramentos.

14. Já de início se anotou que, embora o contrato aponte como seu objeto a compra e venda de potência assegurada, o que as partes pretenderam e deixaram estampado em outras cláusulas foi o arrendamento da Usina. Ou seja: mascararam — e de modo muito ingênuo, aliás — o ato que verdadeiramente queriam realizar. Pode-se presumir que o intuito foi, de um lado, o de garantir que todos os ônus da produção da energia e manutenção da Usina fossem transferidos para a Consulente, ao mesmo tempo em que se assegurava à *X* Ltda. um certo pagamento cujo montante ficaria livre de eventuais oscilações no preço da energia. Também é passível de ser presumido que indicando na cláusula intitulada "OBJETO" simplesmente "*venda exclusiva pela PIE à Consulente Ponto de Entrega, de toda a Potência Inicial Assegurada da USINA*" intentou-se apresentar ostensivamente o contrato como uma operação singela, de modo a não atrair atenção para todas as suas implicações e para o fato de que vantagens do negócio eram claramente da empresa privada e as desvantagens da sociedade de economia mista.

Não há duvidar, então, que foi utilizada uma dada figuração jurídica para alcançar finalidade diversa da que, deveras, lhe correspondia. Ou seja: houve incidência no que se denomina "desvio de poder". Com efeito, não há duvidar que a finalidade da aquisição de potência energética e que só poderia se efetuar tendo em vista o atendimento de interesses da Consulente, em nada se confunde com a da realização de um arrendamento da Usina, criando para a sociedade mista, ao menos aparentemente, uma situação muito mais onerosa do que seria necessária.

15. Ressalte-se que o desvio de poder é vício que passa ao largo da possibilidade de convalidação. Deveras a convalidação é a correção, com efeito retroativo, de vício que enferma um ato. Significa, então, praticar, no presente, exatamente o mesmo ato que se praticou — e não outro — porém, agora, sem incorrer na falha jurídica que o afetava. Logo, só pode ter lugar quando o *mesmo ato* pode ser validamente repraticado.

Como o desvio de poder é um desencontro com a finalidade que o ato devia ter, não há como repraticá-lo validamente, pois, se fosse repraticado ou tornaria a ser o mesmo ato com o mesmo vício ou se o fosse com outra finalidade (não viciada) o ato já não mais seria o mesmo, donde só poderia surtir efeitos a partir deste segundo momento, correspondendo, então, a um *novo ato*, sem relação com o anterior; logo, algo perfeitamente distinto da convalidação.

Weida Zancaner ensina que:

"São inconvalidáveis, porque não podem ser reproduzidos validamente, na atualidade, os atos que portam os seguintes vícios:

"a) de motivo;

"b) de conteúdo;

"c) de procedimento, quando a produção do ato faltante ou irregular desvirtuar a finalidade em razão da qual foi o procedimento instaurado;

"d) de causa;

"e) de finalidade."[4]

Assim, vindo a ser demonstrado que as partes pretendiam a locação (arrendamento) da Usina, em condições mais gravosas do que as que resultariam de uma simples compra de potência assegurada como constou da cláusula "Objeto" do Contrato, estar-se-á perante a figura do desvio de poder ou desvio de finalidade, o que acarretaria a nulidade do contrato e impossibilidade de sua convalidação. Também é certo que a matéria envolvida, por tudo quanto dantes já se disse, de modo algum se enquadra naquilo que a Lei de Arbitragem aponta como suscetível de arbitramento.

16. Isto tudo posto e considerado, às indagações da Consulta respondo:

I — Em decorrência do princípio da legalidade e da supremacia do interesse público, bem como em razão da submissão da Consulente ao disposto na Lei 8.666, de 21.6.1993, em especial em seu art. 55, § 2º, a Consulente não poderia ter firmado a cláusula compromissória comprometendo-se à solução de controvérsias mediante a adoção de procedimento arbitral. Referida cláusula é certamente inválida.

II — Como o objeto do contrato e as relações a serem por força dele desenvolvidas são concernentes ao setor elétrico, que é fortemente regulamentado pelo Poder Público e dependente de atos controladores da Agência Nacional de Energia Elétrica — ANEEL, evidencia-se com exemplar clareza que estão em causa direitos indisponíveis; portanto, estranhos ao campo pertinente à Lei de Arbitragem (Lei 9.307, de 23.9.1996), cujo âmbito de aplicação está definido em seu art. 1º. Daí que dita matéria não poderia ser objeto de arbitramento.

III — A previsão de reajuste de preço por meio de indexação à variação cambial da moeda norte-americana não era juridicamente possível e não apenas pela existência de proibição legal, mas porque, ainda que esta inexistisse, para adotá-la seria necessário, quando menos, autorização legal clara e indiscutível. É evidente que matéria desta ordem, envolvendo entidade da administração indireta e, ademais, prestadora de serviço público não poderia ser objeto de juízo arbitral, por ser alheia à discussão de direitos entregues à livre disponibilidade das partes.

IV — É juridicamente inaceitável e se ressente de grosseira e aberrante nulidade

4. *Da Convalidação e da Invalidação dos Atos Administrativos*, 2ª ed., Malheiros Editores, 1993, p. 73.

a cláusula do contrato que impõe à Consulente, se incidir em inadimplemento contratual, a obrigação de adquirir a Usina, por decisão exclusiva da *X* Ltda. Evidentemente, isto não é matéria de direito disponível, pelo que também se evidencia o descabimento de Juízo arbitral neste campo.

V — O contrato *sub examine*, enquanto pender de manifestação aquiescente da ANEEL não é eficaz e em conseqüência não são exigíveis obrigações de mérito nele disciplinadas, questão esta que, pelas razões aduzidas ao propósito dos outros tópicos questionados, não se encaixa em matéria suscetível de ser decidida em juízo arbitral.

VI — Vindo a ser demonstrado que o real objeto do contrato não era a compra de potência assegurada, como constou da cláusula primeira que se propôs a identificá-lo, mas que as partes, sob tal capa, compuseram na verdade um arrendamento (locação) da Usina, negócio muito mais comprometedor e gravoso para a Consulente do que uma simples compra de potência assegurada, ter-se-á configurado o vício denominado desvio de poder ou desvio de finalidade, o que acarreta insanável nulidade do contrato e impossibilidade de sua convalidação. Demais disto, a questão não comporta resolução por juízo arbitral.

É o meu Parecer.

CONTRATO DE OBRA PÚBLICA. CIRCUNSTÂNCIAS QUE DETERMINAM A ALTERAÇÃO DO PROJETO. ACRÉSCIMO DE VALOR SUPERIOR A 25% DO VALOR INICIAL DO CONTRATO. ADITAMENTO. VIABILIDADE JURÍDICA

ADILSON ABREU DALLARI

Professor Titular da Faculdade de Direito da Pontifícia Universidade Católica de São Paulo — PUC/SP

Consulta

Oferecendo farto material para exame, compreendendo os contratos originais, manifestações de autoridades administrativas e, especialmente, substanciosos estudos técnicos, a Consulente solicita um estudo jurídico a respeito da viabilidade legal da lavratura de aditamentos contratuais visando possibilitar a execução de obras regularmente contratadas, com alterações no tocante ao objeto inicialmente descrito e com repercussões nos valores estipulados.

Na elaboração do presente estudo jurídico tomar-se-á como pressuposto a efetiva necessidade da realização de tais obras complementares para assegurar a otimização das obras viárias já contratadas e em fase de execução, conforme demonstrado nos estudos técnicos que instruem a Consulta.

Entretanto, sem qualquer pretensão de invadir o âmbito próprio e específico dos estudos técnicos, será necessário examinar algumas questões técnicas suscitadas, apenas e na exata medida do necessário para aferir se as razões invocadas podem ser aceitas como fundamento jurídico para as alterações contratuais almejadas.

Assim, à luz dos subsídios de ordem técnica apresentados, solicita-se sejam respondidos os seguintes quesitos:

1. É juridicamente possível aditar os contratos das obras das passagens em desnível Faria Lima-Rebouças e Faria Lima-Cidade Jardim tendo em vista que o projeto executivo das obras alterou a concepção da execução, acarretando assim acréscimos de valores que extrapolam o limite imposto pelo § 1º do art. 65 da Lei Federal 8.666/1993?

2. A realização do aditamento alterando os projetos básicos das passagens em desnível Faria Lima-Rebouças e Faria Lima-Cidade Jardim para a nova concepção estabelecida nos projetos executivos pode gerar algum questionamento à EMURB pelo fato da mesma ter realizado pré-qualificações fundamentadas nos projetos básicos?

Parecer

I — Síntese dos fatos

O exame cuidadoso dos fatos que ensejaram a presente Consulta é absolutamente essencial para que se possa dar a devida e correta interpretação às normas aplicáveis à matéria em debate, conforme atesta esta sábia advertência jurisprudencial:

> A norma geral pode ser entendida, é claro, pelo sentido abstrato das palavras por ela utilizadas. Trata-se, porém, de mero entendimento prévio. Esse entendimento não exaure o âmbito da incidência normativa, pois ele só se consuma perante os fatos concretos da vida (voto do Desembargador Federal Newton de Lucca no MS 94.03.093099-3-SP, TRF-3ª R., *Boletim AASP* 2.043/473).

Ambos os contratos se referem à execução de passagens subterrâneas, sob a Avenida Brigadeiro Faria Lima, respectivamente, no cruzamento com as Avenidas Rebouças e Eusébio Matoso, e no cruzamento com as Avenidas Cidade Jardim, Europa e Nove de Julho.

Em ambos os casos, o objetivo é uma nova configuração viária, urbanística e paisagística, de molde a conferir maior fluidez ao trânsito e maior segurança para pedestres e motoristas, e, principalmente, propiciar a implantação de instalações essenciais ao novo sistema integrado de transportes coletivos.

Os contratos foram precedidos dos correspondentes procedimentos licitatórios, que foram levados a efeito com base nos respectivos projetos básicos, em observância ao que determinam os arts. 7º, § 2º, I e 40, IV, da Lei 8.666/1993.

Cabe esclarecer aqui que a Lei de Licitações exige apenas, como condição de abertura da licitação, a existência de projeto básico, que não se confunde com o projeto executivo, conforme definições constantes do art. 6º (incisos IX e X) dessa mesma lei, das quais se depreende que o projeto básico é aquele que permite identificar e caracterizar a obra, possibilitando a avaliação dos custos e a definição dos métodos e prazos de execução, enquanto o projeto executivo é aquele que contém todos os elementos necessários para a execução da obra contratada.

O projeto básico se destina a viabilizar a licitação e o contrato dela decorrente, enquanto o projeto executivo está destinado a viabilizar a execução do objeto contratado. O projeto executivo, portanto, é muito mais detalhado e para sua elaboração, partindo do projeto básico existente, é preciso que se proceda a uma série de estudos e levantamentos (além daqueles que serviram para a elaboração do projeto básico), com o objetivo de determinar e especificar, com precisão, cada parte ou segmento do todo contratado.

Não é incomum, no momento de elaboração do projeto executivo, exatamente em virtude da maior amplitude e do maior detalhamento exigido por esta espécie de projeto, o encontro de dificuldades ou empecilhos anteriormente desconhecidos, ou de intensidade diferente do que era esperado, ou decorrentes de imprecisões dos dados disponíveis quando da elaboração do projeto básico.

Nos casos em exame, houve um pouco de tudo isso. Por exemplo, no caso do cruzamento com a Avenida Cidade Jardim, foi descoberta existência de solo contaminado por vazamentos de gasolina e óleo, solo esse que teria de ser removido para a execução do projeto inicialmente concebido, com sensíveis custos adicionais. Já no cruzamento com a Avenida Rebouças o órgão público competente (o CONDEPHAAT) exigiu a alteração do eixo da obra, para preservar as calçadas da via pública na parte que tangencia a área tombada dos Jardins. Em ambos os casos houve problemas com as chamadas interferências (linhas e dutos da Eletropaulo, Telefônica, Sabesp, Net, AT&T etc.) seja por imprecisão das informações contidas no mapeamento existente, seja pelo estado em que se encontravam algumas galerias, seja, ainda, pelos prazos de remoção de algumas interferências, incompatíveis com a celeridade exigida na realização das obras.

Tudo isso determinou a necessidade e a conveniência de alteração do método construtivo, adotando-se, no projeto executivo, um método "não destrutivo", que colocou as obras abaixo das interferências, permitindo, com isso, uma sensível redução do tempo inicialmente previsto para a execução do projeto inicialmente concebido.

É extremamente importante ressaltar que, nesse meio-tempo, durante a elaboração dos estudos, foi editada a Lei Municipal 13.614, de 2.7.2003, disciplinando a utilização das vias públicas municipais, inclusive subsolo e espaço aéreo, no tocante à instalação de equipamentos e dutos.

Essa lei instituiu o uso oneroso e disciplina detalhadamente a instalação, manutenção e alteração de redes, inclusive as já existentes, de maneira bastante complexa, tendo como uma de suas diretrizes (art. 1º, IV) "a utilização de métodos não-destrutivos".

O ponto fundamental, entretanto, está no art. 7º, VIII, que, expressamente, dispõe que os ônus decorrentes do remanejamento deverão ser inteiramente suportados pelo permissionário. Ou seja: a Prefeitura não mais indenizará o operador do serviço afetado, como sempre ocorreu.

Isso gerou um enorme descontentamento e uma enorme resistência, especialmente quanto a linhas e dutos já existentes antes da lei, como é o caso em exame.

Ficou patente que, se não fosse encontrada uma forma de evitar o remanejamento, o assunto certamente ira desaguar no Poder Judiciário, podendo ficar pendente por vários anos e inviabilizando totalmente a execução dos projetos dos cruzamentos.

Diante disso, não restou alternativa senão aprofundar os estudos que vinham sendo feitos.

O processo de tomada de decisão no sentido da alteração do projeto inicial foi extremamente cuidadoso e rigorosamente técnico, tendo considerado uma pluralidade de aspectos que incidem ou repercutem sobre o caso, merecendo destaque um estudo comparativo designado pelo nome técnico de *HDM* (*Highway Design and Maintenance*) que está consignado no documento "Estudo de impacto sócio-econômico referente às obras de adequação dos cruzamentos da Av. Brig. Faria Lima com a Av. Rebouças e com a Av. Cidade Jardim", no qual foram comparadas alternativas para a solução dos problemas detectados e do qual se transcrevem os trechos que se seguem:

> Individualmente, para cada uma das três hipóteses em questão e em cada cruzamento, foram realizadas modelagens das vias afetadas diretamente pelas obras, utilizando-se o *Highway Design and Mantenance (HDM)* — programa computacional desenvolvido pelo Banco Mundial para análise de custos viários.
>
> Na construção e manutenção de uma rede viária, os órgãos e agências levam em consideração uma série de fatores, que envolvem o tipo de material empregado, o tráfego, freqüência de manutenção e padrões de serviços, por cruzamento. Paralelamente, são estudadas e analisadas, as políticas, leis vigentes sobre o tamanho dos veículos e o limite de carga por eixo, que afetam diretamente os pavimentos. O número de combinações de políticas alternativas *versus* projeto é muito extenso e essas decisões têm forte influência nos custos operacionais, nos fretes e transportes de passageiros.
>
> Dessa forma, o problema básico em uma análise de investimentos em vias é a previsão do custo total num período de análise considerado, que será função do projeto original da via, padrões de manutenção empregados e outras opções passíveis de consideração.
>
> Um instrumento de análise adequado deve levar em consideração os efeitos de diferentes variáveis ambientais como: tipo do solo, clima, tráfego,

características regionais, limitações dos motoristas, características dos veículos, condicionantes econômicas, dentre outras, nas diferentes inter-relações de custos.

O modelo *HDM* simula as condições e custos envolvidos no período de vida de um projeto viário e fornece parâmetros econômicos de decisão entre várias estratégias de manutenção.

O modelo *HDM* é uma ferramenta para a avaliação das estratégias de construção e manutenção de vias pavimentadas e não pavimentadas. A validade de uma estratégia é julgada sobre uma base de custos totais que incluem os custos de construção, manutenção e custos dos usuários. Basicamente, o *HDM* é alimentado com dados sobre a via ou conjunto de segmento, onde se incluindo dados físicos, econômicos e financeiros.

O *HDM* é um modelo computacional para análise técnico-econômica de estratégias alternativas de concepção, de reforço e de manutenção viária. É amplamente utilizado em todo o mundo, e também no Brasil, não só para estudos de viabilidade e planejamento, como também estudos de impacto sócio-econômicos e gerenciamento de malhas viárias.

O que se desejou evidenciar com as transcrições acima foi a amplitude do estudo efetuado, que não se resumiu a uma comparação aritmética entre o custo de cada alternativa, nem se limitou aos aspectos econômicos, mas que foi bem mais adiante, preocupando-se com os aspectos econômicos, técnicos, urbanísticos, operacionais, institucionais e, principalmente, com o impacto social de cada alternativa.

Muito embora os contratos mencionem dois determinados e específicos cruzamentos de vias públicas, na verdade as obras afetam uma região bem mais ampla, afetando um grande número de outras vias que se conectam com aquelas especificamente atingidas.

Especialmente durante o período das obras, muitas atividades (especialmente comerciais) serão afetadas, obrigando a adoção de percursos alternativos para o trânsito, acarretando incômodos (poeira, barulho) inevitáveis, despertando a atenção da imprensa e gerando reações perfeitamente compreensíveis por parte de segmentos sociais mais diretamente afetados.

Qualquer intervenção ou alteração urbana de certo porte sempre irá suscitar controvérsias, pois, inevitavelmente, alguns se sentirão prejudicados e outros serão beneficiados. Normalmente os beneficiados ou se acomodam ou se manifestam moderadamente, enquanto os opositores movem céus e terras para impedir a modificação pretendida, suscitando, invariavelmente a ilicitude da atuação governamental.

Muitíssimas vezes um empreendimento essencial ou benéfico para toda uma coletividade, para o conjunto dos munícipes, pode ser prejudicial para um segmento do corpo social, acarretando perdas, inclusive econômicas, para as pessoas que habitam nas proximidades. Muitíssimas outras vezes os incômodos ou as perdas são apenas temporárias e inerentes a própria vida em sociedade.

Ao jurista, num estudo jurídico, compete examinar apenas e tão-somente a viabilidade jurídica da atuação administrativa, sem tomar parte no conflito, nem imiscuir-se na formulação de políticas públicas.

Feitas estas considerações preliminares e gerais, cabe agora ir diretamente ao ponto ou à questão jurídica que ensejou a formulação da Consulta.

II — Legislação aplicável

O contrato em exame foi celebrado com base na Lei Municipal 13.278/2002 que remete às regras fixadas pela legislação federal, inclusive no que tange aos limites à alteração dos contratos. Isso significa que a questão deve ser examinada em face do que está disposto na Lei 8.666/1993, normalmente designado como Estatuto das Licitações e Contratos Administrativos.

O regime jurídico dos contratos administrativo, instituído por essa mencionada Lei Federal, confere à Administração prerrogativas especiais na forma estabelecida em seu art. 58, do qual se destaca o que consta de seu inciso I, a saber:

> Art. 58. O regime jurídico dos contratos administrativos instituído por esta Lei confere à Administração, em relação a eles, a prerrogativa de:
>
> I — modificá-los, unilateralmente, para melhor adequação às finalidades de interesse público, respeitados os direitos do contratado.

O art. 65 dessa mesma Lei Federal disciplina as hipóteses em que a modificação do contrato é possível, prevendo-se tanto a situação em que a Administração age unilateralmente, impondo a alteração, quanto os casos em que contratante e contratado acordam para a realização da modificação. Diz o dispositivo, na parte que interessa à solução do problema em exame:

> Art. 65. Os contratos regidos por esta Lei poderão ser alterados, com as devidas justificativas, nos seguintes casos:
>
> I — unilateralmente pela Administração:
>
> a) quando houver modificação do projeto ou das especificações, para melhor adequação técnica aos seus objetivos;
>
> b) quando necessária a modificação do valor contratual em decorrência de acréscimo ou diminuição quantitativa de seu objeto, nos limites permitidos por esta Lei;
>
> (...).

Evidentemente, nos casos em que a lei permite alterações consensuais não é dado à Administração impor sua vontade unilateral ao contratado, mas, ao contrário, nada impede que uma alteração passível de ser feita de maneira unilateral conte com a concordância do contratado. No caso em exame, os fatos descritos apontam para uma das formas de alteração unilateral, sendo conveniente examinar os dois únicos casos possíveis de modificação unilateralmente promovida pela Administração, para que, em seguida, sejam destacadas as diferenças entre um e outro:

a) *modificação qualitativa do objeto contratual* — quando houver alteração do projeto ou de suas especificações, para melhor adequação técnica aos seus objetivos; caso em que, se decorrer aumento dos encargos do contratado, caberá o correspondente direito ao restabelecimento da equação financeira (art. 65, § 6º);

b) *modificação quantitativa do objeto contratual* — quando for necessária a alteração do valor contratual em decorrência de acréscimo ou diminuição quantitativa de seu objeto, nos limites estabelecidos no § 1º do mesmo artigo (até 25% do valor inicial atualizado do contrato para obras, serviços ou compras, e até 50% para reforma de edifício ou equipamento).

Neste ponto, é preciso esclarecer que o aditamento pretendido não corresponde a uma simples alteração quantitativa do objeto de cada contrato; não se trata de fazer mais do mesmo (maior quantidade de uma mesma coisa), não se aplicando ao caso, portanto, os limites previstos no supracitado § 1º do art. 65, que se dirigem apenas aos casos de modificação *quantitativa* do contrato.

As alterações contratuais pretendidas se referem a obras e serviços decorrentes de aperfeiçoamentos feitos nos projetos básicos que foram apresentados para a realização dos certames licitatórios, em função de problemas que foram detectados por ocasião da elaboração dos respectivos projetos executivos e com o propósito de aumentar a funcionalidade do que havia sido originariamente contratado, bem como minimizar o impacto social das obras, configurando aquilo que a lei define como melhor adequação técnica aos objetivos do contrato, sem estabelecer qualquer limite de valor para que isso seja feito.

Não há necessidade de maiores considerações quanto a este ponto, porque já é consenso, atualmente, que a necessidade de adequação técnica verificada durante a execução do contrato não obedece a qualquer limite de natureza quantitativa, pois isso seria negar a própria finalidade da lei, que é alcançar a plena eficiência da prestação contratada.

Obras públicas de grande vulto demandam longo espaço de tempo, no transcorrer do qual podem ocorrer alterações no suporte fático que levou a que se contratasse determinado objeto para ser executado de determinada forma, com determinadas especificações. Realidades emergentes podem exigir, e normalmente exigem, alterações no objeto contratado, de maneira a possibilitar o efetivo, ou melhor atingimento das finalidades almejadas pela contratação.

Antônio Carlos Cintra do Amaral, em seu *Ato Administrativo, Licitações e Contratos Administrativos* (Malheiros Editores, 1995, pp. 126 a 128) descreve com muita propriedade a ocorrência de eventos dessa natureza:

"As licitações para construção de obras públicas devem ser precedidas de projeto básico (art. 7º, § 2º, da Lei 8.666/1993).

"Na execução do objeto contratual, o projeto vai sendo detalhado e desse detalhamento decorrem modificações (alterações, adaptações ou complementações) do projeto inicial, que muitas vezes elevam substancialmente o custo de sua execução.

"Surgida uma necessidade, o contrato pode ser estendido, a fim de adequar-se o projeto à realidade. Essa extensão tem por limite o 'interesse coletivo primário'. Vale dizer: somente são admissíveis modificações do projeto que visem ao melhor entendimento do interesse da parcela da sociedade afetada pela obra a ser construída.

"A modificação do projeto pode acarretar extensões contratuais independentemente de o fato motivador ser superveniente ou de conhecimento superveniente. Por outro lado, esse fato tanto pode ser um fato de natureza quanto outro, como alteração da configuração urbana de Municípios a serem atravessados por uma rodovia, alteração essa posterior à elaboração do projeto e que torne impossível ou excessivamente onerosa a observância do traçado previsto; alteração de legislação federal, estadual ou municipal que impeça a execução do projeto tal como inicialmente concebido; ou reivindicação político-social com vista à preservação do meio ambiente, todos fatos extrínsecos à relação contratual. Ou, ainda, domínio de tecnologia mais avançada, inclusive disponibilidade de equipamentos tecnicamente mais aperfeiçoados."

Diante de tais fatos, que ocorrem com certa freqüência e são inevitáveis, a doutrina é unânime no sentido de afirmar a viabilidade de alterações contratuais qualitativas, destinadas à melhor execução das obras e serviços contratados, sem limitações percentuais quanto ao valor do contrato.

Marçal Justen Filho, em seus *Comentários à Lei de Licitações e Contratos Administrativos* (São Paulo, Dialética, 1999, p. 610) expressamente afirma que os limites previstos na Lei de Licitações não se reportam às situações de alteração qualitativa do projeto contratado, esclarecendo o que deve ser entendido como tal: "A melhor adequação técnica supõe a descoberta ou a revelação de circunstâncias desconhecidas acerca da execução da prestação ou a constatação de que a solução técnica anteriormente adotada não era a mais adequada. Os contratos de longo prazo ou de grande especialização são mais suscetíveis a essa modalidade de alteração".

De fato, por mais minucioso que se pretenda um projeto básico, uma obra pública sempre pode enfrentar eventos imprevistos de maior complexidade. De seu turno, a Administração não pode estar impedida de promover as modificações necessárias no ajuste a fim de atender o interesse coletivo traduzido na utilidade pública da obra acabada.

III — Limites e responsabilidades

O fato da lei não estipular qualquer medida de limite para as alterações qualitativas não significa que a Administração é livre para agir, promovendo a alteração que lhe aprouver. Sua atuação está circunscrita aos estritos contornos da legalidade, e, por conseqüência, sobretudo ao cumprimento do interesse público, que precisa ser efetivamente demonstrado.

Direito é limitação. Todo direito é limitado, todo direito tem um conteúdo definido, tem uma determinada abrangência, compreende um certo número de atuações possíveis. Quando o âmbito daquilo que está juridicamente assegurado é extravasado, chega-se ao campo do não-direito, do ilícito, do que pode resultar a responsabilidade pela conduta não amparada pelo direito.

Fica evidente, portanto, que os dispositivos legais invocados não autorizam, ilimitadamente, toda e qualquer alteração contratual, mesmo que sob a correta invocação de melhor adequação técnica, ou melhor satisfação do interesse público.

A exemplo de todas as demais situações erigidas sob o signo da Administração Pública, o primeiro limite que se impõe ao poder de determinar a alteração do contrato, a que alude citado art. 65, é o próprio interesse público. Ele deve estar presente e ser a baliza, o fundamento da decisão administrativa. Impende não perder de vista que a tônica do contrato administrativo se desloca do simples atendimento de interesses privados para a satisfação do interesse coletivo. Daí que o motivo ensejador da alteração qualitativa do objeto, via aditamento contratual, deve ser devidamente explicitado nas razões de decidir a fim de possibilitar o correspondente cotejo para aferição da legalidade do ato.

O segundo limite da mutabilidade do contrato repousa na correspondente *imutabilidade do objeto*, ou seja: a adequação técnica que será promovida não poderá ser de tal ordem que altere radicalmente o objeto avençado. O contrato originariamente estabelecido não pode ser desnaturado. Não é possível contratar uma coisa e, via aditamento, executar outra coisa totalmente distinta. A prerrogativa atribuída ao ente público contratante de alterar o objeto para adequá-lo às novas necessidades técnicas não autoriza a substituição da própria essência do contrato, nem a execução de algo sem qualquer vínculo ou liame com o objeto contratado.

Confiram-se as precisas palavras de Caio Tácito a respeito: "As alterações qualitativas, precisamente porque são, de regra, imprevisíveis, senão mesmo inevitáveis, não tem limite preestabelecido, sujeitando-se a critérios de razoabilidade, de modo a não se desvirtuar a integridade do objeto do contrato. Daí porque as alterações qualitativas exigem motivação expressa e vinculação objetiva às causas determinantes, devidamente explicitadas" ("Contrato administrativo. Alteração quantitativa. Alteração qualitativa. Limites de valor", in *Boletim de Licitações e Contratos* 3/119, Ed. NDJ, ano 1997).

De fato, a substituição do objeto contratual por outro que não guarde qualquer coerência com o original representaria flagrante violação a todos os princípios que regem o procedimento licitatório, mormente os princípios da igualdade e da moralidade administrativa.

A modificação qualitativa haverá de se operar circunscrita à órbita do objeto original, respeitando-se a finalidade que inspirou o contrato e a pertinência lógica e física entre os serviços contratados e os complementares a serem executados. Sem dúvida, para fins de verificação da necessária pertinência é absolutamente indispensável perquirir a finalidade almejada com a realização das obras e serviços inicialmente contratados, para constatar se a "essência" do contrato está sendo respeitada e mantida. O objeto contratual traz ínsita a idéia de fim, de uma razão de ser, em face das circunstâncias que determinaram a contratação.

Todo contrato é feito para ser fielmente executado conforme o que deve constar como sendo o seu objeto. Portanto, toda e qualquer alteração do objeto contratado deve ser perfeitamente justificada. Sempre será preciso investigar se a alteração contratual não decorre de dolo ou culpa da autoridade responsável pelo contrato.

Por exemplo, é freqüente a invocação da urgência como justificativa seja para a dispensa de licitação seja para a alteração do cronograma do contrato. Em tais casos sempre será necessário verificar se a urgência invocada não derivou de simples negligência (ou mesmo dolo) da autoridade responsável. Outro exemplo freqüente é o subdimensionamento do objeto ou do valor, para burlar a legislação orçamentária, especialmente a Lei de Responsabilidade Fiscal.

Em síntese, é preciso verificar se as circunstâncias invocadas como determinantes da necessidade das alterações destinadas à melhor adequação técnica do contrato são reais, plausíveis, pertinentes ou, ao contrário, foram provocadas pela autoridade responsável.

No caso deste estudo, a documentação oferecida para exame deixa claro que os projetos básicos que serviram para a realização das licitações eram materialmente exeqüíveis e correspondiam a opções técnicas usuais e correntes em trabalhos da mesma natureza. Dizendo de outra forma, mais direta e claramente: pode-se concluir, com segurança, que os projetos básicos não eram artificiais, não eram aberrantes, não foram feitos para serem alterados, mas, sim, foram elaborados em função dos dados disponíveis no momento de sua elaboração, que atestavam sua viabilidade.

Entretanto, fazia parte do objeto contratual, era uma das obrigações do contratado, em ambos os casos, a elaboração dos projetos executivos, ou projetos completos, que se caracterizam por um nível de detalhamento muito maior. E foi exatamente quando do desenvolvimento dos trabalhos necessários à realização dos projetos executivos que os problemas começaram e foram se avolumando, chegando-se a ponto de se evidenciar a necessidade de alteração do projeto original.

Um dos problemas que emergiram está naquilo que é tecnicamente designado como interferências, ou "interferências imprevistas", conforme a denominação e a conceituação dada pelo inesquecível Hely Lopes Meirelles, constantes de seu *Licitação e Contrato Administrativo* (11ª ed., Malheiros Editores, 1996, p. 210):

"Interferências imprevistas (*sujétions imprévues*, dos franceses; *changed conditions*, dos norte-americanos), para autores pátrios agravações ou sujeições imprevistas, são ocorrências materiais não cogitadas pelas partes na celebração do contrato, mas que surgem na sua execução de modo surpreendente e excepcional, dificultando e onerando extraordinariamente o prosseguimento e a conclusão dos trabalhos. É o que se verifica, por exemplo, com o encontro de um subsolo rochoso e inesperado para o local, ou de um lençol anormal de água subterrânea, ou de canalizações de serviços públicos não indicados no projeto e que exigem remoções especiais.

"O que caracteriza a interferência imprevista e a distingue das demais supervenîências é a descoberta de obstáculos materiais, naturais ou artificiais, depois de iniciada a execução do contrato, embora sua existência seja anterior ao ajuste, mas só revelada através das obras ou serviços em andamento, dada sua omissão nas sondagens ou sua imprevisibilidade para o local em circunstâncias comuns de trabalho."

A essa objetiva definição cabe acrescentar apenas os obstáculos não-materiais, mas decorrentes de determinações legais, de opções técnicas ou de políticas públicas, que, supervenientemente produzidas ou conhecidas, de qualquer modo, interferem na execução do projeto original.

Evidentemente, quando da elaboração dos projetos básicos já se tinha conhecimento da existência de redes e dutos subterrâneos nos cruzamentos em questão. A Municipalidade efetivamente dispõe de um mapeamento de redes subterrâneas. Mas, por ocasião dos levantamentos necessários à elaboração dos projetos executivos foi possível constatar tanto a imprecisão dos dados disponíveis quanto a existência de outras interferências realmente imprevistas.

Além disso, a própria realização das licitações, a assinatura dos contratos, as sondagens que começaram a ser feitas e os trabalhos iniciais de instalação dos canteiros de obras despertaram a atenção dos opositores dos empreendimentos, que acionaram as associações de moradores, o Ministério Público, os parlamentares oposicionistas, a imprensa, suscitando inúmeros problemas técnicos, práticos, ambientais e de proteção ao patrimônio público, em seu sentido mais amplo, suscitando até mesmo medidas judiciais impedindo a execução das obras conforme haviam sido planejadas.

O governo democrático se caracteriza exatamente por ser permeável às pressões sociais, na medida da possibilidade de compor conflitos de interesses. Por isso, sem sacrificar os objetivos fundamentais das obras pretendidas e sem desnaturar os projetos iniciais, algumas adaptações e alterações tiveram que ser feitas.

IV — Aspectos técnicos relevantes

Convém estabelecer com clareza os três planos nos quais a questão em exame pode ser abordada: o político, o técnico e o jurídico.

As políticas públicas são opções políticas e, por isso, são formuladas por quem dispõe de capacidade política, por quem recebeu da ordem jurídica competência para decidir sobre o que é bom, necessário, conveniente, oportuno e prioritário para a satisfação dos interesses qualificados como públicos. Por isso mesmo é que são condicionantes da atuação administrativa, na prática de atos específicos e determinados, conforme ensina a doutrina: "A escolha das diretrizes da política, os objetivos de determinado programa não são simples princípios de ação, mas são os vetores para a implementação concreta de certas formas de agir do Poder Público, que levarão a resultados desejados. E essa é a conexão das políticas públicas com o direito administrativo. Cada vez mais os atos, contratos, regulamentos e operações materiais encetados pela Administração Pública, mesmo no exercício de competências discricionárias, devem exprimir não a decisão isolada e pessoal do agente público, mas escolhas politicamente informadas que por essa via demonstrem os interesses públicos a concretizar" (Maria Paula Dallari Bucci, *Direito Administrativo e Políticas Públicas*, Saraiva, 2002, pp. 267-268).

Diante de políticas públicas formuladas pelas autoridades para isso competentes, caberá aos setores técnicos identificar os meios e modos mais eficientes e mais econômicos para executá-las.

Num terceiro plano, após identificados os melhores, mais convenientes e oportunos processos para a execução das políticas públicas, é que caberá ao jurista verificar a sua viabilidade à luz dos princípios e normas que integram o sistema jurídico.

Não cabe discutir neste estudo jurídico se as obras em questão são ou não prioritárias, pois isso é uma questão de ordem política (no sentido de política de administração, de formulação de políticas públicas). Cabe aos representantes do povo, democraticamente eleitos, a formulação de políticas públicas, inclusive e principalmente a determinação de prioridades.

Também não cabe ao jurista discutir a maior ou menor adequação deste ou daquele processo construtivo. Não pode o jurista ingressar no campo do mérito das opções técnicas.

Os aspectos técnicos relevantes para os fins deste estudo jurídico são somente aqueles que, direta ou indiretamente, permitam aferir a verossimilhança das razões invocadas para a melhor adequação técnica dos projetos aos objetivos almejados, visando sempre, em última análise, a melhor satisfação do interesse público, entendido como tal o interesse da coletividade, do conjunto dos cidadãos. Melhor dizendo: não se trata de julgar o mérito das opções técnicas, mas, sim, apenas a relação de pertinência entre elas e as alterações contratuais almejadas.

Conforme já foi dito, o presente estudo abrange, conjuntamente, dois contratos, mas ambos se referem à execução de passagens subterrâneas sob a Avenida Brigadeiro Faria Lima (um no cruzamento com a Avenida Rebouças e outro no cruzamento com a Avenida Cidade Jardim), tendo como objetivo estabelecer uma nova configuração urbanística e paisagística, de molde a conferir maior fluidez ao trânsito e maior segurança para pedestres e motoristas, e, principalmente, propiciar a implantação de instalações essenciais ao novo sistema integrado de transportes coletivos.

São, portanto, dois contratos, referentes a locais distintos, mas que se referem a obras da mesma natureza, visando as mesmas finalidades e apresentando, em princípio, os mesmos problemas. Cada um tem peculiaridades, mas que são irrelevantes para o estudo jurídico, pois as pretendidas alterações contratuais podem ter como supedâneo, em ambos os casos, o mesmo dispositivo legal (art. 65, I, *a*, da Lei 8.666/1993, que se refere a modificações do projeto ou de suas especificações, para melhor adequação técnica aos seus objetivos), justificando-se, portanto, plenamente que se faça um único estudo jurídico abrangendo ambos os contratos.

Questiona-se, entretanto, a necessidade da realização simultânea das duas obras, propugnando alguns no sentido de que a Municipalidade realizasse primeiro uma e, depois, a outra, sob o argumento de que isso causaria menor impacto no trânsito. Não cabe aqui discutir se tal argumento é válido ou não. Ou seja, não cabe discutir aqui qual das alternativas (realização simultânea ou realização subseqüente) seria melhor em termos de fluidez do trânsito, pois a justificativa para a execução simultânea é outra.

Conforme está destacado na documentação técnica enviada para exame, ambas as obras estão ligadas ou são decorrentes da implantação do sistema integrado de transportes coletivos, que exige a instalação de corredores exclusivos, estações de transferência e terminais urbanos. A implantação desse sistema é que exige a adoção simultânea de diversas providências, incluindo a execução de obras viárias.

O erro de perspectiva está no arraigado costume de se executarem obras viárias para melhorar o fluxo dos automóveis (veículos de transporte individual), ao passo que, no caso das obras em exame esse é apenas um dos objetivos, mas não o único, nem o principal.

Os estudos técnicos deixam claro que as duas obras em questão servem ao mesmo propósito de melhorar o transporte coletivo para a parte da cidade que fica além do Rio Pinheiros, somando-se ao esforço do Governo do Estado no mesmo sentido (implantação da linha do Metrô Capão Redondo), motivo pelo qual a Municipalidade e o Governo Estadual desenvolvem conjuntamente os trabalhos do terminal intermodal, à margem do Rio Pinheiros, que vai integrar o sistema de ônibus ao Metrô e ao trem urbano.

Estas considerações são feitas para afastar qualquer conjectura de açodamento, de criação de uma urgência artificial, como desculpa para as alterações contratuais. Na verdade, ocorre o contrário: é o impacto da necessária realização simultânea das obras que determina a adoção de alterações nos projetos, para que os trabalhos possam ser concluídos em menor tempo.

Resumindo. A maior alteração, ou a alteração fundamental, em ambos os projetos será o aprofundamento do túnel sob a Avenida Brigadeiro Faria Lima, de molde a evitar o problema gerado pelas interferências. Mas essa alteração qualitativa acarreta a necessidade de que as rampas de acesso tenham maior extensão, do que resulta, por decorrência, um aumento quantitativo de obras e serviços e uma correspondente alteração no valor dos contratos.

Mas, conforme especialmente salientado nos estudos técnicos, numa visão mais ampla, abrangendo a economicidade dos empreendimentos e muito especialmente o menor impacto no funcionamento da cidade, pela diminuição do período de realização das obras, a Administração Pública terá atuado com maior eficiência e o resultado final será amplamente mais satisfatório ao interesse público.

A verificação da economicidade exige muito mais do que uma simples operação aritmética. Não se trata de apurar se houve maior ou menor volume de gastos. O que interessa verificar é o resultado da atuação administrativa, examinando a relação custo/benefício, para que se possa saber, em última análise, se os recursos foram bem aplicados:

"O controle da economicidade entende com o exame e fiscalização material da execução orçamentária, em contraponto com o formal, que é o da legalidade. Aparece pela primeira vez na Constituição do Brasil, embora já fosse reclamado há muito tempo pela doutrina. A Constituição alemã (art. 114, 2) utiliza o termo *Wirtschaftlichkeit*, que se traduz exatamente por economicidade. O conceito de economicidade, originário da linguagem dos economistas, corresponde, no discurso jurídico, ao de justiça.

"Controle da economicidade significa controle da eficiência na gestão financeira e na execução orçamentária, consubstanciada na minimização de custos e gastos públicos e na maximização da receita e da arrecadação" (Ricardo Lobo Torres, "O Tribunal de Contas e o controle da legalidade, economicidade e legitimidade", in *RIL* 121/267).

Os Tribunais de Contas, constitucionalmente dotados de competência expressa para examinar a economicidade da gestão financeira e orçamentária, pouco a pouco vão se distanciando do controle meramente formal, para ingressar no exame dos resultados alcançados com a aplicação de recursos públicos:

"Observa-se, de logo, que o Tribunal julgará, sem ressalvas, as contas de todo o universo de órgãos da administração direta e das entidades da administração indireta. Controlará, em suma, de forma irrestrita, todos os gastos oriundos de recursos públicos, todas as contas da União em seus aspectos contábil, financeiro, orçamentário, operacional e patrimonial.

"A inclusão, pela primeira vez, do controle operacional — medida altamente louvável — permitirá a avaliação do desempenho da gestão pública, não somente da legalidade, legitimidade e probidade de seus atos, como também da economicidade dos valores aplicados, comparando dispêndios efetivados e resultados colhidos" (Luciano Brandão Alves de Souza, "A Constituição de 1988 e o Tribunal de Contas da União", in *RDA* 175/38).

Essa questão da economicidade foi abordada com rara felicidade e de maneira invejavelmente sintética e objetiva por Edgar Guimarães, em seu *Controle das Licitações Públicas* (São Paulo, Dialética, 2002, p. 89), ao analisar a natureza do exame efetuado pelos Tribunais de Contas: "O exame realizado pelas Cortes de Contas ultrapassa a análise meramente burocrática. Verifica não só os elementos formais que norteiam o processo de despesa, como também a relação custo benefício, a aferição da atuação ótima das ações administrativas, a mais rentável possível em se considerando o interesse público envolvido, (...)".

O princípio da eficiência, hoje com *status* constitucional, determina que se deve buscar a forma mais eficiente de cumprir a lei, deve buscar, entre as soluções teoricamente possíveis, aquela que, diante das circunstâncias do caso concreto, permita atingir os resultados necessários à maior e mais completa satisfação do interesse público.

Atualmente, além de acatar o princípio da legalidade, é preciso dar atendimento também a um outro novo e significativo princípio constitucional da administração pública, o princípio da eficiência, introduzido no cenário jurídico nacional pela Emenda Constitucional da reforma administrativa, sobre o qual, em obra escrita em parceria com Sérgio Ferraz, já fizemos algumas ponderações:

"A Emenda Constitucional 19, de 4.6.1998, conhecida como 'Emenda da Reforma Administrativa', trouxe profundas modificações na Administração Pública brasileira. O propósito fundamental dessa reforma era a substituição do antigo modelo burocrático, caracterizado pelo controle rigoroso dos procedimentos, pelo novo modelo gerencial, no qual são abrandados os controles de procedimentos e incrementados os controles de resultados. Essa linha de pensamento, esse novo valor afirmado pela Constituição, não pode ser ignorado pelo intérprete e aplicador da lei.

"Não por acaso, aos princípios já previstos na redação original do art. 37, foi acrescentado o princípio da eficiência. É obvio que esse princípio já estava implícito. Ao torná-lo explícito, ao afirmá-lo expressamente, o que se pretendeu foi demonstrar a redobrada importância que ele passou a ter. Em termos práticos, deve-se considerar que, quando mera formalidade burocrática for um empecilho à realização do interesse público, o formalismo deve ceder diante da eficiência.

"Isso significa que é preciso superar concepções puramente burocráticas ou meramente formalísticas, dando-se maior ênfase ao exame da legitimidade, da economicidade e da razoabilidade, em benefício da eficiência. Não basta ao administrador demonstrar que agiu bem, em estrita conformidade com a lei; sem se divorciar da legalidade (que não se confunde com a estrita legalidade), cabe a ele evidenciar que caminhou no sentido da obtenção dos melhores resultados" (Sérgio Ferraz e Adilson Abreu Dallari, *Processo Administrativo*, Malheiros Editores, 2000, pp. 77 e 78).

Nos casos em exame, fica evidente a maior eficiência da atuação administrativa, pois em virtude da melhor adequação técnica dos projetos (de maneira a superar as interferências e atender às imposições ambientais), típica alteração qualitativa, haverá um decorrente aumento quantitativo de obras, mas em compensação, haverá também uma significativa diminuição do tempo de execução inicialmente previsto.

Por outro lado, por não se tratar de alteração radical do projeto original, mas, sim, exatamente, apenas de melhor adequação, os serviços a serem especificamente realizados serão basicamente os mesmos, não havendo maiores dificuldades para o cálculo das alterações dos valores contratados. Uma grande parte terá como base os preços unitários já estabelecidos nos respectivos contratos e o remanescente poderá ser fixado mediante acordo, conforme previsto no § 3º do art. 65 da Lei 8.666/1993.

Fica, portanto, afastada qualquer cogitação de desvio de poder, de favorecimento indevido ou de superfaturamento, que poderia inquinar as alterações pretendidas.

V — Conclusões

Diante do que foi acima exposto, pode-se agora apresentar objetivamente as seguintes conclusões:

1. O objeto de cada um dos contratos em exame não será desnaturado, pois fica patente que haverá apenas modificação do projeto e de suas especificações, para melhor adequação técnica aos seus objetivos.

2. Os estudos técnicos evidenciam que os projetos básicos estavam corretos e eram viáveis, mas circunstâncias justificadamente não previstas nos projetos básicos e somente detectadas por ocasião da elaboração dos projetos executivos dificultaram de forma extraordinária a execução dos contratos na forma inicialmente prevista.

3. Os aditamentos pretendidos decorrem de alterações qualitativas ao objeto de cada um dos contratos, destinadas a melhor atender a finalidade pública que determinou a celebração do contrato originário, sendo as alterações quantitativas decorrentes das modificações ou alterações dos projetos, e não de simples aumento de quantidades inicialmente contratadas.

4. A Lei Federal 8.666/1993, aplicável ao caso em exame por força da Lei Municipal 13.278/2002, prevê em seu art. 65, I, alínea *a*, a possibilidade de alteração contratual, via aditamento, para fins de modificação qualitativa do objeto, sem sujeição aos limites previstos em seu § 1º, quando evidenciada a efetiva necessidade "*para melhor adequação técnica aos seus objetivos*".

5. A necessidade das obras e serviços a serem realizados mediante a celebração dos pretendidos aditamentos contratuais ficou exaustivamente comprovada, inclusive no tocante à simultaneidade.

6. Pode-se afirmar, portanto, com segurança, que em face da presença dos pressupostos fáticos e da expressa previsão legal, é plenamente viável o aditamento de ambos os contratos, para dar maior eficiência à atuação administrativa, alcançar mais rapidamente os objetivos que determinaram a celebração dos contratos, assegurar a economicidade dos empreendimentos numa visão mais ampla e melhor atender ao interesse público, entendido como o interesse de toda a coletividade paulistana.

Em face das conclusões acima enumeradas, pode-se, agora, responder direta e objetivamente ao que foi textualmente perguntado:

1. É juridicamente possível aditar os contratos das obras das passagens em desnível Faria Lima-Rebouças e Faria Lima-Cidade Jardim tendo em vista que o projeto executivo das obras alterou a concepção da execução, acarretando assim acréscimos de valores que extrapolam o limite imposto pelo § 1º do art. 65 da Lei Federal 8.666/1993?

Resposta — Sim. As alterações qualitativas dos projetos, para melhor adequação aos seus objetivos, não estão sujeitas a limites quantitativos.

2. A realização do aditamento alterando os projetos básicos das passagens em desnível Faria Lima-Rebouças e Faria Lima-Cidade Jardim para a nova concepção estabelecida nos projetos executivos pode gerar algum questionamento à EMURB pelo fato da mesma ter realizado pré-qualificações fundamentadas nos projetos básicos ?

Resposta — Não. A licitação foi feita com estrita observância das exigências legais pertinentes, que condicionam a abertura do certame à existência apenas de projeto básico.

S.M.J., é o Parecer.

São Paulo, 25 de fevereiro de 2004.

PRINCÍPIOS DA PROPORCIONALIDADE E DA LEGALIDADE NA REGULAÇÃO ESTATAL

FLORIANO DE AZEVEDO MARQUES NETO

Doutor pela USP. Professor-Doutor do Departamento de Direito Público e do Estado da Faculdade de Direito da Universidade de São Paulo. Advogado

Consulta. I. Princípio da legalidade e poder normativo. II. Princípio da proporcionalidade e atividade regulatória. III. O caso concreto: a onerosidade do uso de radiofreqüência. IV. A ilegalidade da regra inserida no edital e nos termos de autorização. V. A exigência da Anatel em face do princípio da proporcionalidade: nova afronta legal. VI. Da isonomia, da vinculação ao instrumento convocatório e do "pacta sunt servanda". VII. Conclusão e resposta aos quesitos.

Consulta

Empresa de telefonia formula-me Consulta a respeito do regime aplicável à autorização para a prestação do Serviço Telefônico Fixo Comutado (STFC), especificamente no que concerne ao pagamento de Preço Público pelo Direito de Uso de Radiofreqüências (PPDUR). A questão jurídica envolvida se refere à exigibilidade ou não do pagamento dos valores pela autorização de uso das freqüências inerente à autorização do serviço detida pela Consulente.

A empresa interessada informa que participou e tornou-se vencedora da licitação pública, destinada à obtenção de "autorização para Exploração do Serviço Telefônico Fixo Comutado destinado ao Uso Público em Geral — STFC". Tal procedimento substituía anterior Instrumento Convocatório, que tinha o mesmo objeto e que não foi levado a termo por não acudirem concorrentes interessados, tendo sido a licitação finalmente declarada deserta. Vencido o certame licitatório, a empresa assinou os Termos de Autorização, que lhe permitiam a exploração do STFC nas modalidades local e longa distância nacional de âmbito intra-regional, e passou a explorar regularmente o serviço.

Segundo a interessada, pelo fato do instrumento de convocação original ter sido declarado deserto e pelo fato de novo instrumento ter sido editado, o edital da licitação por ela vencido contemplou regra (depois também inserida no Termo de Autorização) que — discrepando tanto da regulamentação existente, como do regime das demais autorizatárias do STFC — estipula uma obrigação de pagamento da diferença entre o preço calculado para autorização de uso das radiofreqüências e o ônus pago pela autorização de prestação do serviço, se este resultar menor que aquele.

Com base em tal dispositivo, ainda segundo informações que me foram trazidas, a Agência Nacional de Telecomunicações — Anatel exigiu da empresa o pagamento do valor correspondente ao preço público pelas freqüências de que se utiliza para prestação do STFC, descontado do valor por ela pago a título de ônus pela autorização. A exigência foi feita com supedâneo no disposto na Resolução 68/1998 e no estatuído nos Termos de Autorização detidos pela interessada.

A empresa apresentou contestação ao pagamento exigido, dirigida à Gerência Geral de Outorga, Acompanhamento e Controle de Obrigações Contratuais da Agência. Sustentou naquela ocasião sofisticado e claro raciocínio no sentido de que tal cobrança seria indevida. Segundo tal requerimento, o pagamento do PPDUR não teria lugar para as freqüências necessárias ao cumprimento dos compromissos de abrangência assumidos no contrato como condição para explorar o STFC em regime privado (compromissos de interesse da coletividade, lastreados no art. 135 da LGT). De mais a mais, defendeu que o dispositivo, supostamente ensejador da obrigação de pagamento de PPDUR correspondente à diferença de valores, haveria de ser interpretado no sentido de que o pagamento somente referir-se-ia às radiofreqüências adicionais (aquelas não estritamente necessárias ao cumprimento dos compromissos).

Arrima a tese apresentada na contestação — polêmica, mas supedaneada em argumentos jurídicos elegantes e sólidos — o suposto conflito entre normas regulamentares (de caráter geral) e editalíticas e contratuais (de caráter específico, concreto), bem como o raciocínio de que o ônus assumido pela contratada não se restringe ao preço pago pela autorização de prestação do STFC em regime privado, mas deveria ser tomado pela totalidade dos investimentos impostos (ou induzidos) como condição para aquisição do direito de exploração do STFC em regime privado.

Expondo o problema — nuclearizado na sua resistência em assumir o pagamento do PPDUR exigido pela Agência — a empresa solicita minha análise dos aspectos jurídicos enredados na questão, resumindo-os nos seguintes quesitos:

A. Qual o regime jurídico aplicável ao pagamento do preço público pelo direito de uso de radiofreqüências para as autorizadas do STFC ("empresas espelho")?

B. É lícita a norma constante do edital de licitação e do termo de autorização que fixa norma distinta do disposto em resolução da Anatel no que concerne ao pagamento do PPDUR?

C. É juridicamente exigível a cobrança do preço público pelo uso de radiofreqüência como pretende a Agência?

D. Em caso negativo, o não pagamento seria contrário ao art. 48 da LGT, que prevê a necessária onerosidade da outorga do uso de radiofreqüência?

E. Ainda nesse caso, a não exigibilidade de tal pagamento feriria a algum princípio regente da atividade administrativa?

Posta assim a questão e formulados os quesitos, passo a expor meu entendimento. Para bem fazê-lo, creio ser imprescindível passar, ainda que brevemente, por algumas notas acerca do exercício da função reguladora. Basicamente, pretendo registrar alguns pressupostos acerca do: (i) exercício do poder normativo pela Anatel; (ii) sua necessária adstrição ao princípio da proporcionalidade e (iii) uma breve nota sobre o princípio da isonomia na atividade regulatória.

Superados estes prolegômenos — que pretenderei sejam sucintos e objetivos, evitando digressões doutrinárias descabentes ao deslinde da matéria —, creio que poderei descer aos aspectos concretos da questão, sendo, então, necessário enfrentar os seguintes tópicos: (i) o arcabouço normativo aplicável ao pagamento de PPDUR pela empresa; (ii) os limites vinculantes das regras editalícias; (iii) a natureza e abrangência dos ônus arcados pela autorizatária; (iv) a possibilidade jurídica de exceção ao regime geral de onerosidade do uso do espectro radioelétrico.

Após isso, concluirei o presente trabalho posicionando-me acerca da exigibilidade ou não do preço público cobrado pela Agência.

O trabalho não é pouco. A ele.

I. Princípio da legalidade e poder normativo

I.1 Há aproximadamente quatro anos tive a honra de assessorar a Agência Nacional de Telecomunicações na elaboração de normas balizadoras da atividade regulatória, no setor de telecomunicações, de aferição do controle das empresas sob sua jurisdição (trabalho que viria depois a se transformar na Resolução 101). Na ocasião, durante a Consulta Pública que antecede a edição de regulamentos da Agência, pude constatar a verdadeira ojeriza que o meio jurídico dedica ao exercício do poder normativo por parte de órgãos do executivo e em particular pelas agências independentes. À época, sustentei que não só tais poderes coadunam-se com a Constituição, como não há razões para tal hostilidade.

I.1.1 Disse então, e sigo sustentando hoje, que o exercício das competências regulamentares outorgadas pelo legislador ao órgão regulador é admitido pela Constituição. Mais ainda, afirmei que isso significa um avanço institucional e jurídico, pois aponta para a processualização da atividade regulamentar de há muito exercida pelo poder executivo. Creio, agora, ser conveniente doutrinar um pouco mais tal entendimento.

I.2 O tema do poder normativo das agências reguladoras tem exercido um papel central na discussão doutrinária recente. Ele se desdobra em duas discussões distintas. Num campo mais polêmico está a possibilidade de exercício de um poder normativo autônomo por parte das Agências, o que predica o tema dos regulamentos autônomos no direito brasileiro. Noutro campo, mais restrito, mas nem por isso menos polêmico, estão a possibilidade e os limites do exercício de competências regulamentares, mesmo que apenas em sentido de regulamentos executivos, por entes reguladores.

I.3 A questão dos regulamentos autônomos assumiu recentemente força nova com a criação das Agências reguladoras. Porém, tal discussão é antiga no direito brasileiro.[1] Ela reside em saber se, no contexto da tripartição constitucional de poderes, caberia ao Poder Executivo normatizar matérias que não tenham sido objeto de prescrição normativa pelo Poder Legislativo. Trata-se, pois, do exercício do poder regulamentar do executivo para inovar no ordenamento positivo, normatizando não por força de autorização legislativa, mas em decorrência da ausência de prescrição normativa sobre matéria de competência material do executivo. Haveria, então, uma transferência (expressa ou tácita) de competências normativas do Legislativo para o Executivo, de modo que um determinado tema ou segmento da vida social ou econômica (não objeto de estrita reserva legal) passe a ser regulamentado autonomamente por atos editados pelo Executivo. Tais atos (por óbvio de caráter normativo) teriam ranço de fontes originárias de Direito.[2] Na linha que

1. Neste sentido, referência obrigatória é o trabalho de Almiro Couto e Silva, "Importação de bens usados — Proibição — Regulamento autônomo", in *RDA* 205/305 a 315.

2. Hely Lopes Meirelles esposava a tese de admissibilidade dos regulamentos autônomos quando afirma, em seu clássico manual que "Regulamento é ato administrativo geral e normativo, expedido privativamente pelo Chefe do Executivo (federal, estadual ou municipal), através de decreto, com o fim de explicar o modo e forma de execução da lei (regulamento de execução) ou prover situações não disciplinadas em lei (regulamento autônomo ou independente)" (cf. *Direito Administrativo Brasileiro*, 23ª ed., p. 113).

refuta a possibilidade do regulamento autônomo, dentro da tradição do direito administrativo brasileiro, vale citar Oswaldo Aranha Bandeira de Mello para quem "no Direito Constitucional pátrio, ao Executivo só se admitem os regulamentos externos executivos, *secundum legem* e os regulamentos externos autorizados ou delegados, *intra legem*".[3]

I.3.1 Fundamentalmente, então, o regulamento autônomo se inseriria no ordenamento jurídico fazendo as vezes de norma a preencher a lacuna deixada pela ausência do exercício do poder legislativo. Ou seja, o exercício de prerrogativas normativas pelo Executivo, nestes casos, prescinde de autorização expressa na lei para edição de norma concretizadora do mandamento legal e mesmo dispensaria a adstrição à existência de lei a demandar complementação, detalhamento ou prescrição de procedimentos aptos a concretizar o mandamento legal.

I.3.2 As causas da existência do regulamento autônomo, basicamente, seriam de duas ordens. Ou decorrentes da abdicação pelo Legislativo de sua prerrogativa primaz de inovar no mundo jurídico (ou seja, o regulamento autônomo se justificaria pela ausência de prescrição legislativa), ou por um processo de deslegalização[4] (diminuição do campo de atuação normativa reservado ao Legislativo em favor de uma ampliação desse campo para o Executivo).

I.3.3 É neste segundo plano, da delegificação é que residiria o processo principal de assunção de competências normativas amplas por parte das agências de regulação, capacitadas para editar regulamentos capazes de inovar totalmente na ordem jurídica, nas matérias submetidas à sua competência regulatória. Razões para esse processo são apontadas várias:[5] a especialização, a necessidade de normatização altamente cambiante, a reflexividade, a discricionariedade técnica, a sobreposição entre competência material (de regular um serviço público ou de utilidade pública) e a competência normativa inerente à atividade regulatória, entre outras.[6]

3. Cf. *Princípios Gerais de Direito Administrativo*, Forense, 1979, p. 354. Não obstante esse entendimento, o célebre administrativista expõe com clareza a noção de regulamento independente ou autônomo no direito comparado, asseverando que "o regulamento *praeter legem* e mesmo *contra legem*, só se admite com referência aos independentes ou autônomos, que correspondem à atividade legislativa primária do Executivo, ou com referência aos autorizados ou delegados se equivalerem às ordenanças delegadas, nos países em que o Legislativo tem a possibilidade de delegar essa atribuição" (ob. cit., p. 359).

4. A esse respeito ver Diogo Figueiredo Moreira Neto, "Natureza jurídica — Competência normativa — Limites de atuação", in *Revista de Direito Administrativo* 215/71 a 83.

5. Acerca deste processo relacionado à moderna atividade regulatória, é indesviável freqüentar o erudito e lúcido texto de Alexandre Santos de Aragão, "O poder normativo das Agências Reguladoras Independentes e o Estado Democrático de Direito", in *Revista de Informação Legislativa* 148/275 a 299. Diz: "O pluralismo e complexidade da sociedade, agregados ao número cada vez maior de atividades dotadas de grandes particularidades técnicas a serem, se não prestadas diretamente pelo Estado, por ele regulados, inviabilizou o ideal liberal oitocentista, racional e formalmente igualitário, de um ordenamento monocêntrico uniforme que, concebido de maneira inteiramente geral e abstrata, abrangesse todas as atividades e atores sociais sem levar em conta as suas particularidades. Inicialmente, a complexidade social levou o legislador a elaborar regulamentações especiais destinadas a determinados setores da sociedade ou certas relações jurídicas (...) *[Posteriormente]* tornou-se, então, imperioso, não apenas a especialização das matérias a serem reguladas, como também *[a especialização]* dos órgãos incumbidos da expedição das respectivas normas, que, em virtude dos seus amplos poderes, deveriam, para exercê-los satisfatoriamente e com observância dos cânones do Estado de Direito, estar, na medida do possível, livres das injunções políticas parciais" (pp. 283 e 284).

6. Para uma crítica a cada uma destas justificativas e para uma análise contemporânea da ques-

I.3.4 De minha parte, não compartilho do entendimento absoluto da parcela majoritária da doutrina administrativista acerca do regulamento autônomo. Estou convicto que não se põe possível ao Executivo avocar competências legiferantes, a serem exercidas por meio de regulamento, sob o argumento ou de inércia do Poder Legislativo ou de conveniência de normatização mais célere ou especializada. Porém, não tenho a mesma convicção para afirmar ser defeso ao próprio Poder Legislativo, no exercício de suas funções constitucionais, deliberar por deslegalizar um determinado setor da vida econômica ou social, desde que inexistente vedação constitucional expressa para fazê-lo (*v.g.*, nas matérias estritamente reservadas à lei, como por exemplo o direito penal ou a matéria tributária — princípio da legalidade estrita). E não tenho tal convicção por entender que o conceito de lei em torno do qual se constrói a locução constitucional do princípio da legalidade (cf. art. 5º, II, da Constituição Federal) admite uma intelecção ampla, não restritiva à lei em sentido formal.[7]

I.3.5 Contudo, força é reconhecer que no caso vertente não se coloca a discussão em torno de regulamento autônomo. Por essa razão, permito-me sobre o tema não mais me alongar deixando registrado apenas que não me parece, em absoluto, vedado pela Constituição que, mediante expressa previsão legislativa, haja a criação de espaços reservados à atividade legiferante do Executivo, em especial nos setores submetidos a uma regulação específica a cargo de autoridades independentes. Frise-se, em remate, que para dois setores específicos (telecomunicações e petróleo) a própria Constituição previu a existência de estruturas segregadas e especiais, a serem constituídas por lei para exercer a regulação setorial.

I.4 Independente, porém, da discussão em torno da possibilidade ou não da constitucionalidade dos regulamentos autônomos no direito pátrio, com o surgimento das Agências sobreveio outra questão jurídica. Ainda que se limitem as competências regulamentares apenas para a edição de normas infra-legais, necessárias à concretização do mandamento legal (os tais "regulamentos executivos"), restarão sempre duas questões a serem enfrentadas.

I.4.1 A primeira, relaciona-se com os limites que, na regulamentação necessária e concretizadora da lei, o poder executivo terá que respeitar para não incidir — se

tão à luz do contexto das agências reguladoras ver, por todos, Marçal Justen Filho, *O Direito das Agências Reguladoras Independentes*, Dialética, 2002, pp. 483 e ss. Assevera o dileto administrativista: "As agências não são dotadas de atribuições equivalentes àquelas reservadas constitucionalmente para o Poder Legislativo. A ordem constitucional brasileira continua a fundar-se sobre um postulado fundamental e basilar, que é o princípio da legalidade. A determinação constitucional de que ninguém é obrigado a fazer ou deixar de fazer algo senão em virtude de lei não pode ser afastada ou ignorada pelo aplicador do Direito. Portanto e antes de tudo, não existe sequer cabimento de discutir a conveniência nem a necessidade de reservar certas competências legiferantes para as agências" (p. 504).

7. Aliás, a vinculação do termo "lei" no art. 5º à lei formal, ou seja, apenas aquela editada pelo Parlamento, poderia servir para amesquinhar, reduzir, a amplitude de direitos e garantias constitucionais. Pegue-se, por exemplo, o princípio da estabilização das relações jurídicas (art. 5º, XXXVI), que reafirma a impossibilidade da lei afetar o direito adquirido e o ato jurídico perfeito. É certo que a incolumidade das relações jurídicas consolidadas se dá também em face de outras normas (constitucionais ou regulamentares). Do mesmo modo, tome-se o princípio da inafastabilidade da jurisdição (art. 5º, XXXV). É certo que não é apenas a lei em sentido estrito que não pode afastar a apreciação do Poder Judiciário. Mesmo a norma infralegal, ainda que expedida apenas para concretizar mandamento legislado, tampouco poderá fazê-lo. Disso extraio um forte indicativo de que o princípio da legalidade deve ser entendido dentro de uma acepção mais ampla, correspondente ao sistema jurídico como um todo, e não apenas à lei no sentido formal.

assumirmos isso como vedado — em inovação, em criação de Direito. Essa questão, e nesse particular concordo com Marçal Justen Filho, põe-se muito mais relevante que a discussão teórica sobre a admissibilidade ou não do regulamento autônomo.[8] Partindo-se da constatação de que a lei tem, cada vez mais, uma tessitura aberta, recorrendo mais a normas-objetivo ou normas-quadro (que não dispensam a concretização normativa infra-legal), vê-se claramente a importância de predicar quais os limites deverão ser observados pelo Executivo para que sua atividade regulamentar não transcenda os limites do permissivo legal (muita vez não preciso na definição destes lindes).

I.4.2 A segunda questão, mais afeta ao problema que me foi trazido, diz respeito à possibilidade do poder regulamentar ser exercido por órgão ou agente público que não o Chefe do Executivo. Aqui, a resistência que se traz está relacionada com a regra contida no art. 84, IV, *in fine*, que comete à competência privativa do Presidente da República "expedir decretos e regulamentos para sua [da Lei] fiel execução". Daí, extraem alguns a conclusão de que a prerrogativa de editar atos regulamentares seria exclusiva do Chefe do Executivo.

I.4.2.1 Não creio ser possível concordar com este entendimento. A Constituição deve ser interpretada como um todo. Se assim é, temos que dar algum sentido ao disposto no art. 49, V, da Constituição Federal que define, dentre as competências exclusivas do Congresso Nacional "sustar atos normativos do Poder Executivo que exorbitem do poder regulamentar ou dos limites de delegação legislativa". Deste dispositivo extraem-se duas conclusões relevantes para o que ora se analisa. Primeiro, que a Constituição prevê a possibilidade expressa da edição de atos normativos por parte do Poder Executivo. Segundo, que esse poder regulamentar é imputado ao Poder Executivo e não apenas ao Presidente da República. Conforme a definição do art. 76 da Constituição Federal "o Poder Executivo é exercido pelo Presidente da República, auxiliado pelos Ministros de Estado". Como a competência prevista no art. 84, IV, é exclusiva do Presidente da República, não podendo ser delegada sequer aos Ministros de Estado (conforme o parágrafo único do próprio art. 84), impende uma e somente uma conclusão de molde a dar sentido aos diversos preceitos constitucionais: o poder regulamentar previsto na Constituição não se resume àquele atribuído privativamente ao Presidente da República (competência para expedir regulamentos para fiel execução das leis). Vai além desta competência, abrangendo poderes normativos mais amplos que não apenas estes, pois só assim se pode entender por que o art. 49, V, fala de poder normativo do Poder Executivo como um todo, e não apenas do Presidente.

E nem se venha dizer que a locução ampla do art. 49, V, se presta apenas a compreender a hipótese de regulamentação prevista no art. 84, VI,[9] de delegação possível aos Ministros de Estado. Tal entendimento não faria sentido pela exata razão de que, neste caso, não se trata de poder regulamentar trespassado pelo Congresso, por força de determinação legislativa. Trata-se de delegação regulamentar de ranço constitucional cujo controle estaria já albergado no controle concentrado de constitucionalidade previsto no art. 102, I, *a*, da Constituição Federal.[10] O que me parece pretender

8. Diz o autor que "Muito mais proveitoso é investigar a amplitude normativa reconhecível aos regulamentos. Em última análise, a controvérsia versa sobre a aptidão dos regulamentos para inovar a ordem jurídica" (ob. cit., p. 510).

9. A propósito, com a alteração perpetrada pela Emenda Constitucional 32 no inciso VI do art. 84 (subtraindo dele a locução "nos termos da lei" que ali existia a limitar a prerrogativa presidencial de dispor, autonomamente e por decreto da organização administrativa), tornou-se aquele dispositivo albergue de típica autorização para editar regulamento autônomo. Mas não entrarei nesta discussão agora.

10. Nenhum sentido teria da legitimidade para propor Ação Direta de Inconstitucionalidade à

assegurar o art. 49, V, da Constituição Federal é a prerrogativa do Poder Legislativo controlar exatamente o respeito, pelo Executivo, dos limites de poder normativo que ele, legislador, houve por bem conferir. E note-se que o dispositivo não se restringe a aludir o controle da exorbitância na delegação legislativa (cf. art. 68 da Constituição Federal), mas também o exercício de poder normativo amplo, objeto de regulamentos que sejam editados na esteira daquilo que Marçal Justen Filho designa de "delegação imprópria".[11]

I.5 Existe, pois, para mim, base Constitucional para, sem entrar na polêmica em torno dos regulamentos autônomos, sustentar a possibilidade de, nos limites cometidos, autorizados ou admitidos pela Lei, exercer o Poder Executivo poderes normativos, é dizer, praticar atos de caráter normativo (dotados de generalidade e abstração próprios à norma), de molde a regulamentar preceitos legais.

I.6 Resta apenas verificar se tais poderes normativos — que já espero ter demonstrado não se restringem à competência privativa do Presidente da República (art. 84, IV)[12] — podem ser exercidos por outros entes da Administração que não também os Ministros de Estado. A chave para superar este impasse parece estar, de novo, na própria Constituição Federal. Com efeito, distanciando-nos um pouco dos dispositivos que tratam da organização entre os poderes e chegando ao capítulo da ordem econômica, encontramos disposto no art. 174 que ao Estado (vale dizer, todos os Poderes que o compõem) compete o duplo papel de "agente normativo e regulador da atividade econômica".

I.6.1 Temos, então, que o constituinte não segregou as competências normativas e regulatórias entre os poderes Legislativo e Executivo. Temos também que, por separar a função normativa (não meramente legislativa) da função regulatória, definiu-se uma clara demarcação conceitual no sentido de diferençar regulação (mais amplo) de regulamentação (mais estrito, parte da função regulatória).

I.6.2 Ora, se a Constituição Federal imputou, tanto ao Poder Legislativo quanto ao Executivo, o poder-dever de exercer, perante a ordem econômica, papéis de regulador e de agente normativo, parece-me decorrer daí a autorização para que o legislador, ao estruturar um determinado arcabouço regulatório, opte por alocar tais competências (atribuindo originalmente competências materiais, delegando competências normativas) em um órgão dotado de alguma independência e autonomia em relação às instâncias de controle político da Administração (*v.g.*, Ministérios). Note-se que não me insta aqui sustentar a juridicidade das autoridades administrativas no direito brasileiro, o que já fiz alhures.[13] O que parece-me claro é que, à luz do art. 174 da Constituição Federal, não resta vedado, muito

Mesa das duas casas do Congresso Nacional quando a sustação do ato normativo pode ser deliberada pelo Congresso mediante simples Decreto Legislativo.

11. Cf. ob. cit., p. 513.

12. A se tomar a acepção que parte significativa da doutrina dá à locução constitucional "para sua fiel execução" que fecha o inciso IV do art. 84 — ou seja, de que tal construção reforçaria a tese de que só cabe regulamento para, nos estritos lindes da lei, concretizar seus preceitos sem margem alguma de inovação normativa —, então teríamos que concluir que tal caráter pauperizado do poder regulamentar é reservado apenas ao Presidente da República, correspondendo aos demais entes integrantes do Poder Executivo prerrogativas normativas menos estreitas. Tal constatação faço apenas como instigação à reflexão mais despreendida por parte da doutrina.

13. Ver meus trabalhos "Independência e autonomia da Agência Nacional de Telecomunicações: imperativo legal constitucional", in *Cadernos de Direito Constitucional e Ciência Política* 28/128 a 136, Ed. RT, ano 7, jul./set. 1999, e "A nova regulação estatal e as Agências Independentes", in *Direito Administrativo Econômico*, em coautoria, sob coordenação de Carlos Ari Sundfeld, Malheiros Editores, 2000, pp. 72 a 98.

ao contrário, que o legislador aloque competências normativas diretamente em uma autarquia especial (como sói serem constituídas as Agências), precisando poderes e limites para concretização das pautas legislativas estatuídas por ele.[14]

I.6.3 Pela sua própria configuração, como entes administrativos dotados de autonomia, as Agências se inserem dentro da estrutura da Administração mediante vinculação, no mais das vezes, aos Ministérios ou Secretarias de Estado, porém sem estabelecer para com estes órgãos relação de subordinação (porquanto ausente, muitas vezes por expressa disposição legal, a relação de hierarquia). Dessarte, as Agências, malgrado sua personificação jurídica levá-las a integrar a Administração indireta (pois constituídas como autarquias), estas exercem funções típicas de Estado (art. 174 da Constituição Federal) devendo, pois, ser consideradas como parte da estrutura do Poder Executivo tal como ocorre com os Ministérios e Secretarias.

I.7 Tenho, então, como demonstrado, que as Agências são dotadas de poderes normativos, não cabendo fazer aqui, genericamente, uma construção sobre os limites destes. Tenha-se apenas em conta que ao Congresso Nacional (por iniciativa própria, cf. art. 49, IV) e ao Supremo Tribunal Federal[15] (quando provocado, cf. art. 102, I, *a*) caberá, permanentemente, controlar o desbordamento destes lindes.

I.8 Longe que sustentar que tal prerrogativa decorre da necessidade do exercício do poder regulamentar pelos órgãos reguladores (pois, como se viu acima, tais poderes defluem da própria Constituição), é relevante lembrar que o poder normativo (inovador e autônomo ou delegado e meramente concretizador, pouco importa) das Agências é uma inerência da própria atividade de regulação que lhes é cometida. Permito-me lançar mão de Bilac Pinto que, há mais de sessenta anos, asseverava que a delegação de funções normativas a estes órgãos (designados àquele tempo de "Comissões de Serviços de Utilidade Pública") encontrava justificação no fato de ser um dos meios indispensáveis ao eficaz desempenho das suas complexas atribuições.[16] Como ensina Santiago Muñoz Machado, "as comissões reguladoras dos diferentes setores econômicos compartilham a tarefa normativa, em diferente grau, com o legislador, que estabelece os princípios de ordenação (...)".[17]

I.8.1 Esta tal "tarefa normativa", de que nos fala Muñoz Machado, encontra sua razão de ser na necessidade de concretizar as pautas gerais da lei de forma consentânea com as premissas válidas para o setor regulado. Complexidade e especialização ditam a necessidade de construção de conceitos, regras e princípios específicos para o dado setor regulado. A cambialidade e a reflexividade de interesses determina uma permanente revisão e readequação das normas, evitando sua superação pela prática do regulado. Daí por que esse trespasse de competências regulamentares (independente de tratar-se de regulamento autônomo ou de delegação própria ou imprópria) acaba por favorecer uma tal segmentação do arcabouço normativo (muita vez iniciada desde a

14. De resto, neste quadrante, não me parece muito questionável a possibilidade das autarquias especiais exercerem poderes normativos, mesmo para vincular terceiros. É o que ocorre de há muito no âmbito das Universidades Públicas (também autarquias de regime especial) que exercem prerrogativas regulamentares adstringentes de alunos, pesquisadores e outros particulares que com ela travem relação negocial, funcional ou mesmo meramente acadêmica.

15. Malgrado a resistência daquela Corte em exercer o controle concentrado de constitucionalidade de atos normativos infra-legais.

16. Cf. Bilac Pinto, *Regulamentação Efetiva dos Serviços de Utilidade Pública*, 2ª ed., rev. e atual. por Alexandre dos Santos Aragão, 2002, p. 133.

17. Santiago Muñoz Machado, *Servicio Público y Mercado*, cit., pp. 290 e 291.

Lei que dá as balizas estruturantes da regulação no setor) a ponto de edificar um subsistema dentro do sistema jurídico.

I.8.2 Neste sentido é precisa a lição, outra vez, de Alexandre Santos de Aragão quando afirma que "A conjunção desses fatores — criação de órgãos independentes encarregados da regulação de atividades específicas dotadas de grande conteúdo técnico, resultou nos ordenamentos setoriais".[18] No âmbito destes ordenamentos setoriais acaba-se por constituir uma estrutura normativa própria, peculiar, encimada pelas normas legais e complementada por normas infra-legais com níveis hierárquicos distintos.

I.9 Em outra ocasião, analisando essa questão da especialização da atividade regulatória e da constituição de estruturas normativas específicas (subsistemas), afirmei o que agora peço vênia para transcrever:

"10.3. Em terceiro lugar, porque estes órgãos reguladores parecem oferecer resposta suficiente ao processo de especialização e segmentação do Direito. A introdução destas agências como autoridades independentes permite a construção, nos vários setores da economia e da sociedade que imprescindem de regulação de caráter público, de subsistemas de normatização e de mediação dotados de conceitos, princípios, códigos técnicos e procedimentos adequados às especialidades de cada um destes setores.

"Como dito anteriormente, a especialização e a complexização de diversos setores da vida humana criam áreas que se tornam praticamente auto-referentes nos seus problemas, necessidades e no ferramental de soluções que em face deles são gerados. Trazendo este fenômeno para o Direito, temos i) a necessidade da constituição de instrumentos jurídicos próprios, adequados, a cada subsistema jurídico; ii) a extrema especialização dos operadores jurídicos que irão atuar neste subsistema, os quais deverão dominar não só os conceitos e regras, mas também deverão conhecer, em profundidade, os pressupostos e princípios que o alicerçam. Este processo, importante frisar, traz o risco de se desestruturar o caráter sistêmico do Direito, transformando-o num mosaico de sistemas normativos autônomos e sem comunicação. É, na verdade, um risco que tende a ser neutralizado na medida em que o ordenamento jurídico começa a abandonar a idéia de codificação própria ao direito moderno e passa a se utilizar de princípios jurídicos gerais, de cláusulas abertas e de regras de competência, remetendo-se às instâncias de controle constitucional a função de articuladoras e agregadoras do sistema jurídico desde a matriz constitucional."[19]

I.9.1 De seu turno e em linhas bastante semelhantes àquelas por mim trilhadas, vem Alexandre Santos de Aragão para quem "as diversas entidades e órgãos reguladores efetivamente como ordenamentos jurídicos derivados e parciais, ordenamentos jurídicos estes que se fortalecem no mundo contemporâneo, onde não mais vigora com tanta rigidez o dogma da ordem jurídica unitária típico da modernidade do século XVIII. As funções destas entidades reguladoras especializadas tornam imprescindíveis o fortalecimento e a consolidação dos ordenamentos jurídicos por elas autonomamente elaborados por reenvio do ordenamento estatal central".[20]

I.9.2 Disso extraio que, sempre que estivermos analisando o arcabouço normativo de um dado setor regulado, devemos antes tentar entender como naquele segmento se organizam e estruturam as normas legais e infra-legais; quais são as finalidades

18. Cf. *Poder Normativo das Agências*, cit., p. 284.

19. "A nova regulação estatal e as Agências Independentes", in *Direito Administrativo Econômico*, em co-autoria, sob coordenação de Carlos Ari Sundfeld, Malheiros Editores, 2000, p. 83.

20. Alexandre Santos de Aragão, "As Agências Reguladoras Independentes e a separação de poderes — Uma contribuição da teoria dos ordenamentos setoriais", in *RT* 786/26.

e objetivos da regulação sobre aquele determinado segmento econômico e quais são os conceitos e princípios chave em torno dos quais se estrutura aquele subsistema normativo. Não é porque existe num dado setor uma margem de poder normativo para o regulador que se terá ampla liberdade deste para construir regras sem observar princípios, limites legais e procedimentos aplicáveis àquele dado segmento.

I.10 Nisso reside, inclusive, a parcela mais relevante de peias que devem ser postas à atividade legiferante das Agências de regulação. Se entendermos, como entendo, ser admissível constitucionalmente que a lei atribua poderes normativos a esses órgãos, necessário se faz que o exercício deste poder faça observar princípios e procedimentos.

I.10.1 No campo dos princípios articular-se-ão três ordens axiológicas. Os princípios gerais da Administração Pública (art. 37 da Constituição Federal), os princípios gerais da Ordem Econômica (especialmente os contidos no art. 170 da Constituição Federal) e os princípios específicos aplicáveis à regulação do setor (mormente constantes dos marcos legais estatuidores das premissas da regulação setorial).

I.10.2 No campo dos procedimentos, põe-se imperativo que no manejo das competências regulatórias o órgão independente observe regras procedimentais. A procedimentalização da atividade administrativa (e em especial na vertente regulatória) é a um só tempo vetor de aperfeiçoamento da atividade e mecanismo eficiente de controle quanto à observância dos seus limites e finalidades.[21]

I.11 Todas estas pautas e premissas encontram-se refletidas no arcabouço normativo do setor de telecomunicações. A Lei Geral de Telecomunicações — LGT — previu expressamente competências para a Agência expedir normas quanto à outorga, prestação e fruição dos serviços de telecomunicações em regime público (art. 19, IV) e privado (art. 19, X); para expedir normas quanto ao uso do espectro de radiofreqüências (art. 19, VIII); bem como editar normas sobre os equipamentos empregados no setor (art. 19, XII). Mais do que atribuir competências legiferantes delegadas à Agência, a LGT cuidou de submeter sua atividade a um plexo de princípios e reservas ímpar.

I.11.1 Tanto que no art. 38 listou os princípios que condicionam juridicamente (já este conceito dá o tom da adstrição da atividade da Agência) o manejo das competências da Anatel, arrolando alguns não muito freqüentes, malgrado imprescindíveis. Dentre eles, e para o que interessa no presente caso, encontramos a finalidade, a razoabilidade, a proporcionalidade, o devido processo legal e a igualdade.

I.11.2 Ainda na esteira das regras de adstrição à atividade da Agência (verdadeiro e sábio contraponto aos grandes poderes que se lhe foram atribuídos), previu regra segundo a qual "os atos normativos somente produzirão efeitos após publicação no *Diário Oficial da União*" (art. 41) e que "as minutas de atos normativos serão submetidas à consulta pública, formalizada por publicação no *Diário Oficial da União*, devendo as críticas e sugestões merecer exame e permanecer à disposição do público na Biblioteca" (art. 42).

I.11.3 Cioso dos riscos de questionamento quanto ao poder normativo da Agência, o Presidente da República, ao editar mediante decreto o Regulamento da Agência,[22] listou uma série de matérias sobre as

21. Escrevi: "O segundo toca à necessidade primacial de procedimentalização da atividade do órgão regulador como mecanismo apto, de um lado, a evitar a arbitrariedade no exercício da atividade regulatória e, de outro, a apresentar claramente aos cidadãos os meios, métodos e fluxos pelos quais seus interesses são sopesados, compostos, privilegiados ou relativizados" (ver meu *Regulação Estatal e Interesses Públicos*, São Paulo, Malheiros Editores, 2002, p. 209).

22. Decreto 2.338, de 7.10.1997, alterado pelo Decreto 2.853, de 2.12.1998.

quais deveria (poderia) a Agência exercer seu poder normativo (cf. art. 17 do Regulamento), entre elas "disciplinar a cobrança de preço público pela atribuição do direito de explorar serviço de telecomunicações, bem como de uso de radiofreqüência e de órbita" (inciso XXXII).

I.11.4 Por fim, quanto ao que nos toca, a Anatel, ao editar o seu Regimento Interno (Resolução 197, de 16 de dezembro de 1999), estabeleceu os instrumentos por meio dos quais exerceria seus poderes, estatuindo uma estrutura hierárquica e funcional destes consoante a finalidade a que se prestam. Lá predicou que:

> Art. 3º. O Conselho Diretor exerce as competências previstas na Lei e no Regulamento da Agência e manifesta-se pelos seguintes instrumentos deliberativos, assim qualificados:
>
> I — Resolução: expressa decisão quanto ao provimento normativo que regula a implementação da política de telecomunicações brasileira, a prestação dos serviços de telecomunicações e o funcionamento da Agência; (...)
>
> IV — Ato: expressa deliberação relativa a assuntos de interesse de terceiros, não abrangidos por Resolução, Súmula ou Aresto;

I.11.5 Para além disso, o Regimento estabeleceu — na esteira do que já fora determinado pela LGT — regras de processo administrativo específicas para o procedimento normativo (cf. arts. 47 a 52). A isso voltaremos mais adiante.

II. Princípio da proporcionalidade e atividade regulatória

II.1 O princípio da proporcionalidade, como idéia subjacente ao Direito Administrativo, surge muito antes de sua positivação. Ele emerge no momento em que se passa a limitar e condicionar o poder exorbitante (desvinculado da pessoa do soberano e albergado na personificação jurídica do Estado), subordinando-o ao Direito. Ele guarda enorme vinculação com o princípio da finalidade[23] que, como sabemos, obriga que o manejo do poder exorbitante: (i) decorra da necessidade de concretização de uma finalidade de interesse público; (ii) dê-se nos estritos lindes do necessário para concreção desta finalidade.[24]

II.1.1 Não é por outra razão que J. J. Gomes Canotilho relaciona a criação do princípio da proporcionalidade com a teoria do desvio de poder (ou desvio de finalidade), entendida como a invalidação do ato administrativo por ser este praticado para atingir finalidade diversa ou exorbitante àquela predicada em lei.[25]

II.1.2 A relação entre estes princípios é certa e se coloca numa ordem seqüencial. Da mesma forma que não se admitiria o manejo da autoridade (poder exorbitante — estatal) de forma a discrepar das finalidades justificadoras da atribuição específica desta (competência), também poder-se-ia extrair uma regra geral no sentido de que a restrição à liberdade, ditada pela afirmação

23. Na sempre pertinente construção de Ruy Cirne Lima: "Estão os negócios públicos vinculados, por essa forma, não ao arbítrio do Executivo, mas à finalidade impessoal, no caso, pública, que este deve procurar realizar. (...) Preside, destarte, ao desenvolvimento da atividade administrativa do Poder Executivo, não o arbítrio que se funda na força, mas a necessidade que decorre da racional persecução de um fim" (in *Princípios de Direito Administrativo*, 2ª ed., Porto Alegre, Ed. Globo, 1939, p. 21).

24. Nos dizeres de Celso Antônio Bandeira de Mello, o princípio da finalidade "impõe que o administrador, ao manejar competências postas a seu cargo, atue com rigorosa obediência à finalidade de cada qual" (*Curso de Direito Administrativo*, 13ª ed., São Paulo, Malheiros Editores, p. 78).

25. "A instituição da dimensão material do princípio não é nova como atrás se acentuou. Já nos séculos XVIII e XIX, ela está presente na idéia britânica de *reasonableness*, no conceito prussiano de *Verhältnismässigkeit*, na figura de *détournement du pouvoir* em França e na categoria italiana do *eccesso di potere*" (in *Direito Constitucional*, 5ª ed., Coimbra, Almedina, p. 268).

legal da autoridade, não poderia ser maior do que o *quantum* necessário ao atingimento da finalidade justificadora da restrição. Na precisa construção de Canotilho "o princípio da proporcionalidade dizia privativamente respeito ao problema da limitação do poder executivo, sendo considerado como medida para as restrições administrativas da liberdade individual".[26] Daí já a noção genérica e até certo ponto fluida de proporcionalidade no exercício do poder pelo Estado.

II.2 Embora patente a relação histórica entre princípio da proporcionalidade (como idéia central à noção de limitação e condicionamento do poder exorbitante) e da adstrição da Administração ao princípio da finalidade e à legalidade, aquele princípio vai demorar mais para se introduzir como regra vinculante no direito administrativo. Inicialmente, o princípio da proporcionalidade erige-se como mecanismo de proteção do indivíduo em face do poder de sanção estatal, encontrando firme guarida no campo do direito penal.[27]

II.2.1 Impulso forte na afirmação do princípio foi a sua introdução como pauta constitucional por parte do Tribunal Constitucional alemão. Na jurisprudência daquela Corte, o princípio da proporcionalidade passa a ser elevado à condição de norma constitucional não estrita[28] e, portanto, assume o condão de ser crivo de inconstitucionalidade de lei ou norma infra-legal. Mais que isso, passou a predicar limites mesmo à atividade do legislador, a quem passou a vedar o manejo das competências legislativas em excesso para o cumprimento do necessário ao atingimento dos objetivos constitucionais.[29]

II.2.2 O princípio da proporcionalidade, ademais, guarda relação com as duas matrizes centrais do direito ocidental. Tem relação com a *rule of reasonableness* da tradição dos países da *Common Law*,[30] bem como se difundiu nos diversos ordenamentos do direito europeu continental, como bem demonstra Canotilho[31] no que designa, genericamente, de "princípio da proibição do excesso".

II.3 ara o quanto aqui nos interessa — a aplicação do princípio da proporcionalidade no âmbito da atividade administrativa, gênero onde se insere a atividade regulatória estatal — é bem de ver que o princípio da proporcionalidade se afirma como um importante elemento limitador do poder de polícia. "Na verdade o princípio da proporcionalidade visa, em última análise, a contenção do arbítrio e a moderação do exercício do poder, em favor da proteção

26. In *Direito Constitucional*, p. 266.

27. Ver neste sentido Suzana de Toledo Barros, *O Princípio da Proporcionalidade e o Controle de Constitucionalidade das Leis Restritivas de Direitos*, Brasília, Brasília Jurídica, 1996.

28. Ver Gilmar Ferreira Mendes, *Controle de Constitucionalidade: Aspectos Jurídicos e Políticos*, São Paulo, Saraiva, 1990, p. 43.

29. Neste sentido, vale colacionar a jurisprudência de nossa Suprema Corte: "As intervenções legislativas não podem gerar conseqüências desproporcionais àquelas exigidas para a realização dos fins propostos, nem resultarem demasiadamente onerosas sob uma equação de custo-benefício mais ampla. Assim, a exclusão do valor-limite das mensalidades escolares dos valores adicionados às mensalidades de 1995, que estivessem sob questionamentos administrativos ou judiciais, não era razoável e ofendia ao devido processo legal substantivo, pois importava que a impugnação feita por um ou alguns estudantes pudesse inviabilizar a inclusão da parcela controvertida no valor das mensalidades de todos os alunos de uma determinada instituição de ensino" (Ministro Marco Aurélio de Mello como Relator, in *RTJ*, v. 173, t. 2, p. 424).

30. Para um aprofundamento sobre a evolução do princípio da proporcionalidade, sob o prisma da razoabilidade e do devido processo legal substantivo, no direito americano ver o percuciente estudo de Daniel Sarmento, *A Ponderação de Interesses na Constituição Federal*, Rio de Janeiro, Lumen Juris, 2002, pp. 81 a 87.

31. Ob. cit., p. 267.

dos direitos do cidadão. Neste sentido, ele tem sido utilizado no Direito Comparado, e, mais recentemente, também no Brasil, como poderosa ferramenta para aferição da conformidade das leis e dos atos administrativos com os ditames da razão e da justiça".[32]

II.3.1 No que toca ao controle do poder de policia, o núcleo do princípio da proporcionalidade acaba por oferecer duas ordens de condicionamento ao exercício do poder extroverso. De um lado, prediz que o exercício do poder de polícia, entendido como intervenção na seara de direitos dos particulares, só deverá se dar quando necessário para concretização de interesses públicos. De outro, que tal intervenção, ditada pelo manejo do poder de polícia, deverá ser mensurada no limite mínimo do necessário. Essa dupla ordem de condicionantes acaba por ditar um critério de balanço, de equilíbrio, entre os ônus impostos ao particular e os bônus auferidos pela coletividade (titular do interesse público perseguido pelo manejo do poder de polícia). Ferido esse equilíbrio, desbalanceada a equação em desfavor do particular, restará ferido o princípio da proporcionalidade.[33]

II.3.2 Da sua aplicação original no direito administrativo ligada ao condicionamento do poder de polícia, o princípio da proporcionalidade se expande para tornar-se um princípio vinculante de toda a atividade administrativa. Este princípio, nos dizeres de Adilson Dallari e Sérgio Ferraz, "veda a desproporção entre os meios utilizados para a obtenção de determinados fins. Pode-se dizer, com segurança, que, por força do princípio da proporcionalidade, não é lícito à Administração Pública valer-se de medidas restritivas ou formular exigências aos particulares além daquilo que for estritamente necessário para a realização da finalidade pública almejada".[34]

II.4 Alguma discussão tem havido na doutrina em torno da delimitação ou da relação entre o princípio da proporcionalidade e o princípio da razoabilidade. Enquanto Eros Grau entende que o princípio da razoabilidade seja uma das vertentes do princípio da proporcionalidade[35] e Odete Medauar sustente que "parece melhor englobar no princípio da proporcionalidade o sentido de razoabilidade",[36] Celso Antônio vai em sentido contrário afirmando que "o princípio da proporcionalidade não é senão faceta do princípio da razoabilidade".[37]

II.4.1 De minha parte, entendo que são dois princípios de dimensão distinta, embora ligados a um princípio maior, único e angular. Tanto proporcionalidade quanto razoabilidade prendem-se ao princípio da autoridade pelo qual ao mesmo tempo que se admite a restrição dos direitos individuais em prol dos interesses públicos, exige que o manejo do poder extroverso seja adequado e compatível com a necessária implementação destes interesses e conforme com a ordem jurídica.

II.4.2 Têm, porém, dimensão distinta na medida em que a razoabilidade se liga à adstrição da atividade estatal a um nexo lógico, ao juízo de plausibilidade em si. Trata-se, portanto, de uma restrição ao excesso em face da lei e em face dos *standards* genericamente admitidos pela comunidade

32. Daniel Sarmento, ob. cit., p. 77.

33. Se desbalanceado ao contrário (ou seja, se o manejo do poder for insuficiente ao cumprimento do interesse público) estaríamos diante de violação dos princípios da função, do interesse público ou da eficiência. Mas isso refoge ao âmbito do presente trabalho.

34. Sérgio Ferraz e Adilson Dallari, *Processo Administrativo*, São Paulo, Malheiros Editores, 2001, p. 64.

35. Eros Roberto Grau, "Crítica da discricionariedade e reestruturação da legalidade", in Cármen Lúcia Antunes Rocha (org.), *Estudos de Direito Administrativo em Homenagem ao Professor Seabra Fagundes*, Belo Horizonte, Del Rey, 1995.

36. Odete Medauar, *Direito Administrativo Moderno*, 3ª ed., São Paulo, Ed. RT, 1999, p. 146.

37. Celso Antônio Bandeira de Mello, *Curso...*, cit., p. 81.

num dado momento. O princípio da razoabilidade veda, pois, que se exerça o poder estatal ferindo o senso comum do que seria aceitável, plausível, em si, à luz dos juízos de valor cogentes entre os cidadãos.

II.4.3 Já o princípio da proporcionalidade diz respeito à vedação do manejo da autoridade estatal de forma não equânime, não cingida ao equilíbrio entre benefício e restrição. É, pois, um princípio muito mais relacional do que preso a um senso comum de razoabilidade. Envolve sempre a mensuração ou entre o benefício para o interesse público, em face da restrição para a propriedade privada, ou entre uma e outra medida à disposição do poder público, obrigando sempre a escolha da medida menos gravosa ao indivíduo sujeito ao poder estatal. Ou seja, embora sempre o cotejo inerente à auferição do respeito ao princípio da proporcionalidade implique em um juízo racional (em busca do equilíbrio, do razoável), a proporcionalidade se difere da razoabilidade, pois algo só poderá ser desproporcional em relação a outra alternativa possível, enquanto algo será irrazoável em si.

II.4.4 Somente se poderá subsumir um princípio a outro se alargamos o sentido de cada qual. Em assim não o fazendo, o princípio da proporcionalidade dirá com a restrição de se impor aos indivíduos restrições, sujeições, obrigações, ônus ou condicionamentos desbalanceados ou maiores do que o estritamente necessário à consecução do interesse público no caso concreto. O princípio da razoabilidade, por seu turno, dirá com a atuação estatal que seja inconsentânea com a lógica do razoável, ao senso comum de normalidade, àquilo que Celso Antônio designa por "senso normal de pessoas equilibradas e respeitosa das finalidades que presidem a outorga da competência exercida".[38]

II.5 Na jurisprudência de nossa Suprema Corte colhemos tanto decisões que homenageiam o princípio da razoabilidade,[39] quanto a proporcionalidade[40] como critério para aferição da constitucionalidade de leis. Em voto paradigmático, datado de 1976, o Min. Rodrigues Alckmin deixava consignado: "quatro princípios regem este fazer *[da regulamentação policial]*: 1º) a limitação deve ser justificada; 2º) o meio utilizado, isto é, a quantidade e o modo da medida, deve ser adequado ao fim desejado; 3º) o meio e o fim utilizados devem manifestar-se proporcionalmente; 4º) todas as medidas devem ser limitadas. A razoabilidade se expressa com a justificação, adequação, proporcionalidade e restrição das normas que se sancionem".[41]

II.6 Em dissertação de Mestrado, recém defendida na Universidade Federal do Paraná, Marcel Queiroz Linhares expõe a estrutura do princípio da proporcionalidade.[42] Servindo-se da sistematização de Canotilho, afirma o jovem autor que a estrutura do princípio pode ser desdobrada nos subprincípios "da adequação (*Geeignetheit*), necessidade ou exigibilidade (*Einforderlichkeit*) e proporcionalidade em sentido estrito (*Verhältnismässigkeit*)".

II.6.1 Para Canotilho, segundo o prisma de conformidade, a medida adotada para a realização do interesse público deve ser apropriada à prossecução do fim ou fins a ele subjacentes.

38. Ob. cit., p. 79

39. Ver neste sentido o brilhante voto do Ministro Marco Aurélio na ADI 1521-4-RS (in *DJ* 17.3.2000).

40. Ver decisão do Ministro Celso de Mello no Pedido de Suspensão 1.320-9.

41. *Apud* Gilmar Ferreira Mendes, "A proporcionalidade na jurisprudência do Supremo Tribunal Federal", in *Repertório IOB de Jurisprudência*, v. 23, São Paulo, IOB, 1ª quinz. dez. 1994, pp. 475 a 479.

42. Cf. *O Princípio da Proporcionalidade na Regulação Econômica*, mimeo, UFPR, Dissertação de Mestrado defendida perante banca presidida pelo Prof. Marçal Justen Filho e integrada por mim e pela Profa. Ângela Cássia Costaldello, em 28.6.2002, p. 51.

II.6.2 Já pela exigibilidade ou necessidade (apresentada como a "menor exigência possível") impõe-se que se determine sempre, ao manejar as competências legislativas ou materiais, que o poder público tenha certo que não há modo menos oneroso para o cidadão, para alcançar aquele interesse público, que não aquele selecionado.

II.6.3 Por fim, a proporcionalidade em sentido estrito predica a auferição da *justa medida*, a necessária ponderação entre meios e fins "de modo a se avaliar se o meio utilizado é ou não desproporcionado em relação ao fim. (...) Trata-se de pesar as desvantagens dos meios em relação às vantagens dos fins".[43]

II.7 Em brilhante voto recentemente proferido em julgamento do CADE, o Conselheiro Ronaldo Porto Macedo Jr. obtemperou que "o princípio da proporcionalidade de certo modo condiciona o exercício das funções legislativa, executiva e judicial, visando impedir abusos, excessos ou interpretações desarrazoadas que possam violar os direitos constitucionalmente consagrados".[44]

II.7.1 É fato que o princípio da proporcionalidade (assim como o da razoabilidade) vincula a atividade estatal tanto na função judicante, como na legislativa (onde se difundiu a ponto de alçar à condição, como vimos, de princípio constitucional não expresso) e especialmente na atividade administrativa (com destaque para o manejo do poder de polícia). Como já vimos, a proporcionalidade e a razoabilidade se prestam a limitar o manejo do poder extroverso (poder estatal) em qualquer de suas acepções.

II.8 Do mesmo modo, a proporcionalidade serve tanto como critério hermenêutico (balizando a interpretação autêntica ou não, conforme ou não, das normas), como critério de condicionamento prévio das condutas do agente público. Ou seja, o princípio serve como crivo para o controle tanto da competência normativa (edição de atos de alcance geral, leis ou regulamentos), quanto da competência material (prática de atos de efeitos concretos). Devem observância ao princípio todos que manejam o poder extroverso, tanto o legislador, quanto o administrador.

II.9 Daí por que tenho comigo que o princípio da proporcionalidade é central e fundamental quando estamos diante do exercício da atividade regulatória estatal. De um lado, porque se trata de atividade estatal que implica, por definição, em alguma restrição do princípio de liberdade de iniciativa.[45] De outro, porque a regulação, especialmente quando exercida por agências independentes, envolve a transferência de significativos poderes a um só órgão, obrigando o conseqüente reforço no condicionamento e adstrição aos princípios limitadores do poder extroverso.

II.9.1 Como sói, então, o princípio da proporcionalidade deverá ser observado pe-

43. Cf. J. J. Gomes Canotilho, *Direito Constitucional*, cit., p. 270.

44. Cf. voto no Processo Administrativo 08000.022579/97-05, Representante Messer Griesham do Brasil Ltda.; Representada White Martins.

45. Marcel Queiroz Linhares ensina: "a aplicação do princípio da proporcionalidade e seus desdobramentos no âmbito do direito econômico permite desde logo apontar que: a) por imposição do subprincípio da adequação, as medidas restritivas da liberdade dos agentes econômicos devem ser apropriadas ao atingimento dos objetivos sociais almejados. Em outras palavras, o meio restritivo deve ser adequado aos fins pretendidos; b) em decorrência do subprincípio da necessidade, a regulação adotada deve ser aquela que, dentre as medidas igualmente adequadas à realização da finalidade pública, promova a menor restrição à liberdade econômica e c) em função da exigência da proporcionalidade em sentido estrito, a regulação levada a efeito deve produzir restrições ao mercado que se manifestem como equilibradas em face das vantagens obtidas. Isto equivale a dizer que o benefício coletivo alcançado pela medida deve ser superior ou, quando menos, equivalente aos malefícios ensejados pela restrição dela decorrente" (ob. cit., pp. 116 e 117).

los órgãos incumbidos de exercer regulação estatal, quer esta se manifeste no âmbito dos procedimentos normativos (de modo a não prever restrições infra-legais de caráter geral que exorbitem o quanto necessário à consecução das finalidades públicas justificadoras da regulação); quer no âmbito do poder sancionador (onde revelar-se-á em sua plenitude, tal qual ocorre no direito penal, não só na avaliação da punibilidade, mas também na dosimetria da pena); quer no exercício do poder de polícia ínsito à atividade regulatória (predicando que as restrições e condicionamentos típicos do poder de polícia deverão observar os traços de necessidade e adequação acima divisados).

II.9.2 Ademais, tratando-se de regulação setorial (espécie dentro do gênero regulação econômica), o princípio da proporcionalidade há de ser observado nos procedimentos para outorga de direitos de exploração de atividades sujeitas a restrição de acesso. Neste caso, mais próximo àquele que motiva o presente estudo, o princípio da proporcionalidade se manifestará tanto na avaliação acerca da necessidade e adequação à restrição de acesso à exploração de uma dada atividade econômica em sentido amplo (atividade econômica em regime privado — sentido estrito — ou serviço público), como na ponderação e moderação dos ônus e condicionantes que se venha a impor ou exigir do particular como condição de acesso à exploração da atividade.

II.9.3 Sempre que no estabelecimento destas regras ou condições o poder público (ou o agente incumbido da regulação) extrapole, o ato (concreto ou geral, abstrato) pecará por ferir o princípio da proporcionalidade, padecendo de inconstitucionalidade ou ilegalidade. O regulador manejará suas competências regulatórias em excesso, insista-se, quer editando norma que nao observe parâmetros justificáveis de adequação e necessidade das restrições, quer atuando, em concreto, sem atenção à devida ponderação entre os ônus impostos ao regulado e os bônus que, potencialmente, este venha a obter com a observância das pautas regulatórias.

II.10 Postos estes parâmetros gerais acerca do princípio da proporcionalidade, cumpre afirmar que a Lei Geral de Telecomunicações contemplou, como talvez nenhum outro diploma normativo, este princípio na sua plenitude.

II.10.1 O art. 38 da Lei 9.472/1997 expressamente arrolou os princípios da proporcionalidade e da razoabilidade como condicionantes jurídicas à atividade da Agência:

> Art. 38. A atividade da Agência será juridicamente condicionada pelos princípios da legalidade, celeridade, finalidade, razoabilidade, proporcionalidade, impessoalidade, igualdade, devido processo legal, publicidade e moralidade.

II.10.2 De outra feita, encontramos no art. 66 da LGT outro reflexo do princípio da proporcionalidade quando vemos a previsão expressa de que o regulador deve zelar para que a prestação concomitante de serviços de telecomunicações nos dois regimes admitidos não se dê de forma a inviabilizar economicamente sua prestação no regime público.

II.10.3 De outro lado, vale dar especial destaque à regra do art. 128 que assim dispõe:

> Art. 128. Ao impor condicionamentos administrativos ao direito de exploração das diversas modalidades de serviço no regime privado, sejam eles limites, encargos ou sujeições, a Agência observará a exigência de mínima intervenção na vida privada, assegurando que: (...)
>
> V — haverá relação de equilíbrio entre os deveres impostos às prestadoras e os direitos a elas reconhecidos.

Creio ser impossível maior vinculação ao princípio da proporcionalidade (na sua acepção mais estrita, concernente ao subprincípio da proporcionalidade *stricto sen-*

su), do que o dispositivo acima. Por ele verifica-se que a Anatel, ao definir (em atos normativos ou atos administrativos concretos) condições, encargos ou sujeições, haverá que observar a adequada relação entre ônus e bônus, entre deveres impostos e benefícios auferíveis.

II.10.4 Daí se entender, como eu entendo, que haverá sempre de existir uma correlação proporcional entre os encargos que o regulador (no caso a Anatel) impõe ao particular e os benefícios que este, sujeitando-se à regulação, está a perseguir. Ferido restará o princípio da proporcionalidade sempre que a atividade regulatória servir para sobre-onerar o particular ou mesmo para lhe atribuir encargos que não sejam imprescindíveis à consecução do interesse público regulado (necessidade) ou não guardem relação com o benefício potencialmente granjeável pelo particular (adequação).

II.11 Um último ponto deve ser tocado. Embora a proporcionalidade já predique uma nota de objetividade (intrínseca à necessidade e à adequação), muita vez a observância deste princípio poderá, num exame mais desavisado, ser vista como afronta ao princípio da isonomia. É que, em cada situação concreta, os corolários de adequação, necessidade e ponderação poderão se revelar de forma diversa. Assim, para uma mesma conduta infracional dois particulares poderão, por força do princípio da proporcionalidade, sofrer punições diferentes caso, por hipótese, as condições de hipersuficiência de um sejam distintas das do outro, ou caso o benefício auferido por aquele for maior do que o obtido por este. Fatores vários, que devam ser considerados em sede da aplicação do princípio da proporcionalidade, sempre poderão desigualar os particulares. Porém, antes desta desigualdade importar em afronta à isonomia, ela será um consectário desta. Afinal, não há melhor homenagem à isonomia que deferir tratamentos desiguais àqueles que desiguais são, de modo a concretizar a igualdade.

II.11.1 Quando estas linhas são transpostas para a atividade regulatória, tal fenômeno se mostra ainda mais patente. É que o manejo das competências regulatórias envolve, no mais das vezes, equilibrar interesses e arbitrar hipossuficiências. De outro modo: a atividade regulatória, especialmente em sede de regulação setorial, envolve muita vez a distribuição de ônus e encargos entre distintos (e desiguais) regulados. Haverá de se fazer tal distribuição com observância plena da proporcionalidade e da razoabilidade, mas ela importará em deferir direitos e obrigações desiguais. Justas e legais, desde que proporcionais.[46]

Isso dito, chegamos, finalmente, às sendas do caso concreto.

III. O caso concreto: a onerosidade do uso de radiofreqüência

III.1 O espectro de radiofreqüências é bem público (art. 157 da LGT) de titularidade da União. Como tal, admite usos exclusivos ou compartilhados, havendo quem, não sem certa dose de ingenuidade, professe a necessidade de se assegurar o uso comum do povo.[47] A administração deste bem compete à Anatel. A utilização do espectro (bem escasso) se sujeitará à disciplina e ao enquadramento regulatório da Agência (cf. art. 158 da LGT), restando fixadas já na Lei algumas premissas e pressupostos para tanto.[48]

46. Não é por outra razão que a LGT contempla regras como aquelas acima transcritas, em particular o art. 66, voltado a típica situação de desigualdade na proporcionalidade (*v.g.*, assimetria regulatória).

47. Ver neste sentido as teses um tanto exóticas em torno de um "direito de antena".

48. Interessante notar que — art. 160 — a LGT impõe à Anatel que a disciplina do uso das freqüências observe os princípios da eficiência e adequação, cabendo à Agência impor restrições ao emprego destas se necessário ao interesse público. Em outro momento, vemos a exigência de ob-

III.2 Dentro desse regime legal posto pela LGT para a utilização, pelos particulares, do bem público espectro de radiofreqüências para construir redes de suporte a serviços de interesse restrito ou coletivo que pretendam explorar ou prestar, encontramos a regra da onerosidade. É o que se vê do art. 48 da LGT, segundo o qual a concessão, permissão e autorização para exploração de serviços e de uso de radiofreqüências será sempre feita a título oneroso. Duas notas se há de fazer.

III.2.1 A primeira é que o legislador foi sábio ao estipular a regra de onerosidade, em um mesmo artigo, conjuntamente para as licenças habilitantes da prestação de serviços (concessão, permissão e autorização) e para a autorização de uso de radiofreqüência. E fê-lo porque, segundo a própria LGT (art. 163, § 1º), não pode haver autorização escoteira para uso privativo de radiofreqüência, desacompanhada da outorga de concessão, permissão e autorização para prestação de um serviço. Se é assim, a onerosidade deve ser conjunta (licença do serviço e mais autorização de uso), sem obrigar à segregação entre a onerosidade de uma e outra.

III.2.2 Segundo, é que o art. 47, malgrado obrigar a onerosidade (conjugada serviço mais bem), não obriga que cada licença seja objeto de exigência do pagamento de preço público. Claro está, pois, que o mesmo dispositivo que obriga a onerosidade ("será sempre a título oneroso"), apenas autoriza "a cobrança do respectivo preço". Fosse a onerosidade atendida exclusivamente pelo pagamento do preço público e seria desnecessária a autorização de cobrança. Na mesma linha, fosse obrigatória a cobrança de preço a título do ônus indesviável ("sempre será onerosa") e não caberia falar em autorização para cobrança, pois esta seria impositiva.

III.2.3 Como a Lei (e menos ainda um mesmo dispositivo legal) não podem admitir contradições, o único entendimento possível para a regra do art. 48 da LGT é que o ônus obrigatório pode ser de outra ordem que não apenas pecuniário, não só viabilizado pelo pagamento de preço público pelo uso da radiofreqüência.

III.3 Mais à frente, o art. 48 define critérios para definição do ônus obrigatório ao pagamento pelas licenças em referência. O § 1º deste artigo prediz:

> § 1º. Conforme dispuser a Agência, o pagamento devido pela concessionária, permissionária ou autorizada poderá ser feito na forma de quantia certa, em uma ou várias parcelas, ou de parcelas anuais, sendo seu valor, alternativamente:
>
> I — determinado pela regulamentação;
>
> II — determinado no edital de licitação;
>
> III — fixado em função da proposta vencedora, quando constituir fator de julgamento. (...).

III.3.1 Temos desse dispositivo que a forma de adimplemento do ônus devido pelo particular em razão da licença recebida: (i) será definida pela Anatel; (ii) poderá se dar numa dentre as formas de parcelamento previstas; (iii) terá seu valor definido pela Agência por uma dentre as alternativas ali referidas. Voltarei ao dispositivo mais à frente.

III.4 No que concerne ao caso específico da autorização de uso de radiofreqüências para construção, pelas primeiras autorizatárias do STFC (as espelho, como a empresa interessada neste estudo), a Anatel houve por bem estabelecer uma regra especial para a onerosidade do uso do espectro. Exerceu, assim, a competência que lhe foi atribuída nos termos do art. 48 da LGT acima transcrito.

servância à racionalidade e à economicidade da sua utilização (art. 159). Indesviável ver, neste regramento, uma vez mais a presença forte e marcante dos princípios da proporcionalidade e da razoabilidade, nas linhas acima divisadas.

III.4.1 Provavelmente por entender que, no bojo da assimetria regulatória pela qual se pretendida favorecer o início da competição no STFC — até então monopólio natural das concessionárias –, as espelho deveriam se utilizar de freqüências às mancheias para construir sua rede local (suportada na tecnologia WLL cujo uso lhes era exclusivamente franqueado), a Agência previu[49] que o uso das freqüências que fossem necessárias ao atendimento dos ônus (compromissos de abrangência) impostos à autorizada, teria seu valor já contemplado no montante dos ônus a serem pagos pelo particular, com vistas à obtenção da autorização para prestação dos serviços (STFC).

III.4.2 Do texto da Resolução 78, editada com o exato propósito de permitir aos interessados na prestação do STFC, mediante as primeiras autorizações editadas (aquelas previstas no PGO para as empresas "espelho", às quais, repita-se, fora facultado o uso da tecnologia WLL como diferencial competitivo), que tomassem conhecimento prévio das regras que viriam a ser definitivamente editadas mais tarde a respeito do mesmo, constou o seguinte:

> 5.3.1 As autorizações de uso de radiofreqüências serão onerosas, tendo seus valores e formas de pagamento definidos como a seguir:
>
> I — Para as Autorizadas do STFC o valor pago pela Autorização de prestação do serviço incluirá o direito de uso de radiofreqüências das estações licenciadas e em operação até 31 de dezembro de 2001, que sejam necessárias ao cumprimento do Compromisso de Abrangência, conforme projeto técnico;

III.4.3 Estas disposições seguiram a mesma linha que constara da Resolução 31, que aprovou as Diretrizes para a Licitação de Autorizações para Exploração do Serviço Telefônico Fixo Comutado,[50] em seus arts. 10[51] e 12.[52]

III.4.4 A regra da Resolução 78/1998, vale dizer, foi editada quando já se encontrava vigente o Regulamento de Cobrança de Preço Público pelo Direito de Uso de Radiofreqüência, aprovado que fora pela Resolução 68/1998. O art. 3º, § 1º, desse Regulamento, previu regra expressa segundo a qual o nele disposto "não se aplica quando for explicitamente estabelecido que a determinação do valor pelo direito de uso de radiofreqüências será feita em conformidade com o disposto nos incisos II, III e IV do § 1º do art. 48 da Lei 9.472, de 1997".

III.5 Da interpretação conjugada destas duas disposições regulamentares, notase claramente que o inciso I do item 5.3.1 das Diretrizes aprovadas pela Resolução 78/1998 se deu em consonância com a exceção prevista no art. 3º, § 1º do Regulamento aprovado pela Resolução 68/1998, já que fixou regra consentânea com o disposto no art. 48, III da Lei Geral de Telecomunicações.[53]

49. Ver Resolução 78, de 18.11.1998, que definiu os critérios (diretrizes) regentes da destinação de faixas de freqüência para suporte à prestação do STFC.

50. "Art. 1º. Este instrumento tem por finalidade estabelecer as diretrizes básicas para a licitação das Autorizações para exploração do Serviço Telefônico Fixo Comutado, destinado ao uso do público em geral (STFC), nas modalidades local, longa distância nacional e longa distância internacional, nas Regiões I, II, III e IV do Plano Geral de Outorgas."

51. "Art. 10. A Proposta de Preço apresentará o valor total a ser pago pelo direito de ser Prestadora Autorizada em determinada Região do Plano Geral de Outorgas e de uso das radiofreqüências, conforme artigo 12."

52. "Art. 12. O valor pago pela Autorização incluirá o direito de uso de radiofreqüências das estações licenciadas e em operação até 31 de dezembro de 2001, que sejam necessárias ao cumprimento do Compromisso de Abrangência, conforme projeto técnico."

53. LGT, art. 48: "(...) § 1º. Conforme dispuser a Agência, o pagamento devido pela concessionária, permissionária ou autorizada poderá ser feito na forma de quantia certa, em uma ou várias parcelas, ou de parcelas anuais, sendo seu valor, alternativamente: (...) III — fixado em função da

III.5.1 Vale destacar que, ainda que não se entendesse desta forma, a Lei de Introdução ao Código Civil — LICCB (Decreto-lei 4.657/1942) dispõe sobre o conflito de normas prescrevendo que "A lei posterior revoga a anterior quando expressamente o declare, quando seja com ela incompatível ou quando regule inteiramente a matéria de que tratava a lei anterior".

III.5.2 Em outras palavras, ou as duas normas são compatibilizadas por meio da exceção prevista no art. 3º, § 1º, do Regulamento de Cobrança de Preço Público pelo Direito de Uso de Radiofreqüência, ou são flagrantemente incompatíveis. Nesta última hipótese, é forçoso que se reconheça, então, que a norma posterior (Resolução 78/1998) prevalece sobre a anterior (Resolução 68/1998).

III.6 De qualquer modo, resta claro que, no caso de autorizações para prestação do STFC, não se aplica o Regulamento de Cobrança de Preço Público pelo Direito de Uso de Radiofreqüência para as radiofreqüências das estações licenciadas e em operação até 31 de dezembro de 2001, que sejam necessárias ao cumprimento do Compromisso de Abrangência.

III.6.1 De outro lado, além de norma posterior, a Resolução 78/1998 igualmente tem escopo especial, que também prevalece sobre as disposições gerais da resolução anterior.

III.6.2 Vale destacar que a própria Anatel, igualmente valendo-se do princípio da especialidade e da regra geral de que norma posterior revoga a anterior, fez incluir em recentes disposições a respeito da migração das prestadoras do SMC para o SMP, expressa exceção à regra constante da Resolução 68/1998.

III.7 Voltemos ao art. 48, § 1º da LGT. No item III.3 supra expus que há autorização legal para que a Anatel defina os critérios de fixação do valor devido pelo particular em função de outorgas recebidas da Agência (licenças pela prestação dos serviços ou para uso de freqüências). Se nos detivermos entre as alternativas contidas nos incisos do dispositivo, verificaremos que existe uma hierarquia entre os dispositivos, iniciando-se na previsão geral (determinado na regulamentação, inciso I), passando pelos atos convocatórios de certames competitivos (editais de licitação, inciso II) e chegando ao final ou na proposta do licitante vencedor (inciso III) ou nos termos contratuais, quando fruto de contratação direta por inexigibilidade (inciso IV).

III.7.1 Dito de outro modo. A Lei prevê uma competência para a Agência definir os critérios para cobrança pelas outorgas, prescrevendo uma hierarquia de documentos regulatórios por meio dos quais a Anatel fará exercer estas competências. Certo deve estar que a disciplina emanada da Anatel em cada um destes instrumentos haverá de ser harmônica e compatibilizada, numa linha hierárquica que vai da norma geral (regulamento), para a particular (proposta vencedora ou termo contratual). Afinal, a ninguém socorreria sustentar que a hipótese do inciso III (preço fixado pelo valor da proposta vencedora) pode existir sem que o regulamento específico (inciso I) e o edital da respectiva licitação (inciso II) assim o prevejam.

III.7.2 Há, portanto, uma hierarquia entre os instrumentos regulatórios referidos no § 1º do art. 48 da LGT, devendo a Agência compatibilizar (dentro das regras de direito) as disposições regulamentares, editalícias e contratuais a partir de critérios ínsitos à legalidade.

III.8 Em assim sendo, tenho claro que: (i) a regra geral é que as autorizações de uso de radiofreqüência sejam expedidas a título oneroso, com o preço público definido nos termos do disposto na Resolução 68 (Regulamento de cobrança do PPDUR); (ii) para a autorização de uso das radiofreqüências necessárias para que as empresas espe-

proposta vencedora, quando constituir fator de julgamento".

lho cumprissem compromissos de abrangência, a Resolução 78 (item 5.3.1.I) definiu regra excepcional, dizendo que o preço pelo uso estaria subsumido ao preço pago pela autorização para prestação do STFC; (iii) tal hipótese excepcional prevalece à regra geral por força a) do disposto no art. 48, § 1º, da LGT; b) pela própria exceção constante do art. 3º, § 1º, da Resolução 68 e c) pelas próprias normas gerais de hermenêutica constantes da LICCB.

III.9 Mais do que vigente e exigível à luz do sistema jurídico, a regra excepcional preconizada pela Resolução 78/1998 tem fundamento e razão, homenageando plenamente a proporcionalidade e a razoabilidade. A ver.

III.9.1 A regra prevista no item 5.3.1.I das diretrizes (transcrita no tópico II.4.2 supra) estabelece, basicamente, que: (i) a regra legal da onerosidade do uso de radiofreqüência é mantida; (ii) caso das autorizatárias do STFC fossem exigidos compromissos de abrangência — portanto, ônus discrepantes da regra de livre iniciativa — a serem implantados até 31.12.2001,[54] compreender-se-ia o ônus pelo uso das radiofreqüências necessárias como subsumido ao valor pago pela autorização para prestação dos serviços.[55]

III.9.2 Cumpre lembrar que tais Compromissos de Abrangência foram estabelecidos pela Anatel com supedâneo no art. 135 da LGT, cujo teor não deixa margem a dúvidas quanto à sua excepcionalidade:

> Art. 135. A Agência poderá, excepcionalmente, em face de relevantes razões de caráter coletivo, condicionar a expedição de autorização à aceitação, pelo interessado, de compromissos de interesse da coletividade.

III.9.3 O caráter excepcional se justifica pois, sendo os serviços objeto da autorização prestados em regime privado, valeria a regra de que "a liberdade será a regra, constituindo exceção as proibições, restrições e interferências do Poder Público" (art. 128, I, da LGT).

III.9.4 Subjaz à norma um raciocínio precioso: sendo tais radiofreqüências necessárias ao atendimento de Compromissos de Abrangência, que constituíram ônus excepcionais, de interesse coletivo, impostos pela Agência ao autorizatário, pressupôs acertadamente o Regulamento que tais compromissos não deveriam onerar o particular para além dos seus próprios custos (*v.g.*, o investimento necessário a atender a estes compromissos). Já daqui se prenuncia a aderência à regra de não pagamento de PPDUR aos corolários da proporcionalidade e da razoabilidade.

III.10 À regra legal da onerosidade do uso das radiofreqüências, a Anatel exercendo suas competências, estipulou regra especial e temporária não de gratuidade (ou não onerosidade), mas de subsunção do ônus menor (pagamento de PPDUR) ao ônus maior (preço pelo serviço e valor dos investimentos para fazer frente aos compromissos de interesse da coletividade). E assim agiu a Agência mediante ato normativo infra-legal (Regulamento), o que traz lá suas conseqüências jurídicas.

IV. A ilegalidade da regra inserida no edital e nos termos de autorização

IV.1 A questão objeto do presente tem por base, como relatado inicialmente, o fato de que, ao reeditar o edital de licitação para autorizações de STFC na área correspondente à Região II do PGO (pois a licitação inicial restara deserta), a Anatel fez incluir

54. Portanto uma clara regra voltada a respaldar o primeiro momento de entrada da competição e da concomitância de regimes, por intermédio das chamadas "empresas espelho".

55. Essa regra, de resto, guarda alguma analogia com regra semelhante prevista nos contratos de concessão, sendo que lá a regra foi ainda mais lassa para o prestador, pois lá se assegurou direito de uso de radiofreqüências a título gratuito.

no Instrumento Convocatório — que acabou culminando com a expedição do Termo de Autorização — regra distinta daquela constante na regulamentação e da que viera contida nos editais que originaram os Termos de Autorização das espelho nas Regiões I e III.

IV.1.1 Tal disposição tinha o seguinte teor:

> 1.1.3.1 O valor pago pelas Autorizações incluirá o direito de uso de radiofreqüências das estações licenciadas e em operação até 31 de dezembro de 2001, que sejam necessárias, conforme projeto técnico, ao cumprimento do Compromisso de Abrangência, de acordo com a Proposta Técnica apresentada pela Autorizada.
>
> 1.1.3.1.1 Caso o valor pago pelas Autorizações seja inferior ao Preço Público pelo Direito de Uso das Radiofreqüências referidas em 1.1.3.1, a ser calculado de acordo com o Regulamento aprovado pela Resolução 68, de 20 de novembro de 1998, a Autorizada deverá pagar a respectiva diferença.

Nota-se, pois, que o Edital e a Minuta de Contrato discreparam de forma direta e explícita em relação ao disposto na Resolução 78/1998.

IV.2 Coloca-se, pois, a questão de se saber se a Anatel podia desconsiderar disposições por ela mesma editadas em sede regulamentar e dar início a procedimento licitatório afrontando tais disposições. Impõe-se, na busca da resposta a esta questão, inicialmente identificar se estaria sendo afligido o interesse público na hipótese de vir a prevalecer a regra da Resolução 78/1998. A resposta, parece-me claro, é negativa.

IV.3 Como me esforcei por demonstrar no início do presente trabalho, a imputação de competências normativas aos órgãos reguladores independentes antes de desobrigá-los à observância de regras e procedimentos jurídicos, impõe a submissão do procedimento normativo tanto a aspectos de natureza estrutural (hierarquia), quanto procedimental.[56] Não é porque o mesmo órgão (a Agência) reúne competências normativas e executivas que poderá manejá-las indistintamente, regulamentando por atos ablatórios ou outorgando direitos concretamente por atos normativos. Não é pela concentração de funções regulatórias num mesmo órgão que se permitirá baralhar competências e desconsiderar ritos e procedimentos distintos.

IV.4 O edital e, conseqüentemente, os Termos de Autorização firmados pela interessada não foram aprovados — como ocorreu em outras oportunidades — por Resolução do Conselho Diretor. Apenas se editou um Ato (Ato 4.368, de 5 de agosto de 1999) pelo qual, reconhecendo deserta a licitação anterior, decidia reiniciar o certame, em condições mais atrativas aos interessados.[57]

IV.4.1 Ao inovar a regra de onerosidade excepcional pelo uso de radiofreqüências para prestação do STFC em regime privado por meio de singelo Ato,[58] incorreu-

56. Francisco Javier de Ahumada Ramos escreve que "la elaboración se inicia por el Centro directivo correspondiente, con los estudios e informes previos que garanticen la legalidad, acierto y oportunidad de los mismos. (...) Este precepto es especialmente importante dado que regula el trámite de audiencia a los interesados en el procedimiento de elaboración de reglamentos" (cf. *Materiales para el Estudio del Derecho Administrativo Económico*, Madri, Dicción, 2001, p. 64).

57. Consta do Ato 4.368/1999 o seguinte: "CONSIDERANDO que não acudiram interessados à obtenção de Autorizações para exploração de Serviço Telefônico Fixo Comutado destinado ao uso do público em geral — STFC, nas modalidades Local e Longa Distância Nacional de âmbito intra-regional, na Região II do PGO, na Concorrência 001/98/SPB-ANATEL, na Licitação 002/98/SPB-ANATEL e na Convocação 003/99-ANATEL, o que determinou que fossem declarados desertos os Processos acima citados para a referida Região".

58. Pelo Regimento Interno da Anatel (Resolução 197) Ato é o instrumento pelo qual a Agência "expressa deliberação relativa a assuntos de interesse de terceiros, não abrangidos por Resolução, Súmula ou Aresto".

se em duas ordens de ilicitudes. De um lado, feriu-se a necessária hierarquia entre as normas infra-legais, pois que se pretendeu alterar Resolução por mero ato administrativo. Segundo, descumpriu-se o devido processo legal que, no âmbito da Anatel, informa a produção de atos de caráter normativo (Resoluções).

IV.5 Quanto à necessária observância da hierarquia entre as normas infra-legais, creio já ter me detido no tema nos itens iniciais deste trabalho. Nunca é demais lembrar que, como ensina Caio Tácito, "o poder normativo não se exaure no ato emanado do Poder Legislativo. As fontes do direito se distribuem, hierarquicamente, em categorias sucessivas, de que também participa o Executivo. Os atos regulamentares, por meio dos quais o Poder Executivo, no uso de atribuição própria ou delegada, edita normas jurídicas, são atos materialmente legislativos, instituindo regras obrigatórias de conduta, de força análoga à lei propriamente dita. Lei e regulamento são momentos distintos e inconfundíveis da atividade normativa do Estado. Ambos, no entanto, são dotados dos mesmos requisitos de generalidade, abstração e novidade que são próprios à norma de direito".[59]

IV.5.1 Não pode o regulador exercer suas competências normativas (editando atos de abrangência geral e abstrata) sem se servir do instrumento jurídico apropriado. Não pode inserir disposição normativa no subsistema jurídico em que opera sem respeitar a devida hierarquia entre os instrumentos de que dispõe.

IV.6 Havendo, como de fato há, contrariedade entre a regra geral prevista e vigente na Resolução 78 (segundo a qual o preço pelo direito de uso das radiofreqüências estará subsumido ao preço pago pela outorga) e a regra específica, concreta, contemplada no edital aprovado pelo Ato 4.368, só se pode atribuir validade à regra geral, contida no documento hierarquicamente superior. Não há, na verdade, sequer conflito de normas, pois, no caso, estando as normas situadas em níveis hierarquicamente inferiores, a regra do edital mostra-se ilícita.[60]

IV.7 A questão, porém, não se restringe a uma mera formalidade de enquadramento hierárquico intra-sistêmico. À primeira vista, poder-se-ia alimentar alguma dúvida acerca do cabimento de se falar que o órgão competente tanto para aprovar resoluções (como atos normativos de ordem geral), quanto pela aprovação de editais licitatórios e respectivas minutas de contratos, deveria obediência a normas por ele mesmo editadas.

IV.7.1 Ocorre, porém, que o mesmo Conselho Diretor deve obediência a regras procedimentais distintas no que diz respeito ao exercício de tais competências. A edição de Resoluções deve observar requisitos procedimentais distintos da edição de um simples Ato.

IV.8 Do Regulamento da Agência Nacional de Telecomunicações, aprovado pelo Decreto 2.338/1997, resta estabelecido, em seus arts. 65 e 67, o seguinte:

> Art. 65. Os atos da Agência deverão ser acompanhados da exposição formal dos motivos que os justifiquem.
>
> (...).
>
> Art. 67. As minutas de atos normativos serão submetidas à consulta pública, formalizada por publicação no Diário Oficial da União, devendo as críticas e sugestões merecer exame e permanecer à disposição do público na Biblioteca, nos termos do Regimento Interno.

IV.9 O primeiro dos artigos, até dispensável (dado que a exigência de motivação dos atos administrativos decorre dos princípios constitucionais insertos na Constituição Federal), não permite a edição de quais-

59. Caio Tácito, *Temas de Direito Público*, 1º v., Rio de Janeiro, Renovar, 1997, p. 477.

60. Lembremos, para o Regimento Interno da Agência, as competências normativas são exercidas exclusivamente por meio de Resolução (cf. art. 3º, I, Resolução 197).

quer atos, sejam eles de caráter individual ou geral, sejam de caráter normativo e abstrato ou voltados a disciplinar eventos concretos (como um procedimento licitatório), sem a necessária motivação.

IV.9.1 Neste aspecto, calha destacar que não há elementos suficientes para se afirmar que tenha sido devidamente motivada a decisão da Anatel de, ao decidir pela realização de novo certame por não terem acudido interessados às anteriores, promover a alteração na redação da Cláusula 2.1 (que nas versões anteriores obedecia ao previsto na Resolução 78/1998 e na Resolução 31/1998), de modo a neste particular agravar as condições de outorga. É certo, no mínimo, que entre os onze considerandos apontados para a edição do Ato 4.368/1999, nenhum deles fez referência à necessidade de alteração das regras constantes dos instrumentos anteriores.

IV.9.2 Mais do que isto, até, é de se dar destaque a um dos considerandos, *verbis*:

> ATO 4.368, DE 5 DE AGOSTO DE 1999
>
> CONSIDERANDO as Diretrizes para Licitação de Autorizações para Exploração do Serviço Telefônico Fixo Comutado, aprovadas pela Resolução 31, da Anatel, de 30 de junho de 1998, com a nova redação dada pela Resolução 50, também da Anatel, de 2 de setembro de 1998;

IV.9.3 O mínimo que se pode afirmar diante deste considerando é que o mesmo é contraditório com o disposto no Instrumento Convocatório 001/99/SPB-Anatel, por ele aprovado, já que, como já visto, a Resolução 31/1998, em seus arts. 10 e 12 é contrariada pelo disposto na cláusula 2.1 da minuta de contrato anexa ao Edital.

IV.9.4 Assim, se alguma motivação foi dada ao novo edital pelos setores técnicos da Anatel, como a Superintendência de Serviços Públicos, ela não integrou o Ato aprovado pelo Conselho Diretor.

IV.10 Mais grave, porém, me parece a desatenção à regra procedimental prevista no segundo dispositivo citado. Ali se vê consagrada a garantia de intervenção e interferência dos administrados em geral no processo deliberativo do órgão regulador.

IV.10.1 Trata-se de medidas que, ainda que não viessem a ser consideradas passíveis de gerar vício insanável nos atos praticados sem observá-las, ao menos conferem aos atos regularmente editados, ou seja, submetidos a prévia consulta pública, atributo de maior força.

IV.10.2 A submissão da autoridade a quem se delega competências normativas a um procedimento próprio, ainda mais com a participação do administrado, nada mais é do que uma forma de controle contra o excesso no exercício dessa competência.[61] Como afirma Inácio Guitierréz,[62] "entre las fórmulas adicionales de control que puede establecer cada Ley delegante está la intervención en el procedimiento de elaboración

61. Neste sentido, põe-se oportuno trazer a lume as palavras de Celso Antonio Bandeira de Mello ao justificar a imperatividade de que os regulamentos se coloquem em posição hierarquicamente inferior às Leis: "41. O próprio processo de elaboração das leis, em contraste com o dos regulamentos, confere às primeiras um grau de controlabilidade, confiabilidade, imparcialidade e qualidade normativa muitas vezes superior ao dos segundos, ensejando, pois, aos administrados um teor de garantia e proteção incomparavelmente maiores" (*Curso...*, cit., p. 333). É que as leis se submetem a um trâmite graças ao qual é possível o conhecimento público das disposições que estejam em caminho de ser implantadas. Com isto, evidentemente, há uma fiscalização social, seja por meio da imprensa, de órgãos de classe, ou de quaisquer setores interessados, o que, sem dúvida, dificulta ou embarga eventuais direcionamentos incompatíveis com o interesse público em geral, ensejando a irrupção de tempestivas alterações e emendas para obstar, corrigir ou minimizar tanto decisões precipitadas quanto propósitos de favorecimento ou, reversamente, tratamento discriminatório, gravoso a grupos ou segmentos sociais, econômicos ou políticos.

62. Inácio Gutierréz Gutiérrez, *Los Controles de la Legislación Delegada*, Madri, Centro de Estudios Constitucionales, 1995, p. 315.

de la legislación delegada de una Comisión parlamentaria, o la de órganos administrativos especializados e independientes. También puede ser exigida la intervención de los afectados".

IV.10.3 Relevante, pois, a circunstância de que tanto a Resolução 31/1998, que se fez preceder do processo de Consulta Pública de 41/1998,[63] quanto a Resolução 78/1998, precedida da Consulta Pública de 68/1998,[64] cumpriram a regra do art. 67 do Regulamento da Anatel. Por isso é que podem ser consideradas normas de hierarquia superior ao ato de efeitos concretos (ainda que dotado de certo caráter normativo, mas de alcance específico, limitado a um certame licitatório) que se consubstanciou na aprovação do Instrumento Convocatório 001/99/SPB-Anatel.

IV.10.4 Acrescento, ainda, que fora submetida a processo de consulta pública regular, a CP 54/1998, a Proposta de Edital de Licitação de Autorizações para Exploração do Serviço Telefônico Fixo Comutado, que veio a gerar o certame regulado pelo Edital de Concorrência 001/1998/SPB/Anatel. Novamente, o que vemos, é que as regras deste certame se punham em perfeita harmonia com o que dispunha a Resolução 31/1998.

IV.11 Vê-se, pois, que todas as normas de caráter abstrato editadas na linha do que consta do inciso I do item 5.3 das Diretrizes, aprovadas pela Resolução 78/1998 da Anatel, obedeceram ao disposto no art. 67 do Regulamento da Agência. O edital, que apesar do seu caráter normativo, tem inequívoco alcance restrito e efeitos concretos limitados a um certame, não foi precedido da providência que não é apenas uma formalidade, mas uma forma de efetiva garantia de controle dos atos administrativos.[65] Lembremos que a LGT (art. 42) obriga que todo ato normativo da Agência (não só a Resolução, ato normativo geral e abstrato, hierarquicamente superior) seja submetido à consulta pública.

IV.11.1 Segue daí que o órgão regulador, como visto acima, ao editar regulamentos, institui verdadeira auto-imposição de limitações para a prática de atos futuros. E o desrespeito a essa regra autolimitante implica em ilegalidade do ato violador.

IV.12 Assim, este conjunto de premissas nos leva a concluir que, efetivamente, na contradição entre as disposições constantes do Instrumento Convocatório 01/1999 e as regras estabelecidas nas Resoluções 31/1998 e 78/1998, há de prevalecer a incidência das últimas, sob pena de inequívoca quebra da hierarquia das normas e negativa de vigência do art. 67 do Regulamento da Anatel, aprovado pelo Decreto 2.338/1997.

IV.12.1 Dito de outro modo, a regra contida no § 2º da cláusula 2.1 dos Termos de Autorização, se entendida como discrepante ou excepcional, em face da regra geral constante das Resoluções acima indicadas, seria ilícita pois: (i) contraria norma hierarquicamente superior, ferindo a estrutura do subsistema jurídico (direito das telecomunicações); (ii) teria ferido o devido processo legal por ter sido editada, no âmbito do Ato 4.368, mediante motivação contraditória (art. 40 da LGT), irrazoável até (art. 38, *caput*, da LGT); (iii) mais grave, teria ferido o devido processo legal por se

63. Consulta Pública 41/1998, tendo por objeto as "Diretrizes para a Licitação das Autorizações para Prestação do Serviço Telefônico Fixo Comutado", *DOU* 18.5.1998. Foram aceitas contribuições até 1.6.1998.

64. Consulta Pública 68/1998, tendo por objeto as "Diretrizes para destinação de faixas de freqüências para sistemas de acesso fixo sem fio, para prestação do STFC", *DOU* 28.8.1998. Foram aceitas contribuições até 21.9.1998.

65. Calha lembrar, por fim, o que afirma Bandeira de Mello: "De outra parte, entretanto, não há duvidar que o regulamento vincula a Administração e firma para o administrado exoneração de responsabilidade ante o Poder Público por comportamentos na conformidade dele efetuados" (ob. cit., p. 329).

pretender ato normativo geral sem observância das formalidades legais (art. 38 da LGT e art. 5º, LV, da Constituição Federal); (iv) não teria cumprido a regra de realização prévia de Consulta Pública (art. 42 da LGT), pois em sua nova redação (integrada pela polêmica disposição) o edital e os Termos de Autorização não foram submetidos a essa etapa de participação do administrado.

V. A exigência da Anatel em face do princípio da proporcionalidade: nova afronta legal

V.1 Das linhas acima já restaria caracterizada a impossibilidade da exigência pela Anatel de PPDUR pelo valor da diferença entre preços da outorga e preço mínimo em razão do uso das radiofreqüências. Porém, não são apenas argumentos formais ou procedimentais que ensejam essa impossibilidade jurídica. Bem analisada a questão, verificamos que a exigência posta pela Anatel caracteriza frontal e irreversível violação ao princípio da proporcionalidade. Tendo eu já assentado os contornos jurídicos do princípio, creio ser possível expor meu entendimento sem mais volteios.

V.2 Da forma como foram concebidos os editais para as autorizações de STFC para as "empresas espelho", era interesse da Anatel induzir que as autorizatárias, malgrado prestar o serviço em regime privado, se comprometessem com a ampliação da oferta de acessos telefônicos à população ainda não atendida por essa comodidade. Destarte, havia no edital um forte impulso para que a autorizatária assumisse os maiores compromissos de abrangência possível, investindo não apenas para buscar as fatias mais interessantes do mercado, mas também para atender parcelas até então excluídas do serviço.

V.2.1 É óbvio que para implementar estes compromissos, a prestadora necessitaria dispor de mais radiofreqüências. Por óbvio, fosse-lhe franqueado explorar apenas as áreas mais densas populacional e economicamente, e certamente: a) o valor pago pela outorga seria maior; b) as localidades atendidas (e por conseqüência, as radiofreqüências utilizadas) seriam mais tímidas.

V.2.2 É fato que a Anatel — dando especial ênfase aos compromissos de abrangência — fixou obrigações para as autorizadas do STFC que fugiam em parte da exigência da mínima intervenção. De outro lado, reconhecendo que, além dos compromissos obrigatórios, seria do interesse público que os mesmos fossem ampliados na medida em que incrementariam a competição no setor, estabeleceu que o critério de julgamento das propostas nas licitações atendesse aos objetivos de técnica e preço, com grande prevalência para a proposta técnica, ditado pelos compromissos de abrangência.

V.2.3 Daí o paradoxo que a Resolução 78 superou perfeitamente: quanto mais compromissos de interesse coletivo (lembremos, excepcionais na dicção do art. 135 da LGT) o autorizatário se dispusesse a atender, de maior quantidade de "*bens públicos*" ele precisaria se utilizar; conseqüentemente, em tese, maior valor de PPDUR teria a pagar. Por isso mesmo é que se desonerava deste pagamento a autorizatário naquilo que referente: (i) às radiofreqüências necessárias ao cumprimento destes compromissos; e (ii) que fossem postas a operar logo no primeiro período, até 31.12.2001).

V.3 A regra contida na Resolução 78 põe-se absolutamente de acordo com o princípio da proporcionalidade. Se maiores os ônus de atendimento ao interesse da coletividade, maior o benefício de isenção do pagamento de PPDUR. Quanto maior o investimento voltado ao interesse coletivo, menor o ônus pela utilização de bem público.

V.3.1 *Os condicionamentos deverão ter vínculos, tanto de necessidade como de adequação com finalidades públicas específicas e relevantes.* Tal locução não foi extraída de um excerto doutrinário. É regra presente na LGT (art. 128, III). Na medida em que os editais de licitação fomentaram o engrandecimento dos compromissos de interesse da coletividade, colocar-se-ia como desproporcional, de parte da Anatel, agravar o ônus de tais compromissos, auferindo receitas pelo uso de bem público que, muito provavelmente, o particular não se utilizaria para buscar seus interesses exclusivamente privados.

V.4 A exigência de pagamento de PPDUR no valor da diferença entre o preço da licença e o preço pelo uso consegue, pois, ferir o princípio da proporcionalidade nas suas três dimensões.

V.4.1 Fere no sentido da necessidade, se a razão de ser da exigência era impedir que a autorizatária tivesse franqueado o uso de radiofreqüências, a título gratuito, na hipótese do preço pago pela licença ser inferior ao PPDUR (pois que o novo edital havia rebaixado o preço mínimo da licença de modo a atrair interessados à licitação, doutra feita deserta). Isso porque tal raciocínio padece de um equívoco. O ônus pela licença não corresponder apenas ao preço mínimo pago. Ele alcança montante muito superior, pois se há de computar, no ônus, todo o montante de investimento ao qual, por força do edital, a autorizada se obrigou a fazer.

V.4.1.1 Não é outro o entendimento do E. Tribunal de Contas da União. Como bem apontado no Recurso apresentado pela empresa interessada e que me foi franqueado, o TCU, na Decisão 433/12002 TCU — Plenário (TC 005.056/1998-5), deixou consignado, pelo Voto do Ministro Benjamin Zymler:

> Como se vê, muito embora os Cofres Públicos tenham arrecadado menos do que o inicialmente ofertado, a Sociedade Brasileira como um todo beneficiou-se com o maior número de acessos a serem disponibilizados, como, também, pelo incremento de maior número de postos de trabalho, em face da expressiva elevação dos investimentos programados.

V.4.1.2 Deveras, o ônus pago pela interessada foi de ordem muito superior ao preço pago pela licença. Como informado naquele recurso, se na primeira licitação (deserta) o valor mínimo de investimento alcançaria algo em torno de R$ 94 milhões, o valor estimado para o investimento pela empresa (em função do número de acessos que houve de instalar) alça mais de R$ 800 milhões.

V.4.1.3 Portanto, não há qualquer necessidade de se impor este sobreônus, na medida em que o valor a ser despendido para cumprir compromissos de interesse da coletividade, é muito superior ao valor pago pela licença e mesmo do valor calculado para uso das radiofreqüências.

V.4.2 Igualmente resta ferido o princípio da proporcionalidade pelo lado da adequação. Ao exigir pagamento suplementar do PPDUR, a Agência acabou por criar um encargo diretamente desproporcional justamente por ter a Autorizada assumido maiores compromissos de abrangência.

V.4.2.1 Ora, tais compromissos (de interesse da coletividade) nada mais são do que metas de universalização inseridas na exploração de serviços prestados em regime privado. Portanto, põe-se absolutamente inadequado ao regime regulatório, por onerar o próprio cumprimento destas "metas de universalização". Tanto é assim que, como demonstrei acima, os contratos de concessão do STFC franquearam às concessionárias a utilização gratuita (sem qualquer ônus) das radiofreqüências que já estivessem, ao tempo da outorga, sendo utilizadas para prestação do serviço em regime público.

V.4.2.2 A inadequação se mostra ainda por um outro raciocínio. Tivesse a autorizada comparecido à primeira licitação e teria obtido a licença pagando o preço mínimo (lembremos, a licitação resultou deserta) e tendo de assumir compromissos de abrangência muito mais singelos. Pagaria por isso R$ 2 milhões e nada mais haveria de desembolsar a título de PPDUR. Ao ganhar a segunda rodada da licitação, assumindo investimentos muito mais vultosos, estaria a ter de desembolsar R$ 10 milhões (preço aproximado do que se quer dela agora cobrar a título de PPDUR). Ou seja, por se dispor a uma maior universalização, teria que pagar preço público cinco vezes maior que o preço mínimo previsto na licitação que resultou deserta de interessados.

V.4.3 Por fim, fere-se a proporcionalidade em sentido estrito, como sinônimo de equivalência justa. Afinal, está se agravando a empresa interessada muito além do que é necessário à vista da finalidade da regra que obriga a onerosidade do bem público radiofreqüência. Está ela sendo onerada justamente por assumir maiores compromissos de interesse da coletividade.

V.5 Voltamos à LGT. O art. 128, já transcrito obriga que a Agência, ao impor condicionamentos administrativos à exploração de serviços em regime privado, ela deverá assegurar que "os condicionamentos tenham vínculos de necessidade e adequação" (inciso III).

V.5.1 Mais ainda, diz a Lei que "o proveito coletivo gerado pelo condicionamento deverá ser proporcional à privação que ele impuser" (art. 128, inciso IV), o que, reconheçamos, está sendo absolutamente desconsiderado ao se exigir o PPDUR complementar lastreado na quantidade de radiofreqüências utilizada justamente para atender os compromissos de interesse coletivo (condicionantes para obtenção da autorização em apreço).

V.5.2 Por fim, neste mesmo art. 128 (inciso V) vemos que a Agência deverá assegurar que haja "relação de equilíbrio entre os deveres impostos às prestadoras e os direitos a elas reconhecidos". Ora, o direito nuclear reconhecido à interessada é o de explorar o STFC em regime privado. Não se pode dizer que a cobertura das regiões compreendidas nos seus compromissos de abrangência constituíam o núcleo do direito por ela perseguido. Onerar o que já é ônus é a mais crassa violação do princípio da proporcionalidade de que se pode cogitar.

V.6 Assim postas as coisas, parece-me fora de dúvidas que a exigência de pagamento do PPDUR complementar de que se cogita, fere o princípio da proporcionalidade que vincula a atuação da Agência (além do art. 128, viola o art. 38 da LGT). Se assim é, põe tal exigência como ilegal, independente de estar ou não inscrita no edital ou no termo de autorização.

V.6.1 Ainda que não se considere a exigência como ilegal, o princípio da proporcionalidade como acima exposto, há de servir como critério de interpretação do Termo de Autorização, de modo a dar uma exegese mais lassa à expressão "valor pago pelas Autorizações", de modo a contemplar neste valor não apenas o singelo preço público pelas outorgas, mas, como fez o TCU, compreender neste valor todo o montante de investimento comprometido pela empresa.

VI. Da isonomia, da vinculação ao instrumento convocatório e do "pacta sunt servanda"

VI.1 Uma última linha de considerações é necessária. Cuida-se de afastar a argumentação de que a Agência não poderia acatar a tese da inexigibilidade do PPDUR pelo fato de que, ao ter inserido essa exigência em edital de licitação e, após, no texto dos Termos de Autorização, inexigir tal pagamento poderia ferir o princípio da vinculação ao instrumento convocatório, a isonomia e o preceito geral de direito obrigacional que obriga as partes a estarem vinculadas ao que foi pactuado.

VI.2 Tal preocupação não me assola. Antes de mais nada, por entender que a exigência se mostra ilegal por infringir vários dispositivos de lei e por não atender nem os preceitos norteadores da atividade normativa da agência, nem o princípio da proporcionalidade. Sendo disposição ilegal, ela é nula e como tal não pode vincular nem em termo de edital, nem como dispositivo contratual. Simplesmente não tem validade e, portanto, não é eficaz (não vincula ninguém).

VI.3 Ainda que assim não fosse, os preceitos acima apontados estariam afastados pelo simples fato de que, como sustentei, o princípio da proporcionalidade como pauta hermenêutica permite que se interprete o dispositivo em tela de forma a, como é correto, compreender dentro do "valor pago" não só o preço pela licença mas também o investimento imputado à interessada. Se assim for, tampouco se coloca a inexigibilidade em confronto com os três princípios indicados.

VI.4 Mesmo que assim não fosse, cada um dos três princípios pode ser afastado por si só. A vinculação ao instrumento convocatório não se coloca, pois, antes de se pelejar pela vinculação ao edital, este ato convocatório é que há de estar vinculado pela estrutura normativa do setor de telecomunicações. Ao discrepar, como visto, a regra do edital das normas de caráter geral da Agência, resta invalidada a disposição como vinculante vez que, no confronto, prevalecem as regras da Resolução (esta submetida ao devido processo legal em sua plenitude).

VI.4.1 Também o princípio da isonomia não se coloca. Primeiro, porque como acima demonstrei, o cumprimento do princípio da proporcionalidade sempre predicará algum tratamento desigual para equilibrar ônus e bônus. Depois, porque o próprio fato de ter resultado deserta a primeira licitação (em que a regra do PPDUR complementar não se punha) já afasta a possibilidade de tal alegação por outros interessados afastados pela regra desproporcional em testilhas.

VI.4.2 Por fim, o *pacta sunt servanda* não é aplicável pelo simples fato de que o Termo de Autorização se reveste das características de um contrato administrativo, em sede do qual a autonomia da vontade cede lugar para a concretização do interesse público, neste caso residente na necessidade de se homenagear o princípio da proporcionalidade.

VII. Conclusão e resposta aos quesitos

VII.1 É chegada a hora de concluir. Espero ter demonstrado que a exigência contida no § 3º da Cláusula 2.1 dos Termos de Autorização firmados pela empresa interessada desveste-se de exigibilidade. Tal dispositivo, de um lado, não se reveste dos requisitos normativos e procedimentais necessários para ser válido e, de outro, se interpretado como a Anatel parece agora fazer, restaria completamente afrontante ao princípio da proporcionalidade, ao qual a Agência está estritamente vinculada. Em assim sendo, põe-se tal dispositivo absolutamente ilegal. Ilegal que é, não pode ser exigido. Passo, portanto, a responder aos quesitos que me foram formulados:

A. Qual o regime jurídico aplicável ao pagamento do preço público pelo direito de uso de radiofreqüências para as autorizadas do STFC ("empresas espelho")?

Aplica-se o regime jurídico previsto na Resolução 78/1998.

Em princípio, o regime jurídico é determinado pelo Regulamento de Cobrança de Preço Público pelo Direito de Uso do Espectro de Radiofreqüências (Resolução 68/1998). No entanto, para a autorização de uso das radiofreqüências necessárias para que as empresas espelho cumprissem seus compromissos de abrangência, as Resoluções 31/1998 e 78/1998 definiram regra excepcional, que estabelece que o PPDUR está subsumido ao preço pago pela autorização para a prestação do STFC. Trata-se de norma posterior e específica, que prevalece sobre a primeira seja por ser uma exceção à regra geral, seja ainda por ser uma derrogação específica dessa norma. A exceção justifica-se em razão dos pesados compromissos de universalização assumidos pela Autorizadas, em obediência aos princípios da proporcionalidade e da razoabilidade da atuação da Anatel.

Além disso, a norma específica da Resolução 78 lastreia-se na hierarquia de instrumentos disposta no art. 48, § 1º da LGT e na própria disposição constante do art. 3º, § 1º, da Resolução 68/1998.

Na qualidade de Autorizada do STFC, a empresa ficará sujeita, portanto, às normas dispostas na Resolução 78/1998 e, somente naquilo que não conflitar com essa, às regras gerais dispostas no Regulamento do PPDUR.

B. É lícita a norma constante do edital de licitação e do termo de autorização que fixa norma distinta do disposto em resolução da Anatel no que concerne ao pagamento do PPDUR?

Não. Ao exercer sua competência, a Anatel deve observar as regras e procedimentos jurídicos que pautam sua atuação. Não pode pretender regular por meio de instrumentos inidôneos ou sem a observação do procedimento legalmente previsto.

No caso, a previsão de regra, no edital ou no Termo de Autorização, distinta das regras existentes nas Resoluções da Anatel (i) contrariou norma hierarquicamente superior, (ii) feriu o devido processo legal por ser editada mediante motivação contraditória e mesmo irrazoável; (iii) não observou as formalidades legais exigidas para a edição de ato normativo geral; e (iv) não cumpriu a regra de realização prévia de Consulta Pública.

Seja pela desobediência procedimental, seja pela desobediência hierárquica, seja ainda por contradizer aos fins a que se destinava, a regra constante do edital e do Termo de Autorização põe-se ilícita.

C. É juridicamente exigível a cobrança do preço público pelo uso de radiofreqüência como pretende a Agência?

Não. A cobrança pretendida pela Agência funda-se em dispositivo contratual inaplicável, por contrariar o regime regulamentar incidente seja por desconsiderar o regime específico ditado pela Resolução 78/1998, seja pelos vícios de forma e conteúdo apontados anteriormente.

Além disso, a exigência afronta ainda o princípio da proporcionalidade, em razão dos compromissos de universalização e expansão assumidos pela Autorizada. É desnecessária e inadequada aos fins almejados pelo regulador; é desproporcional aos encargos cometidos à Consulente.

Por esses motivos, além de injusta, a cobrança do preço público pelo uso de radiofreqüência como pretende a Agência não é juridicamente exigível.

D. Em caso negativo, o não pagamento seria contrário ao art. 48 da LGT, que prevê a necessária onerosidade da outorga do uso de radiofreqüência?

Não. A onerosidade prevista no art. 48 deve ser entendida de maneira ampla. A Lei obriga a onerosidade, mas tão somente autoriza a cobrança de preço pelo uso de radiofreqüência. Assim, a Lei admite que o ônus obrigatório pelo uso de radiofreqüência possa ser de outra ordem que não apenas pecuniário. No caso, o ônus decorre das metas de universalização impostas à Autorizada. Ainda nesse sentido, as Resoluções 31/1998 e 78/1998 da Anatel dispõem expressamente que o valor pago pelas Autorizadas do STFC incluirá o direito de uso de radiofreqüências.

E. Ainda nesse caso, a não exigibilidade de tal pagamento feriria a algum princípio regente da atividade administrativa?

Não. A dispensa de cobrança do PPDUR não contraria qualquer dos princípios que norteiam a atividade administrativa. Não contraria o princípio da vinculação ao instrumento do edital, pois é nula, e como tal não pode vincular a ninguém. Não contraria ao princípio da isonomia porque trata-se de equilibrar ônus e bônus específicos a cada um dos prestadores (trata-se, em suma, de tratar desigualmente os desiguais). Finalmente, não viola o princípio de *pacta sunt servanda* pelo simples fato de que a autorização se reveste de características de contrato administrativo, prevalecendo o interesse público sobre a autonomia das vontades e, sobretudo, a submissão ao arcabouço jurídico validamente incidente sobre a matéria.

EXAME TEÓRICO TÉCNICO EXIGIDO PELO CÓDIGO DE TRÂNSITO BRASILEIRO. VALIDADE DO CREDENCIAMENTO PARA A SUA EXECUÇÃO. NATUREZA JURÍDICA DA COBRANÇA E RESPECTIVA FORMA INSTRUMENTAL. O PRINCÍPIO DA EFICIÊNCIA ADMINISTRATIVA E O DEVER DE IMPLEMENTAR A MELHOR SOLUÇÃO POSSÍVEL

EGON BOCKMANN MOREIRA

Doutor em Direito do Estado (Econômico) pela UFPR.
Mestre em Direito do Estado (Administrativo) pela UFPR.
Pós-Graduado em Regulação Pública pela Faculdade de Direito da Universidade de Coimbra

Parecer. I — Os fatos descritos e os quesitos formulados. II — As inovações tecnológicas e os serviços prestados pelo Estado. III — A legislação brasileira de trânsito: o seu passado e a respectiva evolução recente. IV — O Exame Teórico Técnico e as entidades do "Sistema S". V — O credenciamento: sua natureza jurídica. VI — O preço pago pelo Exame Teórico Técnico. VII — Conclusão.

Parecer

O "Instituto X" honrou-me com pedido de parecer acerca da validade jurídica do credenciamento de terceiros (em especial o SENAC) para a execução do Exame Teórico Técnico exigido pelo Código de Trânsito Brasileiro, tal como abaixo exposto.

I — Os fatos descritos e os quesitos formulados

1. Em especial depois da positivação da Lei n. 9.503/1997, que instituiu o Código de Trânsito Brasileiro (doravante "CTB"), a legislação federal acerca do sistema nacional de trânsito passou a exigir testes mais complexos para a habilitação de condutores.

A fim de conferir maior segurança e aprimorar a aptidão dos motoristas de veículos automotores, o CTB e respectivos regulamentos de execução determinam a realização de um número certo de exames teóricos e práticos. Exames que, apesar de parte deles previstos em normativas anteriores, não eram integralmente aplicados (ou seja, alguns deles eram de fato inéditos até então). Tais provas são submetidas ao encargo dos respectivos Departamentos Estaduais de Trânsito (a seguir "Departamentos").

Aos exames de habilitação, que outrora versavam sobre conhecimentos básicos da legislação e prova prática, foram acrescidos outros requisitos mais apurados. Houve um aumento quantitativo e qualitativo dos testes a que devem ser submetidos aqueles que desejam se habilitar. Isso além dos cursos de renovação de conhecimento e aqueles decorrentes de certo número de infrações (sanções administrativas reabilitadoras).

2. Fato é que a nova legislação gerou um acréscimo significativo das atribuições dos Departamentos. Aumento esse que resultou em novas exigências, tanto em termos tecnológicos como operacionais: aos Departamentos foi estabelecida uma ampla gama de tarefas, a fim de dar adequado cumprimento aos preceitos do CTB.

Isso sem mencionar o aumento demográfico dos condutores de veículos no Brasil. Por exemplo, e segundo levantamento do Departamento de Trânsito do Paraná, no ano de 1998 o total de Carteiras Nacional de Habilitação — CNH (permissões para dirigir, renovações, 2ª via e outros) expedidas no Estado foi de 569.267. Já em 2003 esse total aumentou para 794.172 — um acréscimo significativo, justamente no período posterior ao novo CTB.[1] No mesmo sentido são os dados em nível nacional: o Departamento Nacional de Trânsito informa que em 2001 o total de condutores no Brasil (CNH com registro nacional e com registro estadual) era de 33.500.000 e, em 2003, de 37.144.993 — quase dois milhões de condutores em apenas dois anos.[2] Números esses que refletem apenas o total de aprovados, não a quantidade de exames prestados.

Em suma, a complexidade dos novos exames foi simultânea ao aumento da demanda por carteiras de habilitação.

3. Ocorre que esses aumentos dos custos e da demanda não foram precedidos da necessária contrapartida administrativa. A complexidade das novas exigências não foi referendada por um aperfeiçoamento técnico adequado e incremento quantitativo de servidores vinculados aos Departamentos. Apesar de os funcionários continuarem a desenvolver com esforços ímpares as respectivas atribuições, fato é que as novas imposições normativas ultrapassam os limites físicos outrora consolidados.

A constatação é a de que a nova legislação de trânsito brasileira experimenta um *bottleneck* na prestação do serviço. Ponto de estrangulamento que os Departamentos têm enfrentado com empenho, mas com dificuldades proporcionais às novas exigências.

Por outro lado, os usuários dos serviços têm sido submetidos a maiores ônus quando da expedição dos documentos. Não bastasse a exigência de submissão à integralidade dos exames previstos nos regramentos do setor (e cursos preparatórios), há óbices derivados das filas que aumentam e da distância dos Departamentos situados nos grandes centros urbanos (aliada à ausência de postos de atendimento em cidades menores). Tudo isso, unido à dificuldade da implementação de soluções de alta tecnologia, cria dificuldades àqueles que desejam obter as respectivas carteiras de habilitação.

4. Tendo em vista tais fatos, constatou-se a existência de estruturas físicas e tecnológicas aptas a realizar alguns dos exames exigidos pelo CTB. Nesse sentido, o SENAC dispõe de infra-estrutura superior — em termos tecnológicos e em razão da alta capilaridade para o atendimento, bem como em função da disponibilidade imediata de recursos humanos treinados para o desempenho da tarefa.

Isto é, a Consulente aponta que o SENAC dispõe de: computadores e programas

1. Fonte: <www.pr.gov.br/detran>, consulta em 18.5.2004.

2. Fonte: <www.denatran.gov.br/est_condutores.htm>, consulta em 18.5.2004.

aptos à realização de alguns dos exames (em especial o Exame Teórico Técnico); meios de informática que tornam mais precisa a identificação dos examinandos; estrutura física avantajada (prédios, salas, cadeiras etc.); várias agências, filiais e postos de atendimento, a fim de atingir um grande número de localidades e plena disponibilidade física e de pessoal para a implementação dos respectivos exames.

Não se tem notícia de outra entidade que disponha desses atributos — todos eles superiores àqueles detidos pelos Departamentos. Vantagem que se dá na quantidade de infra-estrutura (física e pessoal) disponível e na alta qualidade tecnológica dos serviços.

5. Tendo em vista a conjugação de tais constatações, a Consulente formula os seguintes quesitos:

1. É válido que os Departamentos Estaduais de Trânsito realizem o credenciamento do serviço de realização do Exame Teórico Técnico a uma outra entidade?

2. Em caso positivo, qual a natureza jurídica do ato de credenciamento e como ele deve ser formalizado?

3. Em caso positivo, é possível a cobrança de tais serviços prestados por terceiro?

4. Em caso positivo, e na hipótese de a legislação prever a remuneração original pelo serviço prestado pelos Departamentos como uma tarifa, é possível o credenciado cobrar tais valores diretamente do usuário?

5. Em caso positivo, e na hipótese de a legislação prever a remuneração original pelo serviço prestado pelos Departamentos como uma taxa, é possível o credenciado cobrar tais valores diretamente do usuário?

Passo à análise da questão proposta.

II — As inovações tecnológicas e os serviços prestados pelo Estado

6. A presente Consulta exige a contextualização do problema posto pelo Consulente, num nível mais elevado de investigação. Isso porque não se pode dissociar a interpretação da norma da realidade vivida pelos operadores do Direito. A leitura dos textos jurídicos é imanente ao momento histórico vivido pelo intérprete, resultando num processo integrador da *mens legis* (mundo do dever-ser) aos limites e exigências fáticas do mundo do ser.

Mais do que isso: não se pode interpretar a norma jurídica em abstrato, para sua posterior aplicação à hipótese fática. O caso concreto não é um dado secundário (ou posterior) à aplicação do direito, mas, na dicção de Castanheira Neves, configura um *prius metodológico*: "o caso jurídico não é apenas o objeto decisório-judicativo, mas verdadeiramente a perspectiva problemática-intencional que tudo condiciona e em função da qual tudo deverá ser interrogado e resolvido".[3]

Apenas em casos de uma *hermenêutica histórica* estaria o jurista adstrito às circunstâncias de um passado em que foi positivada a norma. Mas, mesmos nesses casos, cabe a advertência de Emilio Betti: "É, pois, um absurdo impor ao historiador que se limite a usar a dogmática embrionária elaborada pelos juristas da época estudada".[4] Ou seja, ainda na hipótese de uma investigação histórica, o jurista há de levar em conta a evolução do pensamento acerca da norma em análise (e de suas repercussões fáticas).

7. A rigor, não se trata apenas de uma contextualização do tema enfrentado, mas de uma imprescindível abordagem progressista do Direito, a reger o todo da atividade hermenêutica, tendo como ponto de partida o enfoque que se adota quando da leitura do texto constitucional:

3. *Metodologia Jurídica*, Coimbra, Coimbra Ed., 1993, p. 142. No mesmo sentido é o entendimento de Eros Roberto Grau ("Concessionária de serviço público — Bens públicos — Direito de uso", *RDA* 218/346).

4. *Interpretazione della Legge e degli Atti Giuridici*, Milão, Giuffrè, 1971, p. 69.

"A Constituição, enquanto instrumento de governo permanente, ao mesmo tempo ordenamento jurídico e moral da Nação, cuja flexibilidade e generalidade a permitem adaptar-se a todos os tempos e circunstâncias, deve ser interpretada tendo em conta nao somente as condições e necessidades existentes no momento de sua sanção, mas também as condições sociais, econômicas e políticas que existem ao tempo de sua interpretação e aplicação, à luz dos grandes e altos fins que informam a Lei Suprema, Fundamental e Fundacional do país".[5]

8. Essa premissa cognitiva, no sentido de que a interpretação jurídica deve ser instruída à luz do exame do caso concreto no respectivo momento histórico vivenciado pelo intérprete, assume especial relevância em face da presente consulta.

Isso porque a Administração Pública contemporânea não pode ser compreendida sob a mesma óptica de uma Administração de meados do século passado. Os desafios enfrentados pelos agentes públicos dizem respeito a questões muito mais complexas, instaladas em cenários de demanda crescente. A satisfação dos direitos e garantias outorgados às pessoas privadas não é mais alcançada através de entidades e órgãos burocráticos, subordinados a um ritmo estranho àquele que caracteriza os nossos dias. A velocidade, a extensão e a intensidade dos pleitos sociais importam a correspondente implementação de soluções administrativas adequadas ao suprimento de tais demandas.

As diretrizes da nova Administração Pública envolvem um despojamento dos outrora tradicionais meios unilaterais de intervenção estatal, direcionando a ação estatal para a consensualidade e cooperação com as pessoas privadas.

"A racionalização de meios em ordem a melhor prossecução de finalidades vai obrigar a Administração a dotar-se de uma panóplia de instrumentos adequados que não são compatíveis com a sua orgânica clássica, vocacionada para actividades completamente diferentes e alheias a uma lógica de rentabilidade. A técnica impõe as suas exigências. É imperativo recorrer a entidades estranhas aos órgãos administrativos tradicionais, mantendo com a Administração relações diversificadas, muito diferentes das tradicionais relações de serviço público. A flexibilização da nova orgânica administrativa é disso mesmo consequência directa."[6]

Quando menos desde as reformas da década de 1990, o Direito brasileiro convive com essas novas formas de integração do interesse público ao das pessoas privadas — inclusive dando origem a um intenso desenvolvimento do assim chamado "setor público não-estatal da economia".[7]

9. A revolução pela qual passa a economia (nacional e mundial) apresenta sérias e imediatas repercussões na esfera administrativa do Estado. Tanto a "revolução informática" como a "revolução tecnológica", ao mesmo tempo em que geram novos impasses administrativos (infra-estrutura tecnológica, estudos técnicos, formação de pessoal etc.), criam novas (e legítimas) pre-

5. Segundo V. Linares Quintana, *Tratado de Interpretación Constitucional*, Buenos Aires, Abeledo-Perrot, 1998, p. 429. No que é acompanhado por Adilson Abreu Dallari ("Acordo de acionistas — Empresa estadual concessionária de serviço público federal — Manutenção da qualidade de acionista controlador", *RTDP* 28/84, São Paulo, Malheiros Editores, 1999).

6. Luís S. Cabral de Moncada, "Direito público e eficácia", in *Estudos de Direito Público*, Coimbra, Coimbra Ed., 2002, pp. 166-167.

7. Acerca do "setor público não-estatal" (ou "terceiro setor"), v. o nosso estudo "Organizações sociais, organizações da sociedade civil de interesse público e seus 'vínculos contratuais' com o Estado", *RDA* 227/309, Rio de Janeiro, Renovar, jan./mar. 2002. Ampliar em Luiz Carlos Bresser Pereira e Nuria Cunill Grau, *O Público Não-Estatal na Reforma do Estado*, Rio de Janeiro, FGV, 1999, e Sílvio Luís Ferreira da Rocha, *Terceiro Setor*, São Paulo, Malheiros Editores, 2003.

tensões para as pessoas privadas. Mas o primordial está em que as inovações que vêm transformando a vida contemporânea somente podem ser compreendidas se vislumbradas de uma forma unitária.

Ou seja, não é possível dissociar os planos em que se projeta o avanço tecnológico (e a correspondente demanda popular pelos benefícios daí derivados). Para a perfeita utilização da moderna tecnologia de informação é essencial dispor de infra-estruturas adequadas — ou, como sintetizam Carl Shapiro e Hal Varian, "a infra-estrutura está para a informação como a garrafa está para o vinho: a tecnologia é a embalagem que permite à informação ser entregue aos consumidores finais (...) o *software* dos computadores é valioso somente porque o *hardware* dos computadores e a indústria de tecnologia das redes de dados são tão poderosos e baratos nos dias de hoje".[8]

10. O caso concreto envolve algumas peculiaridades da Administração Pública contemporânea em face do avanço tecnológico e do aumento da procura de seus serviços — singularidades essas que devem ser analisadas com obediência às premissas acima fixadas.

Ora, nítido é que a Administração Pública brasileira vem sofrendo sérias transformações, em especial depois da Reforma implementada a partir de meados da década de 1990. A modernização administrativa tornou-se um imperativo, envolvendo um novo — e amplo — rol de bens e serviços públicos. A *eficiência administrativa* foi alçada ao nível de princípio constitucional.

Tudo isso resultou no necessário aumento de produtividade da Administração — isto é, no aumento da quantidade de serviços prestados para o mesmo período de tempo disponível. Para melhorar a prestação dos serviços públicos (*lato sensu*), deve-se ter em mente o aumento da produtividade, assegurado devido à existência de agentes qualificados e à disponibilidade das ferramentas necessárias (em quantidade e qualidade) para prestar o serviço ideal através da melhor tecnologia disponível.

Como bem destacou Luís S. Cabral de Moncada:

"Os pressupostos da eficácia já não dependem tanto da clareza dos objetivos a prosseguir, mas sim da capacidade de dar resposta adequada às contingências, para o que é particularmente importante a assimilação do *feedback*. Não se trata de improvisar, mas de retirar consequências de um modelo estratégico mais flexível. À evolução dos modelos de eficácia, que fez da adaptabilidade das organizações o valor supremo, não podem ficar indiferentes a organização e a acção administrativas comprometidas na efectivação do bem estar como tarefa fundamental do Estado e pressionadas pelos critérios eleitoralistas hoje dominantes. A adaptabilidade a um mundo em rápida mudança requer modificações profundas no estilo e na orgânica administrativa, em ordem a erradicar a tradicional inificiência do sector público."[9]

Em suma, e como se deu em toda a civilização ocidental, "a reinvenção do Estado nas duas últimas décadas transformou o maquinário e processos de fornecimento dos serviços públicos, da burocracia pública para o mercado privado".[10] Mudanças estruturais, institucionais e procedimentais — nas quais a Administração Pública tem um papel central, quanto à transformação e aprimoramento dos bens e serviços prestados às pessoas privadas.

11. Mas frise-se a ressalva de que permanece íntegra a racionalidade da *res publi-*

8. *Information Rules*, Boston, Harvard Business School Press, 1999, p. 8.

9. "Direito público e eficácia", cit., pp. 169-170.

10. Rodney Austin, "Administrative law's reaction to the changing concepts of public service", in Peter Leyland e Terry Woods, *Administrative Law Facing the Future*, Londres, Blackstone Press, 1997, p. 34.

ca a orientar a atividade administrativa do Estado. As mudanças funcionais (e mesmo estruturais) não têm o condão de macular tal compreensão. Devem estar presentes as exigências consolidadas ao longo do tempo para a administração da coisa pública, no sentido de se firmar um paradigma ótimo da ação estatal em benefício do cidadão. O princípio da República permanece a irradiar seus efeitos por todo o universo da Administração Pública brasileira, servindo como norte à compreensão das opções administrativas do Estado.[11]

Logo, não é possível cogitar de soluções que beneficiem outros interesses, que não aqueles detidos pelo titular primeiro da coisa pública: o povo. A solução para os problemas e dilemas administrativos deve especial obediência a tal premissa.

III — A legislação brasileira de trânsito: o seu passado e a respectiva evolução recente

12. A compreensão da atual legislação de trânsito brasileira exige uma breve leitura dos diplomas normativos anteriores, de molde a demonstrar o aumento da complexidade das exigências postas aos Departamentos.

Isto é, à atualização novidadeira das exigências normativas há de corresponder uma equivalente contemporaneidade da leitura dos textos jurídicos e da solução dos casos concretos.

11. Acerca do princípio da República, aprofundar em Geraldo Ataliba, *República e Constituição*, 2ª ed., São Paulo, Malheiros Editores, 1998; Bresser Pereira, "Cidadania e *res publica* — A emergência dos direitos republicanos", *RDA* 208/147, Rio de Janeiro, Renovar, abr./jun. 1997, e Christophe Vimbert, *La Tradition Républicaine en Droit Public Français*, Paris, LGDJ, 1992. Sobre a concepção evolutiva do Direito Administrativo, v. Adilson Abreu Dallari, "Os poderes administrativos e as relações jurídico-administrativas", *RTDP* 24/63, São Paulo, Malheiros Editores, 1998.

13. Tome-se por marco inicial o Decreto-lei n. 2.994, de janeiro de 1941, que instituiu o "Código Nacional de Trânsito" e que regia a habilitação dos condutores nos arts. 88 e ss. À época, o motorista amador realizava apenas um exame "de conhecimentos" do Código e uma "prova prática de direção". O exame para profissionais era mais complexo, dividido em "oral (de máquinas)", em que o candidato deveria demonstrar conhecimento das principais peças do motor, das avarias e meios de evitálas etc.; "prática (de direção)" e "regulamentar, em que o candidato demonstrará conhecimentos deste Código" (art. 91, § 1º, *a* e *b*).[12]

O Decreto-lei n. 2.994/1941 foi modificado pelo Decreto-lei n. 3.651, de 25 de setembro do mesmo ano, que atribuiu aos Estados a organização dos serviços administrativos de trânsito em suas jurisdições (art. 2º c/c art. 100).

14. Posteriormente, foi promulgada a Lei n. 5.108, de 21 de setembro de 1966 — instituidora do "Código Nacional de Trânsito". O art. 72 exigia três exames para a obtenção da carteira de habilitação: *a)* "de sanidade física e mental, a cargo de médicos do serviço médico oficial ou por ele credenciados"; *b)* de conhecimento sobre "leis e regulamentos de trânsito" e *c)* prática de direção na via pública. Os exames eram "uniformes para todo o País e elaborados pelo Conselho Nacional de Trânsito" (art. 75).

A Lei n. 5.108/1966 foi regulamentada pelo Decreto n. 62.127, de 16 de janeiro de 1968, cujo art. 144 fixou cinco exames: *a)* sanidade física e mental; *b)* psicotécnico; *c)* legislação de trânsito; *d)* prática de direção; *e)* conhecimento técnico de veículos (categoria dos profissionais).

15. Em 1979, foi promulgada a Lei n. 6.731, alterando o texto do art. 72 do Códi-

12. A doutrina descreve a existência de diplomas anteriores, os quais, devido a razões de abordagem sintética, não serão aqui tratados. Por todos, v. Arnaldo Rizzardo, *Comentários ao Código de Trânsito Brasileiro*, 5ª ed., São Paulo, Ed. RT, 2004, pp. 29-30.

go então vigente (dentre outros dispositivos). O art. 72 passou a ter a seguinte leitura: "O Conselho Nacional de Trânsito estabelecerá os tipos, métodos, processos e modalidades a serem empregados nos exames necessários à habilitação".

No ano de 1980, o art. 147 do Decreto n. 84.513 estabeleceu que os exames de saúde poderiam ser realizados "por serviços médicos e entidades hospitalares da União, dos Estados, do Distrito Federal e dos Municípios, ou por clínicas particulares credenciadas pelos Departamentos de Trânsito".

16. Posteriormente, em 31 de julho de 1989, foi editada a Resolução n. 734, do Conselho Nacional de Trânsito, a qual estabilizou um conjunto de exames a serem aplicados para a habilitação de condutores. Isso se deu em especial no Título II desse diploma, que dividiu a aprendizagem em duas fases distintas: aprendizagem teórico-técnica e a prática de direção (arts. 33 e ss.), e no Título IV, que dispôs acerca dos exames de sanidade física, mental e psicotécnico (arts. 47 ss.).

17. Em 1997, em vista do incremento dos dilemas do trânsito brasileiro, e depois de debates exaustivos, foi editado o atual CTB.

O CTB estabeleceu uma disciplina minuciosa quanto aos deveres dos condutores, com várias previsões estabelecendo deveres de trânsito e uma gradação das sanções administrativas. Pretendeu-se institucionalizar um sistema abrangente, visando a diminuir os imprevistos e acidentes de trânsito através de uma legislação rígida.

Como se sabe, algumas normas foram desprezadas pela população e outras se destinaram a ser revogadas em curto espaço de tempo. O primeiro caso envolve as proibições aos pedestres (art. 254), cuja não-aplicação é uma das poucas notícias célebres da "revogação consuetudinária".[13] No segundo, o exemplo marcante é o do art. 112 do CTB, que estabeleceu o dever de os condutores portarem no veículo um conjunto de primeiros socorros, tal como disciplinado pelo CONTRAN (Resolução n. 42, de 21 de maio de 1998). Depois de intensa repercussão popular negativa, esse artigo foi revogado pela Lei n. 9.792, de 14 de abril de 1999.

18. Mas fato é que a legislação de trânsito permanece a envolver controvérsias não resolvidas. Isso em nível mundial. Tome-se como exemplo o célebre estudo do economista norte-americano Sam Peltzman acerca da revisão dos supostos efeitos benéficos da regulação sobre segurança em veículos.

A conclusão de Peltzman aponta para o paradoxo de que "a regulação de segurança não tem nenhum efeito no índice de mortes em rodovias". Ao contrário: haveria evidências estatísticas de que essa regulação (obrigatoriedades dos cintos de segurança, colunas de proteção contra choques, vidros especiais, *air bags* etc.) teria aumentado o número de mortes de pedestres e o número total de acidentes veiculares (além do acréscimo nos custos dos veículos). Isso porque os motoristas sentir-se-iam mais confiantes ante tal aparato protetor e abrandariam os cuidados e a atenção necessários à direção cautelosa.[14]

Ou seja, por mais aprimorada que seja uma legislação sobre um tema tão controverso quanto o trânsito, sempre haverá dissensões a questionar a sua eficácia.

19. De qualquer forma, e à parte as discussões *de lege ferenda*, a verdade está

13. Trata-se da revogação legislativa tácita, devido ao desuso das normas (ou ao constante, reiterado, uniforme e coletivo descumprimento — acompanhado da ausência de sanções). Acerca do fenômeno da revogação legislativa pelos costumes, v. Norberto Bobbio, *Contributi ad un Dizionario Giuridico*, Turim, G. Giappichelli, 1994, p. 38.

14. "The effects of automobile safety regulation", in George J. Stigler (ed.), *Chicago Studies in Political Economy*, Chicago, Chicago University Press, 1988, pp. 349 e ss.

em que a legislação brasileira de trânsito evoluiu ao longo do tempo, esmerando-se em tentar resolver os problemas imanentes a tal setor econômico-social.

Uma forma encontrada pelo legislador foi a de estabelecer novos e complexos exames, dentre os quais avulta de importância o Exame Teórico Técnico. A exigência de exames apurados com características eliminatórias faz com que os interessados em obter o diploma de habilitação dediquem-se com mais afinco ao estudo da legislação de trânsito e conheçam com maior propriedade a regulação desse setor.

IV — O Exame Teórico Técnico e as entidades do "Sistema S"

20. A análise do Exame Teórico Técnico avulta de importância para a presente consulta, razão pela qual é indispensável o enfrentamento das principais normativas que disciplinam tais exames. São as que seguem:

Código de Trânsito Brasileiro

Art. 22. Compete aos órgãos ou entidades executivos de trânsito dos Estados e do Distrito Federal, no âmbito de sua circunscrição:

(...).

II — realizar, fiscalizar e controlar o processo de formação, aperfeiçoamento, reciclagem e suspensão de condutores, expedir e cassar Licença de Aprendizagem, Permissão para Dirigir e Carteira Nacional de Habilitação, mediante delegação do órgão federal competente;

(...).

X — credenciar órgãos ou entidades para a execução de atividades previstas na legislação de trânsito, na forma estabelecida em norma do CONTRAN;

(...).

Art. 147. O candidato à habilitação deverá submeter-se a exames realizados pelo órgão executivo de trânsito, na seguinte ordem:

I — de aptidão física e mental;

II — (*vetado*);

III — escrito, sobre legislação de trânsito;

IV — de noções de primeiros socorros, conforme regulamentação do CONTRAN;

V — de direção veicular, realizado na via pública, em veículo da categoria para a qual estiver habilitando-se.

(...).

Art. 148. Os exames de habilitação, exceto os de direção veicular, poderão ser aplicados por entidades públicas ou privadas credenciadas pelo órgão executivo de trânsito dos Estados e do Distrito Federal, de acordo com as normas estabelecidas pelo CONTRAN.

Resolução CONTRAN n. 59/1998

Art. 2º. A aprendizagem de direção veicular para obtenção da Permissão para Dirigir compreende as fases de formação teórico-técnica, e prática de direção veicular.

Art. 3º. Na formação teórico-técnica deverão ser desenvolvidos os conteúdos citados nos itens enumerados de I a V, com suas respectivas cargas horárias:

I — direção defensiva: carga horária mínima de 8 horas aula;

II — noções de primeiros socorros: carga horária mínima de 6 horas aula;

III — proteção ao meio ambiente e cidadania: carga horária mínima de 4 horas aula;

IV — legislação de trânsito: carga horária mínima de 10 horas aula;

V — noções sobre mecânica básica do veículo: carga horária mínima de 2 horas aula.

(...).

Art. 26. O exame teórico-técnico para a concessão da licença para dirigir, será aplicado pelo órgão executivo de trânsito, ou por entidades públicas ou privadas, credenciadas por este, sendo a prova constituída de no mínimo 30 (trinta) questões, das quais o candidato deverá acertar no mínimo 70% com o conteúdo previsto no artigo 4º desta Resolução.

Portaria DENATRAN n. 47/1999

Art. 3º. A estrutura organizacional e as normas regulamentadoras para a aprendizagem de condutores, expressas no art. 20 da Resolução n. 74/1998 — CONTRAN e disciplinadas nesta Portaria, serão implementadas na seguinte ordem:

(...).

II — Os órgão executivos de trânsito dos Estados e do Distrito Federal registrarão as entidades integradas à RENFOR e realizarão todos os exames de habilitação ou credenciarão entidades, de acordo com o art. 11 desta portaria.

Art. 4º. A RENFOR será organizada em 5 (cinco) níveis de enquadramento de seus integrantes, hierarquizados segundo a abrangência e complexidade de suas atividades, conforme a Tabela de Funções do Anexo I, a saber:

a) Nível I — COORDENAÇÃO GERAL, Departamento Nacional de Trânsito — DENATRAN, que procederá a avaliação e auditoria do sistema de formação de condutores, através de entidades especializadas por ele credenciadas;

b) Nível II — ADMINISTRAÇÃO ESTADUAL, integrado pelos ÓRGÃOS EXECUTIVOS DOS ESTADOS E DO DISTRITO FEDERAL;

c) Nível III — FORMAÇÃO E CAPACITAÇÃO DE RECURSOS HUMANOS PARA CFC, integrado por instituições universitárias e por controladorias regionais de trânsito;

d) Nível IV — FORMAÇÃO, CAPACITAÇÃO, RECICLAGEM E APERFEIÇOAMENTO PROFISSIONAL TEÓRICO-TÉCNICO DE CONDUTORES DE VEÍCULOS AUTOMOTORES, integrado:

I — Pelas instituições vinculadas ao Sistema Nacional de Formação de Mão-de-Obra (Sistema "S");

II — Por estabelecimentos ou empresas legalmente instaladas na forma da legislação em vigor e cujo funcionamento tenha sido autorizado pelo órgão executivo de trânsito do Estado ou do Distrito Federal;

III — Pelos Centros de Formação de Condutores — Classificação "A" e demais entidades dedicadas ao tema.

e) Nível V — FORMAÇÃO E APERFEIÇOAMENTO PRÁTICO DE DIREÇÃO PARA CONDUTORES, integrado pelos Centros de Formação de Condutores — Classificação "B".

(...).

Art. 5º. Os integrantes da Rede Nacional de Formação de Condutores de Veículos com a função precípua de ensinar serão classificados nas categorias:

Categoria I — Controladorias Regionais de Trânsito — entidades integradas para o exercício das seguintes atividades:

(...).

c) elaborar as provas a serem prestadas pelos candidatos a obtenção da CNH, as quais serão impressas de forma individual, única e sigilosa contendo o nome do candidato, data e hora da impressão;

(...).

Art. 11. Os exames de habilitação dos candidatos à obtenção da CNH, serão de responsabilidade dos órgãos e entidades executivos de trânsito dos Estados e do Distrito Federal.

Parágrafo único. Os exames de habilitação, exceto os de direção veicular, poderão ser aplicados por entidades credenciadas pelo órgão executivo de trânsito dos Estados e do Distrito Federal.

(...).

Art. 26. Fica estabelecida nesta Portaria a DELEGAÇÃO aos órgãos e entidades executivos de trânsito dos Estados e do Distrito Federal, constante do inciso II do artigo 22 do CTB, para:

a) realizar os exames de habilitação de condutores;

b) fiscalizar e controlar o processo de formação;

c) expedir e cassar a licença de aprendizagem;

d) expedir Permissão para Dirigir e a Carteira Nacional de Habilitação;

e) suspender e cassar a Carteira Nacional de Habilitação; e

f) expedir a Permissão Internacional para Conduzir Veículos — inciso XX do artigo 19 do CTB.

21. Numa leitura conjunta das normas legais e regulamentares acima transcritas, pode-se inferir que:

(i) Os cursos e exames são sobremaneira complexos e com exigências extraordinárias (carga horária, conhecimento, formalização etc.);

(ii) É permitido o credenciamento de entidades públicas ou privadas para a execução de atividades previstas na legislação de trânsito;

(iii) Cabe aos Departamentos a realização e fiscalização dos exames obrigatórios;

(iv) Todos os exames de habilitação (exceto os de direção) podem ser realizados por entidades credenciadas pelos Departamentos; e

(v) A Rede Nacional de Formação de Condutores de Veículos é formada também pelas instituições vinculadas ao chamado "Sistema S" (em especial no nível vinculado à formação, capacitação, reciclagem e aperfeiçoamento profissional teórico-técnico).

Em suma, as previsões normativas que disciplinam o setor de exames para habilitação autorizam o credenciamento de terceiros para a sua execução. Mas não se olvide que a compreensão do nível de execução dessa autorização normativa deriva do mundo dos fatos. Isto é, as novas exigências oriundas da complexidade do serviço direcionam o Administrador ao dever de optar pelo credenciamento. A autorização pode, portanto, assumir foros de ato vinculado.

22. Interessa sobremaneira ao presente parecer a dimensão ocupada pelas entidades do "Sistema S", as quais, devido à sua intensa abrangência territorial e à probidade no bom trato da coisa pública, fazem parte do núcleo duro da Rede Nacional de Formação de Condutores de Veículos. Dizem respeito à própria essência da RENFOR, em suas previsões primárias.

Os regulamentos que disciplinam o CTB reconhecem tais atributos a tais entidades do "Sistema S", o que caracteriza a viabilidade de uma integração mais adequada no controle dos resultados e no acompanhamento dos exames pertinentes ao sistema nacional de trânsito.

Nem poderia ser de outra forma, em se considerando a importância e a confiabilidade do "Sistema S", ao longo da História brasileira.

23. Frente ao Direito brasileiro, pode-se afirmar que o início da integração público-privada está nas chamadas "paraestatais" — gênero que a doutrina nacional se vale para designar as entidades pertencentes ao "Sistema S".[15] Especialmente na década de 1940, deu-se a criação de pessoas de direito privado com vínculo a determinadas categorias profissionais, auto-administradas pelas respectivas agremiações coletivas (os "serviços sociais").

Em outra oportunidade, o signatário já teve a oportunidade de se manifestar a respeito:

"As funções das paraestatais têm cunho eminentemente social, profissional e solidário — oferecendo cursos de formação, serviços de treinamento, apoio à criação de empresas, atividades de lazer e culturais (colônia de férias, teatro, cinema, publicações, debates etc.). Ao Estado cabe instituí-las e estabelecer uma forma de financiamento público para suas atividades. Sua disciplina normativa funda-se em leis e (ou) regulamentos públicos específicos, além de seus estatutos internos.

"Trata-se de entidades conhecidas por suas siglas, cada qual reveladora da categoria profissional pertinente: SESI (Serviço Social da Indústria), SESC (Serviço Social do Comércio), SENAC (Serviço Nacional de Aprendizagem Comercial), SENAI (Serviço Nacional de Aprendizagem dos Industriários), SENAR (Serviço Nacional de

15. Cf. Hely Lopes Meirelles, *Direito Administrativo Brasileiro*, 25ª ed., São Paulo, Malheiros Editores, 2000, pp. 346-347, e Maria Sylvia Zanella Di Pietro, *Direito Administrativo*, 14ª ed., São Paulo, Atlas, 2002, pp. 415-416.

Aprendizagem Rural), SEBRAE (Serviço Brasileiro de Apoio às Micro e Pequenas Empresas) etc.".[16]

Em suma, o "Sistema S" é composto por "pessoas jurídicas de Direito Privado *dispostas paralelamente* ao Estado, *ao lado* do Estado, para executar cometimentos de interesse do Estado, mas não privativos do Estado".[17] A sua *ratio essendi* é a cooperação com o Estado, no cumprimento do interesse público.

24. A importância dessa colaboração é reiterada, ainda, pelo fato de que muitas dessas pessoas destinadas à cooperação com o poder público dispõem de uma alta capilaridade (facilidade de acesso, desenvoltura operacional, maior alcance, identificação e confiança popular etc.), acrescida de pleno acesso às infra-estruturas tecnológicas e respectivos programas de *software* de última geração.

Ao mesmo tempo em que dispõem de aparato adequado à prestação eficiente dos exames ora em consideração, as pessoas do "Sistema S" encontram-se inseridas na própria *rationale* do sistema nacional de trânsito. Portanto, torna-se nítido que o acesso da população usuária aos exames exigidos pelo CTB, sob o ponto de vista da promoção da cidadania, seria beneficiado e incrementado com a participação de entidades do "Sistema S".

O que pode se dar através do ato de credenciamento de tais pessoas paraestatais para a realização do Exame Teórico Técnico.

V — O credenciamento: sua natureza jurídica

25. O credenciamento foi objeto de poucos estudos frente à doutrina jurídica brasileira.[18] O que autoriza um exame mais apurado do termo.

26. Sob o prisma etimológico, credenciado é aquele que dispõe de "credibilidade", de "credulidade", de "crédito". Vocábulos derivados do verbo "crer" ("acreditar", "confiar"). Credenciado, portanto, é aquele que merece crédito, que goza de confiança, em quem se pode acreditar.[19]

Ainda que para o Direito Administrativo a análise possa se desdobrar em outros parâmetros, não é possível desprezar a origem lingüística do termo. Ora, é pacífico que o exercício da função administrativa do Estado é atribuído precipuamente à Administração Pública (direta e indireta). Sob o aspecto formal e material, à Administração cabe o cumprimento ao princípio da legalidade e seus desígnios. Porém, a lei pode permitir que determinadas atividades administrativas do Estado sejam atribuídas a pessoas privadas.

Isso pode se desenvolver sob inúmeras roupagens jurídicas. A legislação prevê vários modelos de delegação de atividades públicas a pessoas privadas (que se renovam e se multiplicam dia após dia). Uma delas é o credenciamento.

16. "Organizações sociais, organizações da sociedade civil de interesse público e seus 'vínculos contratuais' com o Estado", cit., p. 311.

17. Hely Lopes Meirelles, *Direito Administrativo Brasileiro*, cit., p. 346.

18. Merece destaque o estudo específico de Adilson Abreu Dallari ("Credenciamento", in Celso Antônio Bandeira de Mello (org.), *Estudos em Homenagem a Geraldo Ataliba 2: Direito Administrativo e Constitucional*, São Paulo, Malheiros Editores, 1997, pp. 38-54). O tema é também tratado pela doutrina de Celso Antônio Bandeira de Mello ("Serviço público e poder de polícia: concessão e delegação", *RTDP* 20/21, São Paulo, Malheiros Editores, 1997), Alice Gonzales Borges ("Credenciamento de inspeções de segurança veicular na legislação de trânsito", *Nova Dimensão — Direito Administrativo — Repertório de Estudos Doutrinários*, São Paulo, NDJ, 1997) e Marcos Juruena Villela Souto ("Gestão alternativa de recursos públicos", *RDA* 219/179, Rio de Janeiro, Renovar, jan./mar. 2000).

19. Antônio Geraldo da Cunha, *Dicionário Etimológico da Língua Portuguesa*, 2ª ed., 9ª reimpr., Rio de Janeiro, Nova Fronteira, 1997, pp. 225-226.

Através do credenciamento, o Estado-Administração autoriza que determinadas pessoas desempenhem certas e específicas tarefas de interesse público (mediante adequada remuneração). O ato de credenciar não assume a complexidade de uma concessão de serviço público ou de um convênio ou de um contrato de gestão. É mais singela do que isso (razão pela qual valoriza o princípio do *formalismo moderado*).

Para Hely Lopes Meirelles, agentes credenciados são "os que recebem a incumbência da Administração para representá-la em determinado ato ou praticar certa atividade específica, mediante remuneração do Poder Público credenciante".[20]

27. À toda evidência, existem determinadas tarefas públicas que não podem ser transferidas aos particulares. Fazem parte do núcleo duro do Estado. Exigirão um atendimento mais rígido a determinados preceitos legislativos. O exemplo adequado ao caso em exame é o exercício do poder de polícia estatal.

27.1 A noção de poder de polícia foi esquadrinhada com precisão por Agustín Gordillo, que realizou um alentado estudo da evolução histórica do conceito, a corroborar a temática ora exposta. O autor indica que "desde a idade antiga até o século XV" o termo "polícia" designava todas as atividades estatais (o que advém inclusive da etimologia do termo: a *polis*, cidade-Estado grega). O século XI experimentou a desagregação das relações internacionais do núcleo do conceito, enquanto que no século XVIII excluiu-se também a justiça e as finanças. Em seguida, a formulação de preceitos jurídicos reguladores da atividade do Estado, mais a doutrina e a jurisprudência, deram margem a uma redução do conceito. "Desta forma nasceu o conceito de que a essência da polícia era a luta contra os perigos realizada pelo poder de coação".[21]

Torna-se evidente que tal concepção, e Gordillo frisa isso, era congruente com a idéia liberal do Estado. Rememore-se que o liberalismo colocou o Estado como um garantidor da ordem e mero árbitro de conflitos individuais. Conforme a lição de Caio Tácito: "À autoridade cabia somente um papel negativo, de evitar a perturbação da ordem e assegurar o livre exercício das liberdades públicas".[22]

27.2 Com o passar do tempo, passa a perder consistência o motivo lógico de a ação do Estado ser limitada por tal conceito, especialmente depois de haver uma reversão em tal cenário. Houve uma intensificação qualitativa e quantitativa na ação estatal, que deu margem a uma nova ordem normativa. O Estado passa a atuar *positivamente*, não se valendo apenas do "poder de polícia" para intervir na vida privada, nem tampouco nos estreitos limites compreendidos na sua formulação.

Logo, a natureza do conteúdo das atuais normas jurídicas que qualifica a ação estatal é outra. O Direito Administrativo não é uma disciplina absenteísta, pois da Administração se exige um papel atuante na Ordem Econômica. O conceito que Celso Antônio Bandeira de Mello criou para o poder de polícia presta-se a demonstrar a tese ora esposada:

"Pelo poder de polícia, o Estado, mediante lei, *condiciona*, *limita*, o exercício da liberdade e da propriedade dos administrados, a fim de compatibilizá-las com o bem-estar social. Daí que a *Administração* fica incumbida de desenvolver certa atividade destinada a *assegurar que a atuação dos particulares se mantenha consoante com*

20. *Direito Administrativo Brasileiro*, cit., p. 76.

21. *Tratado de Derecho Administrativo*, t. II, 5ª ed., Belo Horizonte, Del Rey, 2003, pp. V-5/V-6. Ampliar a análise histórica e política, bem como a crítica ao conceito, em Fernando Andrade de Oliveira ("O poder do Estado e o exercício da polícia administrativa", *RTDP* 29/71, São Paulo, Malheiros Editores, 2000).

22. "O poder de polícia e seus limites", in *Temas de Direito Público*, 1º v., Rio de Janeiro, Renovar, 1997, pp. 522-523.

as exigências legais, o que pressupõe a prática de atos, ora preventivos, ora fiscalizadores e ora repressivos."[23]

28. Enfim, a atividade de polícia administrativa significa a restrição, fiscalização e controle de determinadas atividades privadas, tal como definida em lei. Na medida em que importa restrição ativa à esfera jurídica das pessoas privadas, sobre ser restrito, o seu exercício é exclusivo do Estado.

Não seria possível, em exemplo adequado ao exame em tela, transferir para pessoas privadas o exercício do exame de direção. Nem tampouco a aplicação de multas. Esses atos envolvem a interação subjetiva de um agente público no momento em que a pessoa privada realiza o teste ou a infração. Suas conseqüências dizem respeito ao conforto e à segurança de todos os cidadãos. Não poderiam ser realizados por alguém que não a própria Administração — ao contrário do Exame Teórico Técnico.

Isso porque o Exame Teórico é aplicado de forma objetiva, através da submissão do interessado a uma série de provas que se prestam a conferir se aquela pessoa dispõe de conhecimentos técnicos que a tornem apta a possuir uma carteira de habilitação. Trata-se de atividade instrumental à obtenção do documento de habilitação. Como Adilson Abreu Dallari descreveu com clareza e propriedade:

"Nesse passo é preciso fazer uma nova distinção: uma coisa é o reconhecimento oficial (mediante a emissão de um ato jurídico administrativo) de que o interessado preenche os requisitos legais para construir ou dirigir veículo; outra coisa é a atividade técnica destinada a verificar se esse ato jurídico administrativo pode ou não ser emitido. Esta última atividade, de natureza instrumental, pode ser delegada; a primeira (segundo entendimento predominante na doutrina e que não cabe, aqui, discutir) é exclusiva de órgão dotado de fé pública, de prerrogativas inerentes ao Poder Público.

" (...).

"Esse entendimento não impede a atribuição a particulares das atividades técnicas, instrumentais, de mera verificação, com base nas quais a entidade pública emitirá a declaração de conformidade (habilitando ao exercício de um direito) ou aplicará alguma sanção, no caso de desconformidade.

"Evidentemente, quando um particular estiver desenvolvendo tal atividade técnica, instrumental, ele certamente deverá ser remunerado pelo trabalho executado. Essa remuneração ou será paga pelo Poder Público que o contratou especificamente para isso (contrato de colaboração) ou, então, pelo particular diretamente interessado na obtenção da situação jurídica para a qual o trabalho executado é meio, instrumento ou ônus a ser suportado."[24]

O autor aponta os seguintes característicos para o credenciamento: (i) é uma *outorga*, atribuída ao particular pelo Poder Público de molde a ampliar a respectiva esfera de qualificações; (ii) deve ser realizado através de *ato formal*; (iii) o ato tem *conteúdo negocial*, regendo um interesse recíproco do credenciante e do credenciado; (iv) a outorga conferida ao credenciado limita-se a *atividades materiais* ou *técnicas*, meramente *instrumentais* à Administração; (v) a atividade objeto do credenciamento é desenvolvida a *título oneroso*; e (vi) a atividade objeto do credenciamento é sujeita à fiscalização exercida pelo credenciante.[25]

Daí advém o conceito proposto por Adilson Dallari:

"Credenciamento é o ato ou contrato formal pelo qual a Administração Pública confere a um particular, pessoa física ou jurídica, a prerrogativa de exercer certas atividades materiais ou técnicas, em caráter instrumental ou de colaboração com o Poder

23. *Curso de Direito Administrativo*, 17ª ed., São Paulo, Malheiros Editores, 2004, p. 631.

24. "Credenciamento", cit., pp. 50-51.

25. "Credenciamento", cit., pp. 52-53.

Público, a título oneroso, remuneradas diretamente pelos interessados, sendo que o resultado dos trabalhos executados desfruta de especial credibilidade, tendo o outorgante o poder/dever de exercer a fiscalização, podendo até mesmo extinguir a outorga, assegurados os direitos e os interesses patrimoniais do outorgado inocente e de boa-fé."[26]

29. Ora, na legislação de trânsito brasileira, o credenciamento é prática usual. Como se infere da descrição histórica feita acima, as normas pertinentes de há muito celebram a possibilidade de que determinados atos, atribuídos como de competência dos Departamentos, sejam praticados por terceiros credenciados.

Na hipótese em exame, o credenciamento seria relativo à autorização pública para o exercício de atividades materiais, de cunho tipicamente executivo, prévias ao exercício do poder de polícia administrativo ele mesmo — este, sim, de titularidade exclusiva da Administração Pública.

30. Num exame genérico, reputamos que o credenciamento pode se submeter a duas classificações jurídicas: ou tem a natureza jurídica de um ato administrativo ou tem a natureza jurídica contratual.

30.1 No primeiro caso, o credenciamento assumiria a condição de *ato administrativo*: declaração da Administração Pública que, nos termos da lei e em seu cumprimento, cria, modifica ou extingue uma relação jurídica. Trata-se de um "credenciamento-ato".

Através do credenciamento-ato, a Administração outorgaria ao credenciado o exercício de uma atividade específica, de índole material ou técnica, no atendimento de determinado interesse público previsto em lei, mediante remuneração adequada ao desempenho dessa atividade.

Para gerar efeitos, o credenciamento-ato depende, por óbvio, da anuência do credenciado (*conditio sine qua non*). Essa concordância toma a forma de ato-condição: manifestação através da qual a pessoa privada adere e desencadeia os efeitos do ato administrativo. Este ato-condição coloca o credenciado numa situação com conteúdo determinado por leis e regulamentos, submetido à fiscalização do credenciante.[27]

30.2 Ao seu tempo, o credenciamento-contrato envolve uma situação jurídica mais complexa. Afinal de contas, os contratos são pactos qualificados pela consensualidade, bilateralidade e comutatividade — além de serem sinalagmáticos: exigem prestações recíprocas entre os contratados, definidas em instrumento formal. E os contratos administrativos se desdobram em requisitos e definições mais apuradas — havendo quem negue a sua característica puramente contratual.[28]

Logo, o credenciamento-contrato se dirige àquelas hipóteses mais complexas de exercício de atos materiais ou instrumentais por parte de particulares, envolvendo não apenas uma prestação de certa atividade material, mas especialmente um vínculo bilateral-sinalagmático entre Administração e credenciado.

31. Não me parece haver dúvidas quanto à qualificação do credenciamento para a aplicação do Exame Teórico Técnico em exame como um credenciamento-ato.

Através de um ato administrativo de credenciamento, o Poder Público autoriza uma pessoa privada, que desfrute de qualificação adequada, confiança e crédito, outor-

26. "Credenciamento", cit., p. 53.

27. Sobre o ato-condição, v. Celso Antônio Bandeira de Mello, *Curso de Direito Administrativo*, cit., p. 393; Diogo de Figueiredo Moreira Neto, *Curso de Direito Administrativo*, 12ª ed., Rio de Janeiro, Forense, 2001, p. 148; e Agustín Gordillo, *Tratado de Derecho Administrativo*, t. III, 6ª ed., Belo Horizonte, Del Rey, 2003, pp. IV-26.

28. Por todos, Oswaldo Aranha Bandeira de Mello, *Princípios Gerais de Direito Administrativo*, v. I, 2ª ed., Rio de Janeiro, Forense, 1979, pp. 667 e ss., e Celso Antônio Bandeira de Mello, *Curso de Direito Administrativo*, cit., p. 571.

gando-lhe o respectivo título jurídico para que ela desempenhe uma específica atividade material, puramente instrumental à eclosão do exercício do poder de polícia administrativo quando do exame prático.

O credenciamento envolve a elaboração de um ato normativo e de um cadastro ao qual submeter-se-ão as pessoas futuramente credenciadas, em que conste a descrição precisa dos serviços materiais que deverão ser prestados e a respectiva remuneração.

Os credenciamentos, em especial aqueles que envolverem entidades do "Sistema S", darão cumprimento ao princípio da eficiência administrativa, que "pode ser compreendido como a necessidade de o ato administrativo atingir e produzir o efeito útil ou adequado, tal como previsto em lei, de forma transparente, moral e impessoal".[29] Ou seja, através da prática desse ato administrativo, a Administração estará implementando uma solução operacional que atenderá de forma excelente ao interesse público colocado à sua guarda.

Conclusão que autoriza o exame da remuneração pelo serviço prestado pelo credenciado.

VI — O preço pago pelo Exame Teórico Técnico

32. A Consulente noticia que há variação nas legislações estaduais quanto à natureza jurídica da remuneração pelo serviço prestado pelos Departamentos, ora sendo prevista como taxa, ora como tarifa.

Como é pacífico na legislação, doutrina e jurisprudência, a incidência de uma ou outra imposição gera os respectivos efeitos jurídicos e submete-se ao específico regime legal (tributário ou não).

32.1 No caso de a receita ser prevista como taxa, estará vinculada ao regime jurídico tributário (princípios da legalidade, da anterioridade, da irretroatividade etc.). Ou seja, sendo uma espécie de tributo, deverá ser cobrada privativamente pela pessoa política com competência administrativa para prestar o serviço, salvo se a lei instituidora indicar um sujeito ativo diverso daquele que possui a respectiva competência (parafiscalidade).[30]

32.2 Prevista como tarifa, é permitida a cobrança por particulares. Isto porque a tarifa não é tributo, mas cobrança de um serviço efetivamente prestado, instituída por ato administrativo. Submete-se, portanto, ao regime de Direito Administrativo.

33. Em qualquer uma das hipóteses acima descritas, o importante é frisar que a remuneração deve ser adequada ao serviço prestado. A cobrança dos particulares há de ser módica, porém sem desprezar os custos do serviço e a justa remuneração do credenciado, que tem direito a margem de lucro adequado ao investimento.

VII — Conclusão

34. Em vista o exame dos fatos apresentados pela Consulente em face da legislação e da realidade brasileiras, forneço as seguintes respostas aos quesitos formulados:

1. É válido que os Departamentos Estaduais de Trânsito realizem o credenciamento do serviço de realização do Exame Teórico Técnico a uma outra entidade?

Sim. O CTB e os regulamentos que lhe dão execução admitem a possibilidade de credenciamento de terceiros para a prestação do Exame Teórico Técnico. O que se reveste de especial adequação se e quando o credenciamento envolver entidade do porte do SENAC, integrante do "Sistema

29. Egon Bockmann Moreira, *Processo Administrativo*, 2ª ed., São Paulo, Malheiros Editores, 2003, p. 180.

30. Nesse sentido v. Paulo de Barros Carvalho, *Curso de Direito Tributário*, 4ª ed., São Paulo, Saraiva, 1991, p. 151, e Geraldo Ataliba, *Hipótese de Incidência Tributária*, 6ª ed., São Paulo, Malheiros Editores, 2003, pp. 84 e 189.

S" cuja notoriedade e transparência permitem auferir a excelência na prestação do serviço.

2. Em caso positivo, qual a natureza jurídica do ato de credenciamento e como ele deve ser formalizado?

No caso concreto, o credenciamento é um ato administrativo. O credenciamento deve ser formalizado através de instrumento específico, que discrimine as condições do credenciamento e conte com a anuência formal do credenciado, levado a conhecimento público através dos veículos competentes. A integração do credenciado dá-se através da anuência aos termos do ato administrativo e submissão ao regime jurídico próprio do Exame Técnico Teórico.

3. Em caso positivo, é possível a cobrança de tais serviços prestados por terceiro?

Sim. O terceiro que realizar o Exame Técnico Teórico deve ter a retribuição das despesas para a prestação do serviço, acrescida da remuneração pelo serviço prestado.

4. Em caso positivo, e na hipótese de a legislação prever a remuneração original pelo serviço prestado pelos Departamentos como uma tarifa, é possível o credenciado cobrar tais valores diretamente do usuário?

Sim. A cobrança da tarifa pode ser realizada diretamente pelo credenciado a quem foi atribuída a execução do serviço.

5. Em caso positivo, e na hipótese de a legislação prever a remuneração original pelo serviço prestado pelos Departamentos como uma taxa, é possível o credenciado cobrar tais valores diretamente do usuário?

A depender da legislação. Será possível tanto na hipótese de a norma instituidora da taxa autorizar a cobrança por terceiro credenciado, como no caso de essa atribuição não existir como própria e exclusiva do Departamento. Caso haja previsão expressa a respeito desse dever subjetivo do Departamento, este procederá à cobrança e remunerará o credenciado.

É o Parecer.

Curitiba, maio de 2004.

ANTECIPAÇÃO DE COMEMORAÇÃO DE PONTO FACULTATIVO — DIA DO SERVIDOR PÚBLICO

HÉLCIO DE ABREU DALLARI JÚNIOR
Advogado — Especialista em Direito Constitucional

Consulta

O Departamento Jurídico de Prefeitura Municipal, através de seu Consultor Jurídico, solicitou Parecer de nossa lavra sobre a eventual antecipação da comemoração do dia do funcionário público (dia 28 de outubro, que cairá em uma terça-feira), mediante a edição de Decreto Municipal, declarando ponto facultativo nas repartições públicas municipais, no próximo dia 27 de outubro (segunda-feira).

Parecer

Inicialmente, deveremos fazer breve distinção entre feriado e ponto facultativo. Feriado é o dia ou o tempo em que, por determinação civil ou religiosa, expressa em lei, se suspende todo trabalho em data certa. Por sua vez, o ponto facultativo é o dia em que fica facultado o trabalho nas repartições públicas.

Destaque-se que, na esfera federal, o Dia do Servidor Público não é feriado. Apenas, existe determinação expressa em lei federal, no sentido desta data ser comemorada todo dia vinte e oito do mês de outubro (Lei n. 8.112, de 11 de dezembro de 1990, que dispõe sobre o regime jurídico dos Servidores Públicos Civis da União, das autarquias e das fundações públicas federais, em seu art. 236). Vale ressaltar que esta lei não se aplica ao Município, consoante o princípio federativo e a autonomia municipal estabelecidos na Constituição Federal.

Cite-se a Constituição Federal, de 5 de outubro 1988, art. 18: "Art. 18. A organização político-administrativa da República Federativa do Brasil compreende a União, os Estados, o Distrito Federal e os Municípios, *todos autônomos*, nos termos desta Constituição" (destaque nosso).

Esta autonomia é um privilégio político concedido aos Estados e Municípios pela própria Constituição Federal, nos limites por ela estabelecidos, para que componham e organizem seus respectivos governos.

Aqui, vale lembrar algumas considerações sobre os limites constitucionais. O *caput* do art. 29 da Constituição Federal estabelece que o Município reger-se-á através de Lei Orgânica votada, aprovada e promulgada pela Câmara Municipal local, respeitando os princípios assentados na própria Constituição Federal, na Constituição do Estado-membro do qual faça parte, além dos preceitos contidos nos incisos deste artigo.

Sobre a forma federativa de Estado, encerra-se em si mesma a idéia de repartição de competências, respeitada a autonomia dos entes federados.

Neste enfoque, cite-se o art. 30, inciso I da Constituição Federal, que diz:

> "Art. 30. Compete aos Municípios:
>
> "I — legislar sobre assuntos de interesse local;"

Ou seja, os Municípios têm competência para determinar seus feriados e declarar pontos facultativos.

No âmbito do Município em questão, conforme o art. 1º da Lei n. 415, de 29 de maio de 1991, são considerados feriados: a Sexta-feira Santa, o *Corpus Christi*, o dia de Finados, e a data de 2 de abril (data comemorativa de sua elevação à condição de Município).

Ademais, na esfera municipal, não existe lei que consagre o dia 28 de outubro como sendo o Dia do Servidor Público Municipal.

Todavia, costumeiramente, consagrou-se o Dia do Servidor Público Federal como ponto facultativo em todas as esferas de governo, apesar de só existir lei federal que consagre tal data. Desta forma, cabe reforçar que trata-se de ato discricionário, que pode ser declarado de acordo com sua conveniência ou sua oportunidade.

Resta averiguarmos a forma pela qual pode ser declarado o ponto facultativo concernente ao Poder Executivo local.

Está preceituada na Lei Orgânica do Município em questão a competência do Prefeito para "*expedir decretos, portarias e outros atos administrativos*" (art. 106, inciso IX), bem como, para "*dispor sobre a organização e funcionamento da administração municipal, na forma da lei*" (art. 106, inciso XII). Complemente-se, ainda, que a referida Lei Orgânica não estabelece quando devem ser utilizados os decretos, as portarias e os demais atos administrativos.

Lembre-se, aqui, o ensinamento de Celso Antônio Bandeira de Mello: "Forma é o revestimento exterior do ato; portanto, o modo pelo qual este aparece e revela sua existência. A forma pode, eventualmente, não ser obrigatória, isto é, *ocorrerá, por vezes, ausência de prescrição legal sobre uma forma determinada, exigida para a prática do ato*. Contudo, não pode haver ato sem forma, porquanto o Direito não se ocupa de pensamentos ou intenções enquanto não traduzidos exteriormente. Ora, como a forma é o meio de exteriorização do ato, sem forma não pode haver ato" (*Curso de Direito Administrativo*, 14ª ed., São Paulo, Malheiros Editores, 2002, p. 348) (destaque nosso).

Na prática da Administração Pública, a forma utilizada para a declaração de um ponto facultativo tem sido o decreto exarado pelo Chefe do Executivo local. Vale lembrar que decreto é um ato administrativo de conteúdo normativo, editado com base no *poder hierárquico*, aplicando-se a todos os subordinados de quem o edita.

Assim sendo, no caso em análise, o ponto facultativo poderá ser declarado pelo Chefe do Poder Executivo local, através de decreto.

Cabe ainda fazer um esclarecimento importante: no presente caso, o decreto editado pelo Prefeito Municipal terá sua aplicação limitada aos seus subordinados, quais sejam, servidores públicos do Poder Executivo local, não se aplicando aos servidores do Poder Legislativo local (Câmara Municipal). Os servidores do Legislativo Municipal não trabalharão na mesma data, somente na hipótese de ser aprovado projeto de resolução da própria Câmara, neste sentido (art. 86, *caput*, parágrafo único, da Lei Orgânica do Município).

No tocante à antecipação da comemoração do ponto facultativo, verifica-se sua possibilidade, uma vez que ponto facultativo pode ser declarado a qualquer momento, consoante conveniência ou oportunidade administrativa para sua declaração.

É o Parecer.

ESTUDOS E COMENTÁRIOS

TELECOMUNICAÇÕES NO BRASIL: BALANÇO E PERSPECTIVAS

UMBERTO CELLI JUNIOR

Professor de Direito Internacional da USP.
Advogado em São Paulo especializado em Direito das Telecomunicações

CLÁUDIA SILVA DE SANTANA

Advogada em São Paulo especializada em Direito das Telecomunicações

I — Introdução. II — O modelo brasileiro de regulação do setor de telecomunicações. III — Problemas enfrentados pelo modelo de telecomunicações: 1. Falta de concorrência nos serviços de telefonia local; 2. Universalização e o "excedente" de serviços de telecomunicações. 3. Manutenção da competitividade com a tendência de concentração no mercado. IV — Alterações propostas. V — Conclusões.

I — Introdução

O setor de telecomunicações no Brasil vive um período de reestruturação. Tendo em vista o fato de alguns dos objetivos propostos pela Agência Nacional de Telecomunicações ("Anatel") não terem sido plenamente atingidos, como, por exemplo, a introdução de ampla concorrência na telefonia fixa (Serviço Telefônico Fixo Comutado — STFC), no qual persiste um virtual monopólio das empresas originadas do Sistema Telebrás, muitos passaram a duvidar da adequação do modelo regulador adotado pelo país nos últimos anos.

Tanto assim é que, em setembro de 2003, o atual governo submeteu à consulta pública dois anteprojetos de lei que, em essência, alteram o papel das Agências Reguladoras no Brasil, inclusive o da Anatel. O primeiro anteprojeto prevê a transferência de parte das competências da Anatel para o Ministério das Comunicações, notadamente no tocante à outorga de concessões, permissões e autorizações para a exploração de serviços de telecomunicações. O segundo dispõe sobre a gestão, a organização e o controle social das Agências Reguladoras, o que, na prática, poderá implicar a perda de parte substancial de sua autonomia.

O objetivo desse artigo é, pois, o de analisar a evolução e os resultados alcançados sob o modelo de telecomunicações em vigor, seus principais problemas e suas perspectivas, estas principalmente em face das propostas apresentadas pelo atual governo ao crivo da opinião pública.

II — O modelo brasileiro de regulação do setor de telecomunicações

A reforma do Estado empreendida ao longo da última década resultou em uma mudança substancial do papel que este deve exercer na economia do país. Como se sabe, o Brasil chegou ao final do século XX tendo empresas estatais em praticamente todas as atividades econômicas, fruto de uma concepção de Estado altamente intervencionista. Por falta de investimentos e por terem sido administradas, na maior parte das vezes, ao sabor de interesses políticos, tais empresas acabaram por se revelar incapazes de suprir a demanda interna por novos produtos e serviços e de competir, de modo eficiente, em um mercado globalizado.

Com efeito, a Constituição de 1988, em seu art. 173, já sinalizava para a alteração que estava por ser realizada no tocante à forma de intervenção do Estado na economia ao estabelecer que "(...) a exploração direta de atividade econômica pelo Estado só será permitida quando necessária aos imperativos da segurança nacional ou a relevante interesse coletivo (...)", e ao ressaltar, em seu art. 174, a função do Estado como agente normativo e regulador da atividade econômica. Consolidava-se, assim, a visão de que o Estado deve apenas atuar na prestação de determinados serviços quando houver interesse coletivo relevante.

Foi nesse contexto que teve início o processo de abertura do mercado de telecomunicações no Brasil. A Emenda Constitucional 8, de 15 de agosto de 1995 — que alterou a redação do art. 21, inciso XI, da Constituição Federal, eliminou o monopólio estatal na prestação de serviços de telecomunicações, tendo determinado, ademais, a criação de um órgão regulador.

A Lei 9.472, de 16 de julho de 1997 (Lei Geral de Telecomunicações — "LGT") marcou definitivamente o término da intervenção direta do Estado nas telecomunicações, ao autorizar a privatização do Sistema Telebrás e a criação da Anatel. A LGT traçou também as diretrizes básicas para a regulamentação do setor, a saber: (i) a expansão e a universalização dos serviços de telecomunicações; (ii) o fomento da concorrência com o estabelecimento, em uma primeira etapa, de um duopólio na telefonia fixa e celular, e com a previsão de liberalização do mercado a partir de 31 de dezembro de 2001; e (iii) a garantia de parâmetros mínimos de qualidade dos serviços de telecomunicações prestados aos usuários.

De acordo com a LGT, os serviços de telecomunicações devem ser prestados em dois distintos regimes: público e privado. A diferença básica entre eles é que são prestados em regime público os serviços de telecomunicações, cuja existência, universalização e continuidade a própria União (i.e., o Governo Federal) comprometa-se a assegurar (ou seja, são serviços cuja prestação é imprescindível para a sociedade), enquanto os serviços sujeitos aos princípios da livre iniciativa e da mínima interferência do Poder Público são prestados em regime privado. Atualmente, apenas o Serviço Telefônico Fixo Comutado (STFC) oferecido pelas concessionárias (empresas resultantes da cisão do Sistema Telebrás) é prestado em regime público.[1] Todos os outros serviços são prestados em regime privado, inclusive os serviços de telefonia fixa fornecidos pelas denominadas "empresas — espelho" (empresas concorrentes das conces-

1. No final de 2003, a Anatel criou o Serviço de Comunicações Digitais destinado ao público em geral que também será prestado em regime público.

sionárias nas respectivas regiões do Plano Geral de Outorgas — "PGO"[2]).

Essa divisão dos regimes de prestação dos serviços de telecomunicações entre público e privado teve o intuito de, por um lado, garantir o acesso da população aos serviços de telecomunicações considerados mais relevantes, que, por essa razão, estão sujeitos a maiores condicionamentos e interferências do Poder Público em sua prestação, como a telefonia fixa, e, de outro lado, simplificar a outorga e a prestação dos demais serviços.

Verificou-se, conseqüentemente, uma significativa expansão dos serviços de telecomunicações. A atual disponibilidade de linhas telefônicas fixas e de telefones celulares contrasta com a precariedade na oferta de serviços de telecomunicações no Brasil anterior à privatização. Na época do Sistema Telebrás, o preço oficial de uma linha telefônica fixa chegou a ser superior a US$ 3 mil e a espera por uma linha adquirida pelos chamados planos de expansão ultrapassava dois anos. Como as estatais não conseguiam suprir a demanda, nem tampouco cumprir os prazos para instalação e transferência de telefones, criou-se um mercado paralelo de venda de telefones. O telefone celular era inacessível à maioria esmagadora da população, tanto pelo preço dos aparelhos quanto pelas exigências das estatais para a aquisição de uma linha. A evolução no número de telefones em utilização é também expressiva. De 1998 até junho de 2003, o Brasil passou de pouco mais de vinte e dois milhões de telefones fixos instalados para mais de trinta e nove milhões; de quinhentos e oitenta e nove mil telefones públicos para um milhão, trezentos e cinqüenta mil, e de menos de sete milhões e trezentos mil celulares para quarenta milhões. Ademais, sob o novo quadro regulatório, além do preço obtido por meio da venda dos ativos da Telebrás (US$ 19 bilhões), o setor recebeu investimentos em infra-estrutura da ordem de US$ 40 bilhões.[3]

O aprimoramento dos serviços de telecomunicações no Brasil é, pois, fato incontestável, o que permite afirmar que o modelo adotado tem sido razoavelmente bem-sucedido. Isso não significa, no entanto, que tal modelo esteja isento de problemas e que não necessite de ajustes.

III — Problemas enfrentados pelo modelo de telecomunicações

1. Falta de concorrência nos serviços de telefonia local

Como precedentemente mencionado, a LGT estabeleceu como um de seus principais objetivos a introdução da concorrência, tanto na telefonia fixa como na celular, por meio do regime de duopólio até dezembro de 2001, i.e., durante esse período, cada área de prestação de serviço seria atendida por duas empresas (uma concessionária e uma autorizada). Após o transcurso desse período, o mercado deveria ser definitivamente liberalizado.

Ao contrário do que se esperava, porém, a concorrência não se tornou efetiva no mercado de telefonia fixa, principalmente no de telefonia local, em que se constata ainda a existência de um virtual monopólio das empresas concessionárias. É notória a

2. O Decreto 2.534, de 2.4.1998, mais conhecido como Plano Geral de Outorgas (PGO), fixou as regras básicas para a prestação do Serviço Telefônico Fixo Comutado (STFC), e dividiu o país em 4 (quatro) diferentes áreas de prestação de serviços, a saber: Região I — Estados do Rio de Janeiro, Minas Gerais, Espírito Santo, Bahia, Sergipe, Alagoas, Pernambuco, Paraíba, Rio Grande do Norte, Ceará, Piauí, Maranhão, Pará, Amapá, Amazonas e Roraima; Região II — Distrito Federal e dos Estados do Rio Grande do Sul, Santa Catarina, Paraná, Mato Grosso do Sul, Mato Grosso, Goiás, Tocantins, Rondônia e Acre; Região III — Estado de São Paulo; e Região IV — Nacional.

3. A esse respeito ver Jornal *O Estado de S. Paulo*, 27.7.2003, pp. B08-10.

falta de competitividade das "empresas-espelho".

Aliás, o que se observa é que, em qualquer país, a instituição de um ambiente realmente competitivo na telefonia fixa não é tarefa das mais simples. Essa dificuldade pode ser creditada, em larga medida, às características intrínsecas do mercado de telecomunicações, que requer a instalação de dispendiosa infra-estrutura e de interligação de redes de operadores de telecomunicações. Isso, agravado pelo fato de as telecomunicações terem sido anteriormente objeto de monopólio legal, o que fez com que, em regra, a maior parte da infra-estrutura em uso estivesse nas mãos de apenas poucos prestadores de serviços.

No Brasil, toda infra-estrutura de telecomunicações existente até a privatização do Sistema Telebrás foi alienada para as atuais concessionárias, proporcionando-lhes grande vantagem competitiva, mesmo considerando os encargos (*e.g.*, compromissos de expansão, atendimento, qualidade e continuidade dos serviços) a que estão sujeitas por estarem prestando serviços em regime público.

Apesar de a LGT determinar a obrigatoriedade da interconexão entre as redes e o compartilhamento da infra-estrutura já instalada para possibilitar a concorrência na telefonia fixa, nem a interconexão nem o compartilhamento da infra-estrutura (especialmente a da chamada "última milha") foram implementados de maneira satisfatória.

A — Interconexão

Consiste a interconexão na ligação entre redes de telecomunicações funcionalmente compatíveis, de modo que os usuários de serviços de uma das redes se comuniquem com usuários de serviços de outra ou que acessem serviços nela disponíveis. É essencial a interconectividade entre as redes dos diferentes prestadores de serviços, sobretudo para as empresas que estão entrando no mercado, visto que têm pouca possibilidade de êxito se não houver comunicação entre seus usuários e os usuários das outras prestadoras de telefonia fixa ou móvel. O acesso à rede de determinada empresa é remunerado pela tarifa de interconexão e o valor dessa tarifa constitui, atualmente, uma das maiores fontes de disputa entre as empresas de telefonia fixa, as empresas de telefonia fixa e as de serviço móvel, e entre essas empresas e a Anatel.

A fixação da tarifa de interconexão é assunto complexo. Isso porque se deve obter um valor que, ao mesmo tempo, remunere o investimento feito pelo detentor da rede e não impeça a entrada de novos operadores.[4]

Os dispositivos legais em vigor têm-se mostrado insuficientes para assegurar soluções eficazes aos problemas relacionados à interconexão. A LGT prevê, em termos genéricos, em seu artigo 153, que os acordos entre as prestadoras para a interconexão das redes sejam objeto de livre negociação entre os interessados e que o provimento da interconexão seja feito em termos não discriminatórios, sob condições técnicas adequadas, garantindo preços isonômicos e justos, atendendo ao estritamente necessário à prestação do serviço. Em que pese o fato de o Decreto 4.733, de 10 de junho de 2003, dispor de regras mais claras e objetivas, ao prescrever que as tarifas de interconexão e os preços de disponibilização de elementos de rede devem ser calculados por meio da adoção de modelo de custo de

4. Segundo Eduardo Boulos, "após muita controvérsia, dadas as conseqüências das possíveis escolhas, parece que a tendência dos economistas é a pacificação em torno dos custos de longo prazo para o fornecimento de bens e serviços envolvidos na prestação do serviço em questão [Serviço Telefônico Fixo Comutado], dentro da tecnologia mais moderna empregada pelo prestador" ("Concorrência e regulação no serviço telefônico fixo comutado — Um balanço", in Bolívar Moura Rocha (org.), *A Regulação da Infra-Estrutura no Brasil — Balanço e Propostas*, p. 40).

longo prazo, ficando preservadas as condições econômicas necessárias para o cumprimento e a manutenção das metas de universalização pelas concessionárias, tais regras somente terão eficácia a partir de janeiro de 2006. É por isso que a indefinição acerca do preço mais apropriado a ser cobrado pela utilização da rede de outras operadoras (tarifa de interconexão) continua no cerne das disputas, especialmente entre as empresas de telefonia fixa local, de um lado, e as empresas de telefonia fixa de longa distância e de telefonia móvel, de outro.

• *Disputa entre as empresas de telefonia fixa local e telefonia fixa longa distância* — As operadoras de longa distância alegam que as locais, detentoras da maior parte da infra-estrutura atualmente instalada, praticam conduta anticompetitiva conhecida como *price squeeze* ou elevação dos custos das rivais, por meio de (i) *discriminação de preços* na cobrança da tarifa de interconexão de rede local para "si mesma" (sua unidade de longa distância) e para seus concorrentes; ou por meio (ii) de *subsídio cruzado* implícito entre o serviço local e o de longa distância. Segundo essas empresas, tal conduta feriria não somente os arts. 3º, inciso III (direito do usuário de serviços de telecomunicações de não ser discriminado quanto às condições de acesso e fruição do serviço), 6º (princípio da livre, ampla e justa competição entre todas as prestadoras) e 70, inciso I (coibição da prática de subsídios para redução artificial de preços), da LGT, como, também, o art. 20 da Lei 8.884, de 11 de junho de 1994, Lei de Defesa da Concorrência, configurando, assim, infração à ordem econômica.

• *Disputas entre as operadoras de telefonia fixa local e móvel* — A disputa entre as prestadoras de serviços locais e móveis diz respeito às operações de telefones móveis pré-pagos. Como se sabe, o acesso das classes de menor poder aquisitivo aos serviços de telecomunicações deu-se, na prática, por meio do telefone celular pré-pago, o qual é utilizado, basicamente, para a recepção de ligações originadas em telefones fixos. Pelo fato de a grande maioria dos celulares pré-pagos não originar chamadas, atualmente entre 40% (quarenta por cento) e 60% (sessenta por cento) do faturamento das operadoras de telefonia celular decorre das tarifas de interconexão.

As operadoras de telefonia fixa local reivindicam a redução no valor das tarifas de interconexão em virtude do significativo impacto em seus faturamentos causado pela grande diferença de tráfego entre as redes (as regras de interconexão determinam que, quando a diferença de tráfego for maior que 55% (cinqüenta e cinco por cento), deve haver pagamento da empresa emissora para a empresa receptora da comunicação). Por sua vez, as empresas de telefonia móvel sustentam que somente com os valores de interconexão cobrados atualmente foi possível que as classes sociais de menor poder aquisitivo obtivessem acesso à telefonia por meio dos celulares pré-pagos, que têm conta média muito baixa. Segundo elas, sem essas tarifas de rede, sua sobrevivência estaria ameaçada.

• *Sumidouro de tráfego* — Outro aspecto que vem sendo muito debatido no tocante à tarifa de interconexão é o chamado "sumidouro de tráfego" resultante de acordos entre as prestadoras de telefonia fixa e os provedores de Internet, notadamente os gratuitos.

Como se sabe, os provedores de acesso gratuito à Internet são grandes consumidores de telefonia local com tráfego unilateral entrante, i.e., destinam às prestadoras um volume significativo de chamadas, sem, no entanto, originarem tráfego de telefonia. Esse grande volume de tráfego unilateral entrante despertou a atenção das empresas de telefonia fixa para a possibilidade de obtenção de receitas adicionais por meio da associação com tais provedores.

Assim, essas empresas passaram a oferecer aos provedores não somente sua infra-estrutura, i.e., suas linhas telefônicas, como também o compartilhamento de receitas de interconexão.[5] Ou seja: passaram a aplicar regras de interconexão estabelecidas especificamente para o tráfego de voz ao tráfego de dados (Internet). É justamente essa "distorção" gerada na forma de pagamento das tarifas de interconexão que tem sido denominada de "sumidouro de tráfego".

A polêmica causada por esses acordos, que têm sido objeto de calorosas discussões acerca da chamada "inclusão digital" e do papel dos provedores gratuitos nesse processo de inclusão, está relacionada ao suposto subsídio de fato de um serviço de valor adicionado (no caso, a Internet) por um serviço de telecomunicações, o de telefonia fixa.

B — Compartilhamento de infra-estrutura e "unbundling"

Como assinalado antes, a dificuldade na implantação de ambiente competitivo na telefonia fixa pode ser atribuída precipuamente à dispendiosa infra-estrutura necessária à prestação do serviço, motivo pelo qual a telefonia fixa é usualmente classificada como um monopólio natural. Monopólio natural é como a teoria econômica denomina certas atividades que possuem características estruturais que dificultam ou inviabilizam o estabelecimento da concorrência. Por meio do estudo dos monopólios naturais no direito concorrencial norte-americano, foi desenvolvida a doutrina das *essential facilities*.[6] Uma *essential facility* existe quando há situação de dependência de um agente econômico em relação à estrutura de outro agente, principalmente quando a duplicação dessa estrutura é inviável, seja pelos custos envolvidos, seja pela necessidade de escala para a operação do sistema.

No setor de telecomunicações, a rede física para a prestação da telefonia fixa, especialmente a última milha (*last mile*) (estrutura que permite o acesso da rede da prestadora aos usuários) é considerada uma *essential facility*. Assim, o acesso à última milha para as entrantes através do *unbundling* (desagregação das redes) é vital para que seja possível o estabelecimento de concorrência efetiva nesse mercado.

O desenvolvimento tecnológico do setor de telecomunicações e a tendência de convergência dos serviços fixos e móveis levaram alguns especialistas do setor a considerar que o problema do monopólio natural estava superado.[7] É provável que, em um futuro próximo, o problema do comparti-

5. Essas receitas têm sido responsáveis, na prática, pela sobrevivência desses provedores de acesso gratuito, já que o modelo de negócios por eles adotado, baseado em receitas de publicidade virtual e de comércio eletrônico, não obteve os resultados esperados.

6. "Sua formulação tem origem jurisprudencial. Em *United States "vs." Terminal Railroad Association of St. Louis*, a Suprema Corte reconheceu que a criação de obstáculos ao acesso à determinada infra-estrutura poderia caracterizar uma infração ao *Sherman Act*, diante de certas circunstâncias. No caso considerado, a circunstância que se sobressaía era a impossibilidade prática de uma composição ferroviária passar ou entrar na cidade de St. Louis, sem se utilizar de certas instalações terminais, as quais ligavam as vias férreas que davam acesso à cidade, passando pelas pontes existentes sobre o rio Mississipi. Além disso, não era possível às companhias dependentes desse acesso adquirirem ou construírem para si as estruturas, dados os custos proibitivos para tanto", in Calixto Salomão Filho, *Regulação e Concorrência*, p. 39. Essa doutrina, "which was first adopted by the Supreme Court in 1912 recognizes that a monopolist can gain an unfair competitive advantage in a related market by denying its competitors the right to access a resource required to engage in effective competition in that market", in Thomas A. Piraino Jr., "An antitrust remedy or monopoly leveraging by Electronic Networks", 93 *Nw. U. L. Rev.* 1, pp. 6-7.

7. Segundo expõe Floriano de Azevedo Marques Neto, a "rede pública de comunicações consiste na única trama de cabos, fios, ligações e estações de comutação pela qual se cursava a telefonia. Este fato conduzia a noção, tão divulgada, de que o serviço de telecomunicações consistia em um monopólio natural, pois esta infra-estrutura

lhamento das redes possa ser de fato superado pela convergência tecnológica dos serviços de telecomunicações. Contudo, analisando-se o momento atual da telefonia fixa no Brasil, constata-se que: (i) a aplicação das principais soluções tecnológicas alternativas, quais sejam, a transmissao por fibra óptica e *wireless* (sem fio), tanto via rádio como através da tecnologia *Wi-Fi*,[8] é incipiente; (ii) problemas de custo e confiabilidade no uso dessas tecnologias impedem sua utilização em larga escala; e (iii) essas novas tecnologias devem ser direcionadas para o atendimento do mercado corporativo.

2. *Universalização e o "excedente" de serviços de telecomunicações*

A questão sobre como compatibilizar os princípios da livre iniciativa e o da justiça social revela, de modo eloqüente, a presente situação do mercado de telefonia fixa. Ao longo dos últimos anos, a atuação da Anatel tem-se pautado fortemente pela busca da ampliação do acesso e da melhoria de qualidade dos serviços de telecomunicações. Nesse sentido, o próprio Poder Executivo, através do PGO, instituiu algumas vantagens para incentivar as empresas a antecipar o cumprimento das metas de universalização previstas nos contratos de concessão para 31 de dezembro de 2003, como a possibilidade de essas empresas serem autorizadas a prestar outros serviços.

Como precedentemente mencionado, a telefonia fixa é fornecida pelas concessionárias em regime público, ou seja, com a obrigação, assegurada pela União, de universalização, i.e., garantia de acesso a todos ao serviço. A prestação de serviços de telecomunicações, na qualidade de serviço público, "deve considerar as condições e diferenças sociais dos usuários e a determinação da expansão dos serviços voltada para a consecução do atendimento universal, de modo a possibilitar o acesso a tais serviços a todos, 'independentemente das forças do mercado'".[9] No dizer de Calixto Salomão Filho, a universalização, "freqüentemente tratada como um objetivo de política econômica" é, "na verdade, uma garantia sistêmica ou institucional. (...) Entretanto, o simples provimento formal dos serviços a todos sem que muitos tenham condições materiais não é também suficiente. Isso não significa que a regulamentação possa ou deva substituir as políticas sociais. Significa que a regulação, como também o direito antitruste, não pode e não deve ser instrumento de criação de desigualdades sociais e principalmente de exclusão. Novamente aqui essa é a maneira de compatibilizar materialmente os ditames constitucionais da livre concorrência e da justiça social".[10]

pré-montada era única e pertencia a um ente único, o Estado. Esta foi a teoria desenvolvida pelo Ministério das Comunicações, determinando que o serviço de telecomunicações, por suas condições naturais, apenas poderia ser explorado por um prestador, ou o Estado ou um concessionário desta rede. O desenvolvimento tecnológico, tratado alhures, derrubou a teoria do monopólio natural, pois agora, por exemplo, pode-se transmitir a telefonia por freqüência, reduzindo de sobremaneira os custos de instalação de uma rede" ("Direito das telecomunicações e a Anatel", in Carlos Ari Sundfeld (coord.), *Direito Administrativo Econômico*, p. 303).

8. *Wi-Fi* (abreviação de *wireless fidelity*) é o termo utilizado para designar uma rede local sem fio de alta freqüência (*WLAN*). A tecnologia *Wi-Fi* está sendo rapidamente bem aceita em muitas companhias como uma alternativa às redes cabeadas. *Wi-Fi* é especificada sob o código 802.11b do *Institute of Electrical and Electronics Engineers* (*IEEE*) e é parte da série de especificações para redes sem fio junto com os códigos 802.11, 802.11a, e 802.11g. (<http://searchmobilecomputing.techtarget.com/sDefinition/0,,sid40_gci838865,00.html>, acessado em 19.10.2003).

9. Dinorá Adelaide Musetti Grotti, "Teoria dos serviços públicos e sua transformação", in Carlos Ari Sundfeld (coord.), ob. cit., p. 56.

10. Calixto Salomão Filho, *Regulação da Atividade Econômica (Princípios e Fundamentos Jurídicos)*, p. 126.

O que se observa é que, apesar do expressivo aumento da oferta de serviços de telefonia fixa e de um estoque de 10,7 (dez vírgula sete) milhões de linhas ociosas existentes no país, resultado dos investimentos das concessionárias para a antecipação das metas de universalização, as camadas de menor poder aquisitivo não foram atingidas. Enquanto a densidade telefônica das famílias das classes A, B e C é de, respectivamente, 99% (noventa e nove por cento), 84% (oitenta e quatro por cento) e 62% (sessenta e dois por cento), apenas 20% (vinte por cento) das famílias da classe D e 5% (cinco por cento) da classe E dispõem de telefone fixo.

O acesso de significativa parcela da população de baixa renda aos serviços de telecomunicações tem ocorrido por meio da telefonia celular, especialmente com o telefone pré-pago, que, como se sabe, é utilizado, basicamente, para a recepção de ligações.

Essa "universalização" por meio do serviço celular pré-pago deve-se, em larga medida, ao fato de as tarifas de telefonia fixa serem proibitivas para a maioria da população do país, apesar de comparativamente mais baixas do que as cobradas em outras partes do mundo.

Tendo em vista que os serviços oferecidos para as classes D e E urbanas e para as áreas rurais não cobrem os custos de sua prestação, há certa polêmica acerca de quem deve "arcar" com os custos da universalização.[11] Alguns defendem, inclusive, a utilização de subsídios estatais para o custeio dos serviços às classes populares, levando-se em conta o inegável valor social da prestação dos serviços de telefonia. Não há, porém, nenhum tipo de consenso sobre esse assunto.

3. Manutenção da competitividade com a tendência de concentração no mercado

Há uma evidente tendência de concentração entre as empresas de telecomunicações, incentivada pela percepção generalizada de que o mercado é pequeno para tantas empresas de telecomunicações no país.

A questão é como administrar essa tendência de concentração, evitando-se que o mercado de telecomunicações se transforme em monopólio privado. Claro está que as eventuais concentrações devem ser analisadas com extremo cuidado. Há certa pressão para que a regra do art. 14 do PGO[12] seja suavizada. A revogação dessa regra, que, por estar consubstanciada em um decreto, somente poderia ser efetuada pelo Poder Executivo, resultaria em profunda alteração dos princípios regulatórios hoje vigentes, visto que o modelo original considerou "que a 'separação' dos controladores fortaleceria o ambiente competitivo proporcionando, como conseqüência,

11. Segundo Gesner Oliveira, em entrevista ao jornal *Valor Econômico*, "o setor de telefonia, como outros setores de infra-estrutura, é marcado por aquilo que se chama de externalidade positiva. O retorno social do serviço telefônico é maior do que o retorno privado. Então, há uma diferença entre os dois. Cada serviço adicional beneficia mais o país do que ele dá à empresa. Conseqüentemente, a sociedade de um modo geral gostaria de ter mais serviços do que o resultado puramente de mercado resultaria. Para fazer isso de uma forma eficiente é preciso, de uma maneira transparente, deslocar recursos. Não se pode imaginar que o setor privado fará todos os serviços necessários para dar o retorno social desejado porque isso simplesmente diminuiria a rentabilidade, inibiria os investimentos e levaria a um serviço de má qualidade ou insuficiente" ("Universalização requer fonte de recursos", Jornal *Valor Econômico*, São Paulo, 10.12.2002, Especial Telefonia Fixa, p. F3).

12. Nos termos do art. 14 do PGO, a obtenção de concessão em determinada Região por empresa já concessionária de telefonia fixa, sua coligada, controlada ou controladora implica a obrigatória transferência a outrem, de contrato de concessão detido em outra Região, no prazo máximo de dezoito meses, contado da data de obtenção da concessão.

ganhos para os usuários, decorrentes da disputa pelo mercado".[13]

Outra questão é a participação das concessionárias de telefonia fixa nas empresas celulares. Não existe limitação regulatória à formação desses conglomerados. Porém, essas associações trazem riscos à concorrência, como o de que possa ocorrer transposição da predominância que essas empresas têm no mercado de telefonia fixa para a telefonia celular, o que exigiria uma rigorosa atuação preventiva e fiscalizadora tanto da Anatel quanto dos órgãos de defesa da concorrência.

IV — Alterações propostas

Como analisado, a opção de deixar a intervenção direta do Estado para apenas certos setores da economia, de sorte a assegurar sua atuação como regulador da atividade privada, foi causa imediata da instituição das Agências Reguladoras, tais como a Anatel, a Agência Nacional de Energia Elétrica ("Aneel") e a Agência Nacional de Petróleo ("ANP"), dentre outras. Mais do que um modismo inspirado no direito norte-americano (que muitos consideram causa da chamada "febre das Agências"), a necessidade de um órgão técnico de regulação estatal origina-se do inerente risco de o Estado perder o controle sobre as atividades econômicas essenciais para o país pelo exercício privado de atividades de maior relevância. A regulação pode, consoante lembra Calixto Salomão Filho, "representar exatamente a contribuição mais útil de um Estado que decide retirar-se da intervenção econômica direta (através da prestação de uma gama bastante variada de serviços) para sua função de organizador das relações sociais e econômicas e que, por outro lado, reconhece ser para tanto insuficiente o mero e passivo exercício de um poder de polícia sobre os mercados".[14]

Assim, de acordo com a LGT, cabe à Anatel cumprir funções como, dentre outras, o estabelecimento de metas para a prestação dos serviços, a regulamentação e a fiscalização dos serviços prestados e a defesa dos interesses dos consumidores. Além disso, é dever da Anatel atuar como órgão de solução de disputas entre os prestadores de serviços. Já ao Poder Executivo ficou reservada a tarefa de estabelecer políticas públicas.

O que se nota, contudo, é a existência de uma "área cinzenta" entre as competências do Poder Executivo e as da Anatel, pois é tênue a linha divisória entre a regulação e a formulação de políticas públicas, especialmente no tocante a temas que demandam decisões técnicas com importantes conseqüências políticas e econômicas, tais como os reajustes de tarifas.

Na visão dos defensores do atual modelo, a competência do Poder Executivo, tal como definida pelo art. 18 da LGT,[15] deve ser interpretada restritivamente, de forma a garantir a independência da Anatel e a estabilidade temporária do mandato de seus conselheiros. Isso porque, segundo eles, tais atributos constituem, justamente, uma perspectiva de estabilidade nas relações entre o Poder Público e a iniciativa privada e de diminuição da influência de *lobbies* políticos e empresariais nas decisões administrativas mais técnicas ("teoria da captura").

13. Renato Guerreiro, "Telecomunicações — O que mudar no modelo", Jornal *Valor Econômico*, São Paulo, 3.1.2002, p. A14.

14. Calixto Salomão Filho, ob. cit., p. 14.

15. Por este artigo, cabe ao Poder Executivo (i) instituir ou eliminar a prestação de modalidade de serviço no regime público, concomitantemente ou não com sua prestação no regime privado; (ii) aprovar o PGO dos serviços prestados no regime público; (iii) aprovar o Plano Geral de Metas para a progressiva universalização de serviço prestado no regime público; e (iv) autorizar a participação de empresa brasileira em organizações ou consórcios intergovernamentais destinados ao provimento de meios ou à prestação de serviços de telecomunicações.

Por outro lado, os críticos do modelo atual argumentam que o art. 18 é apenas exemplificativo e que a total independência da Anatel em relação ao Poder Executivo é ilegal por ferir a divisão tripartite dos Poderes, tornando as Agências Reguladoras um "quarto poder".

Com efeito, não há dúvidas de que como as questões de regulação econômica abrangem, além de aspectos técnicos, a conciliação de interesses de usuários e de prestadoras de serviços, as decisões das Agências Reguladoras envolvem, muitas vezes, escolhas políticas,[16] motivo pelo qual existe também a possibilidade de captura desses órgãos. Conseqüentemente, é necessário que o governo e a sociedade civil disponham de instrumentos que lhes permitam controlar e fiscalizar as atividades das Agências, bem assim corrigir eventuais ineficiências em sua atuação, de modo a atenuar o risco da formação do chamado "quarto poder".

Não se pode esquecer, porém, de que, consoante assinala Maria Sylvia Zanella Di Pietro, esse "controle (administrativo) não significa que os entes descentralizados estejam hierarquicamente subordinados à Administração Direta. Existe apenas uma *vinculação* para fins de controle; essa vinculação normalmente se dá com relação ao Ministério ou Secretaria de Estado ou de Município cujas atividades se relacionam com a da pessoa jurídica da administração indireta". Ademais, diz ela, há "diferenças sensíveis entre tutela e hierarquia... a tutela é *condicionada* por lei, ou seja, só admite os atos de controle expressamente previstos; a hierarquia é incondicionada e implica uma série de poderes que lhe são inerentes, como o de dar ordens, o de rever os atos dos subordinados (*ex officio* ou mediante provocação), o de avocar e delegar atribuições".[17]

Fato é que, mesmo que se considere necessária essa tutela das Agências Reguladoras pela sociedade civil e pelo Poder Executivo, a forma pela qual ela deve ser exercida está longe de ser consensual.

Foi por essa razão que o Poder Executivo, conforme anteriormente citado, colocou em consulta pública, em setembro de 2003, dois anteprojetos de lei que tratam da atuação das Agências Reguladoras.

Um dos anteprojetos dispõe sobre a gestão, a organização e o controle social das Agências Reguladoras, propondo, em suma, a celebração de Contratos de Gestão com os Ministérios aos quais estão vinculadas, bem como a criação de ouvidorias para apurar reclamações de usuários contra a própria Agência e os prestadores de serviços.

O outro anteprojeto altera dispositivos das Leis 9.427, de 26 de dezembro de 1996, 9.472, de 16 de julho de 1997 (LGT), 9.478, de 6 de agosto de 1997 e 10.233, de 5 de junho de 2001, que tratam, respectivamente da Aneel, Anatel, ANP, Agência Nacional de Transportes Terrestres — ANTT e da Agência Nacional de Transportes Aquaviários — ANTAQ. Pelos termos desse anteprojeto, em síntese, a competência para celebrar contratos de concessão e outorgar autorização para a prestação de serviços, hoje detida pelas Agências, seria retomada pelos respectivos Ministérios.

• *Contrato de Gestão* — A idéia de contrato de gestão ou contrato-programa,

16. "Um segundo valor envolvido na interpretação desse requisito (participação dos interessados no procedimento regulamentar) é a rejeição da crença que caracterizou os teóricos do *New Deal* de que a atividade das agências seria eminentemente técnica e de que os agentes públicos encarregados de sua condução seriam invariavelmente imparciais, estando sempre dispostos a realizar o abstrato interesse público. Modernamente, ao contrário, reconhece-se que a expertise das agências não é capaz de eliminar o caráter político de muitas das decisões cometidas a órgãos administrativos" (Sérgio Varella Bruna, *Agências Reguladoras: Poder Normativo, Consulta Pública, Revisão Judicial*, p. 205).

17. Maria Sylvia Zanella Di Pietro, *Direito Administrativo*, 13ª ed., p. 399.

como preferem alguns, inspira-se em experiências de empresas estatais estrangeiras, principalmente européias, que têm procurado, por meio desse instrumento jurídico, uma forma adequada de regulamentar suas relações com os respectivos governos. Nesse sentido, por exemplo, podem ser citadas as iniciativas levadas a efeito por estatais francesas dos setores energéticos, de telecomunicações e de transporte ferroviário. No direito brasileiro, os contratos de gestão têm sido utilizados para denominar acordos celebrados com entidades da Administração Indireta, notadamente com empresas de economia mista,[18] com as chamadas organizações sociais e, a partir da Emenda Constitucional 19, de 14 de junho de 1998, também com órgãos da Administração Direta.

Contratos de gestão com Agências Reguladoras não constituem novidade no direito brasileiro, uma vez que o art. 7º da Lei 9.476/1996 já prevê esse tipo de contrato para a Aneel. Todavia, a falta de uma disciplina legislativa genérica que estabeleça as características básicas do instituto, bem assim de estudos doutrinários mais aprofundados sobre a abrangência de tais contratos, traz grande insegurança. Isso porque tais contratos podem acabar se constituindo em uma forma de ingerência nas competências das Agências, e não apenas como meio de vincular estas últimas às políticas públicas traçadas pelo Poder Executivo.

Entretanto, caso os contratos de gestão tenham seu escopo bem delimitado por lei, poderão tornar-se instrumentos eficazes de controle social e de aperfeiçoamento da gestão e do desempenho das Agências.

• *Ouvidoria* — O intuito da criação das ouvidorias é o de estabelecer um canal de acesso da sociedade às Agências. Porém, como o anteprojeto prevê uma competência muito abrangente para o ouvidor, qual seja a de zelar pela qualidade, receber, apurar e solucionar as reclamações dos usuários contra a atuação da Agência Reguladora, a ouvidoria pode acabar se transformando em uma maneira de o Poder Executivo intervir diretamente nas decisões das Agências.

• *Outorga de serviços pelo Poder Executivo* — A retomada da competência para a outorga de concessões e autorizações de serviços pelo Poder Executivo é, sem dúvida, a que traz maiores riscos para os mercados regulados. É notório que, historicamente, grande parte das concessões e permissões licitadas pelos ministérios foi baseada muito mais em critérios políticos e ideológicos do que em critérios técnicos, como se pode constatar, por exemplo, pelo exame de algumas concessões de rádio e televisão. Portanto, a exclusão dessa competência das Agências, notadamente da Anatel, poderá ser um fator de desestabilização do mercado e, conseqüentemente, desestimular os investimentos privados nas telecomunicações, comprometendo os avanços obtidos na última década.

V — Conclusões

Se, de um lado, não se registraram avanços significativos na regulação de certos setores da economia por algumas Agências, de outro, no que diz respeito às telecomunicações, a evolução da qualidade e da abrangência da prestação de serviços foi, sem dúvida, notável. Ao longo desses últimos anos, a Anatel teve e continua tendo papel importante nessa conquista.

É bem verdade que alguns acertos nas funções da Anatel e no seu relacionamento com o Poder Executivo precisam ser realizados. Isso se deve em parte ao fato de o Brasil não ter ainda uma sólida cultura regulatória. Nesse sentido, é imperiosa a tarefa de conciliação dos conceitos de política de governo e política de Estado. Somente as-

18. A esse respeito, ver Umberto Celli Junior, "Contratos de gestão e o processo de abertura de capital das empresas de telecomunicações", in *Revista de Direito Administrativo* 206/166-183, out./dez. 1996.

sim os objetivos de estabilidade de regras, de estímulo à concorrência e de universalização dos serviços poderão ser plenamente atingidos.

Todavia, não se deve permitir que esses necessários ajustes, consoante o proposto nos dois anteprojetos submetidos à consulta pública, sirvam de pretexto para o esvaziamento da competência da Anatel e para o retorno da regulação do setor de telecomunicações à dependência de critérios políticos e ideológicos. A autonomia das Agências (da Anatel em particular) em relação ao governo constitui requisito fundamental para a continuidade dos investimentos privados, na medida em que assegura maior transparência e estabilidade no cumprimento de regras.

São Paulo, março de 2004.

Bibliografia

ARAGÃO, Alexandre Santos de. "As agências regulatórias independentes — Algumas desmitificações à luz do direito comparado", in *Revista Trimestral de Advocacia Pública* 17, São Paulo, Instituto Brasileiro de Advocacia Pública, ano VIII, mar. 2002.

BARROSO, Luis Roberto. "Apontamentos sobre as Agências Reguladoras", in MORAIS, Alexandre de (org.). *Agências Reguladoras*. São Paulo, Atlas, 2002.

BRUNA, Sérgio Varella. *Agências Reguladoras: Poder Normativo, Consulta Pública, Revisão Judicial*. São Paulo, Ed. RT, 2003.

CELLI JUNIOR, Umberto. "Contratos de gestão e o processo de abertura de capital das empresas de telecomunicações", in *Revista de Direito Administrativo* 206/166-183, out./dez. 1996.

DERANI, Cristiane. *Privatização e Serviços Públicos*. São Paulo, Max Limonad, 2002.

DI PIETRO, Maria Sylvia Zanella. *Direito Administrativo*. 13ª ed., São Paulo, Atlas, 2001.

GROTTI, Dinorá Adelaide Musetti. "Teoria dos serviços públicos e sua transformação", in SUNDFELD, Carlos Ari (coord.). *Direito Administrativo Econômico*. São Paulo, Malheiros Editores, 2000.

MARQUES NETO, Floriano de Azevedo. "Direito das telecomunicações e a Anatel", in SUNDFELD, Carlos Ari (coord.). *Direito Administrativo Econômico*. São Paulo, Malheiros Editores, 2000.

______. *Regulação Estatal e Interesses Públicos*. São Paulo, Malheiros Editores, 2002.

MELLO, Celso Antônio Bandeira de. *Curso de Direito Administrativo*. 14ª ed., São Paulo, Malheiros Editores, 2002.

PIRAINO JR., Thomas A. "An antritrust remedy or monopoly leveraging by Electronic Networks", 93 *Nw. U. L. Rev.* 1, 1998.

ROCHA, Bolívar Moura (org.). *A Regulação da Infra-Estrutura no Brasil — Balanço e Propostas*. São Paulo, IOB-Thompson, 2003.

SALOMÃO FILHO, Calixto. *Regulação da Atividade Econômica (Princípios e Fundamentos Jurídicos)*. São Paulo, Malheiros Editores, 2001.

______. *Regulação e Concorrência (Estudos e Pareceres)*. São Paulo, Malheiros Editores, 2002.

______. (coord.). *Regulação e Desenvolvimento*, São Paulo, Malheiros Editores, 2002.

Jornais e periódicos

Gazeta Mercantil.

O Estado de S. Paulo.

Valor Econômico.

Jornal Telecom.

Sites

Telecom on line <www.telecononline.com.br>.

What is <www.whatis.com>.

O VALOR NA INTERPRETAÇÃO CONSTITUCIONAL

FRANCISCO METON MARQUES DE LIMA

Doutor em Direito Constitucional pela UFMG. Mestre em Direito pela UFC. Professor Adjunto da UFPI. Juiz do TRT da 22ª Região

1. O conteúdo axiológico das normas constitucionais. 2. Os "valores superiores" como parâmetros da interpretação.

1. O conteúdo axiológico das normas constitucionais

Kelsen sustenta que toda norma jurídica funda-se em outra norma superior. Mas acima da Constituição paira apenas a norma pressuposta, a que ele denomina *norma hipotética fundamental*. Ou seja, para o maior teórico do positivismo normativista, a norma constitucional funda-se no espírito do povo, isto é, no campo axiológico. Este é o gancho onde se encontra pendurada toda a pirâmide do escalonamento normativo que ele concebe. Com isso, Kelsen admite o componente valorativo na formação do direito textualizado. Apenas entende que só o legislador pode recorrer ao valor, mas não o aplicador da norma.[1]

Guerra Filho propõe um corte epistemológico para estudar o topo da pirâmide normativa kelseniana, não na "norma hipotética fundamental", mas nos princípios constitucionais, "dentre os quais se incluem as normas de direito fundamental".[2] No mesmo sentido, afirma Bonavides que os princípios gerais de direito albergados nas Constituições fazem as vezes do direito natural.

Contudo, a dimensão dos princípios parece ainda muito rasa. Os princípios, na verdade, apenas são os veículos de atuação dos valores, pois estes imantados naqueles indicam-lhes o grau de normatividade. Assim, o valor constitui a dimensão mais profunda a partir da qual se pode proceder a uma hermenêutica mais próxima da realidade, pois a Constituição sintetiza os valores reinantes de cada povo — desde os mais sólidos aos mais voláteis.

Valorar é tomar posição, é preferir, é escolher dentre várias opções a que, no momento, porém dentro de uma perspectiva duradoura, seja objetivamente melhor. No Direito, esse postulado é revelador, porque

1. Título integrante e melhor detalhado no livro *O Resgate dos Valores na Interpretação Constitucional, por uma Hermenêutica Reabilitadora do Homem como "Ser-Moralmente-Melhor"*, Fortaleza, ABC Editora, 2001, 400 pp.

2. Willis Santiago Guerra Filho, *Processo Constitucional e Direitos Fundamentais*, São Paulo, Celso Bastos Editor, 1999, p. 47.

interpretar oficialmente é proclamar um sentido da norma. E este sentido-suporte da decisão jurídica é, assumida ou veladamente, valorativo.

A simples operação silogística consiste em primeiro estabelecer as premissas, a legal e a de fato. Porém, ambas pressupõem valoração, dado que a norma da primeira premissa encontra-se por detrás do texto a partir do qual a interpretação a revela, e o fato a ser enquadrado também passa por dupla valoração — uma indiciária e outra conclusiva.[3]

Revorio argumenta que uma teoria da Constituição "constitucionalmente adequada" exige necessariamente uma teoria da interpretação constitucional "principiológica" ou "valorativa". Em outra passagem, reafirma que "son los elementos axiológicos los que en buena medida provocan las peculiaridades de la interpretación constitucional".[4]

Para Verdú, a fórmula política da Constituição se funda em valores. Vai além. Comentando a "Dimensión axiológica de la Constitución portuguesa", averba que já passou o tempo de imperialismo europeu, cedendo lugar aos valores espirituais e culturais dos povos da Europa. Relata que todo o modelo constitucional euroatlântico é calcado em valores. Citando Afonso D'Oliveira Martins, lembra que "la Constitución de una Nación expresa un sistema de juicios de valor sobre el destino y fines del Estado". Recorre ainda a Jorge Miranda para proclamar que a verdadeira Constituição é a dos valores jurídicos básicos acolhidos pela comunidade política, expressão imediata da idéia de direito, de modo que se opera uma correlação entre valor, Constituição e realidade constitucional. Reportando-se a Vieira de Andrade,[5] apregoa que em cada um dos direitos fundamentais a Constituição delimita espaços normativos "preenchidos por valores ou interesses afirmados, que constituem bases de ordenação da vida social". Ressalta ainda o caráter material, substancial, do Estado de Direito, da justiça, da liberdade e da igualdade, denotando um Estado preocupado com a garantia real de um sistema de valores. Estado de Direito significa Estado subordinado ao Direito, que, por sua vez, compreende "la ley, los valores materiales y los principios generales".[6]

Baracho comenta que a legitimação do juiz não eleito pelo voto popular concretiza-se mediante o seguimento pleno por este dos valores constitucionais, inspirados na disciplina constitucional do processo e sua prática jurisdicional. Em outra passagem, ainda sob o aspecto procedimental, afirma: "O juiz não fica preso a uma ideologia dominante, mas aplica os *princípios e valores constitucionais*, propiciando, por intermédio de suas decisões, a prática do pleno *sentimento da Constituição e das leis* pelo que deve cuidar que as garantias processuais permitam ao cidadão posicionar-se em igualdade nas sedes judiciais".[7]

No sistema alemão, não houve tergiversação. Ali, o Tribunal Constitucional firmou posição no sentido de que a Lei Fundamental é uma Carta de Valores, estabelecendo um sistema de valores mais ou menos hierarquizado, e centrado nos direitos fun-

3. A indiciária refere-se ao enquadramento do fato no caixilho legal; e a conclusiva vem a ser o resultado da interpretação do fato, corporificado na formulação da norma de concreção.

4. Francisco Javier Díaz Revorio, *Los Valores Superiores en la Constitución Española*, Madri, Centro de Estudios Constitucionales, 1997, pp. 37 e 51.

5. José Carlos Vieira de Andrade, *Os Direitos Fundamentais na Constituição Portuguesa de 1976*, p. 118.

6. Pablo Lucas Verdú, "Dimensión axiológica de la Constitución portuguesa", in *Perspectivas Constitucionais: nos 20 Anos da Constituição de 1976*, v. I, Coimbra, Coimbra Editora, 1996, pp. 89-102.

7. José Alfredo de Oliveira Baracho, *Teoria Geral da Cidadania: Plenitude da Cidadania e as Garantias Constitucionais e Processuais*, São Paulo, Saraiva, 1995, pp. 27 e 34.

damentais e na dignidade da pessoa humana. Com efeito, a dignidade é um valor objetivo que está acima do direito positivo, embora não se constitua direito subjetivo.

Gutiérrez relata que a peculiar perversidade nazista suscitou para a fundação da nova Alemanha ser possível e necessário apelar para idéias de valor e a elas se vinculou a nova compreensão dos direitos fundamentais.[8]

Nessa linha, a Corte Constitucional da Alemanha pauta os seus julgamentos numa escala de valores. Alexy, comentando o caso Lebach, que punha em conflito o princípio da liberdade de imprensa e o da preservação da imagem da pessoa, quando se trata da divulgação de um crime de larga repercussão, averba que o Tribunal desenvolveu sua argumentação sob três níveis:

• primeiro, constata uma colisão entre a proteção fundamental e igual da personalidade e a liberdade de informação;

• segundo, estabelece que sob uma condição determinada e relativamente abstrata, ou seja, uma informação atual sobre um delito grave, existe uma preferência, *prima facie*, do princípio da liberdade de informação;

• terceiro nível, ou tópico, identifica quatro condições sob as quais se deu o caso (Lebach): a) informação televisiva repetida; b) não amparada já por um interesse informativo; c) sobre um delito grave; d) que põe em perigo a ressocialização e a proteção do autor.

Para, afinal, concluir, no caso, pela preservação da imagem da pessoa.[9] A referência a esse caso, deve-se ao fato de tratar de uma categoria de direito igualmente considerada no direito ocidental.

De fato, a liberdade de informação contra o direito à imagem deve amparar-se no real interesse público de defesa da sociedade. No momento em que a divulgação atinge o nível de informação necessária, passa a ceder terreno em favor da pessoa, que, afinal, é o valor mais alto. Logo, por conta de um fato que já foi levado a público, ninguém pode continuar sendo achincalhado indefinidamente. Assim, o noticiamento que ultrapassar os limites do fato para adentrar nas entranhas da dignidade de determinada pessoa agride a ordem dos valores e deve ser repudiado, gerando para o ofendido direito a reparação por danos morais.

Contra a jurisprudência axiológica, Habermas, conquanto admita que assim procede a Corte máxima alemã, ainda não aceita o emprego dos valores no discurso jurídico, no entanto, admite que eles entram na justificativa da decisão: "Toda a decisão de princípios ultrapassa uma interpretação do texto da lei, necessitando de uma justificação externa". Sob o argumento de que essa forma de justificação pode abrir a entrada para a criação política do direito pelo Tribunal Constitucional, ferindo o dogma da separação dos poderes, opõe-lhe várias reservas.

Sua indagação sobre a jurisdição constitucional vai muito além da discussão jurídica, navegando no subterrâneo da política, da psicologia social e da sociologia, da legitimidade das normas e da decisão judicial: "a prática da decisão está ligada ao direito e à lei, e a racionalidade da jurisdição depende da legitimidade do direito vigente. E esta depende, por sua vez, da racionalidade de um processo de legislação, o qual, sob condições da divisão dos poderes no Estado de direito, não se encontra à disposição dos órgãos da aplicação do direito".[10]

É a volta do problema do discurso de justificação *versus* o discurso de aplicação.

8. Ignacio Gutiérrez, *Introdución al Derecho Constitucional y Derecho Privado*, de Konrad Hesse, Madri, Editorial Civitas, 1995, p. 13.

9. Robert Alexy, *Derecho y Razón Prática*, Madri, Centro de Estudios Constitucionales, 1993, p. 17.

10. Jürgen Habermas, *Direito e Democracia entre Faticidade e Validade*, I, Rio de Janeiro, Tempo Universitário Brasileiro, 1997, p. 297.

Insiste em toda a sua obra contra a invasão do Tribunal Constitucional na esfera política do direito, conforme o incisivo excerto: "Ele não pode assumir o papel de um regente que entra no lugar de um sucessor menor de idade. Sob os olhares críticos de uma esfera pública jurídica politizada — da cidadania que se transformou na 'comunidade dos intérpretes da Constituição' —, o Tribunal Constitucional pode assumir, no melhor dos casos, o papel de um tutor. A idealização desse papel, levada a cabo por juristas ufanos, só faz sentido quando se procura um fiel depositário para um processo político idealisticamente acentuado. Essa idealização, por sua vez, provém de um estreitamento ético de discursos políticos, não estando ligada necessariamente ao conceito de política deliberativa. Ela não é convincente sob pontos de vista da lógica da argumentação, nem exigida para a defesa de um princípio intersubjetivista".[11]

Faz referência aos "conceitos-chave do direito constitucional", como o princípio da proporcionalidade; a reserva do possível; a limitação dos direitos fundamentais imediatamente válidos, através de direitos fundamentais de terceiros; a proteção dos direitos fundamentais através de organização e procedimento. Esses conceitos-chave servem, em caso de colisão, para relacionar diferentes normas visando a uniformização da Constituição. São princípios procedimentais nascidos da própria prática da decisão judicial.

Entretanto, reconhece Habermas, que a Constituição é um compêndio de princípios, muitos dos quais, em dados casos particulares, formalmente se colidem. Obtempera que o Tribunal Constitucional só se ocupa da colisão e suas decisões quase sempre têm caráter de decisões sobre princípios. E sobre o clamor da alegada "indeterminação do direito", o Tribunal Constitucional Federal respondeu baixando Resolução de 14.2.1973, dizendo em relação ao art. 20, al. 3, da Lei Fundamental: "O direito não se identifica com a totalidade das leis escritas. Em certas circunstâncias, pode haver um 'mais' de direito em relação aos estatutos positivos do poder do Estado, que tem a sua fonte de ordem jurídica constitucional como uma totalidade de sentido e que pode servir de corretivo para a lei escrita; é tarefa da jurisdição encontrá-lo e realizá-lo em suas decisões".

Canotilho também não comunga com a teoria dos valores na Constituição. Observa Verdú que "el profesor coimbricense concibe la Constitución considerada en términos de una teoría crítica sin derecho natural y sin tiranía de los valores (Schmitt)".[12] Sua acerbada crítica à interpretação constitucional segundo o método científico-cultural ou espiritual, embasada numa ordem de valores, desenvolvida a partir de Smend e seus discípulos, pode ser sintetizada na seguinte passagem:

"A teoria da ordem ou sistema de valores é um dos muitos argumentos retóricos de natureza holística desenvolvida pela jurisprudência alemã e com a qual, numa amálgama de componentes românticos, organicistas e hegelianos ('totalidades' ou 'totalizações'), se procura encontrar a estrutura orgânica, totalidade espiritual, universo cultural e unidade, preexistentes aos preceitos isolados da Constituição. A partir de uma pré-compreensão (nem sempre confessada: os direitos fundamentais como expressão de um sistema de 'bens', 'valores' ou 'cultura') confere-se valor positivo e suprapositivo a uma 'ordem de valores' que já nem sequer cuida da sua 'restrição semântica' (ex.: referência 'positiva' ao sistema positivo dos direitos fundamentais). O 'sistema de valores', a 'ordem de valores geral', a 'decisão valorativa', os 'valores fundamentais', surgem, assim, como uma 'sintaxe'

11. Idem, p. 347.

12. Verdú, ob. cit., p. 95.

constitucional, pertencente a um outro texto que não o da lei fundamental".[13]

Essa posição do eminente jurista tem por parâmetro a extrapositividade dos valores em contraposição à positivação da sua atuação por intermédio dos princípios. Eis aí o ponto nodal da diferença em relação à tese que ora se desenvolve. Esta adota, neste ponto de acordo com Canotilho, o modelo concretista da Constituição, porém, e aqui se finca a diferença, com princípios e valores investidos de positividade, ou seja, a ordem de valores e princípios que se concebe não é externa à positividade.

Seria enfadonho declinar as razões que apontam para o reconhecimento e até mesmo pela necessidade de uma hermenêutica constitucional valorativa. Ivo Dantas, *v.g.*, ao identificar três classes de princípios constitucionais — os fundamentais > os gerais > e os especiais —, entende que estudar os princípios é enfrentar a axiologia constitucional, porque o direito repousa sobre uma filosofia de valores.[14] E Silva Neto assevera que "seria um absurdo sem fim a postura infensa ou omissa a considerações de cariz axiológico por parte daquele que se propõe a interpretar a norma jurídica, como, de resto, inverossímil a hipótese de assim proceder o sujeito cognoscente acerca de qualquer objeto cultural".[15]

Indubitavelmente, qualquer interpretação esteia-se numa tábua de valores. E a interpretação constitucional, particularmente, por se tratar a Constituição de um conjunto de princípios abertos, carentes de densificação. Ainda mais, quando o caráter rígido do seu conteúdo material vindica constante atualização de sentido para poder acompanhar a história.

A propósito, Fávila Ribeiro afirma que o conteúdo da Constituição confraterniza as diversas ordens — cultural, social, econômica, política e jurídica —, cuja essencialidade dos seus conteúdos determina-se em determinada época histórica, e vai sendo revitalizada através do contínuo fluir interpretativo. Essa colocação contém inegável matiz axiológico. Reforçando-a, arremata que "a Constituição aferrada a dogmatismos, sobrenadando no éter, sem qualquer grau de referibilidade e contingenciamentos pelos fatores reais da cultura, da economia e da política, quase sempre não passa de artefato nominalista".[16]

Relevante considerar que no controle de constitucionalidade das leis e atos normativos, a declaração de nulidade nem sempre se dá com anulação de expressões literais. A justificação valorativa substancializa os princípios da proporcionalidade ou razoabilidade, quando se trata de afastar a incidência de excesso literal das expressões legais. Particularmente interessante a justificação axiológica, quando se trata de corrigir programa normativo da norma incompatível com a Constituição sem modificação da literalidade, como no caso de declaração de *nulidade sem redução de texto*, albergada no constitucionalismo alemão. Da mesma forma, genuinamente axiológica, a decisão pela qual a Suprema Corte [alemã] pronuncia "ainda é constitucional" ou "ainda não é constitucional" determinado procedimento.

Gilmar Mendes registra que a pronunciação dessa inconstitucionalidade é feita mediante o emprego da expressão "desde que" (*soweit*), ou seja, fixa os limites do sentido da lei, eliminando muitas variantes que a interpretação do texto possa sugerir, mas cujo resultado (ou norma de concreção)

13. J. J. Gomes Canotilho, *A Constituição Dirigente e a Vinculação do Legislador*, Coimbra, Coimbra Editora, 1994, pp. 267-268.

14. Ivo Dantas, *Princípios Constitucionais e Interpretação Constitucional*, Rio de Janeiro, Lumen Juris, 1995, p. 60.

15. Manoel Jorge Silva Neto, *O Princípio da Máxima Efetividade e a Interpretação Constitucional*, São Paulo, LTr, 1999, p. 26.

16. Fávila Ribeiro, *A Constituição e a Realidade Brasileira*, Rio de Janeiro, Biblioteca Jurídica Freitas Bastos, 1990, pp. 22 e 24.

revela-se incompatível com a orientação constitucional. Assim, o pronunciamento da Corte se faz segundo a fórmula: *a lei X é constitucional, desde que se entenda que...*[17] Daí muitas das decisões proferidas sob o pálio dessa tese poder ser substituída pela interpretação *segundo a Constituição.*

2. Os "valores superiores" como parâmetros da interpretação

Os direitos fundamentais agigantam-se cada vez mais como novo paradigma da interpretação do Direito, particularmente do Direito Constitucional. Na verdade, pouca diferença se identifica entre os textos das declarações de direitos já seculares e as atuais nas Constituições. A mudança foi de paradigma, equivalendo dizer que o grande giro constatado é de ordem valorativa, conforme se demonstra no Capítulo III do nosso livro (*O Resgate dos Valores na Interpretação Constitucional*), sobre a justificação valorativa do Direito. Antes, o verbo era semente regada no deserto, não havia clima eficacial; hoje, a terra é fértil, e o menor direito fundamental textualizado se alevanta por sobre os de outras categorias: "No estamos ante un simple progreso en la garantía de los clásicos derechos fundamentales, sino ante un verdadero cambio cualitativo que afecta a su sentido", observa Gutiérrez.[18]

Daí Häberle afirmar que o efeito dos direitos fundamentais dura mais tempo não em função das leis, mas ao inverso, são as leis que têm eficácia em função dos direitos fundamentais.[19]

O Preâmbulo da Constituição do Brasil de 1988 relaciona como valores supremos os direitos sociais e individuais, a liberdade, a segurança, o bem-estar, o desenvolvimento, a igualdade, a justiça, a fraternidade, o pluralismo, a harmonia social. No art. 1º, II, III, IV e V relaciona como fundamentos da República a cidadania, a dignidade da pessoa humana, os valores sociais do trabalho e da livre iniciativa e o pluralismo político. No art. 3º discrimina como objetivos fundamentais da República: construir uma sociedade livre, justa e solidária; garantir o desenvolvimento nacional; erradicar a pobreza e a marginalização e reduzir as desigualdades sociais e regionais; promover o bem de todos, sem preconceitos de origem, raça, sexo, cor, idade e quaisquer outras formas de discriminação. Já o *caput* do art. 5º sintetiza os direitos e garantias fundamentais em cinco itens: igualdade, sem discriminação de qualquer natureza; inviolabilidade do direito à vida, à liberdade, à igualdade, à segurança e à propriedade. Esses dados valorativos são o pano de fundo da interpretação constitucional e, por que não dizer, de todo o direito nacional.

Certo que o Preâmbulo da Constituição encerra longo debate sobre sua normatividade. O Preâmbulo integra a Constituição? Sim, tanto do ponto de vista formal, como parte incindível do documento constitucional, como do ponto de vista material, como uma parte rígida e típica da Constituição.[20] Quanto à normatividade, conquanto o Preâmbulo constitua a confissão dos valores e a síntese dos princípios maiores da Constituição, na maioria dos casos, não cabe ale-

17. Gilmar Ferreira Mendes, *Jurisdição Constitucional*, São Paulo, Saraiva, 1996, pp. 196-199.

18. Ignacio Gutiérrez, ob. cit., p. 12.

19. Pedro Häberle, "Efectividade de los derechos fundamentales en el Estado constitucional", *La Garantía Constitucional de los Derechos Fundamentales*, coord. Antonio López Pina, Madri, Editorial Civitas, s/d, pp. 260-277.

20. Celso Ribeiro Bastos entende contrariamente: diz que o Preâmbulo integra a Constituição do ponto de vista material, no sentido de que não pode ser destacado da Constituição nem a Constituição dele, porém do ponto de vista normativo, preceptivo, não, pois "os dizeres dele constantes não são dotados de força coercitiva" (*Comentários à Constituição*, de Celso Ribeiro Bastos e Ives Gandra Martins, 1º v., São Paulo, Saraiva, 1996, pp. 408-409). A matéria não é pacífica, aglomerando para as duas posições juristas igualmente ilustres.

gação de inconstitucionalidade por sua ofensa direta, mas, por prenunciar o programa normativo, integra e dá consistência ao discurso de justificação, por um lado, e reforça, por outro lado, o discurso de aplicação.

A divergência doutrinária sobre o seu caráter normativo não tem razão de ser, pois depende do Preâmbulo e do modo de abordá-lo. Na linha reducionista, que nega força normativa aos preâmbulos, porém reconhece-lhes caráter informativo, Jorge Miranda faz a feliz observação: "Não se afigura plausível reconduzir a eficácia do preâmbulo (de todos os preâmbulos ou de todo o preâmbulo, pelo menos) ao tipo de eficácia próprio dos artigos da Constituição. O preâmbulo não é um conjunto de preceitos, é um conjunto de princípios que se projetam sobre os preceitos e sobre os restantes setores do ordenamento. (...) o preâmbulo não pode ser invocado enquanto tal, isoladamente, nem cria direitos ou deveres".[21]

Na mesma linha, Raúl Morodo, comentando o Preâmbulo da Constituição espanhola de 1978, afirma que, "como es evidente, los contenidos del Preámbulo no gozan, por si solos, de esta virtualidad. Solamente en la medida en que enlacen con previsiones constitucionales podrán ser utilizados por el intérprete".[22]

Alexandre de Moraes entende que o preâmbulo alberga dois objetivos básicos: explicitar o fundamento da legitimidade da nova ordem constitucional; e explicitar as grandes finalidades da nova Constituição. Negando, também, o caráter normativo do preâmbulo, reconhece-lhe, contudo, sua força interpretativa.[23]

O Preâmbulo da Constituição revela a confissão ideológica do momento histórico nacional, o sentimento reinante, a ideologia e os objetivos do Poder Constituinte. Essa ideologia vincula o legislador infraconstitucional, a ação administrativa e o Poder Judiciário. Daí a Constituição estabelecer pautas de sua própria interpretação, pauta essa iniciada com o Preâmbulo e continuada nas declarações de direitos. Conseqüentemente, a interpretação constitucional toma aí as suas primeiras luzes. Isto porque a leitura da Constituição deve ser feita por inteiro, tanto no seu aspecto formal como no material — a história e os anseios que o Preâmbulo alberga. A aplicação do mais singelo dispositivo constitucional significa aplicar toda a Constituição. Contudo, o conteúdo do preâmbulo de cada Constituição é que o qualifica quanto à carga axiológica, posto que uns são extensos e ricos e outros sintéticos e pobres. Logo, uns são claramente vinculantes, outros não. A propósito, Pacheco afirma: "Pode o preâmbulo adquirir importância quando nele se lança aquilo que Schmitt chamou de 'decisão política do titular do poder constituinte' e que encontrou lançada no preâmbulo da Constituição alemã de Weimar. Será, por exemplo, a decisão do povo na democracia e do monarca na monarquia autêntica. Então, ainda no dizer de Schmitt as determinações constitucionais que contém aquela decisão não são leis constitucionais, nem leis de base ou leis fundamentais, porque são mais do que leis".[24]

O Preâmbulo da Constituição francesa de 1958, por exemplo, é vinculante, ao reafirmar sua fidelidade aos princípios de direitos humanos e incorporar o Preâmbu-

21. Jorge Miranda, *Manual de Direito Constitucional*, 2ª ed., Coimbra, Coimbra Editora, 1988, p. 211.

22. Raúl Morodo, "El Preámbulo de la Constitución española de 1978", in *Perspectivas Constitucionais: nos 20 Anos da Constituição 1976*, v. 1, Coimbra, Coimbra Editora, 1996, p. 143.

23. Alexandre de Moraes, *Direitos Humanos Fundamentais*, São Paulo, Atlas, 1997, p. 57. Divergimos pontualmente do ilustre colega, pois entendemos que jamais haverá conflito formal entre o preâmbulo e o texto constitucional, dado que o leito principiológico aberto daquele aconchega todo este e fornece-lhe o contorno de aplicação.

24. Cláudio Pacheco, *Tratado das Constituições Brasileiras*, v. I, Rio de Janeiro, Freitas Bastos, 1958, p. 279.

lo da Constituição de 1946 e a Declaração de 1789:

"O povo francês proclama a sua fidelidade aos direitos do homem e aos princípios da soberania nacional tais como estatuídos e definidos na Declaração de 1789, ratificada e integrada ao Preâmbulo da Constituição de 1946.

"Sobre a base de todos os princípios e dos da livre determinação dos povos, a República oferece aos territórios de ultramar, que manifestem a vontade de aderir, novas instituições fundadas no ideal comum de liberdade, igualdade e fraternidade, em vista da sua evolução democrática.

"A República e os povos dos territórios de ultramar que, por um ato de livre determinação, aprovam a presente Constituição.

"A Comunidade é fundada sobre a igualdade e a solidariedade dos povos que a compõem."

Já o Preâmbulo da de 1946[25] reflete o fim da dominação alemã e a reorganização institucional do País. Faz uma verdadeira declaração de direitos e incorpora a Declaração de 1789.

A própria Corte Constitucional francesa já declarou a positividade do Preâmbulo da Constituição de 1946 nas ocasiões em que declarou ser ele integrante do bloco de constitucionalidade, juntamente com a Declaração de 1789 e "los principios fundamentales reconocidos por las leyes de la República".[26]

Sobre essa base constitucional, "el juez constitucional ha llegado, en menos de veinte años, a realizar lo que cerca de dos siglos de historia no habían conseguido llevar a cabo: un conjunto constitucional suficientemente armonioso y coherente que combina la modernidad y las tradiciones y en el que, sobretodo, los derechos fundamentales han sido finalmente integrados".[27]

A incorporação do Preâmbulo da Constituição de 1946 e da Declaração de 1789 à Constituição de 1958 resulta numa declarada opção pela defesa dos direitos fundamentais, cuja supremacia no sistema formal francês orienta a interpretação e aplicação de todo o direito gaulês.

O Preâmbulo da Constituição alemã de 1949 revela a redemocratização do país e a promessa vanguardista de zelar pelos direitos humanos, como *mea culpa* pela atrocidade cometida contra os judeus. A Lei Fundamental estabelece a pauta de interpretação dessa Constituição. Só a título exemplificativo, o art. 1.3 preceitua que os direitos fundamentais vinculam os Poderes Legislativo, Executivo e Judiciário como direito auto-aplicável.

Como se vem demonstrando, o Preâmbulo da Constituição possui maior ou menor carga axiológica, e até mesmo preceptiva, como o da francesa. Mas o ponto a todas comum é que o Preâmbulo fixa uma pauta de sua interpretação e do Ordenamento Jurídico por ele anunciado.

O Preâmbulo da Constituição russa de 1993 preleciona o giro axiológico, porque a Constituição inaugura o seu reencontro com o modelo de Estado liberal (ou neoliberal) de direito e com a economia de mercado, depondo o paradigma comunista. En-

25. Preâmbulo da Constituição francesa de 1946, adotada pela de 1958: "1º. Al día siguiente de la victoria alcanzada por los pueblos libres sobre los regímenes que han intentado reducir a servidumbre y degradar a la persona humana, el pueblo francés proclama de nuevo que todo ser humano, sin distinción de raza, de religión ni de creencia, posee derechos inalienables y libertades del hombre y del ciudadano consagrados por la Declaración de Derechos de 1789 y los principios fundamentales reconocidos por las leys de la República" (e, a partir daqui, declina 18 artigos) (trad. Emilio Calderón Martín, in: Louis Favoreu e Francisco Rubio Llorente, *El Bloque de la Constitucionalidad*, Sevilha, Editorial Civitas, 1991, pp. 50-53).

26. Favoreu e Francisco Rubio Llorente, *El Bloque de la Constitucionalidad*, p. 25.

27. Idem, p. 42.

campa os métodos do constitucionalismo mais atual, fixando sua pauta de interpretação nos arts. 17, 19, 54 e 55, nos direitos humanos fundamentais: "Na Federação da Rússia os direitos e liberdades do homem e do cidadão são reconhecidos e garantidos de acordo com os princípios e as normas de direito internacionais geralmente reconhecidos e em conformidade com a presente Constituição".

O Preâmbulo da Constituição chinesa de 1982, com as Emendas de 1988 e 1993, constitui relato épico do povo chinês e da Revolução socialista.[28]

O Preâmbulo da Constituição espanhola de 1978 — que restaurou a monarquia e a democracia — constitui uma manifestação de objetivos a atingir, resumida numa declaração composta de sete postulados básicos, onde sintetiza os valores superiores que devem ser observados pelo povo espanhol. A eventual dúvida sobre a força normativa dilui-se na atração hermenêutica, tanto para os discursos de justificação como para os de aplicação. Em seu corpo, essa Constituição também valora em hierarquia superior os direitos e garantias fundamentais, acentuando no art. 10 a dignidade da pessoa e a inviolabilidade dos direitos a ela inerentes; interpretação das normas de direitos fundamentais de acordo com a Declaração Universal dos Direitos Humanos, tratados e acordos internacionais.

A Constituição dos EUA brindou o mundo liberal democrático com a formalização da legítima ideologia de liberdade e de garantias gestada na Europa, destacando-se o princípio do *due process of law* e do *judicial review*, que conduzem todo o direito norte-americano. Contudo, especificamente sobre a interpretação, podem-se divisar as Emendas I, IX e XIV.

A Declaração dos Direitos (*Bill of Rights*) veio com as dez primeiras Emendas, implementadas em 1791. São elucidativas as Emendas IX e XIV, esta, a terceira após a Guerra de Secessão.

A primeira garante a liberdade religiosa, de imprensa e de reunião e a preservação dos direitos já em gozo. A Emenda XIV retrata a convenção de paz, equacionando os ressentimentos. Trata-se de uma verdadeira declaração de direitos, detalhando em que consiste o devido processo legal, bem como o seu procedimento e proíbe edição de lei retroativa de caráter punitivo, dentre muitas outras providências garantistas dos direitos fundamentais.

A Constituição de Portugal também fixa sua pauta de interpretação, principalmente nos arts. 16º e 18º.

Elege como pontos de partida e fim último da interpretação a declaração de direitos que a Constituição proclama e os decorrentes da Declaração Universal dos Direitos Humanos, aos quais atribui eficácia plena e força vinculatória das autoridades e entidades públicas e privadas. Comentando o art. 16º, assevera Jorge Miranda: "Como se sabe, *a ratio* do art. 16º, n. 2, vem a ser dupla. Por um lado, este dispositivo situa os direitos fundamentais em Portugal num contexto mais vasto e mais sólido que o da Constituição em sentido instrumental, situa-os no contexto da Declaração Universal dos Direitos do Homem. Por outro lado, vai impregnar a Constituição dos princípios e valores da Declaração como parte essencial da idéia de Direito à luz da qual todas as normas constitucionais — e, por conseguinte, toda a ordem jurídica portuguesa — têm de ser pensadas e postas em prática".[29]

28. Eis uma pequena mostra do primeiro parágrafo e de outro no meio do texto: "A China é um dos Estados do mundo de história mais longa no tempo. O povo chinês de todas as nacionalidades deram vida a uma esplêndida cultura e a uma luminosa tradição revolucionária. Depois de 1840, a China feudal se transformou gradualmente em uma nação semicolonial e semifeudal. O povo chinês sustentou uma após outra heróica batalha pela independência do País, a libertação nacional e a liberdade democrática".

29. Jorge Miranda, *Manual de Direito Constitucional*, t. IV, p. 146.

A Declaração Universal dos Direitos Humanos estabelece sua pauta principal de interpretação dos direitos humanos nos arts. 29, itens 2 e 3, e 30, prescrevendo o princípio da legalidade, da liberdade, do interesse coletivo e da proibição de interpretação que tenda a ferir os ideais da DUDH.

No Brasil, logo no art. 1º, incisos II a IV, a Constituição eleva a cidadania, a dignidade da pessoa, os valores sociais do trabalho e da livre iniciativa e o pluralismo político à condição de princípios fundamentais da República. Levando-se em conta a hierarquia dos princípios constitucionais formulada por Ivo Dantas (princípios fundamentais > princípios gerais > princípios específicos), a cidadania, a dignidade da pessoa humana e os valores sociais do trabalho e da livre iniciativa enquadram-se entre os princípios fundamentais, os quais orientam a interpretação de toda a matéria constitucional.[30]

O Título II, *Dos Direitos Fundamentais*, elenca os direitos e deveres individuais e coletivos, os direitos sociais, os direitos políticos e da nacionalidade, os quais constituem um detalhamento dos princípios fundamentais de que tratam os incisos II, III, IV e V do art. 1º. Daí a classificação que se propõe a seguir dos direitos fundamentais na Constituição brasileira de 1988, como diretriz da valoração interpretativa:

a) *Fundamentos de direitos* — vida, dignidade, liberdade, inviolabilidade dos direitos inerentes à pessoa humana — e critérios de interpretação (Preâmbulo e arts. 1º, II a IV, 3º, IV e 5º, *caput*);

b) *Direitos clássicos* — igualdade, liberdade no sentido de locomoção, de consciência, de religião, de trabalho; reserva legal; inviolabilidade do domicílio; sigilo de comunicações; direito de propriedade (art. 5º, I a XV, XXII, XXVIII);

c) *Outros direitos clássicos* — direitos fundamentais e liberdades públicas — direito de reunião e associação, direito de petição (art. 5º, XVI a XXI, XXXIII e XXXIV);

d) *Garantias dos direitos e liberdades* — direito adquirido, coisa julgada, ato jurídico perfeito, garantia de submeter ao Judiciário qualquer lesão ou ameaça a direito, garantias do preso, processos constitucionais, como o mandado de segurança, o *habeas corpus*, o mandado de injunção, o *habeas data*, a ação popular, devido processo legal, juízo natural (art. 5º, XXXV a LXXVII e §§ 1º e 2º);

e) *Direitos sociais* — arts. 6º a 11 (direito do trabalho), 193 a 217 (seguridade social, educação) e 226 a 232 (proteção da família, do adolescente, do idoso e do índio). Só até o art. 11 a relação de direitos inclui-se no Título *Dos Direitos Fundamentais*. Porém, o art. 6º remete para os outros ora citados do Título VIII;

f) *Direitos da nacionalidade* — arts. 12 e 13;

g) *Direitos políticos*, (e) partidos políticos — arts. 14 a 17.

Essa pauta de interpretação vincula o legislador, o Judiciário, o administrador e todos os cidadãos, como co-partícipes da sociedade aberta de intérpretes da Constituição. Enfim, obriga todos aqueles que constroem o direito, pois, como referido, o enunciado de lei é o objeto da interpretação, mas a norma é o produto que regula o caso concreto. Logo, as imposições ao legislador vinculam mais severamente o intérprete. Essa ilação sobressai-se de dois enfoques dos DHF:

a) primeiro é que todos os direitos, principalmente o direito público, estão em conflito perene com os direitos humanos fundamentais;

b) o poder público, o capital, as instituições privadas — que reduzem a pessoa a pigmeu[31] — como ondas revoltas, inves-

30. Ivo Dantas, *Princípios Constitucionais e Interpretação Constitucional*.

31. Célio Silva Costa, *A Interpretação Constitucional e os Direitos e Garantias Fundamen-*

tem incessantemente contra o dique de proteção das pessoas como pessoas.

Os direitos humanos fundamentais constituem o muro das lamentações de todos — uns com eco; outros, não.

Registre-se, porém, que na práxis, os tribunais brasileiros ainda não se aperceberam desse giro axiológico, prendendo-se excessivamente aos métodos da justiça formal do *ancien régime*, em detrimento da hierarquia dos valores fundantes da Constituição. Pior. Invertem-na. A propósito, Francisco Gérson Marques de Lima analisa criticamente decisões do STF nas grandes questões nacionais, para concluir que a Magna Corte tem preterido os anseios populares e seus valores primordiais.[32]

Neste sentido, o Tribunal Superior do Trabalho declara nulos os contratos de trabalho firmados com a Administração Pública sem concurso público, negando-lhes os efeitos que os dispositivos constitucionais trabalhistas conferem ao fato trabalho legal. Para tanto aquela egrégia Corte escora-se no art. 37, § 2º, da Constituição. Daí uma aparente conflituosidade entre princípios de Administração Pública e princípios de proteção da dignidade da pessoa humana, insculpidos no Título *Dos Direitos Fundamentais*.

Com efeito, os direitos decorrentes da execução de um contrato de trabalho cujo objeto é lícito estão assegurados no art. 7º, na categoria de direitos fundamentais, e muito mais, albergados por um dos fundamentos da República, da dignidade da pessoa humana (art. 1º, III). O justo e ao mesmo tempo legal seria pronunciar a nulidade contratual, sem indenizações rescisórias, porém conferir todos os direitos da execução fática do contrato.[33] Assim, de acordo com a hierarquia dos valores, que se vem relatando, essa jurisprudência mecânica sobrepõe os valores mais baixos aos mais altos, resultando, por isso, flagrante injusta.

Vale ainda destacar as decisões, majoritárias nas Cortes Trabalhistas, atinentes ao conflito posto entre os arts. 37, *caput*, e o 173, § 1º, da Constituição. Aqui, a Justiça, com raras exceções, vem chancelando as dispensas imotivadas de empregados das estatais sem o prévio estabelecimento de critérios objetivos, que, uma vez estabelecidos, atenderiam ao princípio da impessoalidade do ato administrativo, imperativo do art. 37.[34] Neste particular, mais uma vez, estará havendo uma inversão dos valores maiores pelos menores.[35] Essa solução atende, sem dúvida, ao paradigma neoliberal, cujo discurso já produz resultados, apesar de ainda não haver conspurcado formalmente o art. 7º do Texto Magno.

tais na Constituição de 1988, Rio de Janeiro, Liber Juris, 1992, p. 3: "O Estado é um terrível gigante; o cidadão, um temeroso pigmeu. Quanto mais cresceu e se complexizou a sociedade humana, mais se desenvolveu o Estado, aumentando hiperbolicamente seu poder, como resultado da própria organização social. Inversamente, mais minguou o cidadão e maior a sua perplexidade e o seu temor".

32. *O Supremo Tribunal Federal na Crise Institucional Brasileira*, Fortaleza, ABC Editora, 2001, 390 pp.

33. Registre-se que este é o entendimento do egrégio TRT da 22ª Região, no Estado do Piauí.

34. A propósito, Celso Antônio Bandeira de Mello: "Deveras, nas 'Disposições Gerais', seu artigo de abertura, o 37, deixa explicitamente enunciado que o que ali se dispõe contempla o universo administrativo em sua mais completa abrangência" (*Regime Constitucional dos Servidores da Administração Direta e Indireta*, 2ª ed., São Paulo, Ed. RT, 1991).

35. "*Ementa*: Sociedade de economia mista. Dispensa imotivada. O artigo 173, § 1º, da Constituição da República é categórico ao afirmar que a empresa pública e a sociedade de economia mista sujeitam-se ao regime próprio das empresas privadas, inclusive quanto às obrigações trabalhistas e tributárias. Este comando constitucional, por outro lado, não sofreu nenhuma alteração com o advento da Emenda Constitucional n. 19/98, pelo menos no que tange a estas duas entidades (CF, art. 173, § 1º, inciso II). Logo, depreende-se que a reclamada, sociedade de economia mista, deve observar, para a contratação e demissão de

Os princípios estão imbricados nos valores e por meio do sistema valorativo se realizam. Logo, a interpretação constitucional, qualquer que seja o método ou a técnica empregados, esteiar-se-á numa escala de valores. E dentre os valores, na Constituição de qualquer Estado Democrático e Social de Direito, os direitos humanos fundamentais compõem a via preferencial, fato que eleva a respectiva interpretação a igual superioridade hierárquica, conforme escreve Jorge Miranda: "Quanto fica dito demonstra que a Constituição, a despeito do seu caráter compromissório, confere uma unidade de sentido, de valor e de concordância prática ao sistema de direitos fundamentais. E ela repousa na dignidade da pessoa humana, proclamada no art. 1º. Ou seja, na concepção que faz da pessoa fundamento e fim da sociedade e do Estado".[36]

No mesmo sentido, Segado adverte: "La naturaleza objetiva de los derechos fundamentales, que les convierte en elementos esenciales del ordenamiento de la comunidad, en una decisión básica que ha de informar todo nuestro ordenamiento jurídico, ha de incidir por fuerza en la interpretación de los derechos y en la del propio ordenamiento jurídico en su conjunto. Así lo ha admitido el Juez de la Constitución en una reiteradísima jurisprudencia".[37]

Por outro lado, o princípio da supremacia da Constituição eleva a interpretação desta à condição de paradigma da interpretação de todo o direito, quer na sua elaboração, quer na sua aplicação. Conseqüentemente, a pessoa e seus atributos jurídicos

seus empregados, o que estabelece a CLT e a legislação complementar. Recurso de revista provido" (TST, 4ª T., RR 577251/99, 1ª R., Rel. Min. Milton de Moura França, *DJ* 20.4.2001, p. 572).

Saliente-se, contudo, que, conquanto em número minoritário, despontam decisões no sentido afirmativo da máxima efetividade do art. 37: "*Ementa*: Empregado concursado. Contratação pela CLT. Despedida sem motivação. Reintegração. Entidade de direito público. 1. 'A dispensa de servidor público regido pela CLT não se pode dar da mesma forma que a dispensa do empregado privado. É que todos os atos da Administração Pública terão de ser sempre motivados; não podem ser sem causa. Pelo princípio da legalidade que preside a atividade da Administração Pública, a esta não cabe praticar atos, ainda que no exercício de poder discricionário, que impliquem expressões de arbítrio de sua atividade. A dispensa da servidora admitida por concurso público, como todo ato administrativo, tem de ser motivada, ainda que se cuide de relação regida pela CLT, implicando sua falta, sem dúvida, invalidade do ato, até mesmo por se configurar, na hipótese, abuso de poder. Trata-se, na hipótese dos autos, de autarquia estadual, pessoa jurídica de direito público, cuja criação justifica-se apenas pelo fato de poder melhor executar atividades típicas da Administração Pública (art. 5º, inciso I, do Decreto-lei n. 200/67). Não há qualquer dúvida de que os cargos e empregos públicos deverão ser preenchidos por intermédio da realização de concurso público, exigência da Constituição Federal. Tal regra se tornaria inócua se o administrador público pudesse admitir num dia e dispensar, a seu talante, imediatamente no outro dia, fraudando, com esta atitude, a ordem de classificação dos candidatos' (STF-MS, 21485-DF, Relator Ministro Néri da Silveira). 2. Recurso de revista, conhecido por conflito de teses e provido, à unanimidade" (TST, 3ª T., RR 424778/98, 4ª R., Rel. Min. Francisco Fausto, *DJ* 25.8.2000, p. 507).

"A despedida imotivada ou sem prévio estabelecimento de critério objetivo de dispensa de empregado de empresa estatal encontra obstáculo nos arts. 37 e 70 da CF, em face da natureza jurídica mista dessa entidade, que, quanto aos atos de gestão, devem obediência aos princípios da legalidade, da publicidade, da impessoalidade e da moralidade, bem como ao controle de suas contas pelo TCU e até pelo Congresso Nacional. A inobservância desses postulados torna o ato resilitório inexistente, à míngua dos pressupostos constitucionais" (TRT 16ª R., RO 1336/91, Ac. 1114/92, 29.7.1992, Rel. desig. Juiz Francisco Meton Marques de Lima).

36. *Manual de Direito Constitucional*, t. IV, p. 166.

37. Francisco Fernandez Segado, "Teoría jurídica e interpretación de los derechos fundamentales en España", in *NOMOS, Revista do Curso de Mestrado em Direito da UFC*, vs. XIII e XIV, ns. 1/2, 1994-1995, pp. 71-95, Fortaleza, Edições Universidade Federal do Ceará.

posicionam-se como valores básicos dos sistemas jurídicos atuais e o fundamento primordial da Constituição assenta na declaração de direitos. Logo, os direitos fundamentais da pessoa humana indicam a senda interpretativa da norma constitucional.[38]

38. No livro de nossa autoria *O Resgate dos Valores na Interpretação Constitucional...* desenvolve-se uma hermenêutica ativa, em que os valores compõem o fator da progressão humana pela via do Direito. Trata-se, também, dos princípios gerais do direito, da argumentação jurídica, dos paradigmas, da única decisão correta, das antinomias e da hermenêutica filosófica.

CONSIDERAÇÕES ACERCA DA RESPONSABILIDADE PATRIMONIAL DO ESTADO-ADMINISTRAÇÃO

EDUARDO ROCHA DIAS

Procurador Federal. Mestre em Direito pela Universidade Federal do Ceará.
Doutorando pela Faculdade de Direito da Universidade de Lisboa.
Professor da Universidade de Fortaleza

1. Introdução. 2. O dano como lesão a posições jurídicas subjetivas dos cidadãos. 3. Os pressupostos da responsabilidade patrimonial do Estado: 3.1 A responsabilidade por ações; 3.2 A responsabilidade por omissões; 3.3 O papel de mecanismos alternativos de ressarcimento: o exemplo dos fundos garantidores de depósitos. 4. Conclusões. 5. Bibliografia.

1. Introdução

Por meio da responsabilidade civil se procura por fim à situação criada por uma conduta contrária à ordem jurídica que tenha causado um dano e produzir ou restabelecer uma situação conforme ao direito.[1] Tal restabelecimento pode se dar pelo retorno da situação ao *statu quo ante* ou sob a forma de um sucedâneo (indenização em dinheiro). O patrimônio do sujeito lesante (e em alguns casos de um terceiro) vincula-se ao restabelecimento da situação conforme ao direito, podendo vir a ser afetado caso não seja possível o retorno à situação anterior ou caso este não seja suficiente para restaurar a ordem jurídica.

No caso da responsabilidade civil do Estado, verifica-se, ao longo da história, sua paulatina ampliação, decorrente das mudanças nas formas de exercício das atividades do poder público e no relacionamento deste com a sociedade, bem como no grau de intervenção nesta última.[2]

Inicialmente, no contexto de um Estado que pouco intervinha nas esferas econômica e social e cuja atuação, na maior parte das vezes, era agressiva em relação aos direitos individuais, era menor a possibilidade de ocorrência de fatos danosos. Não espanta, portanto, que tenha predominado, até o século XIX, a tese da irresponsabili-

1. Hans Kelsen, *Teoria Pura do Direito*, p. 164.

2. Jean Rivero, *Direito Administrativo*, p. 305; Georges Vedel, *Derecho Administrativo*, pp. 270-272; J. J. Gomes Canotilho, *O Problema da Responsabilidade do Estado por Actos Lícitos*, pp. 32-61; José Carlos Vieira de Andrade, "Panorama da responsabilidade 'civil' da Administração Pública em Portugal", in *La Responsabilidad Patrimonial de los Poderes Públicos*, pp. 39-40.

dade do Estado.[3] Á medida que este último amplia e modifica suas formas de atuação e a Administração assume um maior protagonismo, multiplicam-se os contatos com os cidadãos e as possibilidades de ações e omissões danosas. O Estado passa a oferecer prestações aos cidadãos, sob regime de serviço público ou não, a exercer atividade técnica, e não mais apenas jurídica, a conformar e orientar a sociedade, mediante a criação de infra-estruturas materiais e também jurídicas. Os cidadãos tornam-se dependentes das prestações estatais o que leva, no contexto do chamado Estado Social ou Estado do Bem-Estar Social, a novas considerações acerca da omissão do poder público. Não é apenas quando age que o Estado lesa direitos e causa prejuízos: também quando o poder público deixa de atuar, tendo o dever de fazê-lo, deve indenizar os danos sofridos por particulares.

A ampliação dos direitos reconhecidos em favor dos cidadãos frente ao Estado, com sede muitas vezes na Constituição, desempenhou papel relevante na ampliação da responsabilidade do Estado. A consagração desta última em textos constitucionais e em diplomas legais, por sua vez, revela a importante função por ela desempenhada, como "a última garantia dos particulares perante os poderes públicos"[4] e como instrumento de controle desses mesmos poderes.[5] Tem uma dimensão objetiva, como elemento integrante da ordem jurídica, e outra subjetiva, como direito e garantia de outros direitos fundamentais.[6] Funda-se no princípio do Estado de Direito Democrático, a predicar a sujeição do Poder Público à lei e ao direito, e no princípio republicano, a abolir privilégios injustificáveis em favor da autoridade.[7]

O objetivo deste estudo é examinar alguns aspectos do regime jurídico da responsabilidade civil da administração no direito brasileiro, com ênfase particular na responsabilidade por omissões. Diante dos deveres acrescidos atribuídos ao poder público, principalmente à Administração, no tocante à satisfação de necessidades da coletividade, à prevenção de riscos e perigos e à criação da infra-estrutura jurídica da sociedade, deveres esses que revestem uma complexidade crescente, cumpre definir com rigor os contornos da responsabilidade por omissão, sobretudo diante do potencial explosivo para o erário que decorreria da extensão indiscriminada para referido domínio da responsabilidade sem culpa ou objetiva.

2. O dano como lesão a posições jurídicas subjetivas dos cidadãos

Assume-se neste estudo a perspectiva de que a principal função da responsabilidade civil é reparatória, priorizando-se a posição do lesado. Busca transferir o dano deste último para o agente lesante.[8] Cumpre esclarecer, porém, que nem sempre há identidade entre dano indenizável e diminuição patrimonial.[9] Há hipóteses de indenização

3. Com a exceção da Inglaterra, em que a irresponsabilidade da Coroa somente foi afastada em 1947 com o *Crown Proceedings Act*, e dos Estados Unidos da América, em que a possibilidade de se buscar indenização do Poder Público foi reconhecida em 1946.

4. Canotilho, *O Problema...*, pp. 131-132.

5. Luis Martin Rebollo, "Ayer y hoy de la responsabilidad patrimonial de la Administración", in *Revista de Administración Pública* 150/360.

6. Jorge Miranda, *Manual de Direito Constitucional*, t. IV, p. 288.

7. Cármen Lúcia Antunes Rocha, *Princípios Constitucionais da Administração Pública*, p. 262.

8. Sem prejuízo, obviamente, de outras funções que possa exercer em segundo plano, como a preventiva e a repressiva. Nesse sentido, J. J. Canotilho, *O Problema...*, pp. 98-99 e Margarida Cortez, *Responsabilidade Civil da Administração por Actos Administrativos Ilegais e Concurso de Omissão Culposa do Lesado*, pp. 34-35.

9. Nesse sentido, Celso Antônio Bandeira de Mello, *Curso de Direito Administrativo*, pp. 826-827.

que independem de qualquer diminuição patrimonial, como é o caso do dano moral puro. Por outro lado, há casos em que há uma diminuição patrimonial como conseqüência de uma atuação do poder público e nem assim há dano indenizável. Pense-se na hipótese de proibição de importação de um determinado produto por motivos sanitários ou por não atender determinadas normas de proteção ao consumidor. O similar nacional, em decorrência de referida proibição, vem a experimentar sensível aumento de vendas. Posteriormente, porém, o produto importado vem a atender às exigências da legislação nacional e sua importação passa a ser permitida, com grandes prejuízos para o fabricante nacional. Não haverá aqui dever de indenizar. Outro exemplo é o da mudança de endereço de uma repartição pública, cujos servidores constituíam os principais clientes de um restaurante vizinho, o qual vem a sofrer grandes prejuízos. O que se exige, portanto, para configurar o dano indenizável, não é a simples diminuição patrimonial, mas sim a lesão a uma norma consagradora de uma intenção de proteger os particulares, de uma situação jurídica subjetiva.

A Constituição Brasileira de 1988, ao regular a responsabilidade civil da Administração no § 6º de seu art. 37, atribui ao elemento dano papel fundamental, dispensando aos elementos subjetivos culpa e dolo papel secundário, já que eles relevam apenas no plano das relações internas entre Administração e agente público, para definir o exercício de direito de regresso daquela contra este. Tal preeminência do dano levou inclusive a que a doutrina e a jurisprudência reconhecessem, desde a Constituição de 1946,[10] que a responsabilidade do Estado no direito brasileiro é predominantemente objetiva,[11] impondo a demonstração de uma lesão a direitos de outrem.

O novo Código Civil brasileiro (Lei 10.406, de 10 de janeiro de 2002), que entrou em vigor em 11 de janeiro de 2003, em seu art. 43, praticamente repetiu o teor de referido dispositivo constitucional. Não fez referência, porém, às pessoas jurídicas de direito privado prestadoras de serviços públicos, mas apenas às pessoas jurídicas de direito público interno. Também se refere apenas a atos de seus agentes que tenham causado danos, não a omissões. É evidente, porém, que prevalece a dicção mais ampla decorrente do Texto Constitucional. O próprio art. 186 do novo Código Civil, por outro lado, ao dispor sobre os atos ilícitos que geram obrigação de indenizar (art. 927 do Código Civil), refere-se a ação ou *omissão* voluntária, negligência ou imprudência (não se faz referência à imperícia), que viola direito e causa dano a outrem, ainda que exclusivamente moral. Exige-se, portanto, não apenas a diminuição patrimonial, mas a lesão a um direito, a uma situação juridicamente protegida. Também é considerado ilícito o uso de um direito que excede manifestamente os limites impostos pelo seu fim econômico e social, pela boa-fé e pelos bons costumes.

10. A Constituição Imperial brasileira, de 1824, em seu art. 179, consagrava apenas a responsabilidade pessoal dos "empregados públicos", não do Estado, a exigir a demonstração da existência de culpa. A primeira Carta Republicana, de 1891, fez referência à responsabilidade dos funcionários públicos por abusos e omissões. A jurisprudência, por sua vez, começou a admitir a responsabilização exclusiva do Estado, principalmente a partir do advento da Lei federal 221, de 20 de novembro de 1894. O Código Civil de 1916, em seu art. 15, consagrou a responsabilidade subjetiva das pessoas jurídicas de direito público. As Constituições de 1934 e 1937, diversamente das que as precederam, estabeleceram a responsabilidade solidária entre o Estado e os funcionários. Com a Constituição de 1946, foi introduzido o princípio da responsabilidade objetiva das pessoas jurídicas de direito público, prevendo-se a ação regressiva contra o funcionário no caso de culpa ou dolo deste. Tal princípio foi mantido pela Constituição de 1967, pela Emenda Constitucional 1, de 1969, e pela Constituição Federal de 1988.

11. Celso Antônio Bandeira de Mello, *Curso...*, p. 804.

A regra adotada pelo novo Código Civil continua a ser a responsabilidade subjetiva. É interessante constatar, porém, que referido diploma ampliou as hipóteses de responsabilidade objetiva, ou independente de culpa. No parágrafo único de seu art. 927 determina que a obrigação de reparar o dano, independentemente de culpa, pode decorrer não apenas de lei específica, mas também quando a atividade normalmente desenvolvida pelo autor do dano implicar, por sua natureza, risco para os direitos de outrem. Também os empresários individuais e as empresas respondem independentemente de culpa pelos danos causados pelos produtos postos em circulação, salvo lei especial (art. 931 do Código Civil).

Retornando à responsabilidade do Estado, e em conclusão, tem-se que, à semelhança da responsabilidade civil de sujeitos privados, o dever de indenizar há de ser aferido a partir do reconhecimento de uma intenção normativa de proteção dos indivíduos.[12]

Tal entendimento foi adotado pelo Supremo Tribunal Federal, ao julgar o recurso extraordinário 220.999-7, relatado pelo Ministro Marco Aurélio (o relator para o acórdão foi o Ministro Nelson Jobim).[13] Discutia-se o cabimento de indenização por alegados prejuízos, consistentes na paralisação de atividades de empresa privada, decorrentes da suspensão de serviço de transporte fluvial mantido anteriormente pela União. No voto vencedor, lê-se que "a responsabilidade civil pressupõe o inadimplemento em sentido lato", quer decorrente de contrato, quer de dever ou obrigação extracontratual. O inadimplemento pressupõe a "existência de um dever ou obrigação legal ou contratual". Não basta o nexo de causalidade direto e imediato entre o dano e a ofensa: "exige-se contrariedade a direito alheio, com ou sem culpa". O ofendido há de "se encontrar na posição de exigir, da União, a prestação de serviços de transporte". Entendeu-se que como não existe direito subjetivo à prestação de referido serviço, fundado em obrigação constitucional, legal ou contratual, descabe a indenização.

3. Os pressupostos da responsabilidade patrimonial do Estado

3.1 A responsabilidade por ações

No Brasil, a responsabilidade civil extracontratual do Estado é tratada no capítulo dedicado à Administração Pública, no § 6º do art. 37 da Constituição de 1988, que determina que "as pessoas jurídicas de direito público e as de direito privado prestadoras de serviços públicos responderão pelos danos que seus agentes, nessa qualidade, causarem a terceiros, assegurado o direito de regresso contra o responsável nos casos de dolo ou culpa".[14]

12. Margarida Cortez, *Responsabilidade...*, p. 128.

13. *DJU* de 24.11.2000, p. 10.462. Na ementa de referido acórdão, lê-se: "Responsabilidade objetiva do Estado. Não há como se extrair da Constituição a obrigação da União em oferecer transporte fluvial às empresas situadas às margens dos rios. A suspensão da atividade não se constitui em ofensa a dever ou direito".

14. Há previsões constitucionais específicas referentes à indenização por desapropriação e por uso de propriedade privada (art. 5º, incisos XXIV e XXV, 182, §§ 3º e 4º, 184), à indenização por erro judiciário e por prisão além do tempo fixado na sentença (art. 5º, inciso LXXV) e à responsabilidade civil por danos nucleares (alínea *c* do inciso XXIII do art. 21). No primeiro caso se está diante não de responsabilidade propriamente dita, já que a competência atribuída ao Poder Público se dirige ao sacrifício de direito de outrem, impondo-se sua reposição pelo equivalente em dinheiro. É diversa a situação se o agir estatal se dirige não a sacrificar direitos, mas a satisfazer uma necessidade coletiva, como, por exemplo, a construção de uma ponte ou de uma estrada, e ao fazê-lo causa um dano a particulares. Aos moradores da área próxima à ponte ou à estrada afetados de forma desproporcional em seus direitos (pense-se no

Prevalece na doutrina e na jurisprudência o entendimento de que tal responsabilidade é objetiva, dispensando o exame da culpa ou do dolo dos agentes públicos.[15] Deve ser perquirida tão somente a existência dos seguintes requisitos: a) um dano; b) uma atuação imputável a um agente público; c) nexo de causalidade entre a atuação e o dano. O fundamento de tal responsabilidade é o chamado "risco administrativo", sendo nítida a influência da obra de Léon Duguit.[16]

Para o Mestre de Bordeaux, o Estado é um conjunto de serviços públicos destinados a atender o interesse coletivo. Se o funcionamento dos serviços públicos acarreta prejuízos a grupos ou indivíduos, o patrimônio afetado a referidos serviços deverá responder, desde que haja uma relação de causa e efeito entre a organização ou o funcionamento do serviço e o prejuízo. Tal teoria busca afastar a necessidade de demonstração de culpa dos agentes públicos, levando a uma objetivação da responsabilidade. Não foi, porém, acolhida no Brasil a tese do risco integral, que tornaria o Estado responsável por quaisquer prejuízos acarretados aos particulares. É possível, portanto, afastar o dever de indenizar do Estado quando for demonstrada a inexistência de nexo de causalidade, a ocorrência de força maior[17] ou ainda a culpa total da vítima. A culpa parcial desta última serve ainda para minorar o *quantum* da indenização.[18]

O dano compreende a violação a uma situação juridicamente protegida,[19] que tanto pode ocorrer por atuação lícita como ilícita da Administração, material ou jurídica. Há de ser certo, e não eventual,[20] compreendendo o que se perdeu (danos emergentes) e o que se deixou de ganhar (lucros cessantes), bem como os danos morais (art. 5º, inciso X, da Constituição Federal de 1988). No tocante à responsabilidade por fatos lícitos, exige-se ainda que o dano seja especial, afetando determinada pessoa ou grupo de pessoas e não toda a coletividade, e anormal, superando os meros ônus e incômodos da vida em sociedade. A importância atribuída ao dano e à posição jurídica do lesado afasta a necessidade de maiores indagações acerca da legalidade ou ilegalidade da atuação estatal.[21]

A teoria do órgão leva à imputação do agir dos agentes públicos ao Estado, o qual responde diretamente por aquela conduta.

aumento do ruído e da poluição) cabe buscar a responsabilização do Estado, neste caso por ato material lícito.

15. O exercício da ação de regresso não constitui um direito, mas um dever do Estado, caso estejam presentes a culpa ou o dolo do agente. Tal exercício não pode ficar ao arbítrio do Poder Público, pois, do contrário, seriam violados os princípios da indisponibilidade do interesse público, da moralidade administrativa, da impessoalidade e da igualdade. Nesse sentido, Carmén Lúcia Antunes Rocha, *Princípios...*, pp. 295 e ss.

16. *Les Transformations du Droit Public*, pp. 233 e 254 e ss.

17. A força maior seria fato estranho, externo e não desejado pelo agente, que impossibilita, de forma inevitável, a adoção de um comportamento tido como próprio. Distingue-se do caso fortuito, que seria um evento interno, diretamente ligado ao funcionamento da Administração, mas que se ignora. Este último não serviria, portanto, para afastar a responsabilidade do Estado. É a opinião de Maria Sylvia Zanella Di Pietro (*Direito Administrativo*, p. 531). No entanto, a indistinção relativa, no direito brasileiro, entre força maior e caso fortuito, leva a que a maior parte da doutrina considere que ambos excluem tal responsabilidade. Neste sentido, Carmém Lúcia Antunes Rocha, *Princípios...*, pp. 278 ss.

18. Insere-se na responsabilidade objetiva aquela por danos oriundos de situações constituídas pelo Estado, como a decorrente da guarda de pessoas ou coisas perigosas.

19. Georges Vedel, *Derecho...*, p. 324.

20. Devem ser incluídos os danos potenciais, desde que previsíveis e desde que o prejuízo envolva perda de uma oportunidade "séria". Nesse sentido, Vieira de Andrade, "Panorama...", p. 51, e Georges Vedel, *Derecho...*, pp. 322-323.

21. Celso Antônio Bandeira de Mello, *Curso...*, pp. 817-818.

Importa que o dano tenha sido causado não apenas no próprio exercício de uma atividade pública, mas pelo fato de o agente se prevalecer de sua condição. Isto é, impõe-se que o causador do dano seja um agente estatal, e que terceiros tenham sido lesados em razão de tal circunstância. Dispensa-se, portanto, o exame da existência de culpa ou dolo.

Para a teoria da causalidade adequada, nem todos os prejuízos são passíveis de indenização, mas somente os que provavelmente não teriam ocorrido se não fosse a lesão. A simples reconstituição natural pode ser suficiente para sanar o prejuízo. Não sendo suficiente, passa-se para a indenização, que deverá levar em conta a diferença[22] entre a situação atual real e a situação atual hipotética caso não tivesse ocorrido a lesão.[23] O nexo de causalidade permite imputar os danos à atuação estatal. Implica a realização de um juízo de prognose posterior, reportado ao momento da ação, com a finalidade de determinar, com base nas circunstâncias reconhecíveis à data por um observador objetivo, se eram prováveis os prejuízos. Incluem-se em tal juízo as circunstâncias ignoradas por terceiros, mas efetivamente conhecidas pelo lesante.[24]

No Brasil, porém, não se adota a teoria da causalidade adequada, mas sim a da causalidade direta e imediata, também conhecida como teoria da interrupção do nexo causal.[25] Isto é, o Estado somente responde se sua atuação ocasionou direta e imediatamente o dano. Este é o efeito necessário de uma causa, o que abrange o dano direto e imediato sempre. O dano indireto e remoto somente é alcançado se não houver concausa sucessiva. A existência de concausas sucessivas afasta o dever de indenizar do Estado.

É evidente que a responsabilidade objetiva, a princípio, é mais benéfica para o particular por: a) ser dirigida contra sujeito presumivelmente solvente, o Estado, ao contrário do funcionário; b) dispensar o lesado da necessidade de demonstrar a culpa ou o dolo, exigindo apenas a prova do dano a uma situação juridicamente protegida e do nexo de causalidade entre uma atuação de um agente estatal, agindo nessa condi-

22. Margarida Cortez (*Responsabilidade...*, pp. 112-113) chama a atenção para a circunstância de a teoria da diferença permitir a alegação da chamada relevância negativa da causa virtual, isto é, a exoneração do responsável quando se prove que a situação do lesado seria a mesma caso não tivesse havido o fato. Os lucros ou ganhos homogêneos decorrentes do fato ilícito devem também ser compensados com o prejuízo (*compensatio lucri cum damno*).

23. O dano constitui o fundamento e o limite do dever do indenizar. Nem todo dano, porém, é indenizável. Por exemplo, o que decorra de frustração de meros interesses de fato (como o do proprietário de um restaurante afetado pela mudança de endereço de uma repartição pública cujos funcionários constituíam seus principais clientes, e que teve uma diminuição de seu patrimônio, insusceptível, porém, de empenhar a responsabilidade do Estado). Impõe-se, portanto, que haja uma intenção normativa de proteção do particular veiculada por uma norma. O dano é a lesão desta posição jurídica, a qual nem sempre possui uma di mensão patrimonial e pecuniariamente apreciável, como na hipótese de danos morais. A lesão a referida posição subjetiva acarreta uma mudança na situação, patrimonial e/ou moral, da vítima ensejando a responsabilização.

24. Margarida Cortez, *Responsabilidade...*, pp. 115-116.

25. V., nesse sentido, os recursos extraordinários 220.999-7, já referido no item 2 supra, e 130.764-1, este último relatado pelo Ministro Moreira Alves (*RTJ* 143/270). No segundo julgado discutia-se o cabimento de indenização por danos decorrentes de assalto efetuado por presos evadidos vários meses após a fuga. Considerou-se que o assalto não foi conseqüência direta e imediata da omissão estatal, mas que houve concausas (formação de quadrilha e assalto muito tempo após a fuga), que afastam o dever de indenizar do Estado. O fundamento de tal teoria do nexo direto e imediato é a regra contida no art. 1.060 do Código Civil de 1916, a que foi repetida no art. 403 do novo Código Civil brasileiro. O Supremo Tribunal Federal entende aplicável tal dispositivo, a princípio referido à responsabilidade contratual, à responsabilidade extracontratual do Estado.

ção, e a lesão. Também interessa ao funcionário que o titular da responsabilidade seja apenas o Estado. Não se dispensa, porém, o exame da existência de culpa e do dolo na atuação do agente público que causou o dano. Ao interesse público repugna manter os agentes públicos imunes a qualquer espécie de responsabilidade. Tanto que a Constituição e o novo Código Civil fixam expressamente o direito de regresso contra o agente público que tenha causado o dano com dolo ou culpa. Trata-se, na verdade, de dever que é indisponível. O princípio da eficiência, expressamente positivado pela Emenda Constitucional 19/1998, impõe também exigir dos agentes estatais uma conduta conforme ao direito. A não-apuração de sua responsabilidade, por atos dolosos ou culposos praticados que tenham gerado o dever de indenizar do Estado, causa prejuízo para toda a sociedade, além de servir como estímulo para a reiteração das faltas.

A compreensão de que o titular da responsabilidade é o Estado leva, a princípio, a que se afaste a possibilidade de a vítima, à sua escolha, mover a ação contra o Estado ou contra o funcionário (cumulação de responsabilidades). A letra do § 6º do art. 37 da Constituição autoriza o entendimento de que a ação deve ser movida contra o Estado, incumbindo a este, uma vez condenado e depois de efetuado o ressarcimento, ajuizar ação de regresso contra o agente público, desde que tenha havido culpa ou dolo por parte deste. É a posição de Hely Lopes Meirelles.[26] Já Celso Antônio Bandeira de Mello entende viável o ajuizamento de ação contra o agente, contra o Estado e contra o Estado e o agente, como responsáveis solidários, na hipótese de existir culpa e dolo. Argumenta que a Constituição não estabeleceu qualquer imunidade em favor dos agentes públicos e que pretendeu, ao contrário, reforçar a posição do lesado e da Administração, não a do servidor.[27] É possível lembrar, ainda, a inexistência de norma expressa afastando tal possibilidade. A cumulação, porém, dependeria da existência de culpa ou dolo do servidor, que devem ser demonstrados no curso da ação. Não existindo tais elementos subjetivos somente caberia mover a ação contra o Estado. Maria Sylvia Zanella Di Pietro também admite a cumulação e mesmo o ajuizamento diretamente contra o servidor na hipótese de o fundamento da ação for a responsabilidade objetiva do Estado, "mas com argüição de culpa do agente público".[28]

Tal questão (a definição do titular da responsabilidade e da possibilidade de ajuizamento contra o agente) não se confunde com a relativa à denunciação à lide do servidor. Trata-se de instituto de direito processual que se destina a possibilitar a aferição da culpa ou do dolo do agente público na mesma ação em que o particular busca a indenização do Estado com fundamento em sua responsabilidade objetiva. Não é obrigatória para o Estado, já que este não perde o direito de regresso caso não efetue a denunciação. Há controvérsia quanto ao seu cabimento em virtude da mencionada diversidade de fundamentos da ação contra o Estado e da ação contra o servidor. O Superior Tribunal de Justiça, no entanto, tem admitido a denunciação e a considerado recomendável por razões de economia processual. Com efeito, permite ampliar a discussão, no mesmo feito, das circunstâncias que envolveram o dano e da presença ou não de elementos subjetivos, servindo a decisão que venha a ser nele proferida como

26. *Direito Administrativo Brasileiro*, 25ª ed., pp. 604-605.

27. *Curso...*, pp. 839-840. O mencionado autor cita inclusive decisões do STF que teriam reconhecido tal possibilidade (RE 90.071 e AI 106.483). No mesmo sentido se posiciona Hugo de Brito Machado ("Responsabilidade pessoal do agente público por danos ao contribuinte", in <www.hugomachado.adv.br>, acessado em 28.8.2003).

28. *Direito...*, p. 537.

título hábil a embasar a exigência de reparação regressiva do agente público. No entanto, caso as instâncias ordinárias não tenham deferido a litisdenunciação, mencionada Corte não pronuncia a nulidade do feito, ante a existência de ação de regresso em favor do poder público, inexistindo prejuízo para este.[29]

Maria Sylvia Zanella Di Pietro[30] admite a litisdenunciação desde que o fundamento invocado pelo autor seja a existência de culpa ou dolo do servidor. Caso a ação seja fundada exclusivamente na culpa anônima do serviço ou na responsabilidade objetiva decorrente do risco não seria possível a denunciação, já que o denunciante estaria incluindo novo fundamento na ação. Faz referência também ao art. 122, § 2º, da Lei 8.112/1990, que dispõe que "tratando-se de dano causado a terceiros, responderá o servidor perante a Fazenda Pública, em ação regressiva", o que permite defender o descabimento da denunciação ou do litisconsórcio. O melhor entendimento, porém, é o que admite a denunciação e o litisconsórcio, desde que existente culpa ou dolo do servidor. Vincular a aceitação daqueles ao fundamento adotado pelo autor, por outro lado, restringe o direito de defesa do Estado. A alegação de existência de culpa ou dolo do servidor deverá ser examinada pelo juiz e somente se não for provada é que deverão ser rechaçadas a denunciação ou o litisconsórcio. Mas não se pode, sem violência ao art. 5º, inciso LV, da Carta Magna, de antemão, restringir a possibilidade de o Estado invocar em sua defesa tais argumentos.

3.2 A responsabilidade por omissões

O advento do Estado Social, com as mudanças na forma de atuação do poder público e a maior dependência da sociedade em relação às prestações por ele oferecidas, contribuíram para ampliar a reprovabilidade das suas omissões.[31] A busca do bem-estar tornou-se um imperativo da qual não pode fugir o Estado em geral e a Administração em particular. Ademais, a atuação do Estado deve guiar-se por padrões de eficiência, que constitui um dos princípios da Administração Pública no direito brasileiro (art. 37, *caput*, da Constituição Federal de 1988). Por fim, tem-se que o reconhecimento do direito à tutela judicial efetiva a todas as pessoas abrange não apenas os atos, mas também as omissões do poder público (arts. 5º, inciso XXXV, e 37, § 6º, da Constituição Federal de 1988).

A responsabilidade por omissões, no entanto, não pode enquadrar-se na mesma perspectiva dogmática da responsabilidade por ações. Nem sempre o dano é causado diretamente pela Administração, mas sim por fato de terceiro ou da natureza. Da omissão administrativa, em termos naturalísticos e causais, não pode decorrer nenhuma conseqüência (*ex nihilo nihil fit*). Daí porque é necessário fundar o dever de indenizar por omissões no dever e na possibilidade de evitar o resultado lesivo. Cabe ao poder público impedir o processo causal que conduz à lesão. Mostra-se mais adequado, portanto, considerar, na responsabilidade por omissão, não apenas a situação do lesado (o dano), mas também a da Administração, identificando a existência ou não de um dever de agir não atendido (conduta ilícita). É a posição de garante da Administração, decorrente das múltiplas tarefas que lhe incumbem por força da Constituição, das leis, de atos administrativos e do direito internacional, que vai gerar seu dever de indenizar.

É nítida a semelhança de tal perspectiva com a concepção penalista da comissão

29. REsp 165411-ES, 1ª T. do STJ, Rel. Ministro Garcia Vieira, *DJU* 3.8.1998, p. 125; AGA 402417-PA, 1ª T. do STJ, Rel. Ministro José Delgado, *DJU* 4.3.2002, p. 219.

30. Ob. cit., p. 537.

31. Nesse sentido, Marcos Gómez Puente, *La Inactividad de la Administración*, pp. 43 e ss. e 817 e ss.

por omissão.[32] Diferentemente da omissão pura, em que a responsabilidade penal decorre apenas de não se fazer algo determinado, na comissão por omissão exige-se também a posição de garante, a produção de um resultado e a possibilidade de evitá-lo. A posição de garante ocorre quando há uma específica função de proteção de um bem jurídico ou uma função pessoal de controle de fontes de perigo atribuídas a um sujeito.

A concepção ora examinada tem ainda a vantagem de evitar a transformação do poder público em um segurador universal, sobretudo em um ordenamento jurídico como o brasileiro, em que a regra é a responsabilidade objetiva do Estado, limitando o dever de indenizar aos casos de violação ilícita de um dever.[33] Quando não existir tal dever, ou se mostrar impossível evitar o resultado, não será cabível a indenização.

Tal circunstância não impede que sejam estabelecidas, por lei, hipóteses de responsabilidade objetiva do poder público por omissões, como ocorreu no Brasil com relação à atuação dos órgãos e entidades componentes do Sistema Nacional de Trânsito (§ 3º do art. 1º da Lei 9.503/1997). Tais hipóteses podem decorrer até da própria Constituição, como se verifica no tocante à responsabilidade civil por danos nucleares (alínea *c* do inciso XXIII do art. 21 da Constituição Federal brasileira de 1988). O legislador poderá ainda, com fundamento em um juízo de conveniência e oportunidade, e ainda para atender a determinados valores, prever situações específicas de ressarcimento de danos decorrentes de atos de terceiros ou de eventos naturais, como é o caso da hipótese tratada pela Lei 10.309/2001, referente à assunção, dentro de certos limites, pela União Federal, de responsabilidades civis no caso de atentados terroristas ou de atos de guerra contra aeronaves de empresas aéreas brasileiras. Fora de tais casos expressamente previstos, não cabe a responsabilização objetiva da Administração em virtude de omissões. A responsabilidade objetiva mostra-se adequada para proteger o cidadão nas situações em que a atividade estatal ou uma atividade delegada pelo poder público ou submetida à sua fiscalização gera grandes riscos. Nem sempre isso ocorre, porém.

Em determinadas situações pode ainda mostrar-se indispensável considerar as circunstâncias em que se produziu o dano, avaliando-se a presença de elementos subjetivos, como a culpa. Pense-se, por exemplo, na hipótese de óbito ou de lesão decorrente de procedimento cirúrgico efetuado em hospital público. Trata-se de atividade técnica, submetida a regras profissionais específicas (*leges artis*) e também a regras deontológicas. Suponha-se que o médico que efetuou o procedimento (agente público) tenha seguido todas as regras técnicas aplicáveis, bem como as éticas, obtendo o consentimento do paciente, ou de seus responsáveis, para a intervenção, explicando-lhes todos os riscos envolvidos, salvo em situação de urgência e de risco de vida. Ainda assim, a despeito de tomar todos os cuidados, sobrevém o óbito ou a lesão. Descabe falar em dever de indenizar com fundamento na responsabilidade objetiva do Estado. A não ser que seja provada a ocorrência de negligência ou imprudência, pela violação de regras técnicas, por exemplo, descaberá a indenização.[34]

32. Nesse sentido, Mariano Magide Herrero ("El criterio de imputación de la responsabilidad *in vigilando* a la Administración", in *La Responsabilidad Patrimonial de los Poderes Públicos*, p. 379) e Rafael Entrena Cuesta ("Responsabilidad e inactividad de la Administración: notas para un intento de reelaboración", in *El Derecho Administrativo en el Umbral del Siglo XXI*, pp. 1.231-1.228).

33. Referida preocupação existe também na Espanha como se pode verificar em Mariano Magide Herrero ("El criterio...", pp. 373 e ss.) e em Ricardo Rivero Ortega (*El Estado Vigilante*, pp. 219 e ss.).

34. Fernando Andrade de Oliveira ("Apontamentos sobre a responsabilidade patrimonial do

Examine-se, por oportuno, a questão da responsabilidade civil dos médicos. Consolidou-se o entendimento de que referidos profissionais assumem um obrigação de meios e não de resultados em relação aos pacientes. Isto é, o conteúdo do vínculo obrigacional entre médico e paciente impõe ao primeiro a utilização de todos os meios indispensáveis para alcançar a cura do doente, sem que deva, porém, assegurar o resultado. Tal tipo de obrigação aparece em todos os contratos de prestação de serviços profissionais. Já na obrigação de resultados, o devedor se obriga a alcançar determinado fim, sem o qual não terá cumprido sua obrigação.[35] A responsabilidade civil dos médicos é normalmente de meios (a exceção mais comumente referida é a por danos decorrentes de cirurgia estética em paciente saudável), impondo-se considerar a ocorrência ou não de culpa. Referido elemento subjetivo deve estar presente, nos termos do § 4º do art. 14 do Código de Defesa do Consumidor e do art. 951 do novo Código Civil brasileiro. Anteriormente, a exigência de culpa fundava-se no art. 1.545 do Código Civil de 1916.

No caso de o médico causador do dano ser um agente público, deve ser exigida a demonstração de sua culpa ou dolo ou se aplica a regra da responsabilidade objetiva? Ressalte-se que não há distinção essencial entre o ato médico praticado em um hospital público e o praticado em um hospital privado. O advento do Estado Social, a propósito, com o aumento da intervenção do poder público na sociedade e de sua atividade prestacional, levou ao incremento no exercício de atividades técnicas pelo Estado, rigorosamente idênticas às exercidas por sujeitos privados.

Ora, o desatendimento às regras técnicas e deontológicas da profissão que ocasiona dano a uma situação juridicamente protegida do particular deve ser considerado na aferição da responsabilidade do Estado. O dano decorre, portanto, do descumprimento de deveres impostos ao agente estatal. A responsabilidade por omissões, a propósito, ocorre não apenas quando o Estado não age, mas quando age "deficientemente, comportando-se abaixo dos padrões legais que normalmente deveriam caracterizá-lo".[36] Omitindo-se no atendimento de tais padrões, ou agindo de forma tardia ou ineficiente (com dolo, negligência, imprudência ou imperícia), deve ser responsabilizado.[37]

É oportuno, porém, distinguir dois tipos de inatividade: a) a inatividade material; b) a inatividade formal. Na primeira,

Estado administrador", in *Estudos em Homenagem a Geraldo Ataliba*, v. 2, pp. 397-399) critica decisão judicial que condenou entidade autárquica a indenizar paciente que perdeu um olho em virtude de cirurgia nela realizada com fundamento na teoria da responsabilidade objetiva do Estado e sem qualquer consideração acerca de culpa ou dolo no procedimento do médico envolvido. O Supremo Tribunal Federal, porém, no RE 217389, relatado pelo Ministro Néri da Silveira (decisão de 2.4.2002, noticiada pelo *Informativo do STF* de n. 266), pronunciou-se no sentido de que o risco em uma cirurgia não exime o Estado do dever de ressarcimento, tal como preconizado pelo § 6º do art. 37 da Constituição, adotando a responsabilidade objetiva. O caso versava a perda da visão de um olho de um paciente em virtude de cirurgia efetuada em hospital público para correção de desvio de septo. A Corte Maior pronunciou-se no sentido de não se ter provado a ocorrência de culpa da vítima. Não se manifestou, porém, sobre a existência de força maior ou caso fortuito, a despeito de laudo pericial haver indicado não ter havido culpa por parte da equipe médica.

35. Sobre a "teoria do resultado", sistematizada na França por R. Demogue, examinar Rui Stoco, *Tratado de Responsabilidade Civil*, pp. 350-353 e 400 e ss.

36. Celso Antônio Bandeira de Mello, *Curso...*, p. 820.

37. Rui Stoco (*Tratado...*, p. 870) transcreve decisão do Tribunal de Justiça do Estado de São Paulo em que se reconheceu a necessidade de demonstração de culpa do médico ou da pessoa jurídica de direito público para configurar a responsabilidade civil de ente municipal (3ª Câmara de Direito Público, AI 144.363-5/5, Rel. Laerte Sampaio, j. 7.12.1999).

exige-se uma atuação estatal destinada a evitar um dano decorrente de fato de terceiro ou da natureza, assumindo o poder público a posição de garante, isto é, o dever de evitar o resultado; na segunda, tem-se a mera omissão estatal quanto à resolução de uma controvérsia ou à emanação de um ato administrativo dentro de um prazo estabelecido. A Administração, nesse caso, não assume a posição de garante no tocante a um dano causado por terceiro. O dano é causado pela simples omissão, demora ou inadequação da prática,[38] servindo estas últimas como signos objetivos indicativos do descumprimento de um dever a cargo do Estado. Na inatividade material exige-se que haja violação de um dever de agir imposto à Administração, cujo descumprimento deu azo ao dano. Este é causado por um terceiro ou mesmo por fato da natureza, sendo que incumbia à Administração evitar o dano. A culpa, nas modalidades de imprudência e negligência (lembre-se que o atual Código Civil, em seu art. 186, não mais exige a imperícia), ou o dolo devem ser demonstrados.

Nesse sentido, o Supremo Tribunal Federal, no acórdão proferido no recurso extraordinário 179.147-1,[39] entendeu que a responsabilidade do Estado, por omissão do dever de vigilância de preso da qual resultou sua morte, é subjetiva. Não é necessária, porém, a individualização da culpa, tendo sido acolhida a tese da *faute du service* francesa. Isto é, a culpa pode ser atribuída genericamente ao serviço, que não funcionou, funcionou mal ou tardiamente. Impõe-se considerar não apenas a posição do lesado, mas também a da Administração, determinando-se até que ponto esta se obrigou a atuar segundo um determinado padrão. O nível de expectativa comum da sociedade e do próprio Estado, decorrente de parâmetros fixados em lei e em normas administrativas, constituem elementos para avaliar referido padrão, admitindo-se inclusive hipóteses de presunção de culpa (a serem aferidas pelo Judiciário), na verdade casos em que se deve inverter o ônus da prova, nas situações em que o cidadão não tenha como demonstrar que o serviço não funcionou.[40]

No caso de responsabilidade por omissão material, que é subjetiva, os requisitos são, portanto: a) dano a uma posição juridicamente protegida de um particular decorrente de ato ou fato de terceiro ou da natureza; b) omissão culposa ou dolosa de um dever de agir imposto à Administração no sentido de evitar o dano. A Administração assume a posição de garante da situação jurídica do particular, respondendo se, podendo evitar um dano, não o fez, culposa ou dolosamente.

No caso de inatividade formal, porém, mostra-se razoável considerar a responsabilidade como objetiva: o dano é causado pela violação do dever estatal de emitir o ato no prazo fixado. O Estado não assumiu a posição de garante, mas sim obrigou-se a resol-

38. Egon Bockmann Moreira, *Processo Administrativo — Princípios Constitucionais e a Lei 9.784/1999*, p. 120.

39. Decisão publicada no *DJU* de 27.2.1998, sendo Rel. o Ministro Carlos Velloso. Há decisões do próprio Supremo Tribunal Federal, anteriores a mencionado julgado, que adotaram o entendimento de que no caso de omissão do dever de assegurar a vida ou a integridade física de preso ou de aluno de escola da rede pública de ensino a responsabilidade é ainda objetiva. Nesse sentido, vejam-se os recursos extraordinários 109.615-RJ, relatado pelo Ministro Celso de Mello, e 215.981-RJ, relatado pelo Ministro Néri da Silveira. Tal posição torna desnecessária maior investigação acerca da culpa de agentes públicos ou de culpa do serviço, na acepção francesa, privilegiando a posição do lesado. Há em ambos os julgados mencionados, porém, referências à deficiente atuação do Estado no sentido de evitar o dano, a qual pode ser reconduzida à figura da *faute du service*. Também defendem o caráter objetivo da responsabilidade por omissões Cármen Lúcia Antunes Rocha (*Princípios*..., pp. 268 e ss.) e Egon Bockmann Moreira (*Processo*..., pp. 112 e ss.).

40. Yves Gaudemet, *Traité de Droit Administratif*, pp. 806-807; Celso Antônio Bandeira de Mello, *Curso*..., pp. 820-821.

ver uma controvérsia (decidir um processo administrativo, por exemplo) ou a praticar um ato (como expedir uma certidão) em determinado prazo. A omissão pode inclusive ser culposa ou dolosa, hipótese em que caberá a ação de regresso contra o servidor. Pode ser afastado o dever de indenizar do Estado se for demonstrada a culpa da vítima: cumpre examinar se o particular dispõe de mecanismos judiciais ou administrativos hábeis para obter o pronunciamento da Administração, e se eventual disciplina acerca do silêncio administrativo assegura a possibilidade de recurso administrativo ou de adoção de providências judiciais. O prejuízo, então, seria decorrente da inação do próprio particular em se servir de tais meios.[41] Caso exista norma determinando que a não apreciação do pedido do particular em dado prazo constitui denegação ou concessão do pleito, não cabe falar em dever de indenizar.

Hipótese interessante relativa ao dever de indenizar por inatividade material é a insolvência de instituição financeira ou de concessionário, da qual decorra prejuízo para correntista ou para utente do serviço, desde que tenha havido omissão ilícita na adoção de providências que poderiam ter evitado o resultado. O poder público, neste caso, assume a posição de garante já referida acima, a partir da criação de expectativas para os cidadãos (aferíveis a partir do texto da Constituição, da lei ou de atos administrativos) de que agirá de acordo com certos padrões.[42] Há no direito comparado decisões judiciais referentes à omissão na supervisão de setores financeiros (banca, valores mobiliários, seguros) cuja referência mostra-se oportuna. Na Espanha, mencione-se o pedido de indenização por parte de investidores supostamente prejudicados pela suspensão de pagamentos das empresas do grupo SOFICO. Foi por eles alegada a responsabilidade do Estado, já que teriam confiado na publicidade de citado grupo empresarial, a qual dependia de autorização administrativa. O Tribunal Supremo negou o pedido, sob o fundamento de a disciplina legal referente à publicidade e à sua autorização não constituir uma garantia da segurança ou da rentabilidade do negócio, bem como de inexistência de nexo causal entre a confiança gerada pela autorização e a decisão de investir.[43]

Na Alemanha, alcançaram repercussão duas decisões do *Bundesgerichtshof*, considerando o ente de supervisão bancária daquele país responsável por danos sofridos por investidores decorrentes de negligente vigilância.[44] O regime tedesco da responsabilidade da Administração se funda sobre o art. 34 da Lei Fundamental e o art. 839 do *Bürgerliches Gesetzbuch*, impondo-se a indenização quando há uma violação de um dever de ofício a cargo do poder público, que se encaminhe não apenas à tutela do interesse geral, mas também de terceiros.[45]

No Brasil, por fim, mencione-se o caso COROA-BRASTEL, referente a supostas

41. Sobre a inadequação da responsabilidade objetiva no âmbito das omissões administrativas e sobre a distinção entre omissões formais e materiais, na perspectiva do Direito espanhol, ver Rafael Entrena Cuesta ("Responsabilidad...", pp. 1.213-1.228).

42. Rafael Entrena Cuesta, "Responsabilidad...", pp. 1.213-1.228.

43. Sentença de 25.4.1988 (Ar. 3203), Sala 4ª, citada por Mariano Magide Herrero ("El criterio...", p. 389). Referido autor, ao analisar a decisão, considerou razoável o entendimento do Tribunal Supremo no tocante às normas relativas à publicidade de produtos financeiros, mas que ele não seria justificável caso houvesse violação às normas que disciplinam as condições de solvência de instituição financeira e os entes de supervisão quedassem inertes em assegurar seu cumprimento.

44. Decisões de 15 de fevereiro e de 12 de julho de 1979, veiculadas no BGHZ 74 (pp. 144 e ss.) e 75 (pp. 120 e ss.) e também referidas por Mariano Magide Herrero (idem, ibidem, pp. 393-394).

45. Peter Badura, "Fondamenti e sistema della responsabilità dello Stato e del risarcimento pubblico nella Repubblica Federale di Germania", in *Rivista Trimestrale di Diritto Pubblico* 2/401-402.

negligências na fiscalização do Banco Central do Brasil sobre referido grupo financeiro, que teria causado prejuízos a investidores. Tem-se observado nas decisões proferidas pelo Superior Tribunal de Justiça a adoção correta da tese de que a responsabilidade do Estado por omissão é subjetiva, impondo-se a demonstração de culpa ou dolo, ainda que anônimos ou do serviço. Sem tal demonstração, não cabe indenizar os investidores, sobretudo quando se trata de uma operação de alto risco, o qual não pode ser socializado sob pena de flagrante injustiça.[46]

Lembre-se, ainda, que qualquer restrição ou exoneração do dever de indenizar por deficiente fiscalização estatal, feita por lei, que seja ampla, irrestrita, imotivada ou desprovida de razoabilidade há de ser considerada inconstitucional. Na Espanha, a doutrina[47] chama a atenção para o art. 11, n. 3, da Lei 8/1987, referente aos Planos e Fundos de Pensões, que determina que "a outorga de autorização em nenhum caso poderá ser título que cause a responsabilidade da Administração do Estado". Considera-se referido dispositivo inconstitucional, à luz do art. 106, n. 2, da Constituição espanhola, que trata da responsabilidade do Estado, bem como diante da proibição de arbitrariedade e do direito de igualdade, devendo a Administração responder se omite seu poder-dever de supervisão.

Merece ser ressaltada a existência de deveres de proteção do Estado em relação aos cidadãos, associados à dimensão objetiva dos direitos fundamentais. No âmbito de atividades de prestação destinadas a satisfazer necessidades dos cidadãos, ainda que executadas por particulares, e da supervisão e fiscalização de setores que geram perigos para a coletividade, a omissão do Estado ensejará sua responsabilidade sempre que acarrete uma lesão grave ao núcleo do direito fundamental em causa e não exista outro meio de satisfazer a necessidade ou de proteger o indivíduo. Exige-se, porém, uma situação de perigo, devendo em regra prevalecer a margem de conformação do legislador e os direitos dos outros cidadãos, como o de exercer uma atividade econômica.

A lei não pode excluir a possibilidade de ressarcimento de toda uma categoria de danos sob pena ainda de lesão ao princípio da proporcionalidade. A restrição a um direito fundamental, como o de obter indenização, há de ser adequada para a consecução de um dado fim público, necessária para se atingir tal fim (e não excessivamente gravosa) e proporcional em sentido estrito, devendo os benefícios dela decorrentes ultrapassarem os malefícios.

Podem ocorrer omissões também no tocante à edição de normas ou à tomada de decisões, ou sua prática tardia ou desconforme ao direito. Nesse caso, tem-se a chamada inatividade formal, já referida neste tópico. Neste caso, a Administração não assume a posição de garante com referência a danos que podem ser causados por terceiros ou por fatos naturais, mas omite ou retarda a adoção de providências ou a práti-

46. Na decisão proferida no recurso especial 148.641-DF, publicada no *DJU* de 22.10.2001, p. 266, lê-se: "Administrativo. Responsabilidade civil. Mercado de capitais. Prejuízos causados pelo Grupo Coroa-Brastel. Lei 4.595/1965. Lei 6.024/1974. 1. Afastada a teorização do extremado risco integral ou do risco administrativo, não é possível amoldar-se a obrigação de indenizar, se a lesividade teria ocorrido por omissão, que pode condicionar sua ocorrência, mas não a causou. Assim, se a indenização, no caso, só poderia ser inculcada com a prova de culpa ou dolo (responsabilidade subjetiva), hipóteses descogitadas no julgado, inaceitável a acenada responsabilidade objetiva. 2. Não se deve flagelar a Administração Pública com reclamados danos patrimoniais sofridos por investidores atraídos ao mercado financeiro por altas taxas dos juros e expectativa de avultados lucros sobre o capital investido, por si, sinalização dos vigorosos riscos que rodeam essas operações. Se reconhecido o direito à socialização dos prejuízos, seria judicialmente assegurar lucros ao capital, eliminando-se o risco nas aplicações especulativas".

47. Rafael La Casa García, *Los Fondos de Pensiones*, pp. 55 e 459-460; Mariano Magide Herrero, "El criterio...", pp. 389-390.

ca de atos ou os emana defeituosamente. Nesta última hipótese, a rigor, se está diante de ação ilícita. Mas nas outras duas cabe falar de omissão. O dever de indenizar há de ser configurado a partir da extensão do dever de agir do poder público, do prazo fixado para tanto e da existência ou nao de remédios de que se possa utilizar o particular para obviar o prejuízo. Se a demora é injustificável, não se observando os prazos fixados para a adoção da providência, e se não há outros meios de que possa se servir o lesado ou eles não foram suficientes para evitar o prejuízo, há de se responsabilizar a Administração. No direito português, a propósito, o art. 7º do Decreto-lei 48.051/1967 disciplina a matéria ao determinar que o direito à indenização só subsiste na medida em que o dano não se possa imputar à falta de interposição de recurso ou a negligente conduta processual.[48]

3.3 O papel de mecanismos alternativos de ressarcimento: o exemplo dos fundos garantidores de depósitos

No tocante à responsabilidade por omissão, cumpre ainda examinar as conseqüências decorrentes de eventual estabelecimento de mecanismos alternativos de ressarcimento. É nesse contexto que se devem considerar os chamados fundos garantidores de depósitos, instituídos para reforçar a solvência de instituições financeiras, assegurando a estabilidade do sistema e uma proteção mínima para os poupadores, limitada, porém, a um teto.

Na Espanha, tais fundos são previstos pelo art. 1.2 do Real Decreto-ley 4/1980, de 28 de março, e sua proteção garantia depósitos de até um milhão e meio de pesetas; em Portugal, o Decreto-lei 222/1999, de 22 de junho, garante o reembolso integral a depositantes cujos depósitos não excedam vinte e cinco mil euros, no caso de uma instituição de crédito não poder honrar seus compromissos; No Brasil, a Resolução 2.211, de 16 de novembro de 1995, do Banco Central do Brasil, disciplinou o Fundo Garantidor de Créditos, assegurando o reembolso de poupadores e investidores até a importância de vinte mil reais, no caso de decretação de intervenção ou liquidação extrajudicial, falência ou reconhecimento de insolvência de instituição financeira. Nos Estados Unidos foi criado, em 1933, o *Federal Deposit Insurance Corporation* — FDIC, que assegura a importância de cem mil dólares norte-americanos por conta corrente ou de poupança.

A instituição de tais mecanismos não pode levar à compreensão de que estaria afastada a responsabilidade do Estado por eventuais falhas ou deficiências de seu poder-dever de fiscalização. A função de evitar riscos sistêmicos e de garantir uma proteção limitada aos investidores não constitui óbice ao dever de indenizar da Administração sempre que esta, culposa ou dolosamente, tiver se omitido na adoção de uma providência que lhe incumbia, sob pena de violação às normas constitucionais que fixam tal dever. Assegura-se assim, por um lado, a estabilidade do sistema financeiro, mediante a previsão de mecanismos mínimos de ressarcimento, e se reserva à responsabilidade, por outro lado, o papel de indenizar prejuízos causados com violação da posição de garante da Administração, evitando-se que o Estado se transforme em um

48. Manifestando-se sobre o tema, Sérvulo Correia ("A efectivação processual da responsabilidade civil extra-contratual da Administração por actos de gestão pública", in *La Responsabilidad Patrimonial de los Poderes Públicos*, p. 317) lembra que o particular atingido por um ato ilegal pode ter que iniciar, sucessivamente, dois meios processuais: o recurso contencioso e a ação de responsabilidade, sendo que o primeiro pode ser suficiente para suprimir o dano pela eliminação da situação jurídico-administrativa ilegal a ele conexa. Trata-se de um ônus imposto ao particular no caso de não se ter a certeza de que o dano subsistiria a despeito do recurso, decorrente da função de controle jurídico objetivo atribuída pela Constituição da República portuguesa ao recurso contencioso.

segurador universal, já que deverá estar presente o requisito da culpa ou do dolo, ainda que manifestados através do deficiente funcionamento do serviço.

4. Conclusões

O dano, elemento central da responsabilidade do Estado, há de ser aferido a partir da lesão de posições jurídicas individuais consagradas não apenas na lei, mas também na Constituição, em instrumentos de direito internacional, em contratos e atos administrativos.

O papel do legislador, na configuração de situações jurídicas individuais merecedoras de proteção, assume posição de destaque. A legalidade há de ser compreendida de forma alargada, abrangendo as normas de direito internacional, os regulamentos, os atos administrativos favoráveis e os contratos firmados entre a Administração e os indivíduos. Trata-se do princípio da juridicidade.

A lesão a posições jurídicas procedimentais também pode vir a ensejar a responsabilidade do Estado, desde que nelas se identifique uma intenção de tutelar o indivíduo e sua inobservância tenha acarretado uma decisão ou um ato causadores de dano.

A objetivação da responsabilidade do Estado, regra geral no Brasil, tem limites decorrentes do potencial explosivo para o erário e da possibilidade de se transformar o poder público em segurador universal. Tal conseqüência pode ser afastada não apenas pela previsão de excludentes do nexo de causalidade, como culpa da vítima e força maior, mas pela exigência, no caso de omissão de um dever de agir, de demonstração de culpa ou dolo, ainda que na modalidade de culpa anônima ou do serviço.

Tal responsabilidade por omissão tende a crescer de importância, já que, se a Administração deixa de prestar serviços diretamente no contexto das privatizações, passa a ter o dever de agir sobre a atuação de sujeitos privados, quer seja para garantir que eles prestem uma dada utilidade, quer seja para evitar que causem um dano. A posição de garante do poder público, decorrente de seu papel de terceiro no âmbito de relações entre sujeitos privados que oferecem utilidades, bens e serviços e o cidadão, torna-se a pedra de toque de sua responsabilidade por omissões e por inatividade material. Deve buscar-se na Constituição, nas leis, em normas administrativas e mesmo em instrumentos internacionais padrões de atuação geradores de expectativas, cuja inobservância configure culpa do serviço, conforme vem sendo reconhecido pela jurisprudência.

A objetivação da responsabilidade por omissões não se mostra adequada dogmaticamente, ante a impossibilidade de, sob uma perspectiva causalista, fazer decorrer um dano de uma omissão. O dever de indenizar deflui do descumprimento de um dever de agir. Tal descumprimento indicia a ilicitude da omissão, pela inobservância de normas, de regras técnicas ou de regras de prudência comum, que impunham uma dada conduta. A ilicitude pode vir a ser associada à culpa, como ocorre no direito francês, o que torna tal responsabilidade por omissões subjetiva. Não sendo possível identificar o autor do dano, estar-se-á diante de uma culpa anônima ou da organização, na acepção francesa de *faute du service*. No Brasil, não há previsão legislativa acerca da exigência de demonstração de ilicitude da omissão. Coube à doutrina e à jurisprudência dominantes fixar como requisito da responsabilidade por omissões a demonstração de culpa ou dolo, manifestados no descumprimento de um dever de agir, que podem ser imputados à organização ou ao serviço na hipótese de não se identificar seu autor.

O legislador e a própria Constituição podem estabelecer hipóteses expressas de responsabilidade objetiva por omissão, as quais devem ser interpretadas restritivamente pelos motivos expostos acima.

A previsão de mecanismos alternativos de ressarcimento, como os fundos garantidores de depósitos no setor financeiro, tem uma função distinta e limitada, vinculada à garantia de sua solvabilidade e da estabilidade do sistema. Ela não afasta a possibilidade de exigir-se a responsabilização do Estado por omissões de seu dever de fiscalização, uma vez presentes seus pressupostos, sob pena de violar-se a Constituição. Qualquer restrição ou limitação do dever de indenizar há de ser ainda razoável, necessária e adequada, sob pena de inconstitucionalidade.

5. *Bibliografia*

BADURA, Peter. "Fondamenti e sistema della responsabilità dello Stato e del risarcimento pubblico nella Repubblica Federale di Germania", in *Rivista Trimestrale di Diritto Pubblico* 2/399-412, 1988.

BANDEIRA DE MELLO, Celso Antônio. *Curso de Direito Administrativo*. São Paulo, Malheiros Editores, 2001.

CANOTILHO, J. J. Gomes. *Direito Constitucional e Teoria da Constituição*. Coimbra, Almedina, 2002.

______ *O Problema da Responsabilidade do Estado por Actos Lícitos*. Coimbra, Almedina, 1974.

CORREIA, Sérvulo. "A efectivação processual da responsabilidade civil extra-contratual da Administração por actos de gestão pública", in *La Responsabilidad Patrimonial de los Poderes Públicos*. Madri, Marcial Pons, 1999, pp. 267-321.

CORTEZ, Margarida. *Responsabilidade Civil da Administração por Actos Administrativos Ilegais e Concurso de Omissão Culposa do Lesado*. Coimbra, Coimbra Editora, 2000.

CUESTA, Rafael Entrena. "Responsabilidad e inactividad de la Administración: notas para un intento de reelaboración", in *El Derecho Administrativo en el Umbral del Siglo XXI*. t. I, Valencia, Tirant lo Blanch, 2000, pp. 1.213-1.228.

DI PIETRO, Maria Sylvia Zanella. *Direito Administrativo*. 15ª ed., São Paulo, Atlas, 2003.

DUGUIT, Léon. *Les Transformations du Droit Public*. Paris, Librairie Armand Colin, 1913.

EZCURRA, José Luis. *La Responsabilidad en Materia de Servicios Públicos*. Sección de Publicaciones, Facultad de Derecho, Universidad Complutense de Madrid, 1981.

GARCIA, Maria da Glória. "A responsabilidade civil da Administração Pública pela inactividade", in *La Responsabilidad Patrimonial de los Poderes Públicos*. Madri, Marcial Pons, 1999, pp. 345-356.

GARCÍA, Rafael La Casa. *Los Fondos de Pensiones*. Madri, Marcial Pons, 1997.

GAUDEMET, Yves. *Traité de Droit Administratif*. Paris, LGDJ, 2001.

HERRERO, Mariano Magide. "El criterio de imputación de la responsabilidad *in vigilando* a la Administración; especial referencia a la responsabilidad de la Administración en su actividad de supervisión de sectores económicos", in *La Responsabilidad Patrimonial de los Poderes Públicos*. Madri, Marcial Pons, 1999, pp. 373-397.

KELSEN. Hans. *Teoria Pura do Direito*. Coimbra, Arménio Amado Editor, 1984.

MACHADO, Hugo de Brito. "A responsabilidade pessoal do agente público por danos ao contribuinte", in <hugomachado.adv.br>, acesso em 28.8.2003.

MEDEIROS, Rui. *Ensaio sobre a Responsabilidade Civil do Estado por Actos Legislativos*. Coimbra, Almedina, 1992.

MEIRELLES, Hely Lopes. *Direito Administrativo Brasileiro*. 25ª ed., São Paulo, Malheiros Editores, 2000.

MIRANDA, Jorge. *Manual de Direito Constitucional*. t. IV, Coimbra, Coimbra Editora, 2000.

MOREIRA, Egon Bockmann. *Processo Administrativo — Princípios Constitucionais e a Lei 9.784/1999*. São Paulo, Malheiros Editores, 2000.

OLIVEIRA, Fernando Andrade de. "Apontamentos sobre a responsabilidade patrimonial do Estado administrador", in *Estudos em Homenagem a Geraldo Ataliba*. v. 2, São Paulo, Malheiros Editores, 1997, pp. 360-402.

ORTEGA, Ricardo Rivero. *El Estado Vigilante*. Madri, Tecnos, 2000

PUENTE, Marcos Gómez. *La Inactividad de la Administración*. Madri, Aranzadi, 2000.

REBOLLO, Luís Martín. "Ayer y hoy de la responsabilidad patrimonial de la Administración: un balance y tres reflexiones", in *Revista de Ad-*

ministración Pública 150/317-371, set./dez. 1999.

RIVERO, Jean. *Direito Administrativo*. Coimbra, Almedina, 1981.

ROCHA, Cármen Lúcia Antunes. *Princípios Constitucionais da Administração Pública*. Belo Horizonte, Del Rey, 1994.

STOCO, Rui. *Tratado de Responsabilidade Civil*. São Paulo, Ed. RT, 2001.

VEDEL, Georges. *Derecho Administrativo*. Madri, Aguilar, 1980.

VIEIRA DE ANDRADE, José Carlos. "Panorama geral do Direito da Responsabilidade 'Civil' da Administração Pública em Portugal", in *La Responsabilidad Patrimonial de los Poderes Públicos*. Madri, Marcial Pons, 1999, pp. 39-58.

______ *A Justiça Administrativa*. Coimbra, Almedina, 2001.

______ *Os Direitos Fundamentais na Constituição Portuguesa de 1976*. Coimbra, Almedina, 2001.

A ADOÇÃO DO REFERENDO E DO PLEBISCITO ADMINISTRATIVO NA ADMINISTRAÇÃO PÚBLICA COMO MODO DE PREVENÇÃO E PARÂMETRO DE VALORAÇÃO NA SOLUÇÃO DE CONTROVÉRSIAS

FABIANA DE MENEZES SOARES

Professora Assistente de Teoria Geral do Direito na Universidade Federal de Viçosa — UFV Brasil.
Mestra em Direito Administrativo UFMG. Doutoranda em Filosofia do Direito UFMG.
Bolsista CAPES/PDEE junto ao *Dottorato di Ricerca "Metodi e Techniche di Formazione e Valutazione delle Leggi" Sezione di Diritto Costituzionale/DIPU — Universitá degli Studi di Genova* — Itália

I — O princípio fundamental da participação popular diante da globalização. II — A mudança do perfil do Estado diante da exigência de maior intervenção social na tomada de decisões e do desafio da mundialização. III — Modalidades de interlocução com o Poder Público: a utilização do plebiscito e referendo administrativos e a efetividade do princípio participativo. IV — O devido procedimento da consulta pública administrativa (plebiscito e referendo). V — Verificação do impacto das atuações administrativas e a necessidade de regulamentação do plebiscito e referendo administrativo como estratégia de prevenção de conflitos.

I — O princípio fundamental da participação popular diante da globalização

Diante dos paradigmas da mundialização e da tecnologia (sobretudo da informação) as demandas sociais ganharam espaço na agenda pública. Tais fatos forçaram o aparato estatal a construírem um novo modelo de interlocução com a sociedade através de grupos, associações e mesmo cidadãos atuando, diferente dos padrões tradicionais de clientelismo político.

A participação popular, compreendida como discurso restrito ao ideário dos movimentos sociais e dos partidos de "esquerda", passou como etapa histórica de consolidação democrática, a integrar as estratégias de gestão do executivo local e regional (esta em menor grau).

Inicialmente, esta prática ocorreu em conformidade com o costume administrativo forjado no seio das administrações públicas mais receptivas à interlocução (que tem como conteúdo das demandas sociais cujo sentido vai desde a infra-estrutura urbana à disciplina do meio ambiente) aberta com a sociedade.

Diante desta atração exercida pela participação popular frente às administrações públicas, houve a exigência da disciplina jurídica sobre a matéria de modo a formalizar todo o procedimento a ele inerente dotando-lhe de uma continuidade na prática administrativa.

Os cidadãos participantes da gestão pública, seja construindo ou aprovando políticas públicas dentro da própria Administração Pública (conselhos mistos), ou fora mediante a consulta pública vinculante provocam no Direito um profundo repensar sobre o sentido da *cidadania*.

Na cultura jurídica dos países latino-americanos, em fase de reconstrução democrática, a cidadania tem ainda um sentido normativo muito restrito identificado como capacidade eleitoral ativa e passiva. Tal concepção, porém, não se sustenta diante da diretriz participativa constante da sistemática constitucional das leis fundamentais latino-americanas surgidas ou reformadas na década de 1980 (no contexto de abertura política).

Em termos de sentido normativo informador da edição das normas de diversas hierarquias provenientes de toda atuação estatal, o exercício direto da soberania impôs uma matriz hermenêutica que elege a participação popular como princípio constitucional de onde deflui a decorrente *otimização*[1] do sentido de todas aquelas normas.

Assim, a noção da participação popular amplia-se seja por ganhar *status normativo* como princípio estruturante do Estado cuja manifestação fenomênica reside na sua adoção como modelo de gestão administrativa.

A descentralização do poder local na América Latina insere-se em estratégia de desenvolvimento nacional e deste modo, a participação popular na tomada de decisões (e, portanto, inserta na Administração Pública) merece uma especial atenção por parte do direito de integração.

II — A mudança do perfil do Estado diante da exigência de maior intervenção social na tomada de decisões e do desafio da mundialização

O despertar de uma consciência global que atinge os quatro cantos do planeta reclama, por parte do Estado, novas estratégias de comunicação com a sociedade. Certas necessidades públicas, dantes com uma dimensão inimaginável, perderam até mesmo vinculação temporal com uma dada sociedade, posto que atinentes ao próprio destino da raça humana, a saber: meio ambiente, planejamento urbano, energia, telecomunicações, consumo, biotecnologia, dentre outras.

A transformação sofrida pela sociedade, em decorrência da nova ordem mundial muda o seu *status* dando-lhe uma dimensão planetária.[2] O fenômeno de uma maior liberdade de imprensa, dos meios de comunicação em geral aliadas ao acesso a uma miríade de informações promovidas pela *Internet* aproximaram o cidadão do Estado, no sentido de que o mesmo tornou-se mais visível e, portanto, uma aproximação entre cidadãos e aparato público é hoje uma exigência também histórica.

A Administração Pública quando atua, obviamente, valora, decide acerca do conteúdo normativo concretizador dos fins do Estado Democrático de Direito através da melhoria da qualidade de vida, determinante do grau de dignidade da pessoa humana, direito fundamental. Por ter esta categoria normativa, esta norma constitucional determina um parâmetro de interpretação que se

1. Alexy, ao discutir sobre as regras de calibração para interpretação dos direitos fundamentais salienta o papel dos princípios como otimizadores do sentido das normas do tipo regras (*Teoría de los Derechos Fundamentales*, Madri, Centro de Estudios Constitucionales, 1993, p. 86).

2. Esta sociedade planetária encontra-se evidenciada por Luhmann e Di Giorgi, *Teoria della Società*, Milão, 1992, p. 48.

irradia sobre todo o sistema constitucional e infraconstitucional.[3]

O exercício da soberania se constrói mediante a representação, mas também através de estratégias que envolvam a tomada das decisões, diretamente pelos cidadãos seja sobre o conteúdo das leis, bem como de sua aplicação, *in casu*, na esfera administrativa.

Cada Estado através dos meios adotados pela sua comunidade local, regional e mesmo nacional dará um matiz próprio ao direito de participação sem que isto signifique um amesquinhamento desta revitalização do sentido do próprio Estado de Direito, no limiar do ano 2000 e sob o signo da informação compartilhada numa escala planetária.

O Estado encontra-se hodiernamente repensando o seu perfil diante do fato de que não é mais protagonista no jogo de forças interno, principalmente externo, por força da globalização que termina por impor às "ordens nacionais" comandos normativos efetivamente vinculantes.

Para que possa fazer jus à carga de poder e à legitimidade que lhe é imanente, efetivando a consecução de uma sociedade na qual a pessoa humana tenha voz e vez, isto é, que o monopólio da força que lhe é próprio se justifique dentro do binômio proporcionalidade/razoabilidade de atuação, a participação popular na gestão administrativa surge como elemento de redefinição do Estado.

A *vis attractiva* da participação popular é tão grande que aquela incorporação do modelo de gestão participativa é responsável por elevados índices de aprovação popular dos governos que a implementaram, permitindo aos administradores detentores de cargos eletivos prosseguirem o seu plano de administração além do seu mandato.[4]

O Estado eficiente é aquele que consegue efetivar políticas públicas responsáveis pelo desenvolvimento humano em *concertação* com a sociedade, numa relação em que não encontra do lado oposto, mas no mesmo sentido, eis o "Estado Inteligente".[5]

Tal fato demonstra ser a participação popular uma eficiente estratégia de construção de um modelo de gestão política a longo prazo, pois sua prática desperta na sociedade um sentimento de "comunidade", uma percepção da dimensão comum a todas as pessoas humanas, da construção de uma sociedade mais solidária, capaz de inovar nas suas atuações; não se acha mais nas mãos de um poder público onisciente, mas da compreensão real de que trata-se de um processo conjunto no qual concorrem aparato público e sociedade.

Sob o ponto de vista simbólico, tal percepção reveste-se de singular importância. É capaz de elucidar à comunidade que direitos fundamentais, a dignidade da pessoa humana condição para qualquer crescimento espiritual dos indivíduos, é algo que não pertence somente ao discurso normativo, à linguagem do direito, mas, ao cotidiano das pessoas.

Neste contexto, o perfil do Estado e sua relação com os cidadãos sofre um impacto visceral. Deve conciliar os fins que justificaram a sua própria concepção num mundo no qual noções como território, soberania, cidadania acham-se em processo de verdadeira mutação. A participação popular emerge como alternativa de aproximação entre Estado e cidadãos num momento

3. F. Müller, *Discours de la Méthode Juridique*, Paris, PUF, 1996, pp. 144-145.

4. Fabiana de Menezes Soares, *Direito Administrativo de Participação*, Belo Horizonte, Del Rey, 1996, p. 149, no qual analisamos os índices de aprovação popular de administrações públicas brasileiras que adotaram o modelo de gestão participativo, fosse por questões partidárias ou por opção política do administrador eleito.

5. Bernard Klicksberg, "Redéfinir le profil de l'État en vue des changements socio-économiques", *Revue Internationale des Sciences Administratives*, v. 60, n. 2, Bruxelas, 1994, pp. 215-222.

histórico de repensar também o conceito de "sociedade", uma sociedade multifacetada que divide interesses comuns (que, por sua vez, interagem com interesses de grupos e minorias).

O Direito que atua sobre e com esta sociedade passa também por um processo de mudança que comporta uma "redefinição do agir político e uma adequada modificação estrutural e operativo do sistema jurídico".[6]

III — Modalidades de interlocução com o Poder Público: a utilização do plebiscito e referendo administrativos como efetividade do princípio participativo

Dentro desta chave de reconstrução do sentido do Estado, sob o impacto tecnológico, evidencia-se um contexto no qual o monopólio do Estado no que se refere ao sistema de fontes do direito, não mais persiste frente à expansão das fontes do direito evidenciada na participação popular. Vale lembrar que o sentido da teoria das fontes foi engendrado dentro do Estado Liberal de matriz do *Civil Law*, e hoje a sociedade exige uma maior proximidade com o poder público, seja através de movimentos sociais não organizados, organizações não governamentais (ONGS) e mesmo por parte dos cidadãos dentro e fora dos conselhos internos da administração pública.

Assim, cabe ao direito dotar a participação popular de um "aparato jurídico" de modo a transformar o conteúdo das demandas das quais é portadora, em intervenção no conteúdo das políticas públicas de atuação estatal. Na esfera do conhecimento do direito, permite a aferição do valor de verdade de um enunciado jurídico (através da verificação de parâmetros de força institucional, aplicabilidade das normas e conseqüência relevante).[7] Sob o plano da teoria da norma, a participação popular efetiva a reconstrução sistemática do direito e a relevância prática de suas normas.

Porém, aquela participação popular que normativamente assume a forma do referendo e plebiscito administrativo ainda que conseqüência de juízos de aplicação do administrador público deve configurar-se em práticas juridicamente viáveis (que leve em consideração os postulados da moderna ciência da legislação) e que sejam mais do que a decoração normativa recorrente e presente no discurso político eleitoral.

A incorporação das modalidades de consulta pública como modelo de gestão e que no plano prático sejam verdadeiramente vinculantes para o poder público revelam-se em diferenciada e vivaz estratégia democrática por parte da Administração Pública.

A sociedade de informação desnudou o Estado, desmitificando-o de maneira que suas atividades acham-se mais visíveis aos cidadãos permitindo não só o controle das mesmas, bem como da formação de juízos de valor acerca das escolhas feitas, das que deveriam ser feitas. A discricionariedade tão decantada como poder da administração deve conformar-se ao *princípio da razoabilidade* que impõe a melhor escolha dos princípios em conflito no espaço de jogo (e que norteia a argumentação prática do administrador público), baseada na compatibilização, equilíbrio e coordenação aos fins da lei e da norma legal. Obviamente, o *princípio da razoabilidade* será maximizado se considerarmos a participação da so-

6. Francesco Belvisi, *Un Fondamento delle Costituzioni Democratiche Contemporanee? Ovvero: per una Costituzione senza Fondamento. Democrazia, Diritti, Costituzione — I Fondamenti Costituzionali delle Democrazie Contemporanee a cura di Gustavo Gozzi*, Bolonha, 1997, p. 266.

7. Pablo E. Navarro, *Enunciados Jurídicos y Proposiciones Normativas*, p. 16. Conforme palestra proferida na temática de seminário de discussão promovido pelo *Dipartimento di Filosofia del Diritto "Giovanni Tarello"*, Gênova, Digita, 1998.

ciedade no destino da administração pública que os rege.

As demandas sociais, conteúdo das intervenções da participação popular concebidas sob o influxo da necessidade/informação exigem por parte do Estado uma organização que permita a inserção da participação popular na sua rotina de trabalho.

Antes de adentrarmos em questões de natureza procedimental, cumpre salientar o papel que exerce o funcionário público diante da tarefa de externar (no sentido de abertura da Administração Pública) o processo de tomada de decisões, considerando que as decisões tomadas deverão ser emanadas da mesma administração. Este ponto é essencial ao adequado posicionamento do tema. As administrações públicas são tradicionalmente centralizadoras e refratárias a um contato mais íntimo com o cidadão. O desvio se deve a uma falta de noção da dimensão do serviço público, numa esfera macro, oriunda do modo pelo qual a própria Administração Pública se relaciona com os seus funcionários de modo burocratizada, sem espaço para a construção de um projeto conjunto de gestão democrática local, regional e nacional.

Diante da globalização uma gestão que exclua a razão de ser do próprio aparato administrativo, ou seja, os cidadãos, não é mais viável, nem justificável. O investimento em treinamento de funcionários públicos deve vislumbrar esta nova realidade, na qual a concertação surge como um dos discrímens da administração pública democrática sintonizada com a ordem mundial. O formalismo exacerbado deve ceder às práticas que garantam o efetivo conhecimento das atuações administrativas e de uma *co-gestão* cidadã que não seja meramente decorativa.

A democracia participativa no seio da administração pública depende também da capacitação que permita aos funcionários públicos efetivar o direito à informação e o acesso às atuações estatais concebidas como uma condição para a consecução de um projeto supranacional em prol da máxima eficácia dos direitos fundamentais.[8]

IV — O devido procedimento da consulta pública administrativa (plebiscito e referendo)

Diante do exposto anteriormente, tomamos como pressuposto a participação popular vinculante na tomada de decisões, no sentido de que o poder público deve dialogar com a comunidade se quer efetivar políticas públicas com o envolvimento da comunidade interessada.

Se falamos sobre a co-gestão, o pressuposto lógico é aquele que considera a participação cidadã dentro dos conselhos ou nos fóruns de consulta como emanação de vontade que vincula a administração pública. A consulta não deliberativa tem o papel de evidenciar um juízo de valor da sociedade sobre um determinado tema, mas esta não condiciona a atuação pública, como o que ocorre com o referendo e o plebiscito administrativos.

Estas formas de consulta distinguem-se uma da outra pelo momento no qual são realizadas: antes da definição da política pública ou após a definição da política pública a ser implementada. Muitas vezes a submissão de uma dada política ao referendo administrativo não significa que a mesma não tenha sido objeto de uma construção compartilhada. Por política pública deveremos compreender todo o plano de atuação da administração pública seja ele setorial, referente a uma área específica ou diretriz geral de atuação.

A presença de membros de vários segmentos da sociedade civil nos conselhos ad-

8. Conforme propugna a teoria concretista alemã forjada dentro da Corte Constitucional e que tem Konrad Hesse como o corifeu do movimento hermenêutico em prol da máxima efetividade dos direitos fundamentais.

ministrativos no interior dos mais variados órgãos é uma realidade. Encontram-se representados todos os envolvidos na situação de jogo[9] objeto da sua competência. Esta é uma medida bastante salutar que permite a aplicação sob o ponto de vista hermenêutico (já que a atuação administrativa é uma atividade de concreção normativa) vislumbrar a situação de construção da norma concreta sob o ângulo de todos os envolvidos na *situação de jogo*.

Além disso, evidencia-se um outro aspecto, a exigência do contraditório, princípio informador de todos os procedimentos do Estado que permite aos futuros destinatários das normas (ou no mínimo aqueles por elas atingidos), de interferir diretamente no seu conteúdo.

Não obstante a importância dos conselhos mistos, ainda que tenham suas competências de natureza deliberativa, os mesmos não possuem o grau de legitimidade dos processos de consulta pública, nos quais concorrem singularmente os cidadãos para a definição da atuação administrativa. Feita esta afirmação preliminar, evidencia-se que o pressuposto do plebiscito e do referendo administrativos tem obrigatoriamente natureza deliberativa cujo sentido deve contemplar o efetivo e eficiente exercício direto da soberania sob a modalidade de juízo de aplicação, leia-se atividade administrativa.

O contexto sob o qual devem ser entendidos estes instrumentos, dentro da magnitude, requerida pelo exercício direto da soberania significa que o procedimento, *iter* necessário à formação da decisão administrativa, exige, logicamente, a sua compreensão dentro de uma perspectiva de exercício direto do poder na esfera administrativa. Em termos práticos, o procedimento de consulta deve vislumbrar:

9. A situação de jogo é compreendida como a situação fática sobre a qual incidirá a atuação administrativa naturalmente complexa pela diversidade de interesses que congrega.

a) A possibilidade de sugestão de políticas públicas e que as mesmas sejam legitimadas pela adesão da mesma comunidade, ou seja, a iniciativa de provocar o plebiscito da decisão administrativa. Este é um modo de se introduzir a figura da iniciativa popular que também é modalidade de exercício direto da soberania.

b) Iniciativa de provocar o referendo em questões que envolvam meio ambiente, telecomunicações, energia, consumo e outras atinentes à realidade local, regional ou nacional cujos efeitos provoquem colisões de interesses dos sujeitos envolvidos, assegurados constitucionalmente ou por normas supranacionais integrantes dos ordenamentos jurídicos nacionais.

c) Adoção sistemática da prática de audiências públicas em temas complexos, com a presença inclusive de *experts* para o suporte técnico com o fim de garantir maior efetividade ao projeto de administração.

d) Garantia de acesso à informação referente à atividade administrativa e durante o processo de formação da decisão administrativa participada, aliada à publicização efetiva e não presumida das ditas informações inclusive por meios telemáticos.

e) Simplificação das práticas administrativas, de modo a aproximar o cidadão da Administração Pública, e na de afastá-lo, tamanhas são as exigências burocráticas dos procedimentos administrativos usualmente identificadas na tradição administrativa da América Latina (apesar de mudanças crescentes a partir da abertura política), caracterizadas pela lentidão, ausência de transparência, autoritarismo e corrupção.

f) Utilização de práticas de persuasão para a adesão às políticas públicas propostas através da edição de cartilhas explicativas, divulgação de estudos sobre o conteúdo das políticas públicas propostas, abertura de um canal direto de diálogo para com a Administração Pública. A estrutura organizacional administrativa deve resguardar uma função específica para esta interlocução "física", bem como permitir sua ocorrência no ciberespaço, ou seja, via Internet.

g) A positivação do procedimento do plebiscito e referendo administrativo, só assim a formação de uma cultura cidadã não ficará à mercê de um, ou outro governante "simpático" à gestão administrativa participativa.

IV.1 Dados da experiência participativa

As experiências de gestão administrativa mais consolidadas encontram-se na esfera local, ou seja, Município e comunas. Apesar da descentralização administrativa (seja proveniente de leis ordinárias ou mais refinada como a que ocorre nos Estados de sistema federativo), favorecer este tipo de gestão, os elementos identificadores do *locus* da participação popular está nas esferas locais nas quais identifica-se uma cultura do diálogo entre aparato público e cidadãos, somados ao sentimento de identidade ao projeto de desenvolvimento humano em busca de uma vida comunitária mais plena.

Um exemplo disso encontra-se nas comunas espanholas, onde o regime dos *concejos* e *cabildos abiertos* tem *status* constitucional revelando uma tradição secular de democracia direta.[10] No mais, a Lei n 30/1992 que regula o regime jurídico das administrações públicas e do procedimento administrativo comum, introduz normas refinadas tuteladoras do direito à informação e da audiência pública. Outros diplomas legais tratam da matéria, tais como, a Lei de regime do solo e ordenação urbana, Lei para a defesa de consumidores e usuários, Lei de ordenação das Telecomunicações.

Na França, ainda na vigência do antigo regime se realizam enquetes públicas em assuntos como desapropriação. Hoje as enquetes e o referendo consultivo integram a prática das mais de 38.000 comunas francesas. São obrigatórias consultas públicas vinculantes cujo conteúdo envolva segurança de prédios insalubres, tombamento, planejamento urbano (e todas as medidas que afetem de algum modo o patrimônio público), instalações nucleares, segurança nacional, dentre outras. Encontra-se na disciplina do planejamento urbano a partir de 1971 que evoluiu do direito de participar das reuniões públicas sobre o tema até os recursos incidentes sobre os planos apresentados, antes da vigência dos planejamentos.

Na Alemanha e Suíça a questão tem disciplina constitucional sendo a diversidade da sociedade suíça (sobretudo sob o plano lingüístico e que revela a identidade cultural dos vários grupos) o local onde a consulta pública tem o procedimento mais próximo do plebiscito (como o conhecemos hoje) desde o século passado.[11] Vale lembrar que a Lei de procedimento público alemã garante, desde 1976, o direito do cidadão ser ouvido previamente antes da tomada de decisão por parte da Administração Pública e foi também inspiradora da disciplina da matéria em Portugal contida no vigente Código do Procedimento Administrativo.

Nas Leis Orgânicas dos Municípios, da Venezuela (art. 14, 7); México (art. 29); Código Municipal da Guatemala (art. 88) disciplinam o exercício da democracia direta local. No Chile a participação popular evidencia-se na Lei Orgânica dos Governos Regionais, no Decreto 372/1994 e em especial encontra uma interessante Lei para desenvolvimento das Províncias de Arica y Parinacota, de 23 de outubro de 1995. Além disso, a chamada Red Comum — "Red Latinoamericana de Cooperación para

10. Este regime particular tem sua origem desde os antigos Municípios que surgiram na ocupação da Península Ibérica pelos romanos. A Lei Espanhola Reguladora das Bases do Regime Local (Lei 7/1993) como o próprio nome indica regulamenta o regime de democracia direta que no plano fático incide sobre Municípios pequenos com menor população.

11. Vale a pena recordar que foi através de um plebiscito que a Suíça optou por não ingressar na União Européia.

el desarollo municipal" congrega esforços no sentido reafirmar a descentralização e a democracia local. Com um banco de dados de experiências de gestão no Chile, América Latina, além de manter cooperação técnica com outras associações de Municípios do mundo, notadamente a canadense que há muito tecnicizou a gestão local com ênfase na descentralização e na participação popular na tomada de decisões.

Merece relevo a Lei 1.551, de 20 de abril de 1994, que regulou na Bolívia a participação popular. Trata-se de uma norma que regula especificamente a participação, ao contrário da regulamentação usual sobre o tema que se faz dentro do procedimento administrativo. Amplia o seu sentido ao incluir no rol dos agentes de participação, as comunidades indígenas, campesinas (em geral alijadas do processo sob o ponto de vista de instrumentalização jurídica) e urbanas colegando os sujeitos do processo a um modelo de descentralização que introduziu a noção de organização territorial de base que englobam poder público e várias comunidades distintas. Dota-lhes de poder de ação criando os recursos da *conta de participação*.

No Brasil, a participação popular nas administrações locais surgiu ainda na década de 1970 em Municípios do sul do país, como fenômeno detectado inicialmente no costume administrativo. Ganhou fôlego na década de 1980 após a promulgação da Constituição de 1988 que impôs a diretriz participativa como princípio estruturante do Estado brasileiro na medida em que determinou a modalidade de exercício direto da soberania. Municípios acima de 500 mil habitantes passaram a ser administrados em concertação com a comunidade, merecendo destaque as experiências das capitais do Paraná (Curitiba) e Minas Gerais (Belo Horizonte) que introduzindo práticas participativas no planejamento urbano as expandiram para a realização do *orçamento participativo* com base na definição das prioridades de atuação do poder público são decididas pela própria comunidade divididas em microrregiões.[12]

A utilização do *aparato telemático* para uma maior transparência e acesso do cidadão à Administração, inclusive com a utilização de documentos eletrônicos e de práticas administrativas que garantam a segurança dos seus dados, revela-se a nova fronteira de uma administração pública democrática diante da sociedade planetária. Neste particular, salientamos as experiências espanhola e italiana. A primeira com o *Projeto Ventanilla Única* (que se encontra desde 1997 na sua fase de consolidação) que integra as Administrações Públicas espanholas proporcionando uma aproximação do cidadão para facilitar-lhe o exercício de seus direitos.

A experiência italiana denominada RUPA (*Rete Unitaria della Pubblica Amministrazione*) é responsável por todo aparato informativo e de assessoramento da Administração Pública. Com o advento do D.lgs 39/1993 instituiu a Autoridade Informática na Administração Pública — AIPA[13] que incluiu nos seus projetos de ação no primeiro triênio 1995-1997 a criação deste sistema informativo único com o fim de implementar a transparência, democratizar o acesso do cidadão, criar uma interface en-

12. O modelo do procedimento participativo está se expandindo para o nível estadual, porém de forma ainda consultiva apesar de que no momento em que as audiências públicas ganham a agenda pública promovem um questionamento das escolhas feitas pela Administração Pública.

13. Cujas funções basilares são de normatizar todos os aspectos dos vários sistemas informativos públicos, verificação dos resultados, redação de pareceres em matéria informática, coordenação de projetos de desenvolvimento e gestão de sistemas informativos, compatibilização de contrastes operativos entre as administrações, intercâmbio com organismos comunitários e internacionais. Elaboração de diretrizes e planos de formação de pessoal apto a operar os sistemas informativos.

tre as várias atuações da Administração de modo a torná-la mais ágil e eficiente.[14]

Evidencia-se dentro da chave do devido procedimento de participação popular que deflui da análise das experiências administrativas, a necessidade de simplificar o acesso dos cidadãos à administração, normatizar a co-gestão administrativa de modo a dar continuidade do processo de formação da consciência cidadã e utilizar o arsenal telemático de modo a alcançar os cidadãos através da otimização da transparência[15] com vistas à celeridade e eficiência.

V — Verificação do impacto das atuações administrativas e a necessidade de regulamentação do plebiscito e referendo administrativo como estratégia de prevenção de conflitos

A moderna ciência da legislação introduziu na atividade do operador jurídico responsável pela formação dos comandos do Estado a preocupação acerca da qualidade das normas emanadas.

Sabemos que os ordenamentos jurídicos, principalmente, do sistema continental acham-se envoltos num verdadeiro *emaranhado normativo* que interfere na coerência do sistema. As antinomias são geradas por inadequação da espécie normativa portadora do comando estatal, por imprecisão no discurso normativo, na linguagem do direito; por inconstitucionalidades, por estar condenada à inoperatividade já que seus destinatários não dispõem de meios para aplicá-las.

Todos estes problemas que se situam na fase de elaboração da norma vêm atormentando os operadores jurídicos no sentido de chamar a atenção da ciência do direito para a questão da efetividade da norma e do relevante papel do *drafting normativo*. Deste modo, com as normas produzidas por processos participativos a situação não poderia ser diversa, na medida em que portam a concretização de um princípio fundamental.

As normas participadas também devem se sujeitar às normas para racionalização da produção de normas, tais como: oportunidade, construção lingüística e técnica jurídica, aspectos econômicos (custos e benefícios), efetividade (ou *esame di fattibilità*), bem como ao *juízo de consenso* (este último critério não possui uma aceitação uniforme).[16]

A observância destes critérios não tem ainda o seu devido lugar na disciplina legal das normas sobre produção normativa nos sistemas latino-americanos. De modo geral, verifica-se, quando muito, a edição dos manuais de redação parlamentar que não abordam o tema com a profundidade demandada. A adoção daqueles critérios quando da elaboração da norma permitirá a participação popular como princípio constitucional tenha condições de potencializar o seu sentido.

O *juízo de consenso* pode ser identificado na decisão participada, pois em razão do seu processo de formação, possui um

14. No Brasil apesar de não existir um planejamento específico de sistemas informativos para a Administração Pública como o espanhol e italiano, é já bastante comum por parte das administrações de todos os níveis a disponibilização de informações, serviços (até nos processos da esfera judicial), com a produção de documentos eletrônicos, via Internet. Na esfera federal a Lei 9.784, que regula o processo administrativo no âmbito da Administração Pública Federal, prevê no seu art. 31 a possibilidade da realização da consulta pública quando o assunto envolver interesse geral.

15. P. Costanzo, sustenta que a comunicação telemática permite uma ação em termos de controle sobre os governantes, contribui para a informação e educação cívica e política dos cidadãos. *Internet* (*Diritto Pubblico*), *Digesto*, IV ed., Turim, 2000, p. 358.

16. Karpen, conforme o relatório do Seminário da Associação Européia de Legislação (EAL), *Nomos*, 1996, p. 44.

grau de força vinculante prévio à sua integração formal ao ordenamento jurídico administrativo.

A *dimensão simbólica*[17] da participação revelada através das manifestações participativas, cuja ocorrência é verificada numa dada administração, forma uma "*pré-compreensão*"[18] cidadã que maximiza a efetividade das decisões administrativas, na medida em que constitui-se em regras de calibração na solução e prevenção de controvérsias entre comunidades que compartilham os mesmos interesses, que podem ter sentidos díspares, ainda que contingencialmente.

A solução das controvérsias deve ser compreendida além da possibilidade de solução definitiva de conflitos operada fora do aparato estatal (Poder Judiciário). Na verdade, deve vislumbrar estratégias inovadoras que permitam a solução de questões práticas, nas quais interesses juridicamente relevantes estão em choque, notadamente nos processos de integração, posto que atingem a própria noção de soberania, pano de fundo da temática participativa cuja dialética constrói-se no exercício direto daquela.

A participação popular é um exercício constante de identidade de uma comunidade porque no seu procedimento concorrem elementos responsáveis pela formação da tradição: a transformação da informação, o despertar da consciência para as questões fundamentais da existência humana que acabam por ser *universais*, porém estão por inúmeras vezes contextualizadas em situações conflitantes (que demandam um *juízo de consenso*) de onde decorre a necessidade do exercício da *tolerância*, tendão de Aquiles da democracia sob o paradigma da tecnologia. Vale lembrar que a tolerância é exigência de uma sociedade planetária, *plural*, em especial quando inserta em *processos de integração*.

Considerando os padrões de diferenciação entre os povos em termos de acesso globalizado às informações, bens, serviços e pessoas, as situações de conflitos tornam-se mais freqüentes. A solução das controvérsias dentro do Mercosul requer um maior envolvimento das suas comunidades num plano de desenvolvimento regional exigindo um esforço maior no momento da escolha das normas de interpretação adequadas.

O Tratado de Assunção, os acordos e seus protocolos, decisões do Conselho do Mercado Comum, das resoluções do Grupo do Mercado Comum e demais fontes erigem-se nos parâmetros de interpretação de controvérsias. O exame destas normas revela a existência da irradiação do princípio participativo no conteúdo de suas proposições.

A participação popular é coerente com o sentido que orienta a produção de normas no Mercosul, o seu discurso normativo, na sua função de revelar o direito explícito e implícito, evidencia o especial significado e valor do princípio participativo através de conceitos normativos, tais como: "consenso", "participação", "negociação", "negociação direta", "coordenação de políticas", "desenvolvimento econômico com justiça social".

O aprofundamento da discussão acerca do direito a participação no Mercosul é uma necessidade para a formação de uma identidade comunitária supranacional que

17. Esta dimensão simbólica da participação é de fundamental importância para o alargamento dos limites próprios dos processos de racionalização da produção de normas que, segundo Chevallier não podem eliminar os elementos de contingência e irracionalidade daqueles processos ("A racionalidade da produção jurídica", Lisboa, Legislação, INA, jan./mar. 1992, p. 22).

18. Este termo é bastante utilizado pela hermenêutica de matriz concretista, sua noção engloba a compreensão do "campo normativo" sobre o qual concorrem as normas aplicáveis. A análise do campo normativo exige a descrição exaustiva da situação fática sob o ângulo de todos os envolvidos, com a integração dos dados reais juridicamente pertinentes, bem como a forma de vida dos envolvidos na situação de jogo e os conceitos empíricos do "bem viver".

poderá atuar com eficiência, não só no momento da escolha da solução do conflito, mas na própria prevenção da controvérsia, viabilizando os fins que legitimaram o seu surgimento.

A utilização de instrumentos como referendo e plebiscitos com o sentido que aqui procuramos salientar, obedeceu à evidência de que tanto o fenômeno da participação quanto os processos de integração tomam a soberania sob novas perspectivas, daí que a participação é ínsita àqueles processos posto que ambos compartilham da mesma natureza.

Trabalho apresentado no IX Encuentro Internacional de Derecho de América del Sur, "Los Procesos de Integración en el Nuevo Milenio", La Paz, Bolívia, outubro de 2000.

GERALDO ATALIBA, JURISTA MAIOR E MESTRE DE VIDA*

CARLOS MÁRIO DA SILVA VELLOSO

Ministro e ex-Presidente do Supremo Tribunal Federal.
Professor Emérito da PUC/MG e da Universidade de Brasília, UnB.
Doutor *honoris causa* pela Universidade de Craiova, Romênia

1. Geraldo Ataliba publicista maior. 2. Geraldo Ataliba como pessoa humana.

Os municipalistas brasileiros vivem um grande momento. Há trinta anos, Pernambuco foi sede do 1º Congresso Nacional de Procuradores Municipais. Deu-se, ali, sob a inspiração de Geraldo Ataliba, o nascimento do Instituto Brasileiro de Direito Municipal, que Urbano Vitalino de Melo Filho, notável advogado, professor universitário de prestígio, a quem os advogados pernambucanos muito devem, pelas suas lutas em favor da classe, preside com dedicação, honra e lustre. Coincidentemente, este XXX Encontro Nacional de Procuradores Municipais, sob o patrocínio do referido Instituto, é também realizado na cidade do Recife, de memoráveis tradições, e que o poeta pernambucano Carlos Pena Filho celebrou em belo verso:

> No ponto onde o mar se extingue
> e as areias se levantam
> cavaram seus alicerces
> na surda sombra da terra
> e levantaram seus muros
> do frio sono das pedras.
> Depois armaram seus flancos:
> trinta bandeiras azuis
> plantadas no litoral.
> Hoje serena flutua,
> metade roubada ao mar,
> metade à imaginação,
> pois é do sonho dos homens
> que uma cidade se inventa.

Cresce de significado o Encontro, pois nele homenageia-se a memória de Geraldo Ataliba, que ensinava que o Estado brasileiro teve sua origem nos Municípios. A primeira Constituição brasileira, aliás, a Constituição Imperial de 1824, foi submetida, pelo Imperador Pedro I, após o fechamen-

* Discurso proferido na Conferência de Abertura do XXX Encontro Nacional de Procuradores Municipais, patrocinado pelo Instituto Brasileiro de Direito Municipal, na cidade do Recife/PE, no dia 25.7.2004.

to da Assembléia Nacional Constituinte, à aprovação da Câmara Municipal do Rio de Janeiro. Ataliba foi, na verdade, dos maiores municipalistas brasileiros. Quantas e tantas vezes, na defesa de teses municipalistas, no antigo Tribunal Federal de Recursos e no Supremo Tribunal Federal, do que dou testemunho, assumiu ele a tribuna. E o fazia sem nenhum ônus para os Municípios.

A homenagem, portanto, das mais merecidas e justas, convida-nos à reflexão sobre a sua vida e a sua obra.

Pedi a eminentes juristas que de perto conviveram com Ataliba, que fornecessem algo a respeito da sua personalidade e o que entendiam mais significativo em sua obra jurídica.

1. Geraldo Ataliba publicista maior

Quando de seu falecimento, escrevi e publiquei, na *Folha de S. Paulo*, em 19 de novembro de 1995, artigo lembrando sua vida e sua obra. Geraldo foi notável republicano. Iniciei o artigo registrando e recordando que "ao cair da tarde do dia 15 de novembro, quando os brasileiros comemoravam a proclamação da República, morreu Geraldo Ataliba, o moderno doutrinador dos princípios republicanos, autor de *República e Constituição*, livro que Osíris de Azevedo Lopes Filho (...) classificou de 'marco na formação do Estado Democrático de Direito'". Acrescentei: "Tal como ocorreu com Tancredo Neves, que pregava a liberdade e que morreu no dia 21 de abril, dia consagrado a Tiradentes, a morte de Ataliba lembra a advertência de Shakespeare, posta na boca do príncipe Hamlet, de que há, entre o céu e a terra, mais coisas do que pode perceber a nossa vã filosofia".

Geraldo Ataliba, registrei, "deu grandeza a tudo que fez. Jurista, escreveu centenas de pareceres e 12 livros de doutrina, de leitura obrigatória. Professor, ninguém o excedeu nas cátedras que conquistou em memoráveis concursos, na PUC/SP e na USP. Mestre de gerações e gerações, deixa um mundo de discípulos nos tribunais, nas academias e nos institutos. Ele foi o líder da escola paulista de direito tributário. Notável conferencista, com Celso Antônio, seu amigo desde a escola primária, inovou na tribuna: jamais uma conferência pode ser lida e o conferencista deve se comunicar intensamente com o público. Sua palavra prendia, encantava, eletrizava. Foi assim no Brasil todo, na maioria dos países americanos, em Portugal, na Espanha, na Itália e na França".

Na mesma *Folha*, três dias depois, Luiz Carlos Bresser Pereira, então Ministro da Administração e Reforma do Estado, declarou que o meu artigo constituía-se numa "justa homenagem a um amigo que, além de jurista ilustre, foi um homem público da melhor qualidade. Um homem indignado com a injustiça, entusiasmado com a vida". E concluiu, depois de considerações outras, afirmando que "a morte prematura de Geraldo Ataliba foi uma perda para o Brasil" (*Folha de S. Paulo*, 22.11.1995).

Notáveis juristas, sob a coordenação de Celso Antônio Bandeira de Mello, escreveram trabalhos de doutrina e editaram, em homenagem a Geraldo Ataliba, obra em dois volumes — *Estudos em Homenagem a Geraldo Ataliba*, v. I — "Direito Tributário"; v. II — "Direito Administrativo e Constitucional" (São Paulo, Malheiros Editores, 1997). Celso Antônio, na apresentação dos *Estudos*, registrou que o livro "é um preito de reconhecimento e homenagem à memória deste que foi um dos maiores publicistas brasileiros de todos os tempos". "Como doutrinador", escreveu Celso Antônio, "desbravou novos caminhos, extirpou preconceitos, afrontou idéias tradicionais que careciam de fundamentos resistentes e firmou orientações rigorosamente científicas. Daí haver-nos legado preciosidades, quais, *exempli gratia*, dentre tantas outras obras magníficas, sua *Hipótese de Incidência Tributária*, seu *Sistema Constitucional Tributário*, *República e Constituição* e os pareceres notáveis". Celso Antônio deu testemunho, em seguida, que Geraldo Ataliba como professor fez escola e, como conferencista, "disseminou no Brasil — e espargiu tantas vezes no exterior — a grandeza de sua sabedoria". E foi ele, anotou Celso Antônio, "promotor do desenvolvimento do estudo jurídico", que criou revistas jurídicas, como a *Revista de Direito Público*, que fundou e dirigiu do n. 1 ao n. 100.

Falando da obra jurídica de Ataliba, José Souto Maior Borges, em correspondência a mim dirigida, enfatiza que "a contribuição mais importante desse nosso amigo comum foi a valorização dos estudos constitucionais no âmbito do Direito Tributário". No "À guisa de Prefácio", do precioso livro de Ataliba, *Hipótese de Incidência Tributária*, consignou José Souto Maior Borges que "o progresso que decorre dessa monografia básica está representado pela distinção conceitual entre a hipótese de incidência do tributo e o fato material concretamente ocorrido em correspondência com o desenho legalmente traçado. A hipótese de incidência normativa é, na insuperada conceituação de Hensel, como que uma imagem abstrata do concreto estado de coisas. Mas, para Ataliba, o pressuposto normativo não se identifica nem se confunde com o por ele denominado 'fato imponível', que não tem outro significado, senão o que corresponde ao tradicional fato jurídico no campo tributário".

Sacha Calmon Navarro Coelho, em carta a mim enviada, assinalou que Ataliba, "no plano científico, era rigoroso. Queria porque queria limitar na Constituição a proliferação de 'contribuições especiais', hoje, verdadeiramente, uma catástrofe jurídica. Neste ponto foi profético. Ele insistia que qualquer contribuição deveria ser sinalagmática ou não passaria de um imposto disfarçado. A teoria finalística nunca o seduziu porque se bastasse alardear um fim — e ao Estado não faltam fins — estaria legitimado o arbítrio legislativo. É o que está a ocorrer. Acho notável este texto dele, *in verbis*:

"'Pode-se dizer que — da noção financeira de contribuição — é universal o asserto no sentido de que se trata de tributo diferente do imposto e da taxa e que, por outro lado, de seus princípios informadores, fica sendo mais importante o que afasta, de um lado, a capacidade contributiva (salvo a adoção da h.i. típica e exclusiva de imposto) e, doutro, a estrita remunerabilidade ou comutatividade, relativamente à atuação estatal (traço típico da taxa).

"'Outro traço essencial da figura da contribuição, que parece ser encampado — pela universalidade de seu reconhecimento e pela sua importância, na configuração da entidade — está na circunstância de relacionar-se com uma especial despesa, ou especial vantagem referidas aos seus sujeitos passivos (contribuintes). Daí as designações doutrinárias *special assessment*, *contributo speciale*, *tributo speciale*, etc.

"'Em outras palavras, se o imposto é informado pelo princípio da capacidade contributiva e a taxa informada pelo princípio da remuneração, as contribuições serão informadas por princípio diverso. Melhor se compreende isto, quando se considera que é da própria noção de contribuição — tal como universalmente entendida — que os sujeitos passivos serão pessoas cuja situação jurídica tenha relação, direta ou indireta, com uma despesa especial, a elas respeitantes, ou alguém que receba da ação estatal um reflexo que possa ser qualificado como 'especial' (na preciosa obra *Las Contribuciones Especiales en España*, Ed. Instituto de Estudios Fiscales, 1975, Madrid — a Dra. Manuela Varga H. arrola autores clássicos que sublinham o cunho especial dos tributos designados contribuições)'" (*Hipótese de Incidência Tributária*, 5ª ed., Malheiros Editores, 1980, p. 171).

Misabel Derzi, que foi discípula querida de Geraldo Ataliba, acentua que "é verdade que a obra deixada por Geraldo Ataliba foi notável e ainda inspirará, por gerações sucessivas, juristas e juízes", não tendo existido, "dentre nós, quem tivesse comportamento mais científico do que Geraldo Ataliba. Cientificamente rigoroso, exigente, prezava ele, profundamente, a herança cultural que recebera e não se cansava de louvar os acertos do passado em Rui Barbosa, Rubens Gomes de Souza e Aliomar Baleeiro".

Paulo de Barros Carvalho, depois de mencionar que Ataliba "esteve ao nosso lado, caminhou junto de nós", anota que construiu ele "uma carreira jurídica produtiva, edificante e fecunda", deixando "obra respeitabilíssima, marcada por posições bem claras e incisivas, cheias de talento e criatividade". Mais: "conhecedor de Teoria Geral do Direito, pensou o Direito Tributário a partir de premissas de Direito Constitucional, matéria que sempre o apaixonou. Mas transitou com naturalidade também pelo Direito Administrativo, perfazendo uma conjunção de setores que lhe permitiu arroubos substanciosos, para extrair teses que surpreenderam pela originalidade, pela autenticidade e pela consistência com que foram apresentadas, inovando nos três ramos do Direito Público".

Roque Antonio Carrazza, em discurso proferido sobre a pessoa e a obra de Geraldo Ataliba, depois de afirmar que este "tornou-se dono de uma obra admirável, que inclui doze livros (alguns como seu monumental *Hipótese de Incidência Tributária*, traduzido para vários idiomas)", "centenas de artigos e pareceres", acrescentou: "demais disso, Geraldo Ataliba foi, sem dúvida, o grande responsável pela transformação do Direito Tributário (antes um amontoado de noções econômicas, financeiras e pseudo-jurídicas) num 'ramo' de primeira grandeza do Direito. Deu-lhe dignidade constitucional. Fez com o Direito Tributário o mesmo que Michelangelo com aquele desprezado bloco de mármore, do qual retirou seu monumental David: de uma força comunicativa estonteante, de uma beleza ímpar, diante do qual os 'Davids' precedentes transformaram-se, da noite para o dia, em toscos bonecos". E "Geraldo Ataliba foi, ainda, um Chefe de Escola, na acepção mais lídima do termo. Soube conduzir homens. E a todos amparar com generosidade".

Roberto Rosas, que conviveu com Geraldo Ataliba "nas variadas atividades de sua diária atuação", advogado, professor, editor, divulgador cultural, acentua "o seu fervor universitário. Se Aliomar Baleeiro e Rubens Gomes de Souza plantaram as raízes do Direito Tributário brasileiro, Ataliba deu crescimento, aumentou o seu estudo, criou escola, formou notáveis tributaristas. Na PUC/SP criou o Curso de Especialização em Direito Tributário", "com a participação de Rubens Gomes de Souza, Souto Maior, Paulo de Barros Carvalho, dentre outros grandes preletores. Fazia os cursos e os divulgava com carinho e orgulho. Nos Seminários, aos sábados, o enorme auditório participava intensamente, e depois dividia-se em 10 grupos, com 22 participantes. Só Ataliba tinha fôlego para tal".

Luís Roberto Barroso, constitucionalista de escol, anota que "Geraldo foi uma das lideranças da reconstrução do direito público brasileiro. Seu livro, *Hipótese de Incidência Tributária*, cuja primeira edição é de 1973, marcado pela contribuição original e pelo rigor científico, reconduziu o direito tributário aos conceitos fundamentais da teoria geral do direito, como bem observou o professor Souto Maior Borges. Outro texto clássico que produziu foi 'Constituição e República', de 1985. Geraldo foi um precursor no reconhecimento de destaque aos princípios na interpretação constitucional e na luta pela efetividade da Constituição".

É de Aires F. Barreto, que escreveu, em parceria com Geraldo Ataliba, pareceres jurídicos, este depoimento: "Geraldo Ataliba foi um grande mestre do Direito e não apenas um professor. Como mestre, tinha muitos discípulos e não meros alunos. Como verdadeiro mestre não se encastelava no topo, na cômoda posição *ex catedra*; pelo contrário, tratava os discípulos como iguais, admitindo a formulação de dúvidas e até mesmo de contestações; sobre estas, meditava e, muitas vezes, acatava-as sem ver nisso arranhão à sua qualidade de mestre. Por isso, era admirado e respeitado".

Sérgio Ferraz aponta que "o jurista Geraldo foi, por certo, um inovador e um divulgador de tudo quanto de novo surgia, no tema que abordasse. Coube-lhe, ademais, a primazia em outorgar ao direito tributário brasileiro a dignidade constitucional que sempre esteve a reclamar — mas que só ele amplamente explicitou".

Ives Gandra da Silva Martins, em artigo que publicou, depois de afirmar que "Geraldo Ataliba foi uma das maiores expressões do mundo jurídico pátrio", "jurista voltado fundamentalmente à reflexão do Direito Público", acrescentou: "Embora sensível a outros ramos das ciências sociais, procurou escoimar sua meditação da Ciência do Direito de todos os elementos pré e meta jurídicos, por entender ser sua fenomenologia apenas possível de captação sem o instrumento lingüístico e técnico das outras vertentes da realidade social meditada, como a Economia, a Sociologia, a Política e a Filosofia. O rigor da adoção do positivismo jurídico em suas lições, principalmente aquele hospedado pelos escritos de Kelsen em parte de sua vida, fê-lo, muitas vezes, ácido crítico do direito posto no Brasil, ao qual atribuía veiculação pouco técnica, jamais tendo aceito, à luz do princípio federativo, fosse o Código Tributário Nacional legislação nacional. Via-o como diploma federal, de cumprimento não-obrigatório pelas outras unidades da Federação".

Geraldo Ataliba, nos seus livros, artigos, pareceres, conferências, ressaltava a importância da segurança jurídica para se ter um país respeitado, segurança jurídica que advém da reverência à Constituição como matriz da ordem jurídica. Em carta que me dirigiu, em 1991, escreveu:

"Nós precisamos de capitais estrangeiros. A nossa poupança é insuficiente para promover o nosso desenvolvimento e criar empregos aqui.

"Está nas tuas mãos, ao lado dos demais juízes do tribunal constitucional — mais do que quaisquer outros cidadãos brasileiros — criar o clima de segurança jurídica. E este clima só se cria com um rigoroso e religioso respeito à Constituição, ainda que à custa de trágicas conseqüências, que aliás não advirão, porque — no instante em que o governo souber que terá que acatar a Constituição — ele vai começar a comportar-se adequadamente, e nós não viveremos mais essas perplexidades. Assim, no futuro, vai ser restaurado o clima de segurança jurídica. E quem garante (e restaura) esse clima é o Judiciário."

Acrescentou:

"O que faz um país civilizado não é o Executivo, nem o Legislativo. Estes impulsionam o país, animam-no, fixam diretrizes sociais, políticas e econômicas. Tudo isso, porém, só será eficaz se se der a pré-condição existente, por exemplo, na Inglaterra, Estados Unidos, Alemanha: um Judiciário que dê absoluta garantia de que as pautas constitucionais não serão violadas. Haverá segurança jurídica."

Geraldo tinha verdadeira obsessão pela segurança jurídica. Sustentava que esta é a base do desenvolvimento econômico do país e que o Judiciário é o garante dessa segurança. O respeito e a importância que Geraldo depositava no Judiciário — um Judiciário forte, com juizes imparciais, independentes — era muito grande.

Em outra carta, voltou Ataliba ao tema:

"Sem segurança jurídica, não adianta ter clima, terras, subsolos e gente boa. Basta comparar o Japão, Alemanha, Suíça, Inglaterra, etc. com o Brasil, (...).

"Ora, para chegarmos a isso, cada um de nós, juristas, deve, diariamente, trazer um tijolo para a construção deste país, com a solidez normativa que gera a segurança jurídica. De minha parte, cada aula, cada conferência, cada petição, cada parecer, cada sustentação e até cada palpite em conversas informais sempre esteve carregado desse ideal, desse desejo, dessa visão."

E concluiu Geraldo Ataliba:

"Os juristas, teus admiradores espalhados pelo país, te admiram porque você é um juiz da Suprema Corte que não tem o centro de suas preocupações em ser precioso no tratar as questiúnculas, nem perfeito ao despachar os recursos, ou esmerado no argumentar em todos os casos. Não! Querem — e nisso te admiram — (o Brasil precisa urgentemente disso) visão global, grandeza de espírito, firmeza nos princípios, espírito de luta em prol dos valores básicos da Constituição e sensibilidade para as mudanças que o Texto de 1988 trouxe. Mas, tudo isso requer desassombro e coragem, para lutar, sofrer críticas, vencer desafios (tudo isso tinha, em generosa abundância, Baleeiro) como você, com o mandado de injunção e outras teses modernas e arejadas!"

Alguns homens são bons. Contentam-se em ser bons. Outros, que também são bons, esmeram-se na prática da bondade. O mesmo ocorre com alguns juristas, que contentam-se em ser bons juristas; outros, não se satisfazem em ser apenas bons juristas, eles são ativistas do direito, ativistas da justiça, são estes que constroem a história do direito e tornam realidade a justiça.

Assim foi Geraldo Ataliba.

Muito mais poderia ser dito relativamente ao jurista, ao advogado, ao professor, ao conferencista, ao escritor, que, no Supremo Tribunal Federal, é de invocação obrigatória nos julgamentos que versam questões constitucionais tributárias. Fiquemos, entretanto, por aqui, porque seria imperdoável se não falássemos, também, do homem Geraldo Ataliba.

2. *Geraldo Ataliba como pessoa humana*

A personalidade de Geraldo Ataliba, a sua "invulgar personalidade polifacética", segundo Celso Antônio, impunha-se nos diversos campos da vida. Chefe de família exemplar, pai extremoso, a carta póstuma que o seu filho mais velho, Fernando, lhe dirigiu, demonstra o quanto Geraldo foi importante para sua família. "Lendo-a", disse Celso Antônio, seu amigo de infância, "percebe-se que nem sempre a grandeza da montanha é melhor vista de longe". A carta de Fernando é comovedora: "nos fins de semana, na fazenda, meu pai lia e escrevia, sempre, na beira da piscina. Talvez para aproximar-se dos filhos meu pai comprou um jipe 52 para passearmos pela região. Sempre com o jipe cheio de filhos e sobrinhos, meu pai saía para visitar fazendas e vilarejos. (...) Uma das primeiras lições de meu pai que me lembro foi: 'nunca desejar mal a ninguém'. (...) era um homem bom. Gostava de ajudar os outros como forma de agradecer a Deus pelo que ele havia conseguido na vida. (...) as melhores lembranças que tenho da fase mais recente de convivência foram as viagens natalinas que ele e minha mãe resolveram promover nos últimos anos. Minha mãe, meu pai, meus irmãos e eu passamos Natais inesquecíveis juntos. (...) Viveu intensamente. Seu coração não agüentou. (...) Minha dor é minha suprema homenagem. Apesar de sentir-me muito pequeno perto do meu pai, meu sofrimento é tão grande quanto ele. Meu sofrimento é o reconhecimento máximo de sua vitória como pai, amigo, professor e ser humano. Meu sofrimento é tão grande quanto a falta que ele faz".

A carta do Fernando eu a li várias vezes, com lágrimas nos olhos. Recentemente, recebemos, Ângela e eu, um lindo cartão da Anna, que foi sua grande companheira. Anna encaminhou-me carta que dirigi ao Geraldo, agradecendo a sua mensagem quando assumi a diretoria da Faculdade de Direito da PUC/MG, e que ele guardava com carinho. Anna concluiu o seu cartão: "quantos anos se passaram, e a saudade dele é cada vez mais intensa".

Destaco, das muitas cartas que recebi do Geraldo, este trecho: "Aos meus filhos não quero deixar coisas materiais, riquezas (que tudo isso se perde, é precário e enganoso). Quero contribuir para deixar instituições sólidas e duradouras, para que eles, com seu trabalho, construam um país feliz, onde não haja tanta miséria e desigualdade".

Em carta de julho de 1990, Geraldo, depois de comentar voto meu proferido na ADI 447 (pedágio federal), acrescentou:

"Creia que na idade em que estou só tenho uma ambição: contribuir para que teus filhos e meus sobrinhos e teus sobrinhos e meus filhos vivam em um país civilizado."

Os sobrinhos de Geraldo são os meus filhos; e os meus sobrinhos os filhos do Geraldo. É que Geraldo e eu nos considerávamos irmãos na estima e nos ideais.

No artigo que escrevi sobre o Geraldo, em seguida ao seu falecimento, anotei que ele viveu intensamente. Foi grande em tudo que fez. Mas isso foi possível, porque Geraldo Ataliba tinha tranqüilidade na sua base, na sua família. Ele muito amava sua mulher, Anna, esposa, amiga, companheira; os seus filhos, Fernando, Eduardo e Mariana, e o seu último amor, a sua netinha Marina — que os netos constituem o último amor de um homem e de uma mulher. Após o seu falecimento, vieram novos netos. Registro a presença, nesta solenidade, de Manuela e Bruno, filhos de Mariana e Marcos. Manuela, linda menina, parece muito com o Geraldo. Desta tribuna, cravo os olhos no seu rosto: o seu sorriso brejeiro, os seus olhos vivos, críticos, retratam o avô.

Geraldo Ataliba ostentava personalidade invulgar.

Francisco Rezek, que foi Ministro do Supremo Tribunal Federal e é Juiz da Corte Internacional da Haia, mandou-me a sua reflexão "sobre o amigo que nos foi tirado tão cedo e injustamente". Disse Rezek: "inverte-se, no caso de Geraldo Ataliba, o elogio usual: ele não era um homem do seu tempo. Era do futuro no arejamento imaculado das idéias, na audácia — e tantas vezes na extravagância — das propostas, na concepção pós-moderna do contrato social. E era do passado: tinha as obstinações e as lealdades de um cavaleiro medieval".

Rezek tem razão. Ataliba, um cavaleiro medieval nas obstinações e lealdades, tinha visão do futuro. Adilson de Abreu Dallari salienta que tinha ele "os pés no chão e olhos no futuro", com "aguda percepção da realidade vigente e uma incrível capacidade para identificar tendências, ciente de que as instituições e as leis estão em constante evolução". Articulou e promoveu o "Seminário sobre Iniciativa Privada e Serviços Públicos", em Curitiba, de 7 a 9 de dezembro de 1990, "com a participação de especialistas, do Brasil e do exterior, cujas manifestações e conclusões estão publicadas no volume 98 da *Revista de Direito Público*".

Acrescentou Adilson Dallari:

"Tendo uma clara noção de que o modelo estatizante e burocrático então vigente estava superado e de que o Estado tinha exaurido sua capacidade de investimento, percebendo que a restauração do estado de direito, agora com forte conotação social, certamente exigiria uma redefinição das funções públicas, com uma acentuada presença do setor privado, Geraldo Ataliba se preocupou em buscar novas formas de atuação governamental, que assegurassem, ao mesmo tempo, o respeito aos direitos e garantias fundamentais do cidadão e da coletividade, a eficiência no desempenho das atividades administrativas e a segurança jurídica para os investidores privados.

"Assuntos que somente mais tarde vieram ser disciplinados pela legislação e que ainda atualmente estão em debate, foram objeto de profundas discussões naquele certame. Como exemplo, podem ser relacionados alguns temas: a restauração das concessões de serviços e obras públicas, a privatização de empresas estatais e atividades administrativas (inclusive presídios), a participação dos fundos de pensão nesse processo, as desapropriações urbanísticas (com o pagamento das indenizações feito por particulares, que poderiam vender as áreas reurbanizadas), o solo criado, a reciclagem do lixo, a viabilidade da cobrança de contribuição de melhoria, o controle de economicidade nas licitações e contratos, a arbitragem na solução de conflitos envolvendo a prestação de serviços públicos, o pagamento de obras públicas somente após a entrega (que se assemelha ao que atualmente é designado como PPP — parceria público privada), o planejamento e a responsabilidade fiscal etc."

Regis Fernandes de Oliveira, que conheci na residência de Ataliba, nos fornece o seu testemunho: "Ataliba está aqui, vivinho em seus filhos, sua mulher, seu amigos e sua obra (...). Ataliba é cláusula pétrea da vida. (...) O homem é irrequieto, tempestuoso. A convivência com ele é tensão diária. Tudo é questionável. Dialética o dia todo. O direito não é questão fechada. É semanticamente dimensionado para uma realidade. (...) Revolucionário. Vulcânico. Está sempre pensando. Seu espírito não repousa jamais. Guerreiro de muitas batalhas. (...) Quando subirmos todos, lá estará o Geraldo lecionando tributário, amizade, ternura e discutindo direito, brigando pelas prerrogativas do povo, como fez na sua república ideal. Estará ensinando aos santos e anjos que devem instruir os governantes a efetuar uma sábia distribuição de recursos, para amenizar as dores dos brasileiros. Estará fazendo lá, o que sempre fez aqui: pregando coerência, lucidez e brigando pelo direito dos humildes".

"Geraldo Ataliba foi", escreve Roque Antonio Carrazza, "além de tudo, um homem de princípios, de posições definidas, que, pela força irradiante de suas qualidades, era por todos respeitado (até por aqueles que, eventualmente, não partilhavam de suas idéias), homens como ele são raros. Com efeito, Geraldo Ataliba estava entre os que não desertam, entre os que não renunciam, entre os que não capitulam, entre os que não se mascaram, entre os que não se degradam. Geraldo Ataliba estava, enfim, com a Verdade. Com a Verdade que liberta, segundo a palavra eterna de Cristo. E porque estava com a Verdade, não se importava se alguma vez corria o risco de ficar só". Referindo-se ao Geraldo Reitor da PUC, de 1973 a 1976, acrescentou Carrazza: "Eu me lembro muito bem. Naqueles dias amordaçados, os jovens e os intelectuais de todo o País viam na PUC de São Paulo uma tábua de salvação. Um oásis abençoado. Por isso, acudiam em massa à Instituição. Vinham de todos os rincões do País; das lutas contra a repressão; dos comícios clandestinos; das células da liberdade; das barricadas do sonho. Eram tempos de turbulência. (...) E é aí que entra a figura maiúscula de Geraldo Ataliba. Ao invés de colaborar, de ser conivente com as autoridades, sonegava-lhes informações e, arriscando a própria liberdade, avisava os procurados e perseguidos, para que se pusessem a salvo. Mais: corajosamente exigia que os agentes da repressão respeitassem, por mínimo que fosse, a dignidade da pessoa humana".

Michel Temer conviveu na cátedra, na advocacia e na política com Ataliba. Registra ele que a obra de Geraldo Ataliba retrata o seu entusiasmo pela vida. "Amigo dos amigos, agregador, reunia pessoas em torno de si tanto para as atividades profissionais como para as sociais. Criou institutos de estudos, revistas jurídicas, escreveu livros e artigos de doutrina e patrocinou a formação de advogados, juízes e juristas que hoje pontificam na advocacia, nos tribunais e no magistério".

Antônio Carlos Mendes, que com Geraldo conviveu na academia e na advocacia, afirma que "O Ataliba era um 'furacão intelectual'. (...) Tinha extrema dedicação com os seus amigos. (...) O Ataliba era mais que um amigo, era o nosso irmão mais velho. (...) Era implacável com seus adversários (o Ataliba não tinha inimigos). Porém generoso e tolerante com os seus amigos e discípulos. (...) tínhamos algumas divergências doutrinárias. (...) Ele não tinha defeitos, só virtudes".

Wander Tanure, advogado, velho servidor da Justiça Federal de Minas, revela que o traço da personalidade de Geraldo que mais admirava era a coragem, coragem para enfrentar os fortes e ceder aos fracos. Coragem no ser bravo com os poderosos e manso com os humildes.

Os depoimentos, os testemunhos, as declarações não ficam aí. Sérgio Ferraz declara que "Geraldo foi um homem de tão multifacetada personalidade, que até se torna difícil uma escolha de certo aspecto para destacar. (...) O homem Geraldo foi, sem dúvida, o amigo mais generoso que alguém pode desejar encontrar na vida. E, como amigo, notabilizavam-no sua irrestrita entrega aos alvos de sua amizade e sua lealdade sem par. Para tanto, magnânimas eram sua paciência e sua afabilidade, total seu desprendimento na doação de suas disponibilidades de tempo e atenções, incondicional sua dedicação aos amigos. (...) Quanta saudade sua prematura partida nos causa. Até creio que certos desencontros, ocorridos no seio da plêiade de amigos que em torno dele gravitavam, por certo não teriam acontecido, estivesse ele ainda entre nós".

Lúcia Valle Figueiredo, invocando José Arthur Lima Gonçalves, co-autor, com Geraldo, de vários trabalhos jurídicos — artigos e pareceres — informa que o nosso homenageado caracterizava-se por ser "amigo incondicional, incentivador dos estudiosos e professores mais jovens, a quem dava 'espaço'. Humildade intelectual, se reconhecesse seu erro, voltava atrás. Além disso, era caridoso. Sem falar, ajudava *n* pobres e instituições". Depois de contar o quanto Geraldo foi importante para ela no magistério e na magistratura, incentivando-a, ajudando-a, acrescentou Lúcia que Ataliba "era, é verdade, bastante voluntarioso. As coisas com ele não poderiam ter certa relatividade, pois, ou se estava de seu lado ou do lado oposto. Um pouco do 'ame-o ou deixe-o'. Os intelectuais mais próximos tinham receio de lhe desagradar e, ainda que a duras penas, tinham coragem para não esmorecer e manter suas convicções. Tive a oportunidade de registrar que, além da falta que fez a todos nós, sem dúvida, também, fez muita falta às pessoas já não tão idealistas ou corajosas que, com ele por perto, 'não ousavam' esmorecer ou fraquejar, pois seu modelo era muito forte".

Luís Roberto Barroso assinala que "Geraldo Ataliba era uma figura diferenciada, verdadeiramente singular no universo jurídico. Em uma área de conhecimento dominada, muitas vezes, por categorias formais, pelo distanciamento crítico e por uma crença vã no poder absoluto da razão, destacava-se pela paixão e pelo arrebatamento com que afirmava suas convicções. Era um homem dedicado às idéias, às instituições e às pessoas. Seu carisma e energia o transformavam em um animador cultural do direito, contagiando jovens e veteranos com seu entusiasmo".

Consignou mais Luís Roberto Barroso:

"Havia uma outra faceta notável em sua personalidade. Geraldo elegia as pessoas que desejava prestigiar e às quais emprestava o brilho do seu próprio talento. Ajudava-as de maneira empenhada a alçarem o próprio vôo e — virtude suprema — tinha prazer em celebrar o sucesso alheio. Fui pessoalmente beneficiário de sua amizade generosa, desinteressada e construtiva, que me abriu portas na academia e em eventos de expressão. Geraldo Ataliba faz falta aos amigos, ao Direito e ao País."

Paulo de Barros Carvalho, professor titular da USP e da PUC/SP, depõe sobre a personalidade de Ataliba: "Dotado de um sentimento de família bem definido, trazia sempre consigo um punhado de observações de cunho ético, que entendia inseparáveis da atividade regular do trabalho profissional (...) poucas são as pessoas que mexem nas circunstâncias, manipulam os acontecimentos em arranjos que realizem de certo modo seus desígnios. (...) Geraldo Ataliba, no seu particularíssimo modo de ser, sabia como poucos por o dedo na linha dos acontecimentos, para modificá-los, retificálos, desviá-los, remanejá-los, arrumá-los, enfim, de harmonia com os princípios que tinha por verdadeiros. Uma análise mais acurada de sua rica personalidade impõe, contudo, que aceitemos a proposição segundo a qual foi ele, antes de tudo, um homem de ação (...)".

Antoninho Marmo Trevisan dirigiu-me carta datada de 20 de novembro de 1995. Dela destaco: "Emocionado li seu artigo sobre o nosso querido Ataliba. (...) Ataliba foi (...) meu parceiro em muitos planos. Ficou a lembrança do seu amor pela Constituição e pelas suas deliciosas piadas. (...) Ficaram as lembranças. E a mais recente do seminário não realizado no começo deste ano para os ministros do Supremo. Ataliba sonhava que era possível reunir todos e em 3 dias passar a limpo todas as questões que emperravam o avanço da economia brasileira, a partir da Carta Magna".

Em discurso proferido na sessão em que o Tribunal de Justiça do Estado de São Paulo prestou homenagem à memória de Geraldo Ataliba, realizada em dezembro de 1995, o Desembargador José Osório de Azevedo Júnior, depois de judiciosas considerações a respeito de Ataliba — o homem e o jurista — concluiu o seu discurso:

"É comum dizer-se que são insondáveis os desígnios da Providência. Como entender que Geraldo Ataliba tenha-se ido quando ainda em plena energia, na plenitude da vida humana? Impossível saber. Mas talvez o Senhor necessitasse dele lá. Para que? Para festejar a chegada dos amantes da Liberdade e do Direito. E para causar constrangimentos e transtornos aos reacionários e maus-cidadãos. Pressinto turbulências para breve na calmaria celestial (...)."

José Souto Maior Borges, no ensaio-testemunho inserto no seu livro *Ciência Feliz*, refere-se a Geraldo Ataliba como mestre de dignidade. Conta como se conheceram, no princípio dos anos setenta. Escreveu Souto Maior Borges: "Geraldo Ataliba era um 'homem-rocha', na metáfora feliz do Professor Roque Carrazza, alguém que não abria mão de seus princípios — e essa era sua principal questão de princípio. Por isso, noutra feita dei testemunho emocionado sobre o seu livro *República e Constituição*: trata-se de obra escrita com uma quase incontida ira contra as distorções do jurídico, ira nascida do amor pela autêntica juridicidade. É, quase diria, um breviário cívico. Convida ao repensar urgente das grandes categorias constitucionais. E nisso reside a sua principal virtude".

Misabel Derzi, invocando Souto Maior Borges, menciona que, "para a construção de uma Ciência Feliz é mais importante falar dos caminhos do que das obras, o que Heidegger expressou em sua fórmula famosa: 'caminhos e não obras'. (...) E os caminhos, ensina Souto, são sempre aqueles do coração". Refere-se Misabel, então, "aos caminhos em prol da justiça, do conhecimento e da liberdade que Geraldo abriu, não só através de suas obras, mas ainda de suas conferências, de suas aulas na universidade ou das lições concedidas aos amigos, de suas atitudes no plano profissional ou pessoal ou de sua presença sedutoramente marcante. (...) Buscando incessantemente a verdade e a construção de um mundo melhor, Ataliba, de forma inconformada, abria a todos a compreensão da realidade e, a seu lado, proliferaram talentos. Despido de inveja profissional, seu caráter nobre enaltecia os seus contemporâneos de méritos, seus concorrentes, ex-alunos ou professores de outros Estados. (...) Ataliba que não aceitava a repetição acomodada e improdutiva" não admitia a "conveniência política, de governo, de partido ou de Estado que o impedisse de lutar por uma sociedade mais justa, mais livre e mais igual; (...) Profundamente imbuído da 'vontade da Constituição', de que nos fala Konrad Hesse, lutou e morreu lutando pela concretização dos desígnios constitucionais: a construção de um Estado Democrático de Direito". Esse foi Geraldo Ataliba, concluiu Misabel, "um homem de inteligência fulgurante, superior e de verdadeira vocação. Um homem que respondeu ao forte apelo das mais profundas inclinações de seu espírito e que pôs a paixão em tudo que fez. Como diz Souto Maior Borges, um homem que seguiu o caminho do coração e, por isso, soube ser fiel a si mesmo, ao apelo interior, à vocação de uma vida".

Senhoras e Senhores, homenageando a memória de Geraldo Ataliba, trouxe-lhes o testemunho de homens e de mulheres do seu tempo, que com ele conviveram. Também eu convivi com Geraldo. Mantive com ele uma longa e profícua correspondência, desde o meu tempo de juiz em Minas, pelos idos de 1967. Quantas e quantas vezes dele recebi palavras elogiosas a sentenças e votos que proferi e a artigos que escrevi. Não poucas vezes, todavia, as suas cartas trouxeram crítica ácida a posições doutrinárias que eu assumira. E também não foram poucas as vezes que repelindo, ao primeiro exame, a crítica acerba, com o tempo acabava compreendendo que a verdade estava com Ataliba. O que acontecia é que Ataliba, com a sua fulgurante inteligência, ficava bem na nossa frente. E só a meditação, a reflexão, que vinha com o tempo, nos fazia reconhecer que quem estava com o passo certo era mestre Geraldo Ataliba.

É hora de terminar.

Faço-o, senhoras e senhores, mostrando o quanto Geraldo era bom. De Rui, aliás, é a sentença de que o importante é ser bom e é de Napoleão que "as palpitações de um espartano eram as de um homem forte, e o homem forte é bom, somente o fraco é mau".

Invoco o testemunho de Aires F. Barreto, que conviveu de perto com Ataliba. Relata Aires que "muitas são as passagens evidenciadoras da generosidade do mestre Geraldo. Difícil é preferir uma, entre tantas; mas ainda é retratar a dimensão real do seu grande coração, tão grande que, literalmente, veio a lhe sobrar, causando a sua morte. Mas uma delas prossegue bem presente em mim. A da menina pobre, melhor dito, miserável, que, maltrapilha, pedia esmolas no sinal da Al. Casa Branca com a Av. Paulista". Conta, então, Aires Barreto que, "aproximava-se o Natal de 93 ou 94. Sem qualquer alarde, sem querer aparecer, sem mesmo desejar que alguém soubesse (só tomei conhecimento porque estava com ele no carro), retira do banco de trás uma enorme caixa, bem maior que a menina; espera o semáforo abrir e só então a entrega, para nem receber agradecimento; põe-lhe nos braços a caixa, com a face para cima, onde pude ver a boneca linda, a sorrir para a menina que, entre estupefata e feliz, também abre um largo sorriso; e, logo após, do seu rosto pálido, corre uma lágrima, misto de surpresa e alegria. Foi o que pude ver" concluiu Aires Barreto, "num relance, em momento tão fugaz como perene é a minha lembrança deste gesto fraterno e caridoso, traço marcante do homem Geraldo Ataliba".

Assim foi, verdadeiramente, Senhoras e Senhores, Geraldo Ataliba, exemplo de homem que pugnava pela dignificação da pessoa humana, jurista maior e mestre de vida.

GRÁFICA PAYM
Tel. (011) 4392-3344
paym@terra.com.br

REVISTA TRIMESTRAL DE DIREITO PÚBLICO

DOUTRINA: CONDOMÍNIO FECHADO – Celso Antônio Bandeira de Mello • DISCRIMINAÇÃO CONSTITUCIONAL DAS COMPETÊNCIAS AMBIENTAIS. ASPECTOS PONTUAIS DO REGIME JURÍDICO DAS LICENÇAS AMBIENTAIS – Lúcia Valle Figueiredo • DIREITO CONSTITUCIONAL, NOVOS PARADIGMAS, CONSTITUIÇÃO GLOBAL E PROCESSOS DE INTEGRAÇÃO – Clèmerson Merlin Clève • O CONFLITO ENTRE O PÚBLICO E O PRIVADO NO DIREITO – Regis Fernandes de Oliveira • SÚMULA VINCULANTE E A TUTELA DO CONTROLE DIFUSO DE CONSTITUCIONALIDADE – Antônio Souza Prudente • REVISÃO ANUAL DA REMUNERAÇÃO DOS SERVIDORES PÚBLICOS – José Sérgio Monte Alegre • A EFICÁCIA DO DIREITO FUNDAMENTAL À SEGURANÇA JURÍDICA: DIGNIDADE DA PESSOA HUMANA, DIREITOS FUNDAMENTAIS E PROIBIÇÃO DE RETROCESSO SOCIAL NO DIREITO CONSTITUCIONAL BRASILEIRO – Ingo Wolfgang Sarlet • O STF E A DISCIPLINA DA EFICÁCIA DAS MEDIDAS PROVISÓRIAS NÃO CONVERTIDAS – Edilson Pereira Nobre Júnior • ANOTAÇÕES À TEORIA DAS NORMAS JURÍDICAS – Vladimir da Rocha França • *PARECERES*: UNICAMP – UNIVERSIDADE ESTADUAL DE CAMPINAS. PROFESSORES UNIVERSITÁRIOS. CONTRATO POR PRAZO DETERMINADO. AUSÊNCIA DE CONCURSO PÚBLICO. REGIME ESTATUTÁRIO E SISTEMA PREVIDENCIÁRIO – Eros Roberto Grau • COMPROMISSO ARBITRAL. NULIDADE NA ESFERA DO DIREITO ADMINISTRATIVO. REAJUSTE DE PREÇO COM BASE NA VARIAÇÃO DO DÓLAR: NULIDADE. DESVIO DE PODER – Celso Antônio Bandeira de Mello • CONTRATO DE OBRA PÚBLICA. CIRCUNSTÂNCIAS QUE DETERMINAM A ALTERAÇÃO DO PROJETO. ACRÉSCIMO DE VALOR SUPERIOR A 25% DO VALOR INICIAL DO CONTRATO. ADITAMENTO. VIABILIDADE JURÍDICA – Adilson Abreu Dallari • PRINCÍPIOS DA PROPORCIONALIDADE E DA LEGALIDADE NA REGULAÇÃO ESTATAL – Floriano de Azevedo Marques Neto • EXAME TEÓRICO TÉCNICO EXIGIDO PELO CÓDIGO DE TRÂNSITO BRASILEIRO. VALIDADE DO CREDENCIAMENTO PARA A SUA EXECUÇÃO. NATUREZA JURÍDICA DA COBRANÇA E RESPECTIVA FORMA INSTRUMENTAL. O PRINCÍPIO DA EFICIÊNCIA ADMINISTRATIVA E O DEVER DE IMPLEMENTAR A MELHOR SOLUÇÃO POSSÍVEL – Egon Bockmann Moreira • ANTECIPAÇÃO DE COMEMORAÇÃO DE PONTO FACULTATIVO. DIA DO SERVIDOR PÚBLICO – Hélcio de Abreu Dallari Júnior • *ESTUDOS E COMENTÁRIOS*: TELECOMUNICAÇÕES NO BRASIL: BALANÇO E PERSPECTIVAS – Umberto Celli Junior e Cláudia Silva de Santana • O VALOR NA INTERPRETAÇÃO CONSTITUCIONAL – Francisco Meton Marques de Lima • CONSIDERAÇÕES ACERCA DA RESPONSABILIDADE PATRIMONIAL DO ESTADO-ADMINISTRAÇÃO – Eduardo Rocha Dias • A ADOÇÃO DO REFERENDO E DO PLEBISCITO ADMINISTRATIVO NA ADMINISTRAÇÃO PÚBLICA COMO MODO DE PREVENÇÃO E PARÂMETRO DE VALORAÇÃO NA SOLUÇÃO DE CONTROVÉRSIAS – Fabiana de Menezes Soares • *HOMENAGEM*: GERALDO ATALIBA, JURISTA MAIOR E MESTRE DE VIDA – Carlos Mário da Silva Velloso

MALHEIROS EDITORES